本 书 系

国家2011计划·司法文明协同创新中心

系列成果

中国法治实践学派书系

# 中国法治实践的法理展开

张志铭　著

人民出版社

鸣　谢

**北京合弘威宇律师事务所**

赞　助


　　该律师事务所是在法治中国伟大实践的时代背景下，以中国法治实践学派学术思想为指导，以北京威宇律师事务所为前身，与国内外律师界深度合作，国内第一家以法学理论研究和法治实践紧密结合为鲜明特色的国际化律师事务所。作为中国法治实践学派的研究基地和前沿阵地，合弘威宇律师事务所践行"知行合一"精神，秉承"合力弘道，千秋伟业；法治中国，威震寰宇"理念，努力为实现法治中国梦而奋斗。

# 中国法治实践学派书系编委会

# 中国法治实践学派书系
# 学术委员会

# 总　序

中国法治实践学派是对法治中国伟大实践的理论回应。

1999 年，《宪法》修正案规定："中华人民共和国实行依法治国，建设社会主义法治国家。"中国终于选择了法治道路，并将之载入具有最高法律效力的宪法。

2014 年，中共中央出台《关于全面推进依法治国若干重大问题的决定》。这是中国共产党的法治宣言书，是法治中国建设的总纲领。

法治中国建设是一场伟大的政治实验。这场伟大实验的目标是开创一条中国自己的法治道路。这场伟大实验正在给中国带来深刻的变革。反腐败斗争正在改变中国的官场生态，立法正在朝着科学化方向发展，政府正在努力将工作全面纳入法治轨道，司法改革正在朝着公正、高效、权威的目标加快推进，全社会厉行法治的积极性和主动性正在逐步增强。法治正在对全面深化改革发挥引领和规范作用。法治普遍规律的中国表现形式正在展现其不可忽视的影响力。虽然在前行的道路上，有暗礁，有险滩，有种种困难，但全面推进依法治国这场治理领域的深刻革命正在改变中国。

中国法学研究已经出现重大转向，这个转向以"实践"为基本特征。法治的生命在于实践。走进实践，以实践为师，成为一大批法学家的鲜明风格。"中国法治实践学派"正是对这种重大转向的学术概括。中国法治实践学派以中国法治为问题导向，以探寻中国法治发展道路为目标，以创新法治规范体系和理论体系为任务，以实践、实证、实验为研究方法，注重实际和实效，具有中国特色、中国风格、中国气派。

法治中国的伟大实践必然催生新思想、新理论，必然带来思想和理论的深刻革命，必然为普遍的法治精神形成创造条件。中国客观上正在进行一场持久的法治启蒙运动。在欧洲，发生在17—18世纪的启蒙运动的成就之一是孕育了一个在世界上占主导地位的法学学派——古典自然法学派。古典自然法学说成为新兴资产阶级反对封建压迫和争取民族独立的武器，成为美国《独立宣言》、法国《人权宣言》的理论基础。正是古典自然法学派的出现，私有财产神圣不可侵犯、契约自由、法律面前人人平等、罪刑法定等法治原则才得以提出。正是以古典自然法学派为代表的学术流派的形成，才使得西方法治理论、西方法治精神形成一个系统。启蒙运动、契约精神的弘扬、自然法学派的产生、现代法律体系的构建、西方法治理论和法治精神的形成，是一个合乎历史逻辑和社会实践的有机整体。启蒙运动从根本上打造了西方近现代意义上的法治精神。在中国，法治启蒙运动的一个伴生现象也必然是学派的形成。伴随这样一个法治启蒙运动，法治实践不断推进，法治理论不断创新，法学学派在中国兴起，法治精神终将成为社会的主流精神，法治终将成为信仰。

我们组织力量编辑出版"中国法治实践学派书系"，是为了强化中国法学研究的实践转向，展示中国法治理论的风貌，传播法治精神，支持中国法治的具体实践，扩大中国在世界上的法治话语权。我们每年精选若干具有代表性的著作，由人民出版社出版，形成系列。这些著作具有鲜明的问题导向，注重中国具体实践问题的探索，注重理论的实际效果。我们相信，这套书系一定会对法治中国建设发挥良好作用。

时代赋予我们一种不可推卸的责任，我们不会袖手旁观，我们不会推卸责任。"为天地立心，为生民立命，为往圣继绝学，为万世开太平"是我们从先贤那里汲取的精神，"知行合一"是我们坚守的信条。中国并不缺少高谈阔论，中国并不缺少牢骚抱怨，中国需要的是身体力行、脚踏实地的行动。我们愿意不遗余力地推动中国法治实践学派的发展，我们愿意在法治中国的伟大进程中奉献热血、辛劳和汗水，我们愿意在法治中国的伟大进程中殚精竭虑、鞠躬尽瘁。

法治关涉每个人的权利，法治关涉每个人的财富，法治关涉每个人的命运。让我们大家携起手来，一起行动，共同关注中国法治实践学派，共同编织法治中国梦想，共同为实现法治强国而奋斗！

钱弘道

2017 年 1 月 20 日

# 目录 CONTENTS | 中国法治实践的法理展开

# 自　序

　　哲人有言：人是一根会思想的芦苇；存在在于感知，思而在。尽管这些话听来属于唯心，我却闻之心喜，在我迄今为止的生活和工作中，确实也是一种写照。人是自然的定在，血肉之躯，七情六欲，食色自然，但是，人终归还是一种精神意义上的存在，人要思考，要有思想，有精神和精神生活。人生短暂，人生的质地与对自己和周围思考的成色密不可分。

　　本书根据我历年发表的专题论文选编而成，所涉论文前后跨越三十年。其中第 11 章"法律关系综论"，源于我 1988 年在《中国法学》上发表的《中国社会主义法律关系新探》一文。该文内容涉及法学理论和中国改革开放初期法律关系问题的诸多方面，观点看法青涩而锐意，后来曾获得中国社会科学院优秀青年成果奖，被收入一些论文集，或变形为多本法理教科书的一章，影响至今。那时我 26 岁，青春放歌！如今我已过 56 岁，尽管去日已多，来日还有，思考和写作的步伐不会停止，但是，所有这些专题学术文章，基本上可以反映我作为一位中国的法学学者，之于中国法治实践和相应法理问题所做思考表达的特色和品质。

　　本书取名为《中国法治实践的法理展开》，既因应了丛书主编"中国法治实践学派"的宏愿，更显示刻画了自己一直以来的问题关切：中国社会的法治化治理和法秩序构建。全书从内容和技术上分为三编,依次是法治实践专题研究、法治实践的法理展开和 20 世纪的中国律师业,想法大致是,一些专题论文的写作直接起因于中国法治变革中遭遇的问题,如中国法治进程的刻画和评价、法律体系构建、司法功能形态、司法与传媒的关系、权利的司法保障机制、法律解释体制,等等,皆属此类;另一些专题文章的写作则更直接地起因于法理学术上的追求,诸如法治、法律价值、法律规范、法律关系、法律解释、法律现代化等,破题释义,授业解惑,意图显明。前后两者的联系都在于法理,是针对问题的法理探讨,或者内含问题的法理学展开;知与行,行与知,终归还是相向而行,合而为一。对中国律师业的研究,直面中国的律师制度改革和律师业发展问题,应该归入第一编;之所以单列为第三编分设三章,主要是因为它起源于自己 20 世纪 90 年代初在《比较法研究》杂志连载发表的成名作《当代中国的律师业》。此文荣获"第二届全国青年人文社会科学优秀成果"一等奖和"第一届胡绳青年学术奖",记录了同道好友一同思考问道的难忘时光,故心有偏爱。当然,在技术上也是因为这项专题研究在内容和体量上都过于庞大、厚重,纳入第一编,难免"厚此薄彼",有失匀称和谐,自立门户,反倒可能在积极的意义上收到"尾大不掉"的效果。

全书在整体上按照实践和理论的偏重去编排,实践专题和法理专题皆意图体现自己对中国法治实践的整体认识,以及对法理学科内容框架的心得把握,内含了一个法理学者的体系性、系统性偏好和追求。第一、三编所涉主题,皆属中国法治变革实践中的重要问题,其中第一、二章更加宏观,前者在观念层面意图描述刻画当代中国法治认识的进程逻辑,后者名为在技术层面探讨当下中国的法律体系构建,实则思考探讨中国社会的法治化治理、法秩序构建的宏大问题。第二编各章,尤其是其中的法律价值、法律规范、法律关系、法治,属于我眼光中分析进路、化繁就简的法理学基本问题。法理学之经纬,在统合的意义上是法治,在分设的意义上除上述三题外，还可以加上法学和法理学，以及法律的概念。集腋成裘，连点成面，一个学者的心路历程、问题关切、理论自信，也得以记录和呈现于本书之中。

本书各章所涉专题从出版发表的角度看，确有时序上的先后差异，但立足于当下这样一个时点看，皆为跟踪观察、持续思考的集成，并无时过境迁、过眼烟云的违和感。学者应该学有专攻，所言者，对研究对象持续关注而达厚积薄发之境地也！回想起来，对于法治、法律职业、法律解释、法律体系、判例制度、法律关系、法律价值等主题的关注思考，有所心得，有所自信，皆持之以恒之功也！个中体会是，理论研究的生命力在于追求以恒久的方式研究恒久的问题；这里确实有眼光问题，更有立场和态度问题，而见地之高下，就书生学者而言，则如荧荧之光，微不足道，不必太在意的。

当然，潜心向学，必功不唐捐。下面就本书所涉专题包含的理论看法，不避微末，敝帚自珍，择要列示如下：

1. 逻辑分析的前提源自"大范围经验"加上主体确信，在统合经验认知和逻辑认知的意义上，可以将当代中国的法治认识进程描述刻画为正名法治、定义法治和量化法治三个主题环节，它们既共时共存，又陈陈相因、推演张开。其中，正名法治围绕着法律、法制和法治三个概念构成的思维链条展开，定义法治基于普遍主义和国情主义两种对应的立场和思路进行，量化法治则是当下意图更加直接对接法治实践的另辟蹊径的努力。总体说来，当代中国的法治认识进程，已经使得法治作为问题在理论逻辑上完整展示开来；从结果看，完成了对法治的正当性正名，凸显了法治定义上的立场和观点分歧，开始了对法治实践的量化探索。认识当代中国的法治发展进程，评价法治成就，认定法治贡献，明确努力方向，以上可为基本的概念框架和理论坐标。

2. 中国社会转型背景下法律体系建设和法治秩序构建的整体思路及

布局，在描述的意义上可以概括为四个方面的特征：认识论上的理性建构主义立场，政治哲学上的国家主义色彩，政体架构上立法中心—行政配合的运作模式，法律技术上的简约主义风格。认为这些特征在集合意义上铸就了当下中国在法律体系建设和法秩序构建上的某种封闭样态；主张就此进行建设性的深入反思，并从转型中国社会的需要和现代法治秩序形成的原理和要求出发，树立一种关于中国特色法律体系构建和法治秩序构建的开放性思考，作出相应的制度安排。

3.近现代意义的法治是西方文明的产物，但它作为广泛时空场景下人类实践经验与认知逻辑相结合的治国理政方式，已然成为当今世界一种全球共享的意识形态。法治在不断发展演变的历史进程中，不仅在理论认识上呈现出了规则之治、法律主治和良法之治三种不同的逻辑形态，而且还在生活实践上成为了国家和社会实行良善之治的符号，呈现为一种开放的形态。现代法治是有品质德性的规则之治，不仅要求具备形式层面的良好特质，而且注重实质意义上的价值内涵。法治理念和法治原则是其品质德性的高度凝练与充分表达，构成了现代社会不同法治实践的共同分母，并为国家和社会的法治化治理提供了价值指引及操作路径。

4.现代化是一个具有复杂实践、包含丰富理论想象力的概念。它是传统社会向现代社会的整体性结构变迁，是传统的价值观念和制度形态在功能上对基于科技进步、知识增长、生产力提高而引发的现代性要求的不断适应的过程。法制现代化是社会现代化的有机组成部分，是伴随一个国家和社会现代化而出现的由传统法制向现代法制转变的过程，涉及法律的组织构造、制度规范、运作程序以及深层次的法律观念等各个方面。实现法治是社会现代化的一个重要目标。可以设定一些具体的标准，将传统法制和现代法制转化为一定的理论形态或模型加以描述和把握。中国社会的现代化不仅在一般意义上包含有法制现代化的内容，而且还由于其后发性质和很大程度上的应急型特点，使得它清晰地表现为一个"变法改制"的过程，在这里，社会现代化与法制的现代化改革密切关联，并以此作为自己最鲜明的表现形态。

5.中国律师制度是清末变法改制效仿西方典章制度的产物，伴随着百年来中国的社会变革和政制更替，律师制度和律师业也经历了跌宕起伏、兴衰存亡的过程。贯穿其中至为重要的问题是，律师制度作为"舶来品"，如何化解来自中国传统法律文化和现实意识形态的双重排拒和扭曲，确立自己的价值正当性以植根于中国社会并开花结果。当下中国律师业正在进行的是社会化和行业化的宏大变革，错综复杂的问题现象，如商业化、"死磕派"等，使得我们不得不面向中国律师的长远发展在观念认识和实际操作上都有所反思、有所澄清。

6.没有救济就没有权利，在现代社会，保障权利或人权的司法审查机制至关重要。从域外发达法治和司法实践的经验看，其可共享的技术步骤可以概括为：(1)认定所涉权利或人权之于现代社会的重要价值，(2)宽容地界定所涉权利或人权的含义和范围，(3)全视角、不留盲点地看待对权利或人权的"公权干涉"，(4)务实地审视对权利或人权行为"合法干涉或限制"的依据要求，(5)更多肯定倾向地审查公权干涉行为的合目的性，(6)更加偏向于权利或人权保障的审查干涉行为和目的之间的"合比例性"。

7.把法律解释单列为一种权力，并在不同的国家机关之间对这种权力进行分配，构成了当今中国的法律解释体制。从规范、事实和观念三个层面对这一体制进行描述和分析，基本特征有三，即部门领域内的集中垄断、部门领域间的分工负责和立法部门（全国人大常委会）主导。这一体制在实际运行中出现的问题表征了其自身设计的合理性不足。认为应该深入反思立法解释制度的认识依据，并从司法规律和健全司法功能的角度，认真对待和解决法律解释权的分割和垄断问题。

8.司法判例的含义可以从既定判决和相关性判决、影响性判例和规范性判例这样两组四个概念来把握。理解司法判例的关键在于既定判决与后续裁判的相关性，以及由此生发的对后续裁判的作用；构建司法判例制度的关键则在于借助司法惯习或/和成文法规定使司法判例的作用具有合理有效的规范形态，涉及以司法判例作用的自然生发原理为基本依归，对司法判例制度的意义、含义和运作机理的理论阐说。有必要特别重视这样的理论阐说，审视、思考和改进当下中国案例指导制度的认识和实践。

9."能动司法"是当今中国司法实务界为因应形势需要而提出的响亮口号。"能动司法"作为一个外来词较之其在中国的运用状况，具有明显不同的语境和语义。中国司法强调的"能动司法"，立足于司法职能的实现而非扩张，也不具有"司法克制"的反向常态制约，有司法过动、盲动之流弊，因而就中国司法的一般功能形态而言，更准确恰当的表述和追求应该是"积极司法"。

10.法律调整的是社会生活关系，不仅是人与人之间的所谓"社会关系"，还包含有人与自然之间的关系；法律关系的内容是复合性质的，既有"物资社会关系"，也有"思想社会关系"，其基本功能是赋予社会生活关系以法律的外壳，使其规范有效。当今科技和社会的发展，人类遭遇的问题，需要我们在深刻的意义上重新认识和构筑人与自然之间的关系，重视生态伦理，反思人类中心主义之积弊。法律关系主体是自然认定的结果，更是法律拟制的产物，是一种"法律人格"。要认真思考自然不依附于人类的主体地位问题。在法律关系客体的认识上，则应该基于有用、稀缺的基本考量，开阔视野。与对法律关系的认识相适应，法律规范是一种社会生活规范。法律是法律规范的集合，不仅是法律规则，还包括法律原则、法律术语、法律概念、法定日期等规范形态。在法律规范的结构要素上，要从逻辑结构和表达结构两个方面加以分析把握。

11.法律的价值存在于主体和客体之间的价值关系之中，主体的价值需求、客体的价值属性、价值需求的形态以及不同价值形态之间的关系，是法律价值分析的基本内容。法律价值以目的价值为依归，而目的价值又在一般和统合的意义上被表达为"给人以应得"的正义，涉及自由、平等、安全、幸福等不同的价值考量维度，以及不同价值形态之间的冲突和平衡。比如，传媒与司法之间在现实生活中的对立冲突，终究还是要在传媒承载的表达自由和司法追求的公平正义之间求得价值平衡，既不能"舆论审判"，也不能禁绝舆论。

12. 在法治发达状态，法学、法律学和法律解释学以及相应的法学方法、法律方法和法律解释方法这样一些概念之间，会出现含义上的归并和重合，使得法律解释这一主题之于法学、法律学呈现为一种全局性。法律解释是解释者对法律文本意思的理解和释明。法律条文作为书面话语的文本，其意思取决于立法者、法律文本和法律解释运用者这三者之间的统一、分离和融合，形成了古往今来的各种相关的理论和学说。法律解释有多种方法，其原理则生发于法律人如何看待法律的确定性问题，并在肯定的意义上选择确定自己的法律解释适用立场。

文章千古事，得失寸心知。古人有"人生三不朽"之说，立功、立德、立言，立言为上；有著名的"横渠四句"：为天地立心，为生民立命，为往圣继绝学，为万世开太平。这些在早年曾激动心情、鼓励斗志的说法，如今已变得宏大而淡然。就一介书生的生活和追求而言，还是朱子的话来得贴近：问渠那得清如许，为有源头活水来。思而在！

感谢钱弘道教授的厚爱，感谢李广德博士以及我的其他各位奋发有为的学生的助力，感谢一路走来携手协力、不离不弃的亲朋好友，感谢出版社编辑的付出，没有你们，就没有这本书的一切！但愿人长久，千里共婵娟，感谢！！

2018 年 9 月 24 日于时雨园

# 第一编
# 法治实践专题研究

# 第一章 共和国法治认识的逻辑展开*

## 一、现象、问题和方法

时下中国，如果一位学界朋友问你最近在研究什么问题，而你的回答是法治，那么你常常会看到对方一脸茫然和疑惑，给你的强烈暗示是，自己正在做什么傻事；而当你想解释说明点什么的时候，又会突然觉得无从说起，一种发自内心深处的无力感。为什么会是这样呢，细想起来，原因可能有两个方面：其一，在法治问题上，理论上还有什么需要说而没有说的呢，研究法治会不会像我们经常看到的那样，只是一种简单甚至是低水平的重复？其二，随着"中国特色社会主义法治理念"的提出和传播，法治在时下中国已经成为官方主导的话题和话语，已经高度意识形态化，如此一来，还有什么必要进行理论上的探讨呢？从1988年发表探讨法治和社会主义民主政治关系的第一篇论文至今，[①] 笔者对法治问题的关注、思考和写作已经持续了二十多年。这样一种理论旨趣无疑会持续下去，但前提是针对上述疑问，就继续研究法治问题以及深入研究的重点有一个清理，以形成明晰的立足点和

---

　　* 本文系与于浩博士研究生合著，为中国人民大学法学院重点标志性研究课题"多元化纠纷解决机制"的研究成果。原载《法学研究》2013年第3期。

　　① 参见张志铭：《论社会主义法治的基本要求——兼论社会主义民主政治的质的规定性》，载《法律学习与研究》1988年第5期。

理论取向。这可能也是所有热心于法治理论研究的学者的共同需要。

从 1949 年 10 月中华人民共和国成立以来,法治问题一直或隐或现、持续不断地存在于国人的生活之中,尤其是结束"文化大革命"十年浩劫、从 20 世纪 70 年代末推行改革开放政策以来,法治更是成为众所关注的热门话题。对法治的认识和理论探讨,也得以深刻而广泛地展开。正是几十年来大家在法治问题上心智和情感的集中而持续的投放,才有如今包括论文、专著、讲义、文集、报告、译作等在内的法治文献数不胜数、洋洋大观的局面。以中国法学会法理学研究会 1985 年至 2012 年的年会主题为线索,就能很清楚地看到这一点。

**表 1　中国法学会法理学研究会 1985—2012 年会主题一览**

| 时间 | 主题 | 分会题 |
|---|---|---|
| 1985 | 法律的概念;法律与改革 | 1.法律的阶级性和社会性;2.我国社会主义法律的概念和特征;3.法学基础理论学科的改革问题 |
| 1986 | 社会主义民主的制度化和法律化 | |
| 1988 | 社会主义初级阶段的法制建设 | 1.党的十一届三中全会以来社会主义民主与法制建设的基本成就、主要经验及存在的主要问题;2.法学理论在改革开放新形势下面临的问题和任务;3.我国社会主义民主与法制建设的基本任务、特征、发展规律、主要矛盾以及思想理论障碍;4.建立适应社会主义商品经济和民主政治发展的法律制度 |
| 1990 | 社会主义民主与法制建设 | 1.民主的一般原理;2.法制的一般原理;3.社会主义民主和法制与资本主义民主和法制的异同优劣;4.社会主义民主与法制的关系;5.在共产党的领导下在法制的轨道内进一步完善和发展社会主义民主;6.社会主义制度下的权力制约、权力与权利的关系、权利与义务的关系 |
| 1992 | 人权与法制 | 1.学习邓小平同志重要谈话精神及其对法学、法理学研究的意义;2.人权与法制问题 |
| 1993 | 社会主义市场经济与法制建设 | 1.社会主义市场经济下法学观念转变;2.建立适合社会主义市场经济的法律体系;3.市场经济是法制(法治)经济 |

续表

| 时间 | 主题 | 分会题 |
|------|------|--------|
| 1994 | 建设有中国特色社会主义理论与法理学的发展 | 1.中国法理学更新的紧迫性；2.中国特色社会主义理论对法理学的意义；3.法理学的地位及其改革的理论前提；4.法理学更新所要解决的若干问题；5.若干法基本理论的发展 |
| 1995 | 走向21世纪的中国法理学 | 1.对十年法理学研究的基本估价；2.21世纪的法学应是什么样的法学；3.现代法律精神问题；4.对重要法观念的再认识 |
| 1996 | 依法治国，建设社会主义法治国家 | 1.依法治国的理论和实践意义；2.实行依法治国的基本条件；3.法治与社会主义精神文明的关系 |
| 1997 | 依法治国的理论与实践 | |
| 1998 | 建设社会主义法治国家的理论与实践 | 1.依法治国的指导思想与含义；2.推进依法治国的战略及社会主义法治国家的发展道路；3.近期应解决的现实问题与法学现代化和解放思想 |
| 1999 | 跨世纪法理学的回顾与前瞻 | 1.邓小平法理思想；2.中国法理学发展；3.法理学教学和教材改革；4.法哲学与法律文化思想；5.其他重大法学理论问题（法律关系、法律程序、法学流派和法学家） |
| 2000 | 21世纪的亚洲与法律发展 | 1.亚洲法哲学的新发展；2.亚洲法治的新发展；3.亚洲价值观与法律发展；4.转型社会中的法律与权力；5.亚洲法哲学的新领域；6.亚洲的人权与法治；7.全球化与亚洲法律发展 |
| 2001 | 西部开发与法治建设 | 1.西部开发中的法律特殊性问题；2.西部开发与法治建设的研究方向；3.关于制定西部开发的基本法律问题；4.关于西部开发中立法体系问题；5.关于法律在西部大开发中的功能问题；6.西部开发与发展权问题；7.西部开发与弘扬共和精神；8.西部开发与借鉴历史和外国的经验问题 |
| 2002 | 东亚法治社会之形成与发展 | |
| 2003 | 社会转型与法治发展 | 1.社会转型与中国法治进程；2.政治文明与法治；3.市民社会（公民社会）与法治；4.司法改革与法治；5.德治与法治 |

| 时间 | 主题 | 分会题 |
|---|---|---|
| 2004 | 全球化之下的东亚抉择与法学课题——迈向历史共识的凝聚与新合作关系 | 1. 全球化下的东亚现况与未来的展望；2. 东亚19—20世纪的回顾与展望；3. 东亚地区的发展及与欧盟之比较；4. 东亚统一市场的形成与新法形成的萌芽；5. 东亚共通法问题与东亚法文化的过去、现在与未来；6. 东亚的家庭与女性；7. 东亚知识产权的基本问题 |
| 2005 | 构建和谐社会与中国法治发展 | 1. 和谐内涵的法理意义的解读；2. 和谐与法治、民主政治、民主、共和、人权、自由、正义、公平等目标或价值之间的关联或差异；3. 构建和谐社会的法律机制和实践操作途径 |
| 2006 | 法治与社会公平 | 1. 法治与社会公平的法哲学基础；2. 全球化进程中的法治与社会公平；3. 中国社会转型中的法治与社会公平；4. 立法、执法、司法与社会公平 |
| 2007 | 以人为本与法律发展 | 1. 以人为本与法律观变革；2. 法律发展中的矛盾和问题；3. 法律发展与制度创新；4. 人权的制度保护 |
| 2008 | 全球化背景下东亚的法治与和谐 | 1. 全球化东亚传统的现代诠释；2. 全球化时代的法律多元与法律发展；3. 全球化时代东亚法的一体化 |
| 2009 | 全球和谐与法治 | |
| 2010 | 社会主义法治理念与中国法治之路 | 1. 社会主义法治理念与法治的中国特色；2. 法治创新与权利保障；3. 实践法理学与法律方法 |
| 2011 | 法治发展与社会管理创新 | 1. 法理学观念更新、实践法理学的构建与社会管理创新；2. 完善法律体系与创新社会管理；3. 尊重和保障人权与创新社会管理；4. 完善法律体系与创新社会管理；5. 法治、善治与社会管理；6. 我国法治国家建设的战略转型与法律的实施；7. 法律论证理论与法治发展 |
| 2012 | 科技、文化与法律 | 1. 文化发展、繁荣与法治；2. 文化强国与依法治国；3. 文化体制改革中的法律问题；4. 科技发展与法学理论创新；5. 科技发展与法律伦理；6. 科技与人权；7. 法律文化与法治文化；8. 全球化、文化多样性与法治 |

从上面表格汇集的内容可以看到：法理学研究会自 1985 年成立到 2012 年，总共召开了 25 届年度研讨会。研讨主题除学科建设等命名的以外，涉及"法律概念"的有 1 届，占年会总届数的 4%；涉及"法制"的有 5 届，

具体包括民主与法制、人权与法制、市场经济与法制等等，占年会总届数的20％；而涉及"法治"的有 12 届，包括法治与市场经济、依法治国的理论与实践、社会转型与法治、全球化与法治等等，占年会总届数的 48％，如加上分主题中涉及"法治"的则更多。考虑到法治与法制常常交互使用，年会主题中涉及法治或法制的多达 17 届，占年会总届数的 68％。可以说，法治问题是我国法学理论界最为关注问题。

法治不仅是一个在理论上被深度翻耕的话题，而且随着执政者对法治含义的定格式表达，随着"中国特色社会主义法治理念"的宣传推广，法治话题在理论上还趋于钝化，成为一个趋于陈旧的话题。因此，本章的旨趣是，从理论上回顾总结、分析检讨我们对法治问题的认识，看看达成了什么共识，遭遇了什么难题，留下了什么分歧，以期推陈出新，回应国人在党的十八大产生新一届领导人后对法治建设的新期待。

明确了所要探讨的问题和期许，在观察和分析问题的方法上，本章将采取直面"法治"与"法治"贴身遭遇的策略，力求真正地以"法治"为对象，而不是以"法治的文献"为对象。如上所述，国人有关法治认识和实践的理论文献已经太多了，而当下中国的学术研究整体上又处于相对涣散的状态，传承少，旁证少，专深研究少，方法讲究少，厘定话题少，鱼龙混杂，泥沙俱下，如果简单笼统地借助这些文献去说事，而不是在紧盯"法治"对象的前提下细加甄别挑选，结果不仅会是雾里看花，不得要领，而且还必然如坠雾中，彻底迷失自己。

## 二、历史的逻辑：三组概念

人们对法治的认识基于时间顺序表现为历时性的前进与反复，把法治认识置于历史的过程之中，是很自然的思考方式。同时，对法治认识以及其他任何事物进行历史考察，需要不断审视法治认识是否具有逻辑规律问题，也就是历史的内在发展规律问题。历史与逻辑的关系是什么，历史是否体现逻辑规律，逻辑规律是否展现为历史，如何对事物进行贯通历史和逻辑的描述和刻画，对此，许多思想家进行了阐发。

维柯从单线的历史叙事方法说明了历史是人类社会的产物，认为人类依据神意，运用自然理性"构思出一个理想的永恒的历史，来判定一切民族的有时间性的历史"。① 黑格尔运用"理性—精神"模型来展开历史的多线叙事，不仅汲汲阐述了理性指导下人类自由意志对统一的世界历史观念的作用，而且，"在我们目前的程序中，自由的主要本性——其中包含绝对的必要性——将显得逐渐意识到它自己（因为按照它的概念，它就是自我意识），并且因此实现它的存在。自由本身便是它追求自己的目的和'精神'的唯一的目的。这个最后目的便是世界历史"。② 对此，恩格斯指出，"黑格尔第一次——这是他的巨大功绩——把整个自然的、历史的和精神的世界描写为一个过程，即把它描写为处在不断的运动、变化、转变和发展中，并企图揭示这种运动和发展的内在联系"。③ 而将历史决定论与辩证法联系起来，正是科学的唯物史观的一大特征，④ 有学者据此认为，关于历史与逻辑的问题是马克思主义哲学开放性和不断追求理论创新的"内在紧张"。⑤

逻辑基于事理，经验来自历史。从这个角度来说，历史决定论的贡献在于它强调了自身的逻辑属性，把长期盛行的偶然因素决定说排除出社会历史领域，证明历史的因果关系具有确定的方向与路径，与其中的一切偶然介入因素无关，而且介入因素也不会导致相应的因果进程中止和中断。因此，就纵向来说，长时段的历史背后，凝结为经验，而大范围的经验，本身便包含着逻辑。换言之，再曲折波动的事物发展进程，随着时间维度的不断延伸，都会趋于平缓，历史的褶皱因而得以烫平。从横向来说，大范围的经验是各

① ［意］维柯：《新科学》，朱光潜译，商务印书馆1989年版，第104页。
② ［德］黑格尔：《历史哲学》，王造时译，上海书店出版社2006年版，绪论第18页。
③ 《马克思恩格斯选集》第3卷，人民出版社1985年版，第63页。
④ 参见李明华：《历史决定论的三种形式》，载《中国社会科学》1992年第6期。
⑤ 参见侯惠勤：《试论马克思主义理论的"内在紧张"》，载《中国社会科学》2007年第3期。

种做法的总结，其成形的范围越大，可靠性越强，而经验的可靠性与其范围广度成正比。也就是说，范围越大的经验，有效性越强；当经验的范围趋向无穷大时，经验的有效性也就接近于整全。于是，经验与逻辑的交融共生的关系自然生发。

在延续的时空维度上，人类历史呈现出轨迹，显露出规律，而规律承载了逻辑，从而铸就了历史的逻辑一语。这已为思想家的理论和马克思主义哲学所阐明。历史不是逻辑，但历史也不是非逻辑。人类处事在逻辑上总是要解决好三个方面的问题，即为什么、什么是以及如何做，也即正视之，界定之，践行之。在法治问题的认识和实践上也同样如此。但凡一个国家推行法治，都要在认识上努力论证为什么要法治，其目的、意义何在，回答其价值正当性问题；继而要弄清什么是法治，以及如何实行法治的问题。这是认识法治的事理逻辑，中国也概莫能外。因此，在笔者看来，在理论观念上，中国六十多年的法治认识，也是围绕为什么要法治、什么是法治、如何行法治三类问题展开，因而可以用三组概念加以概括，即：正名法治，定义法治，量化法治。

从几十年的认识进程看，这三者之间既是一种共时共存的关系，也是一种在侧重点上陈陈相因、推演张开的关系；它们既以一种复调的形态存在，但依稀也可以辨得，它们按时序先后成为理论研究的聚焦点。如果以话题展开的程度，以及论者间共识的达成程度为标准来衡量，那么它们大致依次属于现在完成时态、现在完成进行时态和现在进行时态：在正名法治上我们达成了理论共识，取得了欢呼雀跃、皆大欢喜的效果；在定义法治上我们展示了理论立场，陷于纠结徘徊状态；在量化法治上我们开始了理论尝试，但受制于定义法治方面的理论困局，处于艰难推行之中。

## 三、正名法治

当代中国为什么要选择和实行法治，这是我们在对法治的理论认识上首先面对的问题。古圣人云，凡事先得正名，名不正则言不顺，言不顺则事不成。这给了我们为人处世很好的方法论提示。回顾六十多年来，尤其是改革开放三十多年的法治认识过程，相对于法治实践，在一般意义上皆可以视为正名法治的过程，它既包括对为什么要法治的追问和回答，也包括对什么是法治和如何行法治的追问和回答。而从这一过程中已经显现出的逻辑轨迹看，对法治的正名，首先在理论上聚焦于对法治的正当性正名这样一个前置性的问题。中国为什么要实行法治，其必要性和必然性何在，对于这方面问题的探讨，理论上经历了一个漫长而曲折的过程。这一过程的最终结果是确立法治在当今中国社会的价值正当性，树立为执政党治国理政的基本理念和基本方式，转化为宪法和法律的基本原则。

总体上看，在价值正当性上展开的正名法治过程，围绕着法律、法制和法治这样三个概念构成的思维链条展开。法治是"法律的统治"，是"依法治国"。如果说法治是一种治理的状态和结果，那么作为"法律制度"的法制则是其前提，而相对于法制的构建和实践，法律又是更加前置性的因素。因此，法律不能名正言顺，法制也就无从字正腔圆；法制不能字正腔圆，生根发育成长，法治也就无从登堂入室，昂首阔步。几十年来我们在法学理论上展开的各种话题，繁繁复复，令人眼花缭乱，细想起来，贯穿其中的线索，实在也不过如此了，即：为法律正名，为法制正名，为法治正名。

为法律正名在这方面理论上展开研究的问题包括：法律本质问题（围绕阶级性、人民性、社会性等概念展开），① 法律起源问题，② 法律继承性问

---

① 这方面的文章众多，如梁治平：《"法"辨》，载《中国社会科学》1986 年第 4 期；孙育玮：《关于"法是统治阶级意志的表现"命题的几点思考》，载《中国社会科学》1988 年第 2 期；郭道晖：《论法与法律的区别：对法的本质的再认识》，载《法学研究》1994 年第 6 期；马长山：《从市民社会理论出发对法本质的再认识》，载《法学研究》1995 年第 1 期。

② 例如，有学者基于社会进步和社会分工的历程解析法律的起源：商品交换中的习惯演变为广泛的习惯法，尔后成为阶级国家视野下的成文法和制定法，因此法律的产生是多种因素综合的结果，是阶级性与社会性相统一的产物。参见吕世伦、叶传星：《现代人类学对法起源的解释》，载《中国法学》1993 年第 4 期。

题，① 法律价值问题（主要围绕"权利本位"还是"义务本位"的争论展开，②
伴随有对"依法治国"和"以法治国"的概念辨析），法律协调性问题。③ 其中，
关于法律本质的理论探讨和争论最为重要，它是主干，统领了其他问题的
理论探讨；其他问题是枝叶，丰富圆满了对法律本质问题的认识。个中道
理可想而知。一个国家、一个社会要重视法律的价值，充分发挥法律在社
会治理和秩序建构中的作用，就必须使法律成为"天下之公器"，成为社会
大众、全体国民意志之体现，具有可爱可亲、包容统合的面貌，而此前关
于法律是"统治阶级意志体现"，是"统治工具"、"专政工具"的片面而错
误的认识，塑造的是法律肃杀、排斥和压迫的形象，构成了在新的历史情
势下重视发挥法律作用的严重理论阻碍。现在看来，我们付出的努力取得
了预期的效果，较好地实现了对法律的理论正名，从而也就完成了正名法
治的第一步。

为法制正名在当代中国，法制被赋予两重含义：其一是静态的法制含
义，指法律和法律制度（通常认为此定义来自董必武）；其二是动态的法制
含义，即众所周知的"十六字"方针：有法可依，有法必依，执法必严，违
法必究。正是这样一个兼有静态和动态两重含义的法制概念，在正名法治的
过程中，媒合了法律和法治，贯通了法律的作用和法律的统治，将偏重学
理、静态分析的法律正名，通过自身导向了对注重实践、动态实现的法治正
名。对法制的正名，理论上主要涉及人治与法治的关系问题，民主与法制的
关系问题等。具体说来，则是通过总结新中国成立以来若干重大历史问题，
尤其是"文化大革命"十年浩劫和毛泽东晚年大搞个人迷信崇拜的深刻教训

---

① 如张贵成：《论法的继承性问题》，载《中国社会科学》1983 年第 4 期。

② 这方面有较大影响的论文如张文显：《"权利本位"之语义和意义分析：兼论社会主义
法是新型的权利本位法》，载《中国法学》1990 年第 4 期；张恒山：《论法以义务为重心：兼评"权
利本位说"》，载《中国法学》1990 年第 5 期。

③ 例如，有学者曾针对建构适应社会主义市场经济的法律体系问题提出法律协调性问
题，在区别了文本上的"法律体系"之后，指出建构市场经济法律体系的必要性，并对相应
的纲目有序、民主主导、结构优化原则和如何建构该法律体系进行了论述。参见郭道晖：《建
构适应市场经济的法律体系的原则与方略》，载《中国法学》1994 年第 1 期。

展开。作为理论认识的结晶，表现于邓小平在《党和国家领导制度改革》一文中关于制度与人的关系的深刻论述："我们过去发生的各种错误，固然与某些领导人的思想、作风有关，但是组织制度、工作制度方面的问题更重要。这些方面的制度好可以使坏人无法任意横行，制度不好可以使好人无法充分做好事，甚至会走向反面"；"斯大林严重破坏社会主义法制，毛泽东同志就说过，这样的事件在英、法、美这样的西方国家不可能发生。他虽然认识到这一点，但是由于没有在实际上解决领导制度问题以及其他一些原因，仍然导致了'文化大革命'的十年浩劫。这个教训是极其深刻的。不是说个人没有责任，而是说领导制度、组织制度问题更带有根本性、全局性、稳定性和长期性"。① 这些话掷地有声，由此在当代中国历史性地开列出"民主和法制建设"的重要命题，确立了"发扬社会主义民主，健全社会主义法制"的方针政策，并理清楚了民主和法制的关系：民主是法制的前提和基础，法制是民主的确认和保障。

这一过程中的吊诡现象是，法制与法治普遍存在混合使用的现象，意味着在正名法制的问题上，将动态意义的法制等同于法治这样一种理解。与此相伴随，在继20世纪50年代发生围绕法治和人治关系问题的争论二十多年后，又于70年代末80年代初爆发了波及整个法学界的关于法治与人治关系的大讨论，并汇编出版有专门的讨论文集。② 同时，也是由于法制所具有的动态实现的含义，对法制的正名必然与执政党的执政方式、国家和社会的治理方式密切关联，使得法律与政策尤其是执政党的政策的关系，法律与道德的关系，也连带成为理论研究的重要问题。

为法治正名。法治是一种社会治理方式，其原初含义是通过制定法律，运用法律调整社会生活关系，形成社会生活的法秩序。在这种意义上，它与动态的法制含义相当。因此，通过对人治与法治的关系，民主与法制的关系，以及法律与政策、道德等关系的理论探讨，实现了对法制的正名，也是

① 《邓小平文选》第二卷，人民出版社1994年版，第333页。
② 参见《法治与人治问题讨论集》，群众出版社1980年版。

在很大程度上对法治的正名。但是，法治除了原初含义之外，还具有与近现代社会相适合的含义：在形式意义上，法治还意味着对法律至上权威的强调，意味着在处理与公权和私权相关问题上严格坚持合法性原则；在实体价值追求上，法治还意味着"良法之治"。一字之差，质的不同，这就注定了即使是动态地理解法制，法制也不是寓意饱满的现代法治。对法治的理论正名，必然还需要在正名法制的基础上，"打破砂锅问到底"，捅破窗纸见真章。

对法治的正名，在理论上展开讨论的问题除法制与法治的概念辨析外，还包括法治与中国社会转型的关系，法治与社会治理方式转变的关系，① 法治与执政党执政方式转变的关系，② 法治与民主政治的关系，③ 法治与市场经济的关系，④ 依法治国与"以德治国"的关系，全球化、大国崛起与法治的

---

① 例如，有学者曾撰文阐释依法治国的本质是依照法律化的人民意志来治理国家，认为依法治国能够极大地维护党的权威，维护民主集中制，最终有利于社会主义事业的顺利进行，并基于对社会主义法治国家要素的概括，明确提出法律至上、党在法下、制约权力、保障人权以进行政治体制改革等。参见王家福、李步云、刘海年、刘瀚、梁慧星、肖贤富：《论依法治国》，载《法学研究》1996年第2期。王家福教授还于1996年为中央政治局作题为《关于依法治国，建设社会主义法治国家的理论和实践问题》的讲座，力证依法治国的政治合理性。参见王家福：《依法治国，建设社会主义法治国家》，载《求是》1997年第24期。王家福教授的观点还可参见《进一步推进依法治国基本方略实施》，载《法学研究》2007年第4期。

② 例如，有学者强调依法治国是共产党从革命党向执政党转型之必须，也是执政党必须实行的社会治理模式，并提出依宪执政等党落实依法治国、改变执政方式的主张。参见石泰峰、张恒山：《论中国共产党依法执政》，载《中国社会科学》2003年第1期。

③ 例如，有学者从依法治国的含义出发，结合党的执政纲领论证民主政治与法治的内在联系。参见李步云、张志铭：《跨世纪的目标：依法治国，建设社会主义法治国家》，载《中国法学》1997年第6期。有学者通过阐释社会主义法律体系的建立对民主政治的重要性，探讨了建立独立的政治法部门的可能性。参见张文显：《建立社会主义民主政治的法律体系：政治法应是一个独立的法律部门》，载《法学研究》1994年第5期。也有些学者分析了社会主义民主政治和法治之间相互保障、相互作用的机制，认为法治能够正确地规制和引导民主政治的发展。参见李林：《当代中国语境下的民主与法治》，载《法学研究》2007年第5期。

④ 例如，有学者通过分析市场经济的本质，从价值规律、政治需求、改革开放和经济全球化等几个方面阐释了社会主义市场经济的法治经济本质。参见王家福：《发展社会主义市场经济必须健全法治》，载《求是》1994年第5期。

关系,[①] 等等。从中产生的一些说法,诸如法治是中国社会转型的必然要求,市场经济是法治经济,民主政治必然要求法治,共产党要实现从"革命党"向"执政党"的角色转变并严格依法执政,韦伯关于传统权威、"克里斯玛"权威和法理权威的学说,法治是一种全球性意识形态等等,对民众和当政者的思想观念的转变具有显著影响,并协同促成了将法治作为治国理念和治国方略的正当性正名。

应该指出的是,尽管围绕法治正当性正名的理论研讨话题众多,应时而变,但在笔者看来,其中影响最为巨大的理论成果还是三个:一个是关于法律阶级性本质的反思,一个是邓小平基于历史教训对人与制度之间关系的论述(或者说邓小平关于民主和法制建设重要性的论述),再一个是对法治与中国社会转型必然联系的揭示。而从正名法律,到正名法制,再向正名法治的迈进,最终在观念形态和政治实践上促成了法治作为治国方略的确立。

总而言之,1997 年中共十五大报告在分析和反思新中国成立以来法制建设的经验和教训的基础上,明确提出"依法治国,建设社会主义法治国家"的跨世纪目标。"依法治国"作为治理国家的基本方略,随即在九届全国人大二次会议上被写入宪法。如今已经没有什么人会公然地反对法治,法治成为社会主流意识形态的重要内容,成为一种表征价值正当性的话语符号。在笔者看来,正名法治,确立法治的价值正当性,是共和国 70 年最重要的制度成就。

# 四、定义法治

中共十五大报告及随后的修宪将"依法治国,建设社会主义法治国家"

---

① 例如,有的学者从全球化的法律意识形态、对法律全球化的不同评价等问题出发探讨法律与全球化的关系。参见朱景文:《关于法律与全球化的几个问题》,载《法学》1998 年第 3 期。有的学者根据国际规范以强制性的拘束力进入内国法,从而导致内国法不断向趋同的方向发展,得出"法治全球化"的命题。参见王贵国:《经济全球化与法治全球化》,载《中国法学》2008 年第 1 期。

作为治国方略确立之后，"什么是法治"这一问题，随即成为法学理论研究的聚焦点。定义法治作为认识法治的一个内在有机环节，在有别于正名法治正当性的意义上、在回应实践法治之需的意义上凸显出来。

对于什么是法治的问题，在正名法治、论证法治的必要性和必然性的过程中也自然会涉及，但是，那样的讨论是对应于人治、德治和法制的意义上界定，是从属于、服务于正名法治的论证，相对于正名法治的主题，只是一种帮衬，一种烘托。出于论证法治必要性和必然性的需要去解读法治的含义，也很容易产生随意性，或言过其实，或言犹未及。同时，从事理逻辑的角度分析，也只有正名了法治，才会有对法治的认真审视，"什么是法治"作为问题的特殊性才可能显现出来。因此，定义法治并列或承继于正名法治，构成我们共和国法治认识一个历史而逻辑的阶段。

定义法治围绕着两种对应的立场和思路展开，可以姑且称之为普遍意义上的法治观和国情主义法治观。它们相伴而生，前后相继，胶着不下。

普遍意义上的法治观在人类的法律生活中，法治是一个经典性的概念，古今中外不同时代的思想家对这一概念有过不同的论述，"法治是什么"的问题同"法律是什么"的问题一样，也是法学理论中人们不断追问的问题。法治作为一种系统完整的理论，乃是西方近代文明的产物，然而从历史沿革的角度看，它首先是一项历史成就。普遍意义上的法治观，主要依托近现代西方法治发达国家的法律文献和学者的理论学说，其中重要的法律文件如英国 1689 年《权利法案》，美国 1787 年《联邦宪法》，法国 1789 年《人权宣言》等，理论学说最具影响的人物有亚里士多德、柏拉图、洛克、孟德斯鸠、戴雪、麦迪逊、富勒、拉兹、菲尼斯、哈耶克、罗尔斯、德沃金等。普遍意义上的法治观的底版显然是西方的，这也是它后来被指斥为西方法治观的原因所在。从研究内容看，普遍意义上的法治论者深受戴雪、富勒、拉兹等明确开列法治的基本原则和要求的做法之影响，其研究的共同旨趣，都落脚到对"法治原则"的概括上。例如，有学者将中国法治国家建设的基本要求概括为十项：法制完备、主权在民、人权保障、权力制衡、法律平等、法律至上、依法行政、司法独立、程序正当、党要守法等。[①]有研究者将法治的原则要求归纳为十大训诫:(1)有普遍的法律;(2)法律为公众知晓;(3)法律可预期;(4)法律明确;(5)法律无内在矛盾;(6)法律可循;(7)法律稳定;(8)法律高于政府;(9)司法威权;(10)司法公正。[②]笔者在关于"法治"的讲义中,把现代法治理念的基本内涵概括总结为四条:(1)法律的权威性是法治赖以实现的根本保障;(2)限制公权力是法治的基本精神;(3)公正是法治最普遍的价值表述;(4)尊重和保障人权是现代法治的价值实质。并认为,现代法治理念根植于近现代社会的经济、政治、文化等诸方面的必然性要求之中,是法治的灵魂,体现了法治的精神实质和价值追求,回答了为什么实行法治以及如何实现法治的问题。同时,在法治的实践操作上,把法治的原则要求概括为八项:(1)法律必须具有一般性;(2)法律必须具有公开性;(3)法律不溯及既往;(4)法律必须具有稳定性;(5)法律必须具有明确性;(6)法律必须具有统一性;(7)司法审判的独立;(8)诉讼应当合理易行。[③]

在1998年"法治"写入宪法,法治的价值正当性得以彻底正名之后,在定义法治方面首先在理论认识上占据主导地位的,正是这种普遍意义上的法治立场和观念,而且理论界也基本上是在普遍意义上的立场上达成了对法治理解上的共识。[④]2008年2月28日国务院新闻办发布的《中国的法治建设》白皮书,也开宗明义地指出:"法治是政治文明发展到一定历史阶段的标志,凝结着人类智慧,为各国人民所向往和追求","中国人民为争取民主、自由、平等,建设法治国家,进行了长期不懈的奋斗,深知法治的意义

---

① 参见李步云:《依法治国历史进程的回顾与展望》,载《法学论坛》2008年第4期。对于法治国家十条标准的具体阐述,可参见李步云:《依法治国的里程碑》,载《人民日报》1999年4月6日。

② 参见夏勇:《法治是什么——渊源、规诫与价值》,载《中国社会科学》1999年第4期。

③ 参见朱景文主编:《法理学》,中国人民大学出版社2012年版,第97页及以下。

④ 当然,具体角度和侧重点也有所不同,例如有学者从程序建设的角度切入,通过借鉴别国的法治技术来为中国的法治建设提供思路。参见季卫东:《法律程序的意义——对中国法制建设的另一种思考》,载《中国社会科学》1993年第1期。

与价值，倍加珍惜自己的法治建设成果"。[①] 诸如此类的表述，说明政府方面也是承认了法治的普遍性的，因而也隐含了对法治普遍性要求的承认。

既然在定义法治上已经取得理论共识，为什么又会在随后的日子里产生颇具批判和颠覆意义的国情主义法治观呢？这是我们对法治现象认识变化的又一吊诡之处。笔者认为根本的原因在于，在普世主义法治观中，包含了对司法在法治框架中的核心作用以及司法独立的强调，隐含了西方分权制衡、多党政治等政制背景，并与中国的司法和政制架构形成巨大反差，由此引发了对现代法治赖以存在和发挥作用的政制架构的理论探讨，并最终使得法律界关于司法改革的研究，成为触发国情主义法治观形成的诱因和导火索。

国情主义法治观普遍意义上的立场在定义法治的过程中占得先机，居于主导地位，但是，主张关照中国本土国情来认识和把握法治的主张和努力也一直存在。例如，有学者认为，中国的法治秩序建构的主要关注点是现代化与变法，其中存在变法与法治、法律与立法、国家与社会、理想与国情、普适性与地方性等五个悖论；普遍意义上的法治观念指引下的法律体制推进，借助的是国家强制力的推进，从而缺乏回应社会的张力，反倒在法治秩序建构中容易弄巧成拙；观察法律的本质属性不应当局限在"主权者的命令"之上，不应单纯地把法律作为理性思维的产物，而更多的是作为回应社会需求、带有社会预期性、总结性和经验性的习惯的总结、凝练和升华；应该提出并关注"法治及其本土资源"的命题。[②] 也有学者从中华法系的传统特性来认识中国法治的特殊性，认为中国法的起源是部落与国家形态的结合，与西方破除宗族部落、在新阶层的产生与阶层之间的摩擦和妥协中建立起来的、相互尊重权利的法律秩序截然不同；应该在尊重法治的基本立场之下探讨中国的法治建设，并强调了对传统法治资源的再利用，从而实现法治的社

---

① 参见中华人民共和国国务院新闻办公室《中国的法治建设》白皮书，2008 年 2 月 28 日，中央政府门户网站，http://www.gov.cn/zwgk/2008-02/28/content_904648.htm，2013 年 4 月 11 日访问。

② 参见苏力：《变法、法治建设及其本土资源》，载《中外法学》1995 年第 5 期；苏力：《法治及其本土资源》，中国政法大学出版社 1996 年版，自序第 5 页以下。

会价值。① 相对于后来的发展而言，学者的这些声音还比较细微，同时更多地表现为一种立场态度，并没有形成什么对法治的系统看法。

在笔者看来，作为"本土资源"观点的结果延伸，国情主义法治观的正式形成，还是出自执政党的努力：先有"低调"的说法，认为中国社会主义法治是"党的领导、人民当家作主和依法治国的有机统一"；② 后有高调推出的"社会主义法治理念"的五项要求，即依法治国、执法为民、公平正义、服务大局、党的领导，③ 以及对法治建设要体现"三个至上"的强调——人民利益至上、党的领导至上、宪法法律权威至上。④ 而作为学界的回声，并上升为在立场和方法上与普世主义法治观相对的理论形态——国情主义法治观，则以学者新近论文的概括阐发为典型代表。有学者指出，中国正处于法治进路转型之中，亦即从偏重于学习和借鉴西方法律制度和理论的追仿型进路转向以适应中国国情、解决中国实际问题为目标的自主型进路。在这种转型中，必须对西方法治理论中的精华所在、法条主义是不是法治的核心原则、司法独立的真正含义及其在西方社会是否真实存在，以及实行法治是否应当奉行法律中心主义等重大问题进行辨识反思。基于我国政制架构、人多地广、区域发展不平衡、利益分化严重、公众法律认知水平低、司法资源匮乏等特殊情况，开展自主型法治建设要做到：以保证执政党的核心领导为前提，界定司法在我国政治结构中的地位；注意法律及其适用的多样性和区别性；合理确定并发挥司法的职责与功能；重视司法行为的社会影响和社会效果；把握法律专业化、技术化、程序化水准提升的进程；完善司法权内部的

---

① 参见梁治平：《"法"辨》，载《中国社会科学》1986 年第 4 期；以及梁治平：《法治：社会转型时期的制度建构——对中国法律现代化运动的一个内在观察》，见梁治平编：《法治在中国：制度、话语与实践》，中国政法大学出版社 2002 年版，第 84 页以下。

② 参见胡锦涛：《高举中国特色社会主义伟大旗帜，为夺取全面建设小康社会新胜利而奋斗》，载《人民日报》2007 年 10 月 25 日。

③ 参见中共中央政法委员会编：《社会主义法治理念教育读本》，中国长安出版社 2006 年版，第 1 页。

④ 参见《胡锦涛：扎扎实实开创我国政法工作新局面》，人民网：http://politics.people.com.cn/GB/1024/6699023.html，2013 年 4 月 11 日访问。

运行机制；提升法律对外部世界的应对能力，等等。①

国情主义法治观对普遍意义上的法治观的反思批判，在立场和观点上特别专注于对中国当下的政制架构、社会状况的强调，以及它们对法律和司法"中心地位"的减损作用和挤出效应。从眼下的势头看，国情主义法治观风头强劲，由于执政党的强力推动，在气势上显然盖过淹没了普世主义法治观。但令人颇觉吊诡的又一现象是，在定义法治的问题上，国情主义法治观的出现并没有带来相关理论研究的繁荣，更没有在反思批判整合的努力下，促成对法治内涵和外延认识上的基本共识，相反，还一时留下困局。面对国情主义法治观的强势话语，以及它所依托的强势组织载体，理论界有不少趋之若鹜的，有不少敷衍了事的，更多的人则是扭转身去，避而不谈或我行我素。

笔者的基本看法是，国情主义法治观与近年来伴随着中国综合国力的提升而在理论上流行的所谓"中国模式"或"中国式发展道路"的思潮相呼应。它建设性地提出了在法治认识上必需引入中国视角，注入中国元素，提示了法治的观念和实践如何回应中国国情的问题。这是应该充分肯定的。留下的问题是，如何恰当地把握国情，如何确定国情认识的时空坐标或尺度，谁有权来指认和确定国情。同时，既然还坚持依法治国的法治立场，坚持法治的价值正当性，就有必要承认在法治概念认识上的可通约性。而就此种可通约性而言，除了在实现正名法治后必然具有的通过"依法治理"构建法秩序的含义外，是否在法律的形式和内容上还有必要将法治的原则要求、法治内在质的规定性予以明确而具体地表达，以备指引实践之需。要认真地思考，在处理法律与政治、法律与道德、司法的内部和外部的诸多关系上引入中国元素，是否会突破法治对法律、司法等底线要求的问题。

国情主义法治观的出现，使法治的理论研究处于一种复杂而困难的局面。这种局面造成了理论研究上一种另辟蹊径的想法和行动。很多人可能心里在问，什么是法治的问题有那么重要吗？我们有可能一劳永逸地回答什么是法治的问题吗？与其这样纠结徘徊痛苦地争论，还不如尽快思考、更多地

---

① 参见顾培东：《中国法治的自主型进路》，载《法学研究》2010 年第 1 期。

思考如何实践，如何具体推进法治的问题。迄今已出现许多法治认识上的技术进路者，他们的努力已形成量化法治、指数化法治的理论势头。

# 五、量化法治

正名法治是践行法治的首要前提，而伴随着对法治价值正当性正名的完成，什么是法治的问题，就成为践行法治必须要面对和回答的问题。从理论方法上说，回答什么是法治，可以采取定性分析的方法，也可以采取定量研究的方法。上述普世主义法治观和国情主义法治观在定义法治问题上立场和方法的分殊，已经从法治的内容和形式的原则要求方面，展示了对法治含义的定性回答。相对于法治实践而言，它们比较具有形而上的抽象特征。而与此相对，对法治含义的回答，必然还会有一种定量分析的可能，在更加具体、更为直接的意义上连接法治实践。

法治是人类文明的一项历史成就，如果我们对法治的理解不限于近现代，那么法治在最低限度上意味着依法治理、建立社会生活的法秩序。伴随着法治价值正当性的确立，中国的法治实践也在"法制建设"的意义下全面展开。党中央树立了"依法执政"的旗帜，全国人大确定了"建立中国特色社会主义法律体系"的目标，政府方面以"建立法治政府"为努力方向，司法机关则意图通过改革"建立公正、高效、权威的社会主义司法制度"，而在社会方面，则提出了"全民守法"的要求。与这些法治的实践主题相关，对应的理论探讨也广泛展开。尽管如此，从法治认识的进程看，与这些"法制建设"主题相关的理论探讨，并不构成一个相对独立、可以识别的阶段。它内含于对法治价值正当性的正名之中，体现了与正名法治相伴而来、作为法治低限内容的法治意涵。它也没有在整合的意义上面对什么是法治的追问，并在立场和方法上与对法治概念进行定性分析和解答的理论操作相区分。作为对什么是法治的问题进行定量考察，并在立场和方法上区别于正名法治和定义法治，构成法治认识的一个阶段的理论研究，只有在与法治发展报告、法治指数研究等相联系的"量化法治"概念提出之后，才得以识别。

在"量化法治"的理论研究方面，国内较早的尝试始于 2002 年前后上海等城市从法治指标角度所进行的"世界城市的法治指标"项目，其后受到广泛关注的则有浙江余杭的"法治指数"项目，浙江法院的"司法透明度"项目，中国人民大学法学院、中国社会科学院法学研究所等机构实施的法律或法治发展报告项目，以及中国法学会正在实施的"法治指数"项目等等。如今，除上海、浙江外，广东、江苏、北京、湖南等省市也陆续在近年开展了关于地方法治化治理的指标指数的项目研究和实践。在今年公布的国家和有关部委的人文社科规划项目指南中，也可以看到关于法治指数研究的课题立项。与国内"量化法治"的努力相呼应，在域外也能看到相似的关于法治指标指数的研究和实践，如 2008 年前后由美国律师协会联合国际律师协会、泛美律师协会、泛太平洋律师协会等律师组织发起的"世界正义工程"（the World Justice Project）计划，提出了用以考量一国法治状况的"法治指数"目录。域外法治研究的这一动向，显然对国内的"量化法治"研究构成了必要性和可行性上的重要支撑，影响巨大。

"量化法治"研究的一个重要特点，是明确的实践指向，而且许多项目的开展本身都是基于政府方面的委托由学者和实务工作者协同进行。眼下诸如法治发展报告、法治指数一类的"量化法治"研究已经取得一些成果，但总体上说，还正处于逐渐开展的过程之中。从遭遇的问题看，还是有不少，比如，如何克服数据收集的困难，如何保证数据的确凿性，如何在与政府合作中贯彻第三方评价的中立性，如何分解和设立评价法治状况的指标，如何在指数计算中权重各项指标，如何处理客观指标与主观指标的关系，如何区分对政府部门的工作考核与对一个地区法治状况的评价等等，不一而足。但是，最令人感觉吊诡的又一现象是，我们因无法或不愿真正从定性分析角度寻求对什么是法治问题的回答而另辟蹊径，开始了立足定量分析的"量化法治"的突围，而在法治指标设计和法治指数计算中，还是绕不过对法治在内容和形式上的原则界定。前述"世界正义工程"经过与一百多个国家的 17 个专业领域的领导人、专家学者、普通人员的沟通研讨，提出的"法治"操作定义包括四项基本原则：（1）政府及其官员均受法律约束；（2）法律应当明确、公开、稳定、公正，并保护包括人身和财产安全在内的各项基本权利；(3) 法律的颁布、实施和执行程序应当开放、公平、高效；(4) 法官、律师和司法工作者应当称职、独立，具备职业道德，而且数量充足、装备精良并具有一定社会代表。其法治指数所涉指标的分解和设计，正是以此操作定义为基础。我们对"法治"在操作上的原则要求的表述，则有很大不同。比如，余杭法治指数项目分解为九项：(1) 推进民主政治建设，提高党的执政能力；(2) 全面推进依法行政，努力建设法治政府；(3) 促进司法公正，维护司法权威；(4) 拓展法律服务，维护社会公平；(5) 深化全民法制教育，增强法治意识、提升法律素养；(6) 依法规范市场秩序，促进经济稳定良性发展；(7) 依法加强社会建设，推进全面协调发展；(8) 深化平安余杭创建，维护社会和谐稳定；(9) 健全监督体制，提高监督效能。① 试想一下，基于这九项内容我们能获取一个清晰的"法治"工作定义吗？据此得出的法治指数，能与域外同行在法治指数话题上对话交流吗？由于在这方面遭遇了难题，最近一些项目干脆以中共十八大报告的提法为确定法治操作定义的依据：(1) 科学立法；(2) 严格执法；(3) 公正司法；(4) 全民守法。② 但是，这样在理论研究上避难就易，简洁倒是简洁，却不明了，基本含义还真不易把握。为避免"定义法治"的困境我们选择了"量化法治"的进路，而当真正做起来，我们又发现还是绕不过，真可谓前门才送出，后门又进来。看样子，以实践法治为直接指向的"量化法治"研究，其推行还是有赖于在什么是法治的问题上取得基本共识。

　　基于以上描述分析，笔者认为，中华人民共和国的法治认识进程，已经使得法治作为问题在理论逻辑上完整展示开来。从结果看，我们完成了对法治的正当性正名，凸显了对法治定义上的立场和观点分歧，开始了对法治实践的量化探索。对于后两方面今后的演变，可以拭目以待。

---

① 参见钱弘道：《2008 余杭法治指数：数据、分析及建议》，载《中国司法》2010 年第 3 期。

② 参见胡锦涛：《坚定不移沿着中国特色社会主义道路前进，为全面建成小康社会而奋斗》，载《人民日报》2012 年 11 月 18 日。

# 第二章　转型中国的法律体系建构 *

　　自从 1997 年中共十五大作出"依法治国，建设中国特色社会主义法治国家"的战略决策，并同时提出"到 2010 年形成有中国特色的社会主义法律体系"之后，关于中国特色社会主义法律体系的研讨活动、研究项目、著作文章等已经有很多。考虑到再有不到一年的光景就将进入 2010 年，为了避免这方面的探讨成为一种过眼烟云式的或滞后的研究，我们需要在与以往研究有所区别的意义上审视和厘定自己的研究思路和意图。比如，此前的研究多饱含激情，致力于绘制中国特色社会主义法律体系的宏伟蓝图，为此出谋划策，而此时整个法律体系建设的工程几近尾声，几十年的努力已经将法律体系的蓝图转变为法律体系的实样形态，需要我们切实面对，作出品鉴。

　　中国特色社会主义法律体系的建设要不断回应中国社会发展和法治进程的需要，不可能毕其功于一役，不可能一旦"形成"就不再发展，不需要完善，然而，随着法律体系形成这样一个标志性时刻的到来，研究者超出于以往充满理想的构图努力，就已然展现在自己面前的法律体系加以认真审视，就一些相关的理论问题进行回顾梳理，无疑是现实而富有意义的。品评的过程也许并不都是美好，甚至还会发现许多遗漏缺失，但只有这样的操作，才能为中国特色社会主义法律体系在形成之后的不断发展和完善，提供智识上的支持和操作思路上的指引。

---

　　* 原载《中国法学》2009 年第 2 期。

本文的旨趣是对策性的,因而在形态上有别于基于学理线索和文献详备的专题论文。具体来说,在文献资料上,本文将删繁就简,聚焦于源自中国政府领导人或权威决策者的文献资料,尤其是作为中国特色社会主义法律体系构建实践主要担纲者——立法机关方面的文献资料,如全国人大常委会委员长和立法机关其他一些领导人关于中国特色法律体系的论述;在内容框架上,将沿着描述、分析、评论和总结的顺序展开,首先描述和梳理中国特色社会主义法律体系的"形成"状况,然后分析和揭示中国政府尤其是立法机关在法律体系建设的认识和实践上所表现出来的主要技术特征,并从中国社会转型发展的现状和要求出发进行相应的评论和反思,最后就法律体系建设在整体思路和布局方面的一些建议作总结性陈述。

# 一、法律体系建构的基本状况

描述迄今为止中国法律体系建构的基本状况,不能不把视野聚焦于作为国家权力机关和最高立法机关的全国人大及其常委会。全国人大及其常委会是构建中国特色社会主义法律体系实践的主要担纲者,正如吴邦国委员长所言:"加强立法工作是全国人大及其常委会的重要职责和首要任务。"① 中国特色法律体系的构建,大致可以称之为是以立法为中心、以立法机关为主要载体的立法构建。

另外,从时间维度看,1997 年无疑是最为重要的时间界标。因为在这一年召开的中共十五大在执政纲领中明确宣示"依法治国,建设中国特色社会主义法治国家"的战略决策,并同时要求"加强立法工作,提高立法质量,到 2010 年形成有中国特色的社会主义法律体系"。随后于 1998 年 3 月开始履职的九届全国人大的常委会专门成立了有中国特色社会主义法律体系研究小组,重点研究了三个方面的问题,即"第一,我国法律体系是如何构成的,

---

① 吴邦国:《为形成中国特色社会主义法律体系而奋斗》,载《人民日报》2004 年 2 月 1 日第二版。

其包括的范围和法律部门如何划分。第二，我国法律体系具备哪些基本特征表明是有中国特色社会主义法律体系。第三，我国法律体系的主要内容，各个法律部门中基本的、主要的法律包括哪些？目前已经制定出哪些？还缺哪些？"① 可以说，立法机关正是从此时起开始有了明确而简约的"法律体系"观念，并将这种观念不断地通过立法活动转变为现实。

下面从三个方面对中国特色社会主义法律体系建构的现状进行描述，依次是中国特色法律体系的观念要素，中国特色法律体系建构的基本目的和思路，以及中国特色法律体系建构的标准和成就。

## （一）中国特色法律体系的观念要素 ②

从观念上看，中国立法机关对于法律体系的认识是相当简约明快的，围绕立法实践需要在理论上所作的抉择和删繁就简，给我们留下了易于领会和把握的清晰印象。

### 1. 法律体系的概念

"法律体系"是中国法理学中的一个基本概念，不同时期的法理学教材对此都设有专章或专节进行阐述。按照 1984 年出版的中国大百科全书法学卷中的界定：法律体系是指"由一个国家的全部现行法律规范分类组合为不同的法律部门而形成的有机联系的统一整体"。③ 一般认为，这种对于法律体系的理解，源自于苏联关于法律体系的传统理论。尽管随着中国社会改革和开放进程的深入，随着法制建设或法治实践和法学理论的发展，人们对法律体系概念也提出过其他许多不同的理解和表述，诸如"比较完备的法律和法制"，"法律的合乎逻辑的独立整体"，"一个国家法律渊源的分类的体系"，

---

① 参见乔晓阳：《关于中国特色社会主义法律体系的构成、特征和内容》，见全国人大培训中心编：《全国人大干部培训讲义》，中国民主法制出版社 2004 年版，第 154 页及以下；全国人大常委会办公厅研究室课题组：《中国特色社会主义法律体系若干问题研究》，载《理论前沿》1999 年第 3 期。

② 此部分涉及立法机关的看法，除另有标示外，皆依据上引乔晓阳先生《关于中国特色社会主义法律体系的构成、特征和内容》一文，不再标注。

③ 《中国大百科全书·法学》，中国大百科全书出版社 1984 年版，第 84 页。

"从立法到实施的法制体系、法治体系或法制系统工程"等等，但是，这种顺着法律规范—法律部门—法律体系的概念序列，把法律体系视为不同部门法或法律部门的系统的看法，基本上构成了理论上的主流。

中国的立法机关在法律体系概念的把握上，基本上采用了主流看法。全国人大乔晓阳先生[①]在他关于中国特色社会主义法律体系的解说性文章中写道："法律体系，通常是指一个国家所有法律规范依照一定的原则和要求分类为不同的法律部门而形成的有机联系的统一整体。"[②] 在这里，除了文字表述上的些许差异以及强调了分类是"依照一定的原则和要求"外，并无什么根本不同。

2. 法律体系的构件——法律规范

法律体系从构成来看，被认为"涉及两个问题：一是法律规范的范围，即哪些规范性文件属于法律体系范围？二是法律规范的分类，即如何将所有法律规范科学、合理地划分为若干法律部门？"

由于法律规范的范围被归结为"一个国家法律规范的表现形式"的问题，大致与学理上所说的"法律的形式渊源"的概念相联系。立法机关认为，中国是单一制、成文法传统的国家，按照现行立法体制，法律体系中法律规范的范围"应当包括宪法、法律、行政法规、地方性法规、自治条例和单行条例、规章几种形式"。

按照乔晓阳先生的解释，上述各种法律规范的形式在法律体系中的地位、作用和效力有所不同。中国实行的是统一而又多层级的立法体制，"所谓统一，就是所有法律规范都不得同宪法相抵触，国家立法权统一由全国人大及其常委会行使，法律由全国人大及其常委会制定。同时，下位法不能与上位法抵触，同位法相互之间应当协调。所谓多层次，就是除了全国人大及其常委会可以制定法律外，国务院可以根据宪法和法律，制定行政法规，报

---

① 乔晓阳为全国人大常委会委员、副秘书长，全国人大法律委员会副主任委员，全国人大常委会香港特别行政区基本法委员会主任、澳门特别行政区基本法委员会主任。

② 参见乔晓阳：《关于中国特色社会主义法律体系的构成、特征和内容》，见全国人大培训中心编：《全国人大干部培训讲义》，中国民主法制出版社2004年版，第154页及以下。

全国人大常委会备案；省、自治区、直辖市人大及其常委会在不同宪法、法律、行政法规相抵触的前提下，可以制定地方性法规，报全国人大常委会备案；较大市的人大及其常委会也可以制定地方性法规，但需报省、自治区、直辖市人大常委会批准，批准后报全国人大常委会备案；民族自治地方的人民代表大会根据当地民族政治、经济、文化的特点，可以制定自治条例和单行条例，报上一级人大常委会批准；此外，国务院各部委和省、自治区、直辖市以及较大市的人民政府，可以根据法律和法规制定规章。部委规章报国务院备案，地方政府规章不仅报国务院备案，还要报本级人大常委会备案，较大市的规章同时报省级人大常委会和省级政府备案。"

从上面的解释看，立法机关关于法律规范范围的用语具有多重含义，除了与法律的形式渊源的概念形成对应外，还与法律效力的位阶或等级体系相呼应。由于法律规范范围的表述内含了这样两个方面的内容，自然也就包罗了对立法权组织载体的厘定。在中国，有权立法的主体限于国家机关的范围，具体包括：全国人民代表大会，全国人民代表大会常务委员会，国务院，省级人民代表大会及其常务委员会，省级政府所在地的市、经济特区所在地的市及国务院批准较大市的人民代表大会及其常务委员会，民族自治地方的人民代表大会，国务院各部委，省级政府和省级政府所在地的市、经济特区所在地的市及国务院批准较大市的政府，中央军事委员会。

### 3. 法律体系的构件——法律部门

法律体系是一个整体性、系统性的概念，其中必然存在某种整体和部分之间的关系，从而涉及法律分类的问题。法律分类也是法理学的一个基本概念，按照不同的标准，法律可以历史或逻辑地划分为不同的种类。其中在立法机关的视野中被提示的有：基于社会形态标准划分的奴隶制法、封建制法、资本主义法和社会主义法，基于创制方式和表现形式标准划分的成文法和不成文法，基于效力范围标准划分的一般法和特别法，基于创制和适用主体标准划分的国际法和国内法，基于法律规定内容标准划分的实体法和程序法，以及基于法律调整的社会生活关系性质标准所区分的公法和私法。

从理论上说，上述被提示的分类以及其他未被提示的分类，如基于法系标准的英美法、大陆法和中华法等，都与法律体系的构建有各自不同的联系，但是立法机关沿用了迄今法学理论上的主流看法，在法律体系构建所涉及的法律分类上采用了法律部门的划分方法。"我们所讲的有中国特色社会主义法律体系的分类，不是上述划分方法的分类，而是把所有的法律规范，按照其调整的特定社会关系和调整方法，划分为若干部门。凡调整同一种社会关系并运用同一类调整方法的法律规范的总和就构成一个法律部门。"因此，在中国法律体系的构建中，大致看来，法律规范是基本的构建元素，法律部门则是法律体系的直接构件或组件，是法律规范有序整合为法律体系的桥梁。

法律部门是依照调整的社会关系和调整方法对法律规范进行分类的结果。在理论上，这种分类的结果并不相同，如"两分法"——公法和私法，"三分法"——公法、私法和社会法，"四分法"——公法、私法、社会法和经济法。基于公法和私法划分，也形成了法学家认识中关于法律体系的不同架构，如"五法体系"——民法、商法、民事诉讼、刑事诉讼法和刑法，著名的"六法体系"——宪法、民法、刑法、行政法、民事诉讼法和刑事诉讼法。此外，国内学者在不同时期还提出过"八法体系"——民法、商法、行政法、经济法、劳动和社会保障法、自然资源与环境保护法、政治法、文化法；"九法体系"——宪法、行政法、民法、经济法、劳动法与社会保障法、环境法、刑法、诉讼法、军事法；"十法体系"——宪法、行政法、民法、商法、经济法、刑法、诉讼法、劳动法与社会保障法、环境法、军事法（另一版本是宪法、行政法、民法、经济法、劳动法、教科文卫法、资源环境保护法、刑法、诉讼法、军事法）；"十一法体系"——宪法、行政法、刑法、民法、商法、经济法、环境法、劳动法、婚姻法、诉讼法、军事法。面对种类繁多的法律部门分类，九届全国人大常委会提出了自己颇具结论性的"七分法"，即在宪法统帅下，按照法律规范调整的社会关系和调整方法的不同，将我国法律规范划分为七个法律部门，分别是宪法相关法、民法商法、行政法、经济法、社会法、刑法、诉讼与非诉讼程序法。立法机关方面认为："划分为这七个法律部门，能够清楚地反映各类法律规范所调整的对象和方法，既能够把各个法律部门区分开。又能够使各个法律部门之间的关系合乎逻辑，并且符合我国现有法律和将要制定法律的状况。"

基于对作为法律体系构件的法律规范和法律部门概念的上述认识，立法机关在体系构成的意义上将对法律体系概念的一般界定演绎为关于中国法律体系的定义，即中国的法律体系"是以宪法为统帅，法律为主干，包括行政法规、地方性法规、自治条例和单行条例以及规章在内的由七个法律部门组成的统一整体"。

### 4.法律体系的构件——法律部门的分支

尽管立法机关在法律体系的定义表述上把法律体系的基本元素认定为法律规范，把法律体系的直接组件确认为法律部门，但是从定义前的过程叙述看，可以发现在法律规范和七个法律部门之间所存在的更进一步的分类形态，姑且称之为"法律部门的分支"。法律部门分支的内容被划分为两个层次：一个是作为法律规范的集合形态的各种"法律"。二是作为内容性质相同的多个法律集合形态的"法律板块"。例如，选举法、代表法、全国人大组织法、国务院组织法、法院组织法、检察院组织法、地方组织法、立法法、全国人大议事规则、全国人大常委会议事规则等法律文件各自皆为相关法律规范的集合形态，同时，它们又因为内容上的同质，构成了作为法律集合形态的国家机构组织法板块，成为宪法相关法法律部门的一个分支。按照立法机关已有的认识，七个法律部门所包含的主要分支情况大致如下：

宪法相关法部门四个：（1）有关国家机构的产生、组织、职权和基本工作制度方面的法律，包括选举法、代表法、全国人大组织法、国务院组织法、法院组织法、检察院组织法、地方组织法、立法法、全国人大议事规则、全国人大常委会议事规则等。（2）有关民族区域自治制度、特别行政区制度、基层群众自治制度方面的法律，包括民族区域自治法、香港特别行政区基本法、澳门特别行政区基本法、村民委员会组织法、居民委员会组织法等。（3）有关维护国家主权、领土完整和国家安全方面的法律，包括领海及毗连区法、专属经济区和大陆架法、戒严法以及国旗法、国徽法、国籍法等。(4) 有关保障公民基本政治权利方面的法律, 包括选举法、集会游行示威法等。

民商法部门两个: (1) 民事法律, 包括民法通则、合同法、担保法、拍卖法、商标法、专利法、著作权法、婚姻法、继承权、收养法等。(2) 商事法律, 包括公司法、合伙企业法、个人独资企业法、证券法、保险法、票据法、海商法、商业银行法、企业破产法 (试行)、信托法等。

行政法部门没有明确的分支划分, 数量众多的行政法律涉及国防、外交、国家安全、治安管理、司法行政、城市建设、环境保护以及教育、科技、文化、卫生、体育等各个行政管理领域。

经济法部门六个: (1) 有关宏观调控方面的法律, 包括预算法、审计法、中国人民银行法、价格法、个人所得税法、税收征管法、银行业监督管理法等。(2) 有关规范市场秩序和竞争规则方面的法律, 包括反不正当竞争法、消费者权益保护法、产品质量法、广告法、招标投标法、政府采购法、投资基金法等。(3) 有关扩大对外开放和促进对外经济贸易发展方面的法律, 包括中外合资经营企业法、中外合作经营企业法、外资企业法、对外贸易法、进出口商品检验法、进出境动植物检疫法等。(4) 有关促进重点产业振兴和发展方面的法律, 包括农业法、铁路法、民航法、公路法、电力法、煤炭法、建筑法、城市房地产管理法、港口法等。(5) 有关自然资源保护和合理开发利用方面的法律, 包括土地管理法、森林法、草原法、水法、水土保持法、矿产资源法等。(6) 有关经济活动规范化、标准化方面的法律, 包括标准化法、计量法、统计法、测绘法等。

社会法部门两个: (1) 有关劳动关系、劳动保障和社会保障方面的法律, 包括劳动法、工会法、矿山安全法、职业病防治法、安全生产法等。(2) 有关特殊社会群体权益保障方面的法律, 包括残疾人保障法、未成年人保护法、预防未成年人犯罪法、归侨侨眷权益保护法、妇女权益保障法、老年人权益保障法、红十字法、公益事业捐赠法等。

刑法部门内容和形式皆已高度整合, 没有分支划分。

诉讼与非诉讼程序法部门内容相对单一, 大致有两个分支: (1) 有关诉讼的法律，包括刑事诉讼法、民事诉讼法、行政诉讼法、海事诉讼特别程序法等。（2）有关仲裁的法律，主要是仲裁法。

按照系统论的原理，任何事物皆作为系统而存在，任何事物皆具有可分性，复杂系统由简单的系统所构成，从而内含有一种部分和整体的关系。法律体系作为一个大的系统，也是由层层相因的子系统所构成。立法机关围绕法律体系构造在法律规范与法律部门之间所做的进一步构件划分，遵循了此等原理，避免了在法律体系构件层次上的断裂和跳跃。

## （二）中国特色法律体系建构的基本目的和思路

中国特色法律体系的构建是一个持续不断的宏大实践，为什么要进行这种实践，如何从事这种实践，涉及目的和方法上的考量。从中国立法机关的文献阐述分析，这方面的认识比较明确，既包含了对起始背景的回顾，也包含了对法治自身运作逻辑或规律的认识，还包含了对社会生活实际需要的归因。

### 1. 党的十一届三中全会和邓小平的民主法制思想

1978 年召开的中共十一届三中全会总结了新中国成立以来的经验教训特别是"文化大革命"的惨痛教训，作出把全党工作重点转移到经济建设上来的重大决策，同时强调要发展社会主义民主、健全社会主义法制。会议援引了时任领导人邓小平的思想表述，指出："为了保障人民民主，必须加强社会主义法制，使民主制度化、法律化，使这种制度和法律具有稳定性、连续性和极大的权威，做到有法可依、有法必依、执法必严、违法必究。"[①] 该报告还紧接着提出："从现在起，应当把立法工作摆到全国人民代表大会及其常务委员会的重要日程上来。检察机关和司法机关要保持应有的独立性；要忠实于法律和制度，忠实于人民利益，忠实于事实真相；要保证人民在自

---

① 邓小平原话见于《解放思想，实事求是，团结一致向前看》一文，他说："为了保障人民民主，必须加强法制。必须使民主制度化、法律化，使这种制度和法律不因领导人的改变而改变，不因领导人的看法和注意力的改变而改变。"他还强调，应该集中力量制定各种必要的法律，做到有法可依，有法必依，执法必严，违法必究。

己的法律面前人人平等，不允许任何人有超于法律之上的特权。"

从立法机关对法律体系建设的历史背景的认识看，中共十一届三中全会以及它所宣示的邓小平的民主法制思想，构成了谈论当代中国特色法律体系建设话题需要着重强调的起始性事件。尽管在这个最为原初的细胞中，立法、民主和法治的显著意义只是因为比较简单的理由即防范政治领袖的恣意而被强调，但此后随着中国社会改革开放进程的深入，一系列重大事件的发生如市场经济目标的确立、"一国两制"的实践、加入世贸组织等等，使得原初的细胞不断裂变，法律体系建设的目的变得越来越饱满，逻辑思路的表述也显得简捷而明快。

2. 有法可依：法律体系构建的逻辑思路

人类社会的法治实践复杂多样，但无论是古往今来的哪种法治形态，有法可依和依法办事这样两个互相依存的要求，都是其中内含的基本逻辑。立法工作的重要性，法律体系构建的必要性，在立法机关的阐述中，很多时候就是基于这种法治实践的内在逻辑："立法是国家的一项基本政治活动，是实行依法治国基本方略的重要基础和依据。加强立法是依法治国题中应有之义。"[1]"依法治国，首先要有法可依，必须有完备的法律。否则，依法治国就无从谈起。"[2]

3. 从"有法可依"到"法律完备"：法律体系构建的目的要求

法治所讲的"有法可依"从来不是有或无意义上简单的"有法可依"，而是有"良法"可依，依"良法"而治，从而必然在"有法"的问题上引入数量和质量的考量维度。一旦引入这样的考量维度，中国立法在起步阶段以克服政治领袖人物恣意妄为、使社会生活有所规矩为目的的"有法"努力，就提升为建构以"完备"为特征的法律体系的要求，即立法领导人所说的"建立起符合改革开放和现代化建设需要的、比较科学完备的、有中国特色的社

---

① 参见吴邦国：《为形成中国特色社会主义法律体系而奋斗》，载《人民日报》2004年2月1日第二版。

② 参见乔晓阳：《关于中国特色社会主义法律体系的构成、特征和内容》，见全国人大培训中心编：《全国人大干部培训讲义》，中国民主法制出版社2004年版，第154页及以下。

会主义法律体系"①。

法律体系包含了法律"科学完备"的要求，在立法机关看来，它不仅是指形式意义上的数量充足、结构完整，而且更指向在实质意义上对当今中国社会特点和需要的回应。根据中共十五大精神，1999 年修宪确立了"依法治国、建设社会主义法治国家"基本方略的宪法地位。"依法治国，就是广大人民群众在党的领导下，依照宪法和法律规定，通过各种途径和形式，管理国家事务，管理经济文化事业，管理社会事务，保证国家各项工作都依法进行，逐步实现社会主义民主的制度化、法律化"。可以说，从此时起，中国所建设的民主政治，就是法治政治。加强立法，构建中国特色法律体系在价值目标上首先服务于以"依法治国"为标识的民主政治建设的需要。在树立了法律体系构建的政治目的的同时，立法机关还在"市场经济是法治经济"意义上明确了体系建设的经济意图；在社会发展意义上，把"法制更加完备，依法治国基本方略得到全面落实"确认为"全面建设小康社会"首要目标，从而明确了法律体系构建的广泛而综合的社会目的。

从法律体系构建回应"改革开放和现代化建设需要"的认识和实践看，表现为从强调数量到关注质量、从填补立法空白到强调立法质量、从不断增补到关注整合的过程。这种操作思路上的变化，最明显地开始于中共十五大提出"加强立法工作，提高立法质量，到 2010 年形成有中国特色社会主义法律体系"之后，为此，九届全国人大在立法工作上提出"坚持时间服从质量的原则"，提出为不断提高立法质量，应当处理好数量和质量、权力和权利、稳定性和变动性这样三个关系。其中在数量和质量的关系上，吴邦国委员长明确表示："改革开放初期，百废待兴，无法可依的问题相当突出。正如邓小平同志当时指出的'现在的问题是法律很不完备，很多法律还没有制定出来'。经过二十多年的努力，情况已经发生了根本性的变化。我们已经制定了 440 多件法律、法律解释和有关法律问题的决定，基本做到了有法可

---

① 参见吴邦国：《为形成中国特色社会主义法律体系而奋斗》，载《人民日报》2004 年 2 月 1 日第二版。

依。如何提高立法质量已成为当前立法工作的主要矛盾。这不仅是指新制定的法律要提高质量，而且现有的法律也要通过修改，使其更加完善。我们不要在立法数量上搞攀比，而要把主要精力放在提高立法质量上。"① 就七个法律部门的情况而言，九届全国人大的立法规划除了列出所要制定的新法项目外，还明确写明了需要修订完善的法律项目，其中，在刑法部门，认为"已经比较完善，今后的任务就是根据实际情况的变化，以修正案或刑法解释的方式，适时对刑法加以完善"；在诉讼与非诉讼程序法部门，认为"已经比较完备，今后主要任务是研究总结实践经验，适时对已经制定的上述几部法律进行修改完善"。②

### （三）中国特色法律体系建构的标准和成就

中国特色法律体系由众多的法律规范、不同的法律部门分支和法律部门所构成，因此其建构既有数量方面的要求，也有数量整合方面的要求。对于法律体系形成的衡量标准，迄今为止立法所取得的成就，以及法律体系形成的阶段性，立法机关都有比较明确的说法。

1. 法律体系形成的衡量标准

在学理上，基于依法治国、法治国家建设的要求，衡量法制是否完备、法律体系是否健全的一般标准被概括为"门类齐全、结构严谨、内部和谐和体例科学"，从内部关系看则是要做到"上下（上位法与下位法）左右（此部门法与彼部门法）前后（前法与后法）里外（国内法与国外法）彼此之间统一、协调、不相互矛盾和彼此脱节"。③ 这些标准都是从法律体系的逻辑结构和形式方面提出的要求。立法机关也采用了从结构形式方面制定标准的做法，并按照对中国特色法律体系的简明定义，认为"构成中国特色社会主

---

① 参见吴邦国：《为形成中国特色社会主义法律体系而奋斗》，载《人民日报》2004 年 2 月 1 日第二版。

② 参见乔晓阳：《关于中国特色社会主义法律体系的构成、特征和内容》，见全国人大培训中心编：《全国人大干部培训讲义》，中国民主法制出版社 2004 年版，第 154 页及以下。

③ 李步云：《依法治国，建设社会主义法治国家》，载《中国法学》1996 年第 2 期。

义法律体系的基本标志是：第一，涵盖各个方面的法律部门（或法律门类）应当齐全。第二，各个法律部门中基本的、主要的法律应当制定出来。第三，以法律为主干，相应的行政法规、地方性法规、自治条例和单行条例，应当制定出来与之配套。"①

### 2. 立法成就的数量统计

中国在三十年的改革开放和社会发展进程中，一直高度重视立法工作，立法成就引人注目。对此，立法机关、政府领导人和研究者不时有不同版本的统计数字公布，出入较大。按照新近看到的比较权威的数字，"从十一届三中全会后的 1979 年五届人大起至 2008 年 2 月底止，全国人大及其常委会共制定了现行有效的法律 229 件；国务院共制定了现行有效的行政法规 600 余件；地方人大及其常委会共制定了现行有效的地方性法规 700 余件；民族自治地方人大共制定了现行有效的自治条例和单行条例 600 余件；五个经济特区共制定了现行有效的法规 200 余件"。② 其中由全国人大及其常委会制定的 229 件现行有效法律的明细情况，可以查阅全国人大法律工作委员会提供的文件——《现行有效的法律（按年份统计)》。③

### 3. 法律体系构建的三个阶段

基于上述关于中国特色法律体系的形成标准以及立法成就的统计数字，立法机关认为中国特色社会主义法律体系已经"基本形成"。所谓基本形成，是相对于此前的"初步形成"和此后的"形成"而言的，它们共同构成了中国特色法律体系构建的"三步走"或三阶段描述。

对于中国特色法律体系构建的阶段性，比较定型和完整的表述起始于 1997 年中共十五大报告关于"到 2010 年形成有中国特色的社会主义法律体系"的提法。此前，有各种版本的关于中国特色法律体系已经"初步形成"

---

① 参见乔晓阳：《关于中国特色社会主义法律体系的构成、特征和内容》，见全国人大培训中心编：《全国人大干部培训讲义》，中国民主法制出版社 2004 年版，第 154 页及以下。

② 信春鹰：《中国国情与社会主义法治建设》，载《法制日报》2008 年 6 月 29 日。

③ 全国人大法工委，《现行有效的法律（按年份统计)》，2008 年 3 月 26 日，参见中国人大网 http://www.npc.gov.cn/npc/xinwen/lfgz/2008-03/26/content_1421575.htm。

或"形成"的说法，例如，早在 1985 年，中国政府就向世界宣布："近几年来，中国社会主义民主和法制建设有了很大发展，立法工作取得显著成绩，陆续制定和颁布了一批法律、法规，初步形成了以宪法为核心的社会主义法律体系，使我们的国家在重要的和基本的方面，能够做到有法可依。"①18 年后的 2003 年 3 月，时任委员长李鹏在十届全国人大第一次会议上作九届全国人大常委会工作报告依然使用的是"初步形成"的表述，他说："构成中国特色社会主义法律体系的各个法律部门已经齐全，每个法律部门中主要的法律已经基本制定出来，加上国务院制定的行政法规和地方人大制定的地方性法规，以宪法为核心的中国特色社会主义法律体系已经初步形成。"② 不过，此时的"初步形成"已然定格，它相对于 2010 年的"形成"，而在两者之间则是作为十届全国人大立法工作目标的"基本形成"。时任全国人大委员长吴邦国在谈到十届人大的立法规划时说："一是着眼于本届任期内基本形成中国特色社会主义法律体系；二是突出重点，把基本的、急需的、条件成熟的立法项目作为主要内容和重点任务；三是体现制定法律与修改法律并重的原则。列入规划的立法项目共 76 件，涵盖了中国特色社会主义法律体系的各个法律部门。实现这个立法规划，将为到 2010 年形成中国特色社会主义法律体系奠定坚实基础，对进一步发展社会主义民主，健全社会主义法制，全面建设小康社会，具有重要意义。"③

　　中国政府尤其是立法机关不断宣告"初步形成"或"形成"中国特色法

---

　　① 参见李林：《立法理论与制度》，中国法制出版社 2005 年版，第 409 页。该学者还发现，在 1987 年，全国人大的顾昂然先生在第三期立法工作干部培训班上做题为"社会主义法制建设的情况和若干问题"的报告时，明确指出："1979 年以来，我们的立法工作取得了显著的成绩，以新宪法为基础的社会主义法律体系已经初步形成。现在，国家的政治生活、经济生活、社会生活等各个方面，不能说无法可依了"；有关部门在 1988 年曾向世界宣布，中国以宪法为基础的社会主义法律体系已基本形成。参见李林：《立法理论与制度》，中国法制出版社 2005 年版，第 1 页。

　　② 《全国人民代表大会常务委员会工作报告（2003 年）》，载《中华人民共和国全国人民代表大会常务委员会公报》2003 年第 2 期。

　　③ 《全国人民代表大会常务委员会工作报告（2004 年）》，载《中华人民共和国全国人民代表大会常务委员会公报》2004 年第 2 期。

律体系的做法，表明法律体系被当作立法成就和法治发展的主要标识之一，而其中的峰回路转、形似矛盾重复的现象，则反映了中国社会转型进程中所发生的一系列重大事件如建立社会主义市场经济的抉择、"一国两制"的实践、加入世界贸易组织等对法律体系构建过程的重大影响。例如，1992年，中共十四大提出要建立社会主义市场经济体制，随即1993年八届全国人大第一次会议通过宪法修正案，将宪法原第15条关于计划经济体制的规定修改为"国家实行社会主义市场经济"，并规定"国家加强经济立法，完善宏观调控"。为此，法律体系也要进行相应的改造。1993年全国人大常委会提出在今后5年内要制定150多部法律，其中大部分是有关市场经济建设的立法，目的就是要从原来计划经济模式下建立和形成的法律体系转变为市场经济的法律体系。回顾这一过程，对于我们深刻认识中国特色法律体系的构建问题，不无启示。

## 二、中国当下法律体系建构的主要技术特点

对于中国特色社会主义法律体系的特点，立法机关方面已经有明确的概括，主要是以下五个方面：（1）在指导思想上，体现了马列主义、毛泽东思想、邓小平理论的指导。（2）在本质上，体现了社会主义性质和"三个代表"重要思想的要求。（3）作为正在建设成长中的法律体系，体现出稳定性与变动性、阶段性与前瞻性、原则性与可操作性的统一。（4）作为单一制结构的国家，体现了统一性与多层次性的结合。（5）作为有五千年历史的文明古国以及不断改革开放的社会，体现了继承中国优秀法律传统与学习借鉴外国有益经验的统一。"五个方面的特征作为一个整体，充分表明我国的法律体系是中国特色的社会主义法律体系，与其他国家的法律体系有本质的不同。"[①]

分析起来看，立法机关方面所说的特征主要涉及的是中国特色法律体系

---

① 参见乔晓阳：《关于中国特色社会主义法律体系的构成、特征和内容》，见全国人大培训中心编：《全国人大干部培训讲义》，中国民主法制出版社2004年版，第154页及以下。

在本质内容、基本价值取向方面的特点，而这样一些特点的揭示，则是基于与其他国家法律体系的区别。有比较才有鉴别，对任何事物特点的认识，其功能都在于标识自身、区别他者，因而都是在比较的意义上说的。下面我想顺着立法机关比较的思路，就迄今为止中国政府尤其是立法机关在法律体系建设的认识和实践上所表现出的主要技术特征，作如下四个方面的概括，即理性主义的建构思路、国家主义色彩、立法中心—行政配合的运作模式以及简约主义的风格。

应该特别说明的是：(1)由于中国政府尤其是立法机关所说的"法律体系"在构成技术上主要涉及的是法律渊源、法律分类和法律位阶等概念，本文所论及的技术特征也主要限于这些方面。(2)本章就技术特征所作的比较，既是在不同于他国意义上的比较，也是在不同于学界相关理论研究状况意义上的比较。(3)本章就中国官方法律体系认识和实践所扣的四个"帽子"，尽管多处用上了带有意识形态和政治哲学色彩的"主义"一词，但基本意图还是在于法律或法治技术上的分析，不宜在理解上过度引申。

## （一）理性主义的建构思路

中国政府尤其是立法机关在法律体系的认识和实践上首先表现出来的技术特征，是在基本思路上所呈现的理性主义的建构态度。在这种态度下，立法者从事和完成法律体系建设的能力和手段被肯定，经过事先的立法努力而达成自足圆满的法律体系的目标被确信——事在人为、志在必成。而这与我们所看到的其他国家(除去苏联)的景象明显不同，既不同于普通法系国家，也有别于大陆法系国家。

普通法系国家可以说在法学理论和制度实践上都基本找不到与中国相当的包罗整个制定法、结构严整的"法律体系"概念。这些国家当然也有自己的现实管用的法律系统和成熟的法律运作机制，但从其普通法、衡平法和制定法的生长过程看，表现出在一个漫长的历史过程中经验主义的、自然而散漫的特征。由于各种原因，在历史上，甚至直到今天，法治理论和实践中的体系化思路(如"法典编纂"等)一直被怀疑和抵制。比较法学者的研究表明：

"英国的法律技术热衷于精细而现实地探究生活问题，并倾向于在具体的历史关系中处理这些问题，而不是系统或抽象地思考它们。"在一位来自欧洲大陆国家的法律家看来，"诸如民法典、商法典、民事诉讼法典和经合理安排的完整的法律概念结构，都是绝对必不可少的，而许多这些东西，他在英国法律生活中却看不到。"①

大陆法传统尤其是德国的法学理论和制度实践中最能呼应中国的"法律体系"现象的是有关法典编纂、法律位阶的概念。法典编纂的观念以及作为其实践结果各种"法典"和"法律全书"，如罗马法大全、法国民法典、德国民法典、"六法全书"等，皆体现了将法律体系化或系统化的努力，确信立法者的理性，倚重语言的确定性和形式逻辑的力量（如法律概念形成上的类型化作业，法律概念运用上同一律、矛盾律、排他律和充分律的遵行等②）。法律位阶的理论则主要从纵、横两个方向对各种法律规范或法律渊源的关系进行了效力等级和相互依存意义上的梳理整合，以求法律的融洽自足。这些也是中国法律体系建设思路中主要考虑的内容。但进一步辨析看来，中国在构建法律体系过程中所涉及的"法律位阶"的系统化作业方面，似乎做了减法，将法律规范或法律渊源基本限于各种抽象一般的国家法形态，而不涉及非国家的规范性文件以及各种具体个别的规范形态（后文还将涉及此问题）。与此不同，在与"法典编纂"概念相关的方面，中国的法律体系构建活动则做了一个很大的加法。

中国努力构建的"法律体系"显然范围更为宏大，按照法律体系—法律部门—法律部门的分支—法典和单个法律文件③—法律规范的概念序列，作

---

① [德] K. 茨威格特、H. 克茨：《比较法总论》，潘汉典等译，贵州人民出版社1992年版，第333页。

② 参见黄茂荣：《法学方法与现代民法》，法律出版社2007年版，第506—642页。

③ 中国立法机关在概念系列上是顺着"法律体系—法律部门—法律规范"这样三个层次界定法律体系的概念的，而具体分析起来，除了上文已经提及的"法律部门分支"的概念层次，还可以在其下面析分出"法典和单个法律规范文件"的概念层次，以衔接"法律部门分支"和最后一层的"法律规范"。当然，从学理上我们还可以对"法律规范"的构件作出进一步的细分。

为法典编纂对象的"法典"层次比较低,其中所包含的理性建构的力度也相形要弱。而且值得注意的是,欧洲各国的法典编纂似乎都前置有一个对传统习惯法的甄别、记录和整理的过程,充满了经验主义色彩的历史选择(最有代表意义的是萨维尼的历史法学派的理论和实践)。从标识方面看,也没有看到关于"法律体系形成"的明显宣称。

从社会现代化的角度看,中国属于后发现代化国家,与许多已经完成现代化的发达国家相比,在各个方面皆有"赶超"的特点。在法治和法律体系的建设方面也不例外。如果按预先设想到 2010 年形成中国特色的社会主义法律体系,那么从 1978 年中共十一届三中全会提出强加社会主义民主和法制建设起算,也只有 32 年;从 1992 年中共十四大提出建立社会主义市场经济体制,立法机关启动从计划经济模式的法律体系向市场经济模式的法律体系转变算,则是 18 年;从 1997 年中共十五大明确提出"建设法治国家"、"到2010 年形成有中国特色的社会主义法律体系"从而有了比较清晰的"法律体系"观念算,则只有 12 年。法治国家所涉及的法律体系构建是一项极其宏大的社会现代化工程,在那么短的时间里要完成这样一项复杂而庞大的任务,使得拟议建成的"法律体系"不仅在数量上足够的多,实现对应由法律调整的社会生活关系的充分覆盖,而且在法律体系构成上实现有机整合,符合系统性要求,可以说,在基本思路上的理性主义建构态度而非经验主义的自然形成态度的选择也是一种宿命,势所必然,别无选择。

中国立法机关把法律体系界定为"一个国家所有法律规范依照一定的原则和要求分类为不同的法律部门而形成的有机联系的统一整体",尽管此定义属于说明描述性质,但是其中所体现的观念及其支配的实践,则充满了法律体系构建中的一种理性主义的思路。

## (二)国家主义色彩

国家主义色彩是中国政府尤其是立法机关在法律体系的认识和实践上明显表现出来的第二个技术特征。这里所说的国家主义当然没有必要从政治哲学的意义上加以理解,因为作为一种政治理念和实践的国家主义与各种非国家主义如自由主义、社会主义等皆不相同，它的基本确信是，人是社会动物，必然要在诸如国家这样的政治体中生活，认为国家是一个自足自治的存在，国家利益、国家意志和国家目的相对于个人和其他非国家的组织，是更高层次的"善"，具有不容置疑的优越性。这当然是一种关于人类社会生活及其秩序原理的宏大理论，与本章在法律体系建设这样一个狭小的话题上使用"国家主义"一词尽管有某种勾连，即都是相对于个人和非国家组织的角色和作用而言，但有显著的不同。

在中国的法学理论和立法实践中，法律被界定为是"由国家制定和认可并由国家强制力保障实施的行为规范的总和"，法律体系构建中的国家主义色彩主要表现是：（1）从立法主体看，只有国家组织才可能拥有权力创制法律体系中所说的"法律"。这些国家组织具体包括全国人民代表大会，全国人民代表大会常务委员会，国务院，省级（包括自治区和直辖市）人民代表大会及其常务委员会，省级人民政府所在地的市、经济特区所在地的市及国务院批准的较大市的人民代表大会及其常务委员会，民族自治地方的人民代表大会，国务院各部、委员会、中国人民银行、审计署和具有行政管理职能的直属机构，省级人民政府及省级人民政府所在地的市、经济特区所在地的市及国务院批准的较大市的人民政府，中央军事委员会，等等。（2）与上述立法主体的类别相对应，法律体系中"法律"的形式限于国家法的范围，包括宪法、法律、法规、地方性法规、自治条例和单行条例、规章等六种形式。其中法律分基本法律和非基本法律；法规包括行政法规和军事法规；地方性法规包括省级人大及其常委会制定的法规，省会市、经济特区所在地的市及国务院批准的较大市的人大及其常委会制定的法规；自治条例和单行条例主要指自治州和自治县人大制定的法律规范性文件（自治区人大及其常委会制定的自治条例和单行条例属于地方性法规层次）；规章有部委规章，省级政府规章，省会市、经济特区所在地的市及国务院批准的较大市的政府规章。

从组织结构上看，社会一般由社会成员个体和社会组织所构成，而社会组织又大致可以区分为国家组织、社会组织和经济组织三个部分。在社会法律秩序的形成过程中，个人之间的各种协议或契约，作为个体集合的人群中的习俗，众多社会组织和经济组织的自治章程和其他规范性文件，皆大量存在，并发挥着与国家法相比毫不逊色的作用。任何社会法律秩序的建立都是国家法则和非国家法则、正式法则和非正式法则协同作用的结果。故而，在关于法律位阶的理论看来，法律体系在构成上包括三个基本层级，即基本规范、一般规范和具体规范，其中具体规范除了将具体的行政裁决和司法裁决纳入外，还将个人和社会生活领域诸多的私法行为规范一并包罗。[①] 在域外各法治发达国家，基于法律对私法自治、个人自治和社会自治的首肯，也在法律体系的纵向位阶序列中赋予个人、社会组织和经济组织各种依法形成的规范一席之地，从而使法律体系中"法律"的创制主体突出了国家组织的范围。

　　按照"立法民主"、"立法工作必须走群众路线"的要求[②]，在中国特色法律体系的构建中，各种社会个体和社会组织也会有各种形式的参与，如立法机关组织立法听证会、论证会和座谈会等听取社会各方面意见，或者将法律草案向社会公布征求意见等，但是，这些并不等于改变国家主义的色彩和基本立场。另外，尽管在认识上法律被认为是国家制定和国家认可的结果，但相对于"国家制定"的概念，"国家认可"迄今基本上还处于一种概念的空置状态，其含义并不清晰。因此，即使认为在中国的立法理论和立法实践中存在不限于国家范围对待"法律"的可能，迄今为止在法律体系构建问题上所表现出来的，也还是与其他法治发达国家不同的鲜明的国家主义特色。

### （三）立法中心——行政辅助的运作模式

　　以立法机关尤其是作为最高立法机关的全国人大及其常委会为中心，以

---

　　① 将"具体规范"纳入法律规范体系的范围，在各种规范分析法学理论中比较常见，而以法律位阶理论著名的凯尔森的纯粹法学理论，则更为鲜明。参见韩忠谟：《法学绪论》，中国政法大学出版社 2002 年版，第五章"法之体系"。

　　② 参见吴邦国：《为形成中国特色社会主义法律体系而奋斗》，载《人民日报》2004 年 2 月 1 日第二版。

高层政府行政当局为辅助的运作模式，是中国特色法律体系的构建在认识和实践上表现出来的第三个方面的显著技术特征。由于这个特征，在国家组织的范围内，司法机关尤其是法院在法律体系形成中的角色和作用被明确排除。

立法中心—行政辅助这种运作模式上的特征表现在一系列现象上。第一，尽管宪法规定全国人大是国家最高权力机关，但全国人大及其常委会在现实生活中最显著的角色则是最高立法机关。全国人大有权修改宪法，有权制定和修改刑事、民事、国家机构和其他基本法律；全国人大常委会有权解释宪法和法律，有权制定和修改除应当由全国人大制定的法律以外的其他法律，有权在全国人大闭会期间对其制定的法律进行部分补充和修改（但是不得同该法律的基本原则相抵触），有权撤销国务院制定的同宪法、法律相抵触的行政法规、决定和命令，有权撤销省级国家权力机关制定的同宪法、法律和行政法规相抵触的地方性法规和决议，有权决定同外国缔结的条约和重要协定的批准和废除，等等。在中国特色法律体系的构建实践中，全国人大及其常委会也一直是最重要的担当者，在总体上承担了法律体系建设的设计、部署、协调和实施工作。换言之，如果在法律体系构建的问题上出了什么问题，全国人大及其常委会自然也难辞其咎。

第二，在立法的主体、法律规范性文件的范围上，只有相关的立法机关和政府行政机关被纳入法律体系构建的范畴；在不同法律形式的位阶关系上，行政法规、部委规章和地方政府规章等尽管在绝对数量远远超过立法机关制定的法律规范性文件，但相对于最高立法机关或地方立法机关制定的法律或法规，皆构成从属关系。

第三，尽管现实中司法解释在中国法律体系的构建过程中具有重要作用，但在立法机关的法律体系观念中却没有得到确认。按照 1981 年五届全国人大第 19 次常委会通过的《关于加强法律解释工作的决议》的规定，最高人民法院和最高人民检察院有权就审判工作或检察院检察工作中具体应用法律、法令的问题进行解释；按照 2007 年《最高人民法院关于司法解释工作的规定》第二十七条："司法解释施行后，人民法院作为裁判依据的，应当在司法文书中援引"①，从而改变了此前司法解释在裁判中只能参照执行，不能直接应用的做法。从司法解释的实际运用情况看，数量也相当可观，尤其是最高人民法院就立法机关制定的法律所作出的抽象系统的解释，更是引人注目甚至颇遭越权越位之非议。有趣的是，在中国政府尤其是立法机关的法律观念中，法官在具体个案的裁判中只是适用法律而无须也不能解释法律；在立法机关所认定的法律体系的构成形式中，也排除了司法解释。与此形成对比，政府规章是不是正式的法律渊源，能不能在司法裁判中应用，②此前一直存在争议，而在立法机关对法律体系构建所涉及的法律形式的认定中，相关的政府规章则被明确地归入其中。

中国法律体系构建中这种以立法为中心、以行政为辅助的运作模式，与其他法治发达国家的做法显然是不同的。这一点与普通法国家的情况截然不同自不待言，因为在这些国家的法律传统和现实中，存在"法官造法"、"遵行先例"的理论和实践，甚至在法治理论上这些国家的法治实践被刻画为"司法主治"，司法在法律秩序形成上的作用可见一斑。即使与大陆法传统各国的情况相比也有明显差别。在大陆法国家的传统和现实中，立法机关及其制定法也处于法律体系构建的中心地位，政府行政部门则在广泛的行政管理领域承担了细化立法机关制定法、制定更具体的法律规则的任务，这些与中国的情况大致无二。不同的是，这些国家并不否定或排除司法在法律体系构建中的重要角色担当和应有的作用。因为这些国家早已放弃了制定法圆满自洽

---

① 该条同时规定："人民法院同时引用法律和司法解释作为裁判依据的，应当先援引法律，后援引司法解释。"

② 1986年10月28日《最高人民法院关于人民法院制作法律文书如何引用法律规范性文件的批复》规定："国务院各部委发布的命令、指示和规章，各县、市人民代表大会通过和发布的决定、决议，地方各级人民政府发布的决定、命令和规章，凡与宪法、法律、行政法规不相抵触的，可在办案时参照执行，但不要引用。最高人民法院提出的贯彻执行各种法律的意见以及批复等，应当贯彻执行，但也不宜直接引用。"

的概念，而以不同的方式承认了法官解释法律和填补法律缺漏的作用。①另外，这些国家"宪法法院"的制度和实践，则更凸显了司法在法律体系构建中不容忽视的作用。

## （四）简约主义的风格

除了上述三个方面明显的技术特征外，中国政府尤其是立法机关在法律体系的认识和实践上的特征还或隐或现地表现在其他一些方面，我想可以概括地称之为简约主义的风格。

如上所述，中国立法机关采行的是对法律体系的一种比较主流而传统的理解，即法律体系"通常是指一个国家所有法律规范依照一定的原则和要求分类为不同的法律部门而形成的有机联系的统一整体"，其构建方面的主要问题，在理论上则被化约为两个：一是法律规范在范围上包括哪些规范性法律文件；二是法律规范在法律部门意义上如何进行分类。这样一种条理清晰的认识直接服务于法律体系的立法构建，相对于更大范围、更为深入的关于法律体系建设的理论探讨和实践操作，给人以明显的化繁就简的印象。

以立法机关关于"法律规范"一词的认识和运用为例。乍一看来，中国立法机关在因循的意义上将法律体系化约为"法律规范的统一整体"，但稍加分析就会发现，立法机关并没有在微观、内在视角的意义上运用"法律规范"一词，因为：其一，立足于法律体系建构的目的，法律规范或者被指认为"规范性法律文件"，或者被指认为"法律部门"，而无论是

---

① 早在1811年，《奥地利民法典》第7条就赋予了法官填补法律漏洞的权力：倘若一诉讼案件不能依法律的既有文字规定也不能依法律的自然含义予以判决，法官须参照法律就类似案件规定的解决办法和其他适用法的根据来处理，如仍无法判决，则应按照自然的法律原则予以裁断。1912年生效的《瑞士民法典》在第一条第二、三款中更是明确规定：如本法没有可为适用之规定，法官应依据习惯法，习惯法也无规定时，法官应根据其作为法官阐发的规则判案，在此，他要遵循业已公认的学说和传统。法国法学家Geny说："也许这是现代立法者第一次以一般规定正式承认法官在立法上的不可缺少的作用。"该法典的做法代表了大陆法系国家今后的立法走向。

前者还是后者，都是法律规范个体在集合意义上的存在，而不触及法律规范个体或法律规范自身。从这个意义上可以认为，在中国立法机关的观念中，法律体系的基本构建单元是法律规范的集合，而非法律规范。比照法学理论中将法律规范视为法律体系的基本元素或构建单元的认识，这给人造成了似是而非的错觉。其二，由于将法律体系构建中的"法律规范"元素化约为"法律规范的集合"的概念，也就避开了从细致的意义上回答法律规范是什么、法律规范的标准结构、法律规范的类型、法律体系的构建单元是不是法律规范等各种复杂问题。比如，在法学理论中，法律规范在传统上一般认为是指法律规则，而法律则被认为是法律规则的"总和"或体系。但是，越来越多的实践和研究表明：法律规范除了法律规则外，还包括法律原则、法律概念等，甚至还包括其他各种"法律材料"，如政策、习惯、协议、命令、法理等。[1] 这些法律规则以外的"法律材料"，也有大小程度和表现方式不同的法律效力，具有法律上的规范意义，因此，如果说法律体系构建的目的服务于法律秩序的形成，那么从这个角度看，将法律体系的构建单元化约为法律规范，将法律规范指认为法律规则，显然是非常简单实用的做法。

再以立法机关关于"法律分类"一词的认识和运用为例。中国立法机关主要是从法律的调整对象和调整方式的角度进行法律分类，具体采取的则是具有抉择性或决疑意义的划分"法律部门"的做法，将中国特色的法律体系划分为宪法之下或以宪法为基础的七个法律部门。这种"快刀斩乱麻"的做法，直接剔除和化解了法学理论或/和域外法律实践上的多样性或差异点。因为法律体系构建所涉及的法律规范分类还有其他种种，比如，在法律体系下先形成第一层次的各种划分，如公法和私法或公法、私法和社会法、国际法和国内法、自然法和实在法、实体法和程序法、国家法和民间法，实在法和传统法等等；在法律部门划分层次上的其他一些自

---

① 例如，德沃金认为，法律不仅包括规则，还包括原则和政策。关于法律原则、概念等的规范性，参见张志铭：《法律规范三论》，载《中国法学》1990年第6期。

以为更加合理的划分法（具体如前面所述），等等。应该说，这些分类对于中国特色法律体系的构建并不是没有关系的，甚至有的分类法还有必要认真对待，如关于公法和私法的分类，关于国际法和国内法的分类，以及关于国家法和民间法的分类等，都蕴含了对社会生活秩序或法律秩序形成的重大问题和原理的不同认识。此外，在我看来，在法律体系所涉及的法律分类问题上，还有一些只有通过本土视角才能发现的问题，如行政特区法、经济特区法、民族自治区法等，这些显然也都淹没在立法机关法律分类或部门法分类的视野中。

除了在法律规范和法律分类两个概念的认识和运用以外，中国立法机关在法律体系构建中的简约主义风格还表现有其他内容。比如在法律位阶问题上，对于经济特区法、不同政府规章（如部委规章和省级政府规章）、基本法律和法律、立法解释等的确切法律效力，立法理论和实践上谈论或争论颇多，但它们在立法机关关于法律体系构建的认识中并没有怎么提及。又如在法律渊源概念多种含义的认识上，中国立法机关显然也是基本局限于法律的形式渊源。①

在有关法律体系构建所涉及的诸多问题以及问题的不同内容上，中国立法机关作出的多是单一维度的选择和处理，表现出明显的实务指向，而这与法律体系的学理建构具有明显的不同。有研究认为，从部门法划分的角度谈论法律体系的构建，这种源自苏联法学理论和实践的做法具有明显的意识形态色彩和政治上的考虑。②

---

① 当然，立法机关关于中国特色社会主义法律体系的特点的认识，包含了浓厚的实质性法律渊源的考虑。

② "据此看来，社会主义国家法律体系部门划分的实际意义，或许是其政治价值大于其学术和实践价值，它存在的主要目的是解决法律体系姓'资'姓'社'的问题，次要目的才是按照科学和传统来建构一个国家的法律体系。因为只有用这种方法，才能取代公法和私法这种以承认私有制为合法前提的划分标准，体现出一种新型法律体系的纯洁性及其比资本主义社会更先进、生产力更发达的社会主义本质。"参见李林：《中国特色社会主义法律体系的构成》，见刘海年、李林主编：《依法治国与法律体系建构》，中国法制出版社2001年版，第30页。

# 三、中国的社会转型与法律体系建设的检讨

随着 2010 年的临近，在中国特色法律体系的构建方面，人们按照"门类齐全、结构严谨、内部和谐和体例科学"的一般要求，在回顾体系建设成就的同时，热衷谈论的问题是中国的立法还存在什么明显的空白需要加紧填补，已经制定的法律还存在什么明显的缺陷需要予以修改完善。这样的回顾和讨论正当其时，当然是切实而必要的。不过，在我看来，除此之外也有必要思考一个更加宏观的问题，即反思当下中国在法律体系构建上的认识和实践，思考其在整体上是否存在思虑不周的问题。我们的目的是到达形成中国特色法律体系的彼岸，我们选择的道路、采取的方式是否足以保证我们到达彼岸、达到目的呢？思考这样一个宏大的问题，立足点至关重要。就此而言，我认为最有必要做的就是要将中国特色法律体系的构建与中国社会的转型需求联系起来，使得法律体系的构建不仅在形式上符合"有法可依"、健全严整的要求，而且在实质上体现转型中国社会的发展需要和法秩序建构原理。

中国改革开放三十年，在广泛而深刻的意义上促成了整个中国社会的转型发展。如何描述和把握当下中国的社会转型，可能仁者见仁，智者见智。在我看来，中国的社会转型是近现代中国社会现代化发展进程的延续，从改革开放三十年的情况看，总体上表现为社会组织在结构和功能上不断分化的过程。从社会治理形态和社会秩序形成的角度看，就是改变原来党政不分、国家一统的社会治理模式和社会秩序结构，在内部不断拓展社会自治空间，不断扩大个体自主的范围，在外部不断参与国际经济政治新秩序的建立和全球化进程，不断创新和实践区域性治理（如经济特区、特别行政区）的观念。回顾这一分化发展的过程，我们可以看到一系列标志性事件，如明确建立市场经济体制的目标，加入世界贸易组织，将建设"法治国家"和"国家尊重和保障人权"写入宪法，香港、澳门回归和"一国两制"的实践，司法体制改革，法治政府建设，村民自治的实践，等等。这一系列重大事件以及它们

所体现的中国社会的转型，为中国特色法律体系的构建展示了复杂的背景，同时也在总体上影响了法律秩序的重构，影响了作为其中重要内容和环节的法律体系的构建实践。

从中国社会转型发展的现状和要求出发，联系中国政府尤其是立法机关在法律体系构建上的认识和实践，尤其是上文概括的四个方面的技术特征——理性主义的建构思路、国家主义色彩、立法中心—行政辅助的运作模式和简约主义风格，我认为迄今为止的法律体系建设在总体上需要从以下四个方面作出反思。

### （一）反思理性主义的建构思路，探索转型社会的法秩序形成原理

如上所述，中国政府尤其是立法机关在法律体系构建的认识和实践上，表现出一种强烈的理性主义的建构思路，意图在短短的几十年间通过持续不断的立法努力，实现形成中国特色法律体系的目标。从技术上说，这与许多普通法国家和地区的做法截然不同，在体系化追求的力度上也有别于许多法典化的国家和地区。对此，我想在坚持既定思路的同时，也要有一种清醒的意识，其中主要涉及以下三个层次的问题。

第一，法律的系统化或体系化努力内含着在社会法秩序形成上的一种理性主义立场，在一般意义上说，这种立场不同于各种形态的经验主义立场，奉行的是一种人为建构而非自然成就的思路，因而对于法秩序形成原理上的各种经验主义立场的批评和挑战，对于其中包含的合理因素要有所认识。美国的霍姆斯法官有言："法律的生命是经验不是逻辑"。在各种进化论的或自然主义、历史主义的社会理论看来，社会法秩序的形成大致是也应当是一个自发演进的过程，对于这种自发自洽的过程和性质，人类社会的法治认识和实践要予以充分的尊重，任何人为的干扰和阻断，都缺乏合理性、有效性并将引发社会动荡。立足于经验主义的立场，人类把握现实和预测未来的理性能力深受怀疑，相关法律实践的弊端被痛加指责，表现在近现代立法理论和实践中，则是对概念法学的理论、法典化运动等理性主义法秩序或法体系建设思路的批判。冷静地看来，这些出自经验主义立场的看法，在很大程度上

言过其实、将问题极端化了，以此来质疑和否定整个法律体系构建的意义也不足为凭，但是，其中所内含的对社会法秩序形成的规律性的强调，是我们在进行法律体系构建的理性主义操作时所不能不特别注意的。

第二，在法律体系建设上，相对于大陆法传统中以法典化为表现形式的认识和实践，当下中国所表现出来的理性主义立场，在系统化的力度和广度上都要远远超出。大陆法国家法律的系统化努力主要是以编纂法典的形式进行的，如编纂完整统一的宪法、民法、商法、刑法、刑事诉讼法、民事诉讼法等，形成著名的"六法体系"。而在非大陆法传统的国家，甚至制定法律文件本身就被视同法律的系统化或体系化追求，许多法律系统化的工作则干脆由民间学术组织通过法律重述、案例汇编等来完成。相比之下，中国官方借助"法律部门"的概念对所有法律规范所进行的系统整合，在广泛的程度上不是"法典"的形态所能比拟，在力度上也要大得多。从"法律部门"概念看来，"法典"只是一个下位概念，可能是法律部门的核心部分，但绝对不会是全部。随之而来需要思考的问题是，中国的法律体系构建是否存在过度系统化的问题。在宪法之下把法律规范划分为宪法相关法、民法商法、行政法、经济法、社会法、刑法、诉讼与非诉讼程序法等七个部门，如果不局限于方便立法工作开展的考虑的话，其价值和合理性到底如何。为什么在法律部门的划分上不能体现国际法和国内法的分类，为什么在国内法划分上不能体现香港法、澳门法以及以后可能出现的台湾法的特殊地位，为什么诸如环境法、劳动法、科技法、社会保障法、人权法等不是或是一个独立的法律部门，主要依据法律调整对象兼及法律调整方法的"法律部门"划分到底是以及在什么程度上是有利于还是不利于我们对法律体系化或系统化的认识和实践。一句话，对于可能存在的过度理性主义的法律系统化或体系化追求，应该有所警惕。

第三，在更加具体的层面上要看到，基于理性主义的立法努力和自信，以 2010 年这样一个确定的时点来标识中国法律体系的形成，与中国社会不断深化的转型发展的特点和需求可能存在难以克服的矛盾。法律是调整社会生活关系的，从将社会生活关系定型化、规范化的意义上说，法律在调整社会生活关系过程中所形成的法律关系，只是社会生活关系的法律外壳。因此，从法律调整和法秩序形成的原理来说，在社会生活关系生成之前，法律调整无从谈起；在社会生活关系变动不居的情况下，法律调整和法律关系也难以成型。中国的改革开放和社会转型已经在广泛而深刻的意义上发生，但远远没有完成，甚至对于在社会政治变革、市场经济发展和意识形态调整等方面一些最为艰难深刻的问题，我们现在还没有甚至不愿真正面对，更谈不上有清楚的认识和应对思路。有鉴于此，中国改革开放的总设计师邓小平在改革初期所提出的"摸着石头过河"的理论，在中国特色法律体系的构建上，也具有指导认识和实践的重要意义。种种现象表明，中国的法律体系建设不可能毕其功于一役，无论在整体结构还是在局部和个别的意义上，都将回应转型社会的发展要求，针对社会生活关系不断生成、定型和变化的状况，作出相应的调整。

中国作为后发现代化国家，在各个方面都必然表现出更加能动的跨越式发展的意愿，这一点也同样鲜明地表现在法治建设以及作为其重要环节的法律体系建设上。我们需要不断提醒自己的是理性主义构建思路的可能局限，意识到法律体系的形成很难确定时点，也很难据此认为在此前没有形成在此时一定形成。

### （二）反思法律体系构建中的国家主义色彩，重视社会自治和个体自主在法秩序形成中的意义

如前所述，中国的法律体系建设具有明显的国家主义色彩，其主要表现是：只有国家组织才有可能立法，只有国家组织制定的法律规范性文件才有可能纳入法律的范围；在法律产生的两种方式上，注重"国家制定"的概念，对于"国家认可"则语焉不详。这种立法上的国家主义色彩，在社会政治理论和法律思想中有很深的渊源，诸如视人为社会动物或政治动物从而必然要过社会生活或政治生活的思想，视作为政治体的城邦或国家为最高的"善"的思想，关于"国家主权"的理论，关于"法律是主权者的命令"的观念等，从中都可以发现某种关联。

在当代中国，法律体系建设上的国家主义色彩则体现了社会的主流意识形态和法律观念。随着 1949 年人民共和国的建立，中国社会对法律的主流认识也有了重大变化。法学理论上普遍认为："法律是统治阶级的国家意志，是由国家制定和认可、并由国家强制力保障实施的行为规范的总和，其目的在于维护有利于统治阶级的社会关系和社会秩序。"进一步的变化是，自 20 世纪 80 年代以来，随着中国社会转型发展的深入，上述关于法律定义中"阶级性"的一面，不断遭遇了"社会性"的挑战，并在此意义上受到了深入的反思和检讨。法律的"阶级本质"被消解之后，对于法律定义的各种新的表述，可谓多之又多。但是，上述定义中的"国家性"的一面，则被完整地保留了下来，并在国家统揽立法和法律实施的意义上得到强化。法律是"国家的"：是国家意志的体现，是国家活动的产物，是国家强制力保障实施的规则。

也许从立法机关的角度看围绕"国家"的概念从事法律体系构建是再自然不过的事，但是，如果从法律体系构建的目的以及社会转型发展的要求来思考，就可能发现其中存在的问题。

中国特色法律体系的构建是整个社会法治工程的重要环节，其目的是达到"有法可依"，为推行和实现法治、形成社会的法治秩序创造前提，而要做到这一点，也许就不能局限于国家或政府的范围看问题。从现代社会的组织构造和运作机制看，社会组织的形态大致可以区分为三种类型：一是行使国家权力、从事国家（公共）事务的政府组织；二是不行使国家权力、从事经营性营利活动企业组织或经济组织；三是不行使国家权力、从事社会公益活动的社会组织，也即各种非政府组织（Non-Governmental Or-ganization，简称 NGO）。与此相对应，社会生活秩序——如果社会实行法治则为法治秩序——建立所要求的规则系统，也可以区分为政府或国家规则和非政府或非国家规则。正如整个社会的组织化既需要国家或政府组织也离不开各种非国家或非政府组织一样，社会法治秩序的形成也不能没有各种政府和非政府、国家和非国家规则的协同作用。如果考虑到社会成员个体以及各种非组织化的人群集合，社会生活秩序或法治秩序的形成除了依赖上述政府或非政府性质的规则外，我们可能还应该把个人之间订立的各种协议或契约、人群中的各种风俗习惯等也纳入思考的范围。这样说并不是要把立法机关所努力构建的法律体系变成一个极度蔓延、开放的概念，而是意在指出，局限于政府或国家的主体和规则范围进行法律体系建设，可能并不能为法治实现创造一个人们所期许的"有法可依"的前提，因此，对法律体系构建中的国家主义色彩要有所警惕，对于这样建成的法律体系如何粘连各种非国家或非政府的规则要予以重视，对于法律体系构建上"国家认可"的概念要注入明确充分的内容。

这样一种在国家主义色彩上的反思和松动，不仅是基于现代社会法治秩序建构原理的要求，而且更是中国社会转型发展的要求。国家主义色彩的法律体系构建，不符合中国社会转型发展的现状和方向。因为，自改革开放以来，国家给社会"松绑"，"还权于社会"、"还权于民"，培育"社会自治"，促进"个体自主"，养成"私法秩序"，已经使中国社会从总体上形成了从国家一统到"国家和社会二元构造"的发展格局。如今，国家已经不再是以往那种自在自足的"善"，不再是也不应该是凌驾于社会之上的主体，换言之，"国家的"不再当然地就是"社会的"、"个人的"：社会利益和社会个体的利益也不再只是在附属于国家利益的意义才存在，甚至为后者所包罗；社会和社会个体也不再只是在参与国家事务并为国家所吸纳的意义上才有意义。因此，立足于中国社会转型发展的要求，如果说法律在整体上或体系上仅仅是国家的，是一种出自国家或政府的"正式规范"，就会造成法律对社会自治和社会个体自主的封闭。事实上，顺应"国家认可"概念的启示，无论是社会自治还是社会个体自主，皆属于"法定空间"意义上的存在，由此，要克服法律体系构建因国家主义立场而造成的封闭性，可以也有必要引入与"法律保留"相伴随的更为广泛的"法律延伸"概念，即在某种意义上视各种非国家或非政府的规则为法律体系的有机组织部分，具有法律延伸意义的法律上的效力。

中国是"人民主权"的社会主义国家，对于法制建设和法律体系构建中的国家主义色彩的反思和校正，我们有丰富的理论和现实资源。借助于这些资源，并不难回应社会转型发展的要求，以及对社会自治和个体自主在法治秩序和法律体系形成中的意义予以恰当的说明。

## （三）反思立法中心—行政辅助的运作模式，重视司法的作用和法律体系自足自洽的弥散机制

如前所述，以立法机关为中心、以行政部门为辅助的运作模式，是迄今为止中国法律体系构建上又一大技术特征。这样一种运作模式值得反思的问题主要存在于两个相关的方面：一个是在原理上遮蔽法律的固有局限，对立法在法律体系形成上的作用期许过高；另一个相关的方面是对其他社会生活主体尤其司法在法律体系构建中的作用缺乏必要的认识。这两个方面问题的结合，则使得法律体系无法形成自足自洽的弥散机制，因而也难以应对现代社会尤其是转型社会复杂迅猛的变化。

应该说，随着中国法治理论和实践的发展，人们对于法律本身的利弊得失，在观念上已经有了一种比较客观而清醒的认识：在首肯法律具有稳定、规范和明确的品德的同时，也承认法律的短缺。犹如一币之两面，法律的稳定也就注定了它存在"时滞"的缺陷——法律从制定颁布的那一天起，就已经在某种意义上落后于不断变化的时代；法律的规范性、确定性则决定了它不可避免的"僵硬"的弊端——法律针对抽象的人抽象的事要求一体遵行的属性，使得它相对于迅速变化的大千世界而显得刻板。但是，这种对法律品德的反思，似乎并没有清楚地体现在法律体系的建构上。相反，在这方面潜在的还是一种迷信立法甚至"立法万能"的观念：不管遇到什么问题，我们急切想到的似乎总是制定法律、创制规则，甚至在许多情况下，立法还成了一种不切实解决问题的"障眼法"，好像立了法问题就解决了。作为在法律体系建设方面的体现，则是把法律体系的建构简单地看作是立法活动的结果，预想着通过立法活动就能造就一种没有明显缝隙的法律体系。应该说，对立法的高度关注使中国在短短的二三十年间取得了丰硕的立法成就，但是，将法律体系构建的整个重心置于立法环节的操作模式，在现实中也很大程度上阻隔了法律与社会生活的及时有效对接，影响了法律体系作为社会法

治秩序建立的前提所应该具有的自足自洽的弥散机制的形成。

在上面反思中国法律体系构建中的国家主义色彩时，我们已经谈到对各种非国家或非政府组织在法治秩序形成和法律体系构建中应有的作用问题。在国家或政府组织范围内，则同样有一个"法律延伸"的要求：在强调立法机关在法律体系构建中的中心地位和相关行政机关的辅助作用的同时，也要注意发挥其他国家或政府部门，尤其是从事具体个案裁判的司法机关的作用。在这方面，首先对于司法机关制定的大量抽象"司法解释"在法律体系中的地位和意义要予以澄清——肯定还是否定，或者何种意义上的肯定或否定，因为这类司法解释规范不仅数量巨大，而且在裁判中较之于立法机关法律体系观念中的"法律"起着更直接也毫不逊色的作用。其次，对于司法裁判机关在具体个案的裁判活动中，基于法律适用的立场所进行的规则创制和规则梳理（也即广义上的"司法审查"），要在社会法治秩序的形成和法律体系构建的意义上予以重视，因为，这里包含了健全法律体系所必然要求的法律的不断生成机制，成就了对于社会法治秩序形成至关重要的法律的弥散能力。对于转型中国社会的法律体系构建来说，这种机制和能力就更为迫切和重要。

### （四）反思简约主义风格，针对转型社会的法秩序建立的要求形成更加充实的关于法律体系构建的认识和实践

从学理上看，法律体系涉及对法律规范、法律渊源、法律分类（其中包括部门法分类）和法律位阶等一系列概念的认识和实践，胶着有各种不同的观点甚至争论，因此它是一个包含了丰富内容的复合性概念；加之社会转型、全球化、"一国两制"实践等宏大复杂的背景因素，法律体系的构建也必然是一个需要作出各种艰难的制度安排的综合性问题。相比较而言，立法机关把法律体系的构建在技术上主要归结为两个方面的问题，即法律规范的范围和法律部门的划分，显然是从立法操作的需要出发的。这样一种带有强烈决疑或决断色彩的化繁就简的做法，确实能为法律体系的构建实践提供明确的指引，但与此同时，也会遮蔽许多在法律体系建设中应当予以考虑和解

决的问题。对此，从法律体系构建服务于转型中国社会法秩序形成的目的出发，我想应该特别提及三个方面的问题，即作为法律体系构建单元的法律规范的含义问题，"一国两制"实践下特别行政区法律在法律体系中的地位问题，以及全球化背景下国际法在法律体系中的地位问题。

如前所述，中国立法机关在法律体系的认识和实践上，因循了一种主流而比较传统的理解，把法律界定为法律规范的总和，并顺着法律规范、法律部门和法律体系的概念序列来从事构建法律体系的操作。乍一看来，在其中法律规范是法律体系的最基本的构建单元，实际上却非当然。因为当立法机关将法律体系构建在技术上化约为法律规范的范围即"哪些规范性文件属于法律体系范围"时，法律规范在法律体系构建中的意义就悄无声息地变成了法律规范集合的概念。任何法律规范性文件都是诸多法律规范的集合，而立足于法律规范集合来谈论法律体系构建，就必然遮蔽法律规范本身是什么的问题，使得法律规范的含义问题被悬置起来。而在我看来，这恰恰是一个必须在法律体系构建的认识和实践上加以澄清的问题。尤其是在当下国内的法学理论通常将法律规范等同于法律规则的情况下，就更有必要明确法律规范的含义，以便能够在法律体系构建上反思和消除可能存在的规则主义视野。进而言之，从人类法治实践和法律认识的新近发展来看，规则主义的法律体系建构思路已被认为是一种褊狭的思路。这样一种将法律规范视同法律规则、只见法律规则不见其他的思路，将法律体系所指涉的法律规范局限于一个狭窄的空间，从而使得法律概念、法律原则、社会政策、立法材料、法律教义等各种为完备的法律体系所不可缺少的"法律材料"，消失在我们关于法律体系建构的视野之中。尤其是在当今这样一个复杂多变的社会，无论是法律体系的静态构成，还是法律体系的动态运作，实际上都离不开这些具有不同法律规范属性的法律材料。有了这些法律材料，有了与此相关的诸如"政策立法"、"框架立法"一类的概念及其运用，法律规则才会生动有效，法律体系才能完整有序、富有弥散自洽的弹性。近现代人类社会的法治进程，伴随着法理上对"规则主义"法治视角的反思和检讨。尽管在"规则怀疑主义"的冲击之下，人们并没有放弃对规则意义和法律治理的信念，但是，在人们的心目中，法律体系在渊源形态和构成要素上已经越来越呈现出某种"开放性结构"。对此，我们在法律体系构建的认识和实践上不能不有所洞察。

关于"一国两制"实践下特别行政区法律在法律体系中的地位，我认为在立法机关关于法律体系构建的蓝图中几乎没有体现。尽管在立法机关划分的七个法律部门中，作为第一部门的"宪法相关法"中提到了香港特别行政区基本法、澳门特别行政区基本法，但整个法律体系、法律部门划分的内容，大致上还是一个大陆内地法律体系的概念。这在法律体系构建的技术表述上不能不说是一个重大的缺欠。香港、澳门已经回归，考虑到将来大陆与台湾的统一，邓小平"一国两制"的构想将得以全面实现，在这样一个大背景下，立足于原来内地（大陆）法律的概念来界定国内法，显然是远远不够的。香港法律属于普通法系，澳门法律属欧陆风格，将来的台湾法律也是自成一体，按照"两制"的要求，它们作为特别行政区都有自己的立法权、行政权和司法权，在法律理论和实践上，人们也明确提出了当下中国"一国两制四法域"的法治构图，因此，从法律体系内部的逻辑关系看，在平行于大陆（内地）法的意义上，对香港特别行政区法、澳门特别行政区法和将来可能的台湾法加以定位和表述是必然的。如果依旧立足于大陆内地法的概念来界定国内法，而不在平行的意义上、相对独立的意义上确立香港法、澳门法和台湾法的概念，就无法在法律体系的构建上对复杂多样的法律渊源或形态实现合理有效的系统整合，就不可能形成符合"一国两制"要求的更具包容力的国内法概念。

至于国际法在法律体系中的地位，在立法机关的体系构图中同样没有得到应有的重视和体现，就此，我们应该反思在法律体系构建上国内法自足的立场，体现国际化、全球化对中国法律体系构建所提出的挑战和要求。

在学理上，一个国家的法律体系一般首先被区分为国内法和国际法，因为国际法主要是产生并适用于国家之间的法律规范，在规范的性质、效力、形式等许多方面与国内法有显著不同，不可混为一谈。相比较之下，中国立法机关所构设的法律体系主要是国内法（更确切地说是大陆法或内地法）视角的，说其隐含了国内法自足的立场也不过分。这样一种简约的技术风格，虽然规避了在国际法效力、国际法的法律属性、国际法与国内法的关系等一系列复杂问题，但也造成了在法律体系构建上对国际法问题的遮蔽。而在我看来，在法律体系构建中缺少对国际法的清晰定位和安排，也是一个明显的缺陷。

当今世界正处于一种加速全球化的进程之中，国际法尤其是国际经贸立法的数量和作用不断凸显。据统计，截至 1995 年底，世界各国共签订了 900 多个促进和保护投资的协定，其中近 60％是在 90 年代缔结的，仅 1994—1995 年，就签订了 299 个，超过 60 年代和 70 年代签订的此类协定的总和。这些国际立法及其实践，造就了当今的国际生活秩序，也深刻影响了各国的国内立法。从中国的情况看，随着对外开放进程的不断加深，中国社会已经越来越融入世界这个"大家庭"：签署和加入包括一些重要人权公约在内的许多国家公约，加入世界贸易组织并对遵守其规则作出具体承诺，等等，使得国际法在国家的法律生活中一下子变得重要起来。统计显示，截至 1999 年初，中国已同外国缔结了大约 14040 多个条约，其中，双边条约有 13820 多个，多边条约有 220 多个；自 1978 年至 1998 年间，仅经全国人大常委会决定批准或者加入的就有 121 个（双边 68 个，多边 53 个），经国务院批准或者决定加入、接受的，有 35 个（双边 31 个，多边 4 个）。所有这些条约，都对中国国内立法产生了重大影响。[1] 与这样一种重大变化相适应，如何看待传统的国家主权概念，如何协调国内法和国际法的关系应对国际法进入本国法域的问题，并对复杂多样的国际法渊源或形态实现系统整合，就成为我们在法律体系构建中不能不思考和回答的问题。在全球化和中国"和平崛起"的大趋势和大背景下，如果还是基于传统的主权国家概念，把法律体系说成是"一个国家的"，而不是"适用于一个国家的"，那么，就等于是把法律和法律体系捆绑于僵硬的"国家主权"概念之上，等于是坚持一种国内法"自给自足"的立场。这种立场，无法在法律体系的建构上体现

---

① 李林：《立法理论与制度》，中国法制出版社 2005 年版，第 408 页。

中国不断深入参与全球化发展进程和要求，从而可能造成法律体系在整体上对外部世界的封闭或排斥的格局。

## 四、结论：法律体系建构需要一种开放性的思考

在短短的二三十年时间里，中国在法律体系建设方面取得了足以骄人、令世界瞩目的成就。立足于取得成就的喜悦，也需要有一种面向未来的真正的回顾和反思。而在我看来，理性主义的建构思路、国家主义色彩、立法中心—行政辅助的运作模式和简约主义的风格，是迄今为止中国政府尤其是立法机关在法律体系构建的认识和实践上所表现出来的主要技术特征，这些特征在集合的意义上铸就了中国在法律体系构建上的某种封闭性质。从宏大的背景看，这种封闭性质反映了时下中国法律理论和实践的主流生态，在更为直接的意义上，它呈现的是立法机关对作为法治逻辑前提的"有法可依"的认识，以及立法机关关于法律体系构建的视野。

有鉴于此，我们有必要检讨和反思这种封闭性质的法律体系构建实践，从转型中国社会法治秩序形成的原理和要求出发，不断充实和完善现行关于法律体系构建的认识和实践，形成一种关于中国特色法律体系构建的开放性思考，并针对性地作出相关的制度安排。作为这种开放性思考的初步结论，我想将上文的论述明确表述为以下四点：

第一，回应中国社会转型的法秩序建设要求，在理性主义的建构思路中折冲以社会法秩序的自然生成原理。

第二，贯彻"人民主权"原则，激活"国家认可"概念，按照国家治理、社会自治和个体自主的合理布局，引入与"法律保留"相伴随的更为广泛的"法律延伸"概念，淡化和校正法律体系构建上的国家主义色彩。

第三，认识法律的固有局限，发挥立法机关和行政机关以外其他社会生活主体尤其是司法审判机关在法律体系构建中的作用，对接法律与生活、法律与个案，形成法律体系自足自洽、不断生长的弥散机制，应对转型中国社会复杂迅猛的变化。

　　第四，辨析区分法律体系构建对立法机关在操作上的直接要求，与对转型社会法治秩序建设的回应，在化繁就简地从事法律体系构建实践的同时，对立法机关在体系构建上因简约主义风格所遗漏和遮蔽的问题要有清醒认识。

　　2010 年，对于构建中国特色社会主义法律体系的宏大工程来说，是一个终点，但更是一个起点：也许在立法角度或法律创制意义上的法律体系构建将告一段落，法律体系的框架内容将不再有明显的缺失，但是法秩序生成意义上所需要的那种法律体系建设，则远远没有结束。

# 第三章　当代中国的法律解释体制 [*]

## 一、引　言

　　对于一个国家法律的体系建构来说，法律解释具有特别重要的意义。法律解释的必要性主要可以概括为以下四点：第一，法律规范是抽象、概括和有限的规定，需要通过法律解释这座桥梁才能适用于具体的人和事；第二，法律规定本身存在模糊、自相矛盾和缺漏等情况，可通过法律解释这一手段加以修正；第三，法律不能朝令夕改，而社会生活和人的认识又在不断地发展变化，因此可以通过法律解释既保持法律的稳定性又使法律适应各种新的变化；第四，中国地域辽阔，人口、民族众多，地区差异很大，因而在法律的普遍规定与特殊调整之间矛盾尤为突出，这使得法律解释具有特别重要的意义。一句话，法律解释是实施法律的一个前提，也是发展法律的一个方式。

　　在现代法律实践中，作为对法律解释活动的一种普适性理解，法律解释主要是指在具体个案的司法裁判中与法律适用相联系的一种活动。法律解释一般与司法解释或法官的裁判解释同义，其中所要探讨的一个根本问题，是法律解释和法律创制之间的合理界限、司法权和立法权的关系问题。同时，由于司法权与立法权、行政权（台湾地区则还有考试权和监察权）相对，

---

　　* 原载《中国社会科学》1997 年第 2 期。

它是一种以法官和法院为主要载体的权能，司法则是一种围绕着法官或法院的裁判而展开的活动，因而当人们使用"法律解释"、"司法解释"等表述时，其边界也大致清楚。但是，中国宪法所确立的国家政权组织形式，是人民代表大会下的"一府两院"制，由于人民代表大会制度具有很强的"议行合一"特性，由于司法、司法权与法院的审判、审判权不能等同，局限于法官和法院的角度来把握司法解释、甚至法律解释就远远不够。不加分析地选择上述普适性立场来研究中国的法律解释问题，会在我们的视野中造成许多盲点。

进而言之，在当代中国的法律场境或语境中，研究法律解释是不能不重视法律解释权和法律解释体制问题的。因为在中国的制度设计上，法律解释一般说来既非附属于司法裁判权的一种活动，也非附属于立法权或法律实施权的一种活动；它在法律上被单列为一种权力，一种通过解释形成具有普遍法律效力的一般解释性规定的权力，而在不同的国家机关之间对这种权力的分配，则构成了一种极具中国本土特色的法律解释体制。

本章将以 1981 年中国全国人大常委会关于法律解释的决议为线索，从规范、操作和观念的层面，对这一体制进行描述和分析，并据此在比较的意义上概括其基本特点。随后还将基于这一体制在实际运行中出现的问题，从整体上系统探讨其自身设计的合理性问题，以便为进一步完善提供某种思路。

# 二、规范和操作层面的描述

## （一）一般规定和总体构架

自 1949 年以来，中国的宪法和法律先后多次就法律解释问题作出规定。[①]1949 年 9 月通过的中央人民政府组织法第 7 条中规定，中央人民政府

---

① 本章所讲的法律解释主要是指对宪法、基本法律、法律、行政法规和地方性法规的解释，但在研究中，笔者也尽可能把部门规章、各级地方政府规章以及其他一些规范性文件的解释收入思考的背景。

委员会有权制定并解释国家的法律。1954 年宪法第 31 条规定，全国人大常委会有权解释法律，1975 年宪法保留了此项权力，1978 年宪法和 1982 年宪法则更进一步，增加了全国人大常委会"解释宪法"的权力。1979 年通过、1983 年修订的法院组织法第 33 条规定："最高人民法院对于在审判过程中如何具体应用法律、法令的问题，进行解释。"全国人大常委会还于 1955 年和 1981 年先后两次就法律解释问题作出专门决议，其中后者在前者的基础上①就法律解释的对象、主体、权限划分、内容、争议解决等方面作了原则性的规定，从而确立了当代中国的法律解释体制的基本框架。

1981 年五届全国人大第 19 次常委会通过的《关于加强法律解释工作的决议》，包括以下四项原则性规定：

1. 凡关于法律、法令条文本身需要进一步明确界限或作补充规定的，由全国人大常委会进行解释或用法令加以规定；

2. 凡属于法院审判工作或检察院检察工作中具体应用法律、法令的问题，分别由最高人民法院和最高人民检察院进行解释，两院解释如有原则分歧，报请全国人大常委会解释或决定；

3. 不属于审判和检察工作中的其他法律、法令如何具体应用的问题，由国务院及主管部门进行解释；

4. 凡属于地方性法规条文本身需要进一步明确界限或作出补充规定的，由制定法规的省、自治区、直辖市人大常委会进行解释或作出规定，凡属于地方性法规如何具体应用的问题，由省、自治区、直辖市人民政府主管部门进行解释。

从上述四项规定来看，在法律解释的对象上，前三项涉及的是全国人大及其常委会制定的法律包括基本法律和法律的解释，第四项涉及的是省级人大及其常委会制定的地方性法规的解释——但这项规定具有扩展性，随着地方性法规制定权"下放"到省会市和国务院批准的较大市的人大及其常委

---

① 1955 年 6 月全国人大常委会通过的《关于解释法律问题的决议》规定：凡关于法律、法令条文本身需要进一步明确界限或作补充规定的，由全国人大常委会进行解释或用法令加以规定；凡关于审判过程中如何具体应用法律、法令的问题，由最高法院审判委员会进行解释。

会，其适用范围也在延伸。在法律解释的主体上，包括全国人大常委会、最高法院、最高检察院、国务院及其主管部门、省级人大常委会和省级政府主管部门。在法律解释权限的划分上，贯穿了以下思路，即在中央和地方之间划分，在立法机关和实施机关之间划分，以及实施机关的不同职能部门之间——包括司法机关和行政机关之间、司法机关相互间和行政机关相互间——划分。在法律解释的内容上，包括了对条文本身进一步明确界限或作补充规定，以及解决法律如何具体应用问题，因而是全方位的。在法律解释争议的解决上，则强调了全国人大常委会在法律解释活动中的主导地位。

## （二）更进一步的描述

下面，再对法律解释的实际做法包括一些更具体的规定作一概要描述，从中不仅可以看到更为丰富的法律解释实践、一些新的发展，而且还可以发现，法律解释的实践在许多重要的方面并没有顺着上述决议划定的轨迹运行。

### 1. 全国人大常委会方面的解释

1996 年 5 月 15 日八届全国人大常委会第 19 次会议通过《关于〈中华人民共和国国籍法〉在香港特别行政区实施的几个问题的解释》，这是全国人大常委会第一次以明示的方式进行法律解释。[①] 由于全国人大常委会是每两个月举行一次会议，不可能承担经常性的法律解释任务，[②] 自 1979 年以来，

---

[①]　关于立法者对法律的解释，人们主要提到四种存在形式：(1) 在法律本文尤其是本文的附则中规定解释性条款；(2) 有关部门基于法律(如商标法、专利法、著作权法、婚姻法等)中的授权所制定的"实施细则"或"补充规定"；(3) 法律在提请审议通过时所附带的说明；(4) 全国人大常委会针对法律实施过程中提出的问题作出的"决定"、"决议"和"补充规定"。参见拙作《当代中国的法律解释问题研究》，载《中国社会科学》1996 年第 5 期。

[②]　全国人大常委会法律解释权长期虚置的现象新近似有改变的趋势，原因大致有三：一是对人大常委会法律监督功能的强调，这种监督甚至在立法上和法律实践中已扩及法院对个案的裁判；二是由于宪法解释权专属全国人大常委会，目前对宪法可适用性的日益普遍的关注和强调，以及使宪法更好地因应时代变化的考虑，使得全国人大切实履行宪法解释职能，成为人们特别是在现有制度框架中考虑问题的人们的关切点；三是"一国两制"实践的需要。香港特区基本法规定，香港特区最高法院拥有司法终审权，同时规定基本法的解释权属于全国人大常委会，这就必然使后者演化为对前者的一种缓冲或制约机制。

各地、各部门要求全国人大常委会进行解释的法律问题，一般直接向全国人大常委会的法制工作委员会提出，由它作出答复（包括书面答复、电话答复等），① 但是，由于法制工作委员会在法律上没有立法解释权，这些答复尽管具有实效，却不具有当然的法律效力。不过，要指出的是，全国人大常委会法工委也曾公开与最高法院、最高检察院、公安部、国家安全部、司法部等部门联合进行过法律解释，例如，1984 年 3 月 24 日《关于正在服刑的罪犯和被羁押的人的选举权问题的联合通知》，1986 年 7 月 10 日《关于劳教工作干警适用刑法关于司法工作人员规定的通知》和 1998 年 1 月 19 日《关于刑事诉讼法实施中若干问题的规定》。这些事例表明，法工委在以立法机关的身份从事不单纯是事实上的或仅有"实效"的法律解释。

全国人大常委会在自己制定的"法律"中，一般总是授权有关机构制定"实施条例"、"实施办法"、"实施细则"或"补充规定"，这些机构包括国务院、国务院主管部门（前提是报国务院批准）、省级政府（有些要求报国务院批准）、省级地方人大常委会等，而这些实施规定又进一步按照行政法规、地方性法规或行政规章的方式，对解释问题作出规定（见下面的 3、4 两点）。② 这构成了"法律"解释权的一种显著流向。全国人大制定的"基本法律"中，有一些也有这种授权③，从而也形成这样一种流向。

2. 司法解释

最高法院司法解释活动极其频繁，不仅名称繁多，内容广泛，而且绝大多数属于不针对具体个案裁判的抽象解释。④ 各种名称大致有"意见"、"解

---

① 如 1990 年全国人大常委会法制工作委员会《关于如何理解和执行法律若干问题的解答（一）（二）》汇集了 26 条解答。本文提到的解释，属 1990 年前的，一般可从吉林人民出版社 1990 年、1991 年出版的《中华人民共和国法律规范性解释集成》及其增补本中查到。

② 例如，《商标法》第 42 条规定："本法的实施细则，由国务院工商行政管理部门制定，报国务院批准施行。"《商标法实施细则》第 48 条规定："本实施细则由国家工商行政管理局负责解释。"

③ 例如，《中华人民共和国经济合同法》第 56 条规定："国务院有关部门和各省、市、自治区人民政府可以根据本法制定实施条例，报国务院批准施行。"此条已被废除。

④ 尽管法律上把司法解释限定在解决法律"如何具体应用"的意义上，但由于把司法解释权集中于最高司法机关，其抽象性质就不可避免。

释"、"解答"、"规定"、"决定"、"办法"、"批复"、"答复"、"通知"、"复函"、"函"、"纪要"等，其中，在内容上主要可分为以下四类：

（1）就审判工作中具体应用法律的问题主动作出的解释和对请示、来函所作的各种答复。这类解释和答复，有些是针对某一类案件，如最高法院于 1983 年 9 月 30 日、12 月 30 日和 1985 年 8 月 21 日先后三次作出的《关于人民法院审判严重刑事犯罪案件中具体应用法律的若干问题的答复》；有些是针对某一种案件，如 1987 年 8 月 21 日最高法院和最高检察院《关于严格依法处理道路交通肇事案件的通知》；有些针对的则是问题，如 1988 年 2 月 9 日最高法院《关于海关扣留走私罪嫌疑人的时间可否折抵刑期的批复》。民事方面的答复一般还针对具体个案，但在标题中往往加以类型化的处理（以问题性质命名，不提当事者），如 1988 年 1 月 22 日《最高人民法院关于继父母与继子女形成的权利义务关系能否解除的批复》。

这里涉及中国司法实践中独具特色的案件请示制度。所谓案件请示制度，是指下级法院在案件审理过程中，就案件的实体处理或程序问题以口头或书面形式向上级法院请示，上级法院予以答复的制度。① 这种制度虽然盛行于司法实践，但是它的建立不是基于法律的明文规定，而是基于司法解释的认可。最高法院于 1986 年 3 月 24 日和 1990 年 8 月 16 日曾先后下发《关于报送请示案件应注意的问题的通知》和《关于报送请示案件应注意的问题的补充通知》，对案件请示的做法予以确认和规范，并使之制度化。对于下

---

① 对于这种做法的历史渊源，可以引证台湾学者韩忠谟的一段描述："我国除判例外，尚有'解释'，这是我国独特的制度，也是清末变法的附产品。……民国变法，下级法院人员法学智识浅薄，各地方初级审判，从县知事到法院仓促间均不足以应付裕如。尤其是过渡时期，县长兼理司法，借重承审员担任实际审判，修养更是不够。因而每每以快邮代电假设案例，将所遭受法律上之疑难，呈请核示而送到上级法院请求解释。北京大理院为应下级法院审判需要，遂发表其意见，无形中就成为法律解释。一直到十六年政府奠都南京，最高法院及司法院相继成立还是如此。民国三十六年行宪以后，情形才见好转。新宪法明文规定法院须依自己之职权独立审判（除非在不同系统之机关对于适用法律发生疑难才可请求统一解释，否则一律不准），然而我们始终仍有'解释'存在，如司法大法官会议有统一解释法律之权，对各级法院均有影响。"参见韩忠谟：《司法程序与法律演进之关系》，见《中华学术与现代文化之九·法学论集》。

级法院的请示，上级法院的答复方式一般有三种：一是口头答复，即当面以口头方式或通过电话告知下级法院案件应该如何处理。二是书面答复，即以书面方式告知下级法院对案件的处理意见。这种答复往往是一般性的，它除了对案件的具体处理意见外，还包括在有关事实的认定和有关法律的适用方面的一般意见。尽管这类答复不具有当然的法律效力，但实际上下级法院一般都会以此作为定案依据。三是最高法院以司法解释方式的答复，它对各级法院的裁判具有普遍的法律效力。① 由案件请示制度可知，在实际上从事司法解释的主体，在法院内部并不限于最高法院，尽管在法律上这些主体的解释不被称之为"司法解释"。

（2）对审判工作的有关操作规范所作的规定。如 1983 年 9 月 14 日最高法院、最高检察院、公安部、安全部和司法部作出的《关于人民警察执行职务中实行正当防卫的具体规定》，1984 年 8 月 30 日最高法院审判委员会通过的《民事诉讼收费办法（试行）》，1984 年 11 月 28 日最高人民法院《关于设立海事法院几个问题的决定》。

（3）直接对法律条文规定所作的解释。如 1986 年 6 月 21 日最高法院和最高检察院《关于刑法第一百一十四条规定的犯罪主体的适用范围的联合通知》，1988 年 3 月 16 日最高法院最高检察院《关于如何适用刑法第一百五十三条的批复》。

（4）直接对某一法律所作的系统全面的解释。例如，1986 年 4 月 12 日通过、1987 年 1 月 1 日起施行的《中华人民共和国民法通则》有 156 条，1988 年 1 月 26 日最高法院审判委员会通过的《关于贯彻执行〈中华人民共和国民法通则〉若干问题的意见（试行）》有 200 条（1990 年 12 月 5 日的修改稿增至 230 条）；1985 年 4 月 10 日通过、10 月 1 日起施行的《中华人民共和国继承法》有 37 条，1985 年 9 月 11 日最高法院《关于贯彻执行〈中

---

① 参见景汉朝、卢子娟：《经济审判方式改革若干问题研究》，载《法学研究》1997 年第 5 期。该文指出，案件请示制度的弊端有四：一是违反独立审判原则；二是违反二审终审原则，实际上是变二审为一审，变相剥夺当事人的上诉权和申请再审权；三是滋生上级法院的主观武断，削弱下级法院的责任心，不利于提高办案质量；四是增加了诉讼的社会成本。

华人民共和国继承法〉若干问题的意见》有 64 条；1989 年 4 月 4 日通过、1990 年 10 月 1 日起施行的《中华人民共和国行政诉讼法》有 75 条，1991 年 5 月 29 日最高法院审判委员会通过的《关于贯彻执行〈中华人民共和国行政诉讼法〉若干问题的意见（试行）》有 115 条；1996 年 3 月 17 日修改通过、1997 年 1 月 1 日起施行的《中华人民共和国刑事诉讼法》共 225 条，1996 年 12 月 20 日最高法院审判委员会通过的《关于执行〈中华人民共和国刑事诉讼法〉若干问题的解释（试行）》有 342 条①。这类解释明显具有立法性质，因而最引人注目也最遭人非议，不过它们在发布前，通常要征求各方面包括全国人大常委会法制工作委员会的意见。

除以上正式的审判司法解释外，在司法实践中还存在其他一些具有司法解释功能的"准司法解释"，如最高法院机关刊（每月一期）《人民司法》辟有"司法信箱"专栏，以"本刊研究组"的名义对各地法院（尤其是基层法院）的法官提出的各种问题给以解答，这些解答对于具体个案的解决往往具有决定性作用。

1997 年 6 月 23 日最高法院发布《关于司法解释工作的若干规定》（共 17 条），并于 7 月 1 日起施行。该规定对法院司法解释的法律依据、主体、效力、制作程序、发布、形式、样式、时效等主要方面作了系统规定，其中，第 2 条规定：法院在审判工作中具体运用法律的问题由最高法院作出司法解释；第 4 条规定：最高法院的司法解释具有法律效力；第 9 条规定：司法解释分"解释"、"规定"和"批复"三种形式——对于如何运用某一法律或者对某一类案件、某一类问题如何适用法律所作的规定采用"解释"形式，有关审判工作的规范、意见采用"规定"形式，对于高级法院、军事法院就审判工作中具体运用法律问题的请示所作的答复采用"批复"形式；第 14 条规定：司法解释与有关法律规定一并作为法院判决或裁定依据的应该在司法文书中援引。

---

① 值得一提的是，最高法院在将该解释印发各下级法院的"通知"中，要求"遵照执行"该解释，但同时规定：各级法院在执行修改后的刑事诉讼法和本解释中，"对与有关部门认识不一致的问题，必要时，可以报请当地党委和人大常委会协调解决"；"本解释在试行中，一律不得在公开发行的报刊上登载。"

最高检察院也从事着制定司法解释的活动。1996 年 12 月 9 日最高检察院发布实施《最高人民检察院司法解释工作暂行规定》。该规定共 20 条，内容涉及最高检察院司法解释的法律依据、主体和效力、基本要求、制作程序、形式、发布等各主要方面，其中，第 2 条规定：检察工作中具体运用法律的问题由最高检察院解释并具有法律效力；第 3 条规定：司法解释不得违背和超越法律规定；第 8 条规定：司法解释文件采用"解释"、"规定"、"意见"、"通知"、"批复"等形式，统一编排文号；第 9 条规定：检察院在起诉书等法律文书中可以引用最高检察院司法解释的规定；第 16 条规定：最高检察院在必要时可以商请最高法院等部门联合发布司法解释。从最近一两年的发展情况看，最高检察院有强化自己在法律解释中的地位的趋势。例如，刑事诉讼法修改实施后，最高检察院第八届检察委员会第 69 次会议通过《人民检察院实施〈中华人民共和国刑事诉讼法〉规则（试行)》（高检发释字〔1997〕1 号），包括 11 章（依次是：通则、管辖、回避、强制措施、审查逮捕、立案、侦查、审查起诉、出席法庭、刑事诉讼法律监督，以及刑事司法协助。），一个附则，共 414 条。①

从司法解释的主体看，有些是由最高法院或最高检察院单独作出，有些是由它们联合作出，有些是由它们与相关的政府主管部门甚至全国人大常委会的法制工作委员会联合作出。另外，许多司法解释即使不是联合作出，也要征求有关国家职能部门的意见，如 1987 年 1 月 14 日最高法院《关于三代以内的旁系血亲之间的婚姻关系如何处理问题的批复》中有言："经征求全国人大常委会法制工作委员会和民政部等单位的意见后，我们研究认为，……"。

### 3. 行政法规的解释

1981 年的法律解释决议没有关于行政法规解释的内容，实际做法是：凡

---

① 最高法院、最高检察院关于司法解释的规定，对于规范司法解释活动无疑具有积极意义。但是，就中国的法律解释体制包括司法解释制度来说，无视其在总体构架上存在的问题，仅仅局限于对现行做法进行清理并使之"规范化"，意义毕竟有限。而且，"规范化"在很大程度上也意味着将现状包括不合理的现状"固化"，从这个角度看，在有了这些"规定"后，本章提出并探讨解释体制方面的一些基本问题，显得格外有意义。

国务院自行制定颁布的法规，有些在附则中规定由国务院解释，有些没有规定由谁解释，但多数情况下是授权法规所涉及的主管部门制定实施细则和（或）解释；如果是部门制定报国务院批准颁布的法规，一般由制定部门解释。这里要附带指出的是，国务院各部门、各级地方政府制定颁布的各种行政规章，一般都有关于规章解释的规定，而且都是规定解释权属于制定者自己或者自己的下属机构。

虽然实践中行政法规（包括实施细则、实施条例）的解释工作主要由有关行政主管部门承担，但"由于对某些条文的理解不一或者牵涉不同部门的职责分工，有关行政主管部门感到解释有困难或者其他有关部门对其作出的解释有异议，往往向国务院请示"，为此，国务院办公厅于1993年3月3日发布《关于行政法规解释权限和程序问题的通知》，就行政法规的解释统一规定如下：

（1）凡属于行政法规条文本身需要进一步明确界限或者作补充规定的问题，由国务院作出解释。这类立法性解释，由国务院法制局按照法规草案审查程序提出意见，报国务院同意后，根据不同情况，由国务院发布或者由国务院授权有关行政主管部门发布；

（2）凡属于行政工作中具体应用行政法规的问题，按照现行做法，仍由有关行政主管部门负责解释；有关行政主管部门感到解释困难或者其他有关部门对其作出的解释有不同意见，提请国务院解释的，由国务院法制局提出答复意见，报国务院同意后，直接答复有关行政主管部门，同时抄送其他有关部门；

（3）凡属国务院、国务院办公厅文件的解释问题，仍按现行做法，由国务院办公厅承办。涉及行政法规的问题，国务院办公厅可征求法制局的意见；涉及法律解释的，按全国人大常委会1981年的法律解释决议办理。

### 4.地方性法规的解释

地方性法规包括省级、省会市和经国务院批准的较大市的地方性法规。许多地方性法规在文中没有关于法规解释的规定（其中有些规定由本级政府制定"实施办法"①），但大多数地方性法规都作出了规定，其中，有些规定的是"法规的解释"（主体一般为本级地方人大常委会），绝大多数规定的是法规"具体应用问题"的解释。对于法规"具体应用问题"，一般规定由法规所涉及的本级政府主管部门负责解释（有些同时规定由同级政府制定"实施办法"），但也有一些规定由本级政府解释，或者同时规定由本级政府制定"实施办法"和解释，还有少数规定由本级政府法制局解释。②

# 三、内含的基本观念

分析当代中国法律解释体制的条文规定和实际做法，可以认为其中包含了关于法律解释和法律解释权的下述基本观念：

## （一）事实上没有对制定法的迷信，法律解释为法律实施和法律发展所必需

在人们的心目中，法治建设的一个首要目标是要做到"有法可依"，因此，要持续不断地进行立法，以图最终建立一个部类齐全、上下层次分明、前后左右关系和谐的完备的法律体系。所谓完备，就是指在社会生活需要法律调整的各个领域、各个方面都制定有相应的法律。但是，这种建立完备的法律体系的观念，在社会现实生活中，迄今还是一种理想层面的评价性观念；而且，顺着法律与社会生活需要对应的思路考虑问题，也许我们永远也不可能通过立法达到人们心目中的完备标准（由此说来又有哪个国家能自称立法完备呢?）。事实上，自1794年普鲁士皇帝弗里德里希·威廉二世颁行多达17000个琐碎条款的《普鲁士邦法》以来，伴随着以法国和德国为首的

---

① 按照通常理解，这种"实施办法"本身就带有解释的意义，而且"实施办法"中一般都有关于"具体应用问题"的解释的规定。

② 地方性法规的解释与行政法规的解释一样，迄今没有得到研究者的重视。此处对地方性法规解释情况的概括，主要以1992年和1993年《中国法律年鉴》（中国法律年鉴社出版）所选载的61件地方性法规为根据。

大陆法系国家的法典化进程，那种确信制定法完美无缺和逻辑自足、因而彻底否定法官的自由裁量权 ① 的观念，虽曾在整个 19 世纪盛极一时，但随后不仅在理论上受到批判，② 而且在法律实践中也随着 1912 年《瑞士民法典》第一条对法律缺漏和法官补缺工作的明确承认，遭到彻底否定。

从实践的层面分析，真正主导人们法律实践的观念，恰恰不是充分自足的制定法观念，而是不断演进完善的制定法观念。这一点在对法律解释必要性的认识上表现得极为明显。由前述可知，当代中国的法律实践对法律解释的必要性一贯持肯定态度，立法上对法律解释的规定则是全方位的，不仅在法律"具体应用"的层面上，而且还在法律本身"进一步明确界限或作补充规定"的意义上肯定法律解释。联系学理上和实践中人们对法律解释意义的阐述，这种对法律解释必要性的全方位规定可以具体表述如下：任何法律规范都是普遍一般的规定，要适用到现实生活中具体的人和事，需要法律解释的媒介作用；任何法律规定都应该具有稳定性，要适应现实生活和人们认识的不断发展变化，需要法律解释；法律适用不得不面对和克服法律规定自身存在的模糊和歧义，从而需要法律解释；由于各种原因，法律规定本身存在缺漏，也需要把法律解释作为拾遗补缺的重要手段之一。就中国国情而言，由于国土辽阔，人口、民族众多，地区发展不平衡，由于中国社会目前正处于转型时期，在法律的普遍规定与特殊调整和具体适用之间，矛盾就尤为突出，法律解释在中国法治实践中的意义也就特别重大。因此，法律解释是法律实施的一个基本前提，也是法律发展的一种重要方式。

## （二）把法律解释单列为一种权力，相对独立于法律制定权和法律实施权或决定权

在制度设计上，人们视法律解释为一种单独的权力，一种通过解释

---

① 立法和司法严格分权，主张司法裁判的合法性原则，严格限制法官的自由裁量权，是近代或现代法治的一种基本观念和实践，作为对前近代或现代司法专制的反动，它曾表现出矫枉过正的态势。盛行于 19 世纪的概念法学的观念，可谓明证。

② 参见梁慧星：《民法解释学》，中国政法大学出版社 1995 年版。

形成具有普遍法律效力的一般解释性规定的权力，而不是一种附属于法律制定权和法律实施权或决定权的活动。首先，从法律解释权与法律制定权的关系分析，人们并不把法律解释权归之于法律制定权。具体说来，这包含三个命题：一是有权制定法律，就有权解释法律；二是有权解释法律，不一定有权制定该法律；三是有权制定法律，不一定要亲自解释该法律。例如，全国人大有权制定关于刑事、民事、国家结构等方面的基本法律，因而被当然地认为也有权解释这些法律，但是，按照宪法规定，解释基本法律的权力不是由全国人大行使，而是由全国人大常委会行使；同时，全国人大常委会虽有权解释这些法律，却无权制定和从根本上修改它们。法律、行政法规和地方性法规的情况也相类似。这里要指出的是，"有权制定法律，就有权解释该法律"这一命题虽非出自法律条文，却为人们确信不疑，因为人们普遍认为，法律解释要符合立法原意，要符合法律规定的立法意图，而就立法原意或立法意图而言，没有谁比立法者自身更清楚。

其次，从法律解释权与法律实施权或决定权（主要是司法权和执法权）的关系看，由于现今立法把有关法律解释权分别授予全国人大常委会、最高法院、最高检察院、国务院及国务院主管部门、省级和较大市的人大常委会和政府或政府主管部门，因而从总体上说，人们也不认为法律解释权附属于法律实施权或决定权。具体地说，有权实施法律或者在法律上拥有决定权的机关，在制度上并不一定对所适用的法律拥有解释权，甚至绝大多数对所适用的法律不具有解释权；而有权解释法律的各实施机关，尽管在名义上其解释涉及的是法律的"具体应用"，却基本上脱离具体个案或问题的法律实施或决定过程。因此，法律解释权在一般意义上被认为是可以与法律实施权或决定权分离的。

### （三）按照国家机关的职能划分，将法律解释权分别划归相关的职能部门实际行使

虽然宪法只是规定全国人大常委会有权解释宪法和法律，但是，人们并

不因此认为法律解释权的实际行使应该和可能由全国人大常委会完全承担。因为在人们看来，法律解释是一种普遍存在的需要，这种需要不仅存在于法律条文本身，而且还广泛存在于法律条文的具体应用过程，也就是说，法律解释的问题交叉存在于立法领域和法律实施领域，它们涉及不同的国家职能，如立法职能、审判职能、检察职能和各种行政职能等。由于这些职能在整体上由不同的国家职能机关分别承担，如同各自的"势力范围"，法律解释权作为一项单列的权力，自然也就遵循了国家职能的既定划分，分别由相关的职能主管部门负责行使。

具体地说，与前述法律解释权限划分的思路相对应，法律解释权的实际行使体现了以下三个观念：

1. 中央归中央，地方归地方——全国人大和全国人大常委会制定的法律，归中央解释，地方性法规归地方解释；

2. 立法归立法，实施归实施——属于立法本身或"条文本身需要进一步明确界限或作补充规定"的问题，由立法部门解释，属于法律实施或法律"具体应用"的问题，由实施部门解释；①

3. 审判归审判，检察归检察，行政归行政——属于法律实施的问题，由法律实施所涉及的主管职能部门解释。

同时，人们认为全国人大常委会在法律解释体制中应该处于主导地位。这不仅因为在制度设置上，全国人大常委会在国家法律体制中处于优先地位：宪法只规定它有解释宪法和法律的权力，由它制定通过的决议具体构建了中国的法律解释体制，最高法院和最高检察院的解释争议要由它解决，等等；而且还因为，在法律解释的原理上，人们认为，既然法律解释要探寻和

---

① 请注意，尽管在中国的宪法和法律中，法律解释属于法律被制定通过并进入实施阶段后的一项活动，但人们并不认为它所涉及的只是与立法相对的法律实施问题。立法机关在国家权力结构中的优位，其权能在法律实施领域的广泛延伸，自然会使我们想起"议行合一"的观念。"议行合一"是马克思和恩格斯在总结巴黎公社政权建设的经验时提出的无产阶级国家的政权组织原则，在实践中，它曾长期为社会主义国家所奉行。中国的人民代表大会制度在原理上显然也受到"议行合一"观念的深刻影响。

依照立法原意或立法意图，全国人大常委会作为全国人大的常设机关和本身拥有立法权的机关，比其他机关更有发言权。

### （四）由高层立法机关和法律实施机关执掌法律解释权，最大限度地使法律实施成为机械适用法律的过程

如上所述，人们对法律解释必要性的肯定是全方位的，撇开法律规定由于存在缺漏和滞后性等情况而需要通过法律解释加以弥补不论，单就把普遍一般的法律规定适用到具体的人和事以及克服法律规定自身存在的模糊和歧义而言，法律解释也不可缺少。因此，法律实施与法律解释是密不可分的，没有人会否认法律实施需要法律解释。但是，尽管人们对法律解释的必要性以及法律解释作为法律实施的一个基本构件具有肯定的认识，这种认识却没有在制度设计上导致法律解释与具体法律实施活动的结合。相反，人们意图把法律解释从法律实施活动中剥离出来，并通过法律解释权的设置和在高层次上的分配行使，使法律解释成为一种通过解释形成具有普遍法律效力的一般解释性规定的活动，成为立法在法律实施过程中的延长，以此来维护立法职能和法律实施职能的区分，在法律实施中贯彻严格"依法裁判"或"依法办事"的理念。① 具体表现为：

第一，作为立法和法律实施的区分的延伸，在法律实施过程中的法律解

---

① 这显然构成了现代法治观念中的一种矛盾情结，即一方面必须强调严格依法，强调规则之治，另一方面却由于法律的固有缺陷而无法摆脱人的自由裁量因素。这种矛盾情结典型地表现在 1804 年的《法国民法典》之中。该法典在其"总则"的第 4 条规定："审判员借口没有法律或法律不明确不完备而拒绝受理者，得依拒绝审判罪追诉之"；紧接着又在第 5 条规定："审判员对于其审理的案件，不得用确立一般规则的方式进行判决"。（《法国民法典》，李浩培、吴传颐、孙鸣岗译，商务印书馆 1979 年版。）这两条一方面使人感到法律是完美无缺、逻辑自足的，它不可能"没有"，也不可能"不明确"；另一方面又使人感到在判决中存在"确立一般规则"的必要，只是那样做将违背立法和司法分权的法治原则，因而必须禁止。按照学者对第四条的立法原意的探究，该条意在否定由立法机关解释法律，肯定法官的法律解释权。参见 [德] K.茨威格特、H.克茨：《比较法总论》，潘汉典等译，贵州人民出版社1992 年版。

释上区分"条文本身"的问题和"具体应用"的问题，并规定前者由立法部门解决；

第二，规定由法律实施的有关主管职能部门解决法律"具体应用"的问题，但试图通过从中排除对法律条文本身"进一步明确界限或作补充规定"的含义，来严格限定"具体应用"一词，使之不带有立法性质；[①]

第三，把法律解释权集中于最高法院、最高检察院和政府各主管职能部门，意图最大限度地使法律实施成为机械而单纯的法律适用过程。[②]

此外，现实生活中存在的以僭越立法权为由否定抽象司法解释的态度，以及针对下级司法机关从事司法解释的现象而不断重申最高司法机关的司法解释专有权的做法，也从相反的角度提供了同样效果的证明。

# 四、本土特色和基本特点

## （一）本土特色

以上从规范、事实和观念的层面，对当代中国的法律解释体制进行了描述和分析。据此，笔者认为，当代中国的法律解释体制是极具本土特色的。[③] 这种特色主要表现在两个方面：

其一，在中国，法律解释与具体案件的裁判者普遍脱离，它被单列为一种权力，一种通过解释形成具有普遍法律效力的一般解释性规定的权力，在

---

① 但是，这是不可能的。以审判司法解释为例，由于把审判司法解释权集中于最高法院，就使审判司法解释难免抽象性质——即以形成在司法裁判中具有普遍法律效力的一般解释性规定为目的，从而使审判司法解释即使以"具体应用"为限，也不可能不带有立法的性质。这里显然反映出在观念和制度设计上的矛盾或不和谐。

② 这在实践中并没有做到，因为从理论上讲，要把法律解释行为从法律实施中剥离出来是不可能的。对此，本文在后面还将论及。

③ 当然，这种解释体制从渊源上讲显然受苏联模式的影响，这不仅表现在前面所说的关于最高法院的司法解释权上，而且还表现在对全国人大常委会的立法解释权的规定上。苏联1936年宪法第49条规定，苏联最高苏维埃主席团有权"解释苏联现行法律"。

审判领域，只有最高法院拥有法律解释权，[①] 同时，从总体上说，法律解释权的主体也远不只是甚至主要不是最高法院。这显然不同于现代法治实践中的一种普适性的理解，即法律解释一般是指与司法裁判过程中的法律适用相联系的一项活动，它附属于裁判权，是裁判者适用法律的一个基本前提；有权裁判（或决定）就有权解释。

其二，在中国，法律解释是包括立法机关在内的国家各职能部门"齐抓共管"的领域。较之于当代其他国家的通例，在中国的宪法和法律中，法律解释也被视为一种与立法活动不同的法律实施活动，法律实施是法律解释存在的基本背景，但是，由于人们认为它既涉及法律实施问题，涉及法律实施的不同领域，也涉及立法自身的问题，这一活动的主体就不能限于各种法律实施部门，如司法部门和行政部门，它还必须包括立法部门，甚至立法部门（全国人大常委会）在法律解释中还必须处于主导地位。[②] 与这种认识相适应，在制度设计上，法律解释被作为一种相对独立于法律制定权和法律实施权的权力，作为立法在法律实施领域的延长，而对这种权力的分配，则在现行的立法体制和法律实施体制之间相对独立地形成了一种法律解释体制。

## （二）基本特点

因此，中国法律解释体制的基本特点或基本构架，从总体上可以概括为三点：

---

① 这除了本国历史渊源（见前文注释）之外，显然也受到了苏联模式的影响。苏联最高法院也行使司法行政方面的职能，这种职能包括立法创议权，尤其是对法律的解释和适用发布有约束力的指令，以便引导下级法院的司法判决制作。在前东德，按照法院组织法第 39 条第 1 款和第 40 条第 1 款的规定，最高法院也被授权"为引导司法判决的制作"而发布准则和决定，它们对于所有法院均有强制约束力。参见［德］K. 茨威格特、H. 克茨：《比较法总论》，潘汉典等译，贵州人民出版社 1992 年版，第 561 页。

② 把法律实施领域的法律解释问题交由立法机关处理，在大陆法系国家如法国的法律史上也有类似的实践，它体现的是一种在立法和司法之间的严格分权思想，以及对司法的不信任。详细论述请参见第一章第三节和第五章。当然，这方面更贴近的分析还是要从上面所说的人民代表大会制度所内含的"议行合一"的观念来切入。

1.部门领域内的集中行使。即由不同领域的职能主管部门统一行使本领域的法律解释权，如审判领域由最高法院统一行使，检察领域由最高检察院统一行使，行政领域由国务院或者分别由各行政主管部门统一行使；

2.部门领域间的分工负责。这种分工包括中央部门和地方部门之间的分工，立法部门、司法部门和行政部门之间的分工，以及司法部门相互间和行政部门相互间的分工；

3.立法部门（全国人大常委会）主导。在法律解释体制中，立法部门处于支配地位，尽管从数量上说，解释的任务实际上主要不是由它来承担。

那么，这样一种富有中国本土特色的法律解释体制，在制度构造或设计上是否具有合理性呢？[①] 迄今为止，人们基于这一体制的实际运行状况，已经提出许多问题，其中比较显著的有：立法解释超越法律解释范围变成了对宪法和法律的修改[②]，全国人大常委会的法律解释权长期虚置或实际旁落（旁落于其办事机构，旁落于其他部门），抽象司法解释或司法解释越权，以及各种违反法律解释权专属性（如立法解释权的专属性、司法解释权的专属性等）的做法。尽管这些问题基本上是在肯定现行法律解释体制的前提下、从其实现的意义上来提出，但是，笔者认为，这些问题并非一些局部的枝节性的问题，它们的出现和长期存在，本身已足以使我们怀疑体制自身在整体上是否具有合理性；而思考和分析这些问题产生和存在的原因，则可以说，它们在根本上出自现行解释体制本身，因而是难以避免的。

---

① 也许有人会说，与任何特色性的事物一样，中国法律解释体制的形成，可能更多的不是一种预先设计的结果，而是一种经验性事实，因此，其存在的合理性并不在于逻辑而在于事实，在于它在事实上是不是切实有效。这无疑是正确的。因为我们之所以提出中国的法律解释体制在设计上的合理性问题，主要原因恰恰在于，它在实际运行中出现的各种问题，使得它的合理性已经难以从实际有效的意义上加以证明。

② 例如，有的文章指出，通常把 1983 年六届全国人大第 20 次常委会通过的《关于国家安全机关行使公安机关的侦查、拘留、预审和执行逮捕的职权的决定》作为对宪法 37 条和 40 条规定的解释，但实际上这并非宪法解释，而是全国人大常委会越权决定了该由全国人大决定的事项，是对宪法的修改。参见袁吉亮：《论立法解释制度之非》，载《中国法学》1994 年第 4 期。由于全国人大常委会对基本法律有权作解释，也有权作部分补充和修改，人们并不在意它们之间在实践中的混淆。

## 五、1981 年解释决议与宪法和基本法律的协调问题

当代中国法律解释体制的基本框架，是按照全国人大常委会于 1981 年 6 月 10 日通过的法律解释决议构建的，该决议的法律效力和实际操作意义迄今仍属不容置疑。① 但是，将该法律解释决议与宪法和基本法律有关法律解释的规定两相比较，就会发现一些显著差别，从而在如何协调的意义上引发出若干值得思考的问题。

### （一）关于解释权主体的范围

1981 年法律解释决议把法律解释的内容区分为两大类，即"法律条文本身"的问题和"法律具体应用"的问题，规定前者由全国人大常委会解释，后者由有关司法和行政机关分工解释。而宪法只规定全国人大常委会有权"解释宪法"（1978 年宪法首次规定）和"解释法律"（宪法的一贯规定）②；在国务院、法院、检察院等国家机构的组织法中，也只有法院组织法（1979年通过、1983 年修订）规定："最高人民法院对于在审判过程中如何具体应用法律、法令的问题，进行解释。"③ 由此可见，决议扩大了法律解释权主体的范围。

显然，"解释宪法"是全国人大常委会的专属权力，"解释法律"却不具有这种专属性，而且，从全国人大常委会实际行使的权力看，④ 我们似乎

① 例如，前面提到的最高法院和最高检察院新近各自制定的关于司法解释的规定，在第一条中就都明确把该决议作为"制定"根据。

② 从 1981 年法律解释决议的前三项看，解释对象同时包括了全国人大制定的"法律"和全国人大常委会制定的"法令"，按照这种思路，"解释法律"中的"法律"一词，也应该同时包括全国人大制定的"基本法律"和全国人大常委会制定的"法律"。

③ 检察院组织法与法院组织法通过和修订的时间相同，但在法律解释方面却没有关于检察解释的内容。

④ 从这一角度研究全国人大和全国人大常委会之间的关系以及它们之间的权限划分，对于中国的制度建设无疑具有重大现实意义。

也难以怀疑它有权将法律解释权的主体范围加以扩大（似乎也没有人认为宪法和法院组织法在法律解释的主体上作了硬性限定）。然而，值得注意的是，在决议之前，由于法律解释权的主体在法律条文规定上限于全国人大常委会和最高法院，法律解释体制呈现比较统一的格局（尽管实际上可能并非如此），而在决议之后，随着解释权主体的扩大，法律解释体制变成了一种多元格局。法律解释与法律适用直接相关，法律解释体制上的这样一种变化，对于法律的统一适用，影响无疑是巨大的；而且从理论上讲，在多元的法律解释体制下，如果不对各法律解释主体的解释权划分作出明确具体的界定，就会损害法律统一适用的基础，尤其是严重妨碍一个国家形成健全的司法功能。因此，对于扩大法律解释权主体这样一种有可能严重妨碍国家法律统一适用的重大变化，应该从各个方面对所涉及的问题作出系统妥善的考虑和安排，比如立法机关以什么方式作出这种变化，这种变化本身的合理性以及是否有更恰当的变化，这种变化所直接引发的问题有哪些以及如何解决，等等。

### （二）关于解释权的内容

1981 年法律解释决议规定，全国人大常委会解释的内容是对法律条文本身"进一步明确界限或作补充规定"。而宪法第 67 条第三项规定，全国人大常委会有权在全国人大闭会期间对后者制定的法律作"部分补充和修改"（但不得与该法律的基本原则相抵触）；第四项规定，全国人大常委会有权"解释法律"。因此，与决议不同，在宪法中，全国人大常委会对"基本法律"作补充规定不属于"解释法律"的范畴。

笔者认为，把"补充规定"从立法解释中分离出去是合理的，因为它应该属于立法的范畴。宪法把"补充"和"修改"并列，表明它们两者的含义是不同的："修改"以否弃法律的原有规定为基础，其形式是删除和更改；"补充"则是在法律原有规定基础上的增加，是对法律原有规定的缺漏之处所做的补充。值得注意的是，"补充"所涉及的法律原有规定，可能是硬性的（如关于法定刑的规定），也可能是弹性的（如"情节严重"、"显失公平"等规定），如果说对弹性法律规定的"补充"，表明的只是内容上的增加和充实的话，那么，对于硬性法律规定的"补充"（如在某种犯罪已有的法定刑中增加死刑）则不止于此，实际上它还意味着法律的改变。因此，在"立法"一词所包含的"立、改、废"三种含义中，"补充规定"一部分属于与原有法律规定成正向关系的"立"的范畴①，另一部分则与法律"修改"一样，属于与原有法律规定成反向关系的"改"的范畴。可以说，立法解释之所以存在超越解释范围的现象（这种超越在宪法解释中是不允许的），原因就在于对"补充规定"缺乏认识，并将其作为立法解释的一项基本内容。

### （三）关于地方性法规的解释

1981 年法律解释决议没有关于行政法规解释的规定（实践中由国务院自行决定），对地方性法规的解释，则按照区分"法律条文本身"和"法律具体应用"的思路，作了统一规定，其中规定"凡属于地方性法规如何具体应用的问题，由省、自治区、直辖市人民政府主管部门进行解释"。宪法和基本法律对行政法规和地方性法规的解释则一概没有规定。

就地方性法规的解释而言，这里值得考虑的是这样一个问题，即：如果认为有必要作出统一规定以消除各种混乱做法，同时认为全国人大常委会有权作出这种规定②，那么把地方性法规"具体应用"的解释权归由有关地方政府主管部门，是不是宪法和基本法律的一种合理延伸呢？地方性法规在不同宪法、法律和行政法规相抵触的情况下，是"人民法院在依法审理本行政区域内的民事和经济纠纷案件制作法律文书时"可以引用的"法律规范性文

---

① 对弹性法律规定的"补充"，会被人们当然地作为法律解释，因为法律解释也可以有扩张性（如扩张解释）。但是，应该注意，法律解释的扩张性是结果意义上的，它不能作为法律解释的起点。当然，这里把这种"补充"归入立法，原因不止于此。

② 因为也有理由认为，地方性法规和行政法规的解释，分别属于各自制定者的决定范围。而且，这项规定至少在 1982 年宪法后出现了一个思路上不连贯的问题，即：有关地方立法机关有权制定地方性法规，却无权决定地方性法规的解释问题；国务院有权制定行政法规，同时也有权决定行政法规的解释问题。

件"。① 按说，法院在适用地方性法规时是应该有、也可以推定有解释权的，而且，假如不是由于决议的规定，我们就可以在更大的范围里合理推定法院对其所适用的法律拥有解释权。法律解释与法律适用过程密切相关，从形成现代法治社会所要求的健全的司法功能出发，至少也应该在肯定地方政府主管部门对地方性法规的解释权的同时，肯定法院在适用地方性法规时的解释权。

# 六、立法解释确立的依据问题

## （一）问题限定

人们通常认为，立法解释是指立法机关对法律条文意义的说明。但是，对于"立法机关"一词，有两种主要的不同理解：一是相对于司法机关和行政机关，把"立法机关"理解为"权力机关"；二是循文责义，把"立法机关"理解为"制定法律的机关"，"法律"的范围决定"立法机关"的范围。与前一种理解相联系，有两种关于"立法解释"的观点：一种认为，立法解释专指全国人大常委会对宪法和法律的解释；另一种认为，立法解释指全国人大常委会对宪法和法律的解释，以及有关地方人大常委会（省级人大常委会，省会市和较大市的人大常委会）对地方性法规的解释。与后一种理解相联系的观点是，认为立法解释的主体除全国人大常委会和有关地方人大常委会外，还包括行政法规的制定者即国务院。有鉴于此，首先要说明，此处所说的立法解释主要是指全国人大常委会对宪法和法律的解释，但是在原理上涵盖其他"立法解释"。

其次要说明，此处我们要考虑的是规定全国人大常委会有权"解释法律"的认识依据问题，而不包括"解释宪法"的问题。因为按照宪法规定，全国

① 1986 年 10 月 28 日最高法院《关于人民法院制作法律文书如何引用法律规范性文件的批复》。

人大常委会"解释宪法"的权力与它负责"监督宪法的实施"是联系在一起的，这种权力无疑是它的专属权力。① 当然，这并不是说"解释法律"的活动与宪法没有关系。宪法具有最高位阶的法律效力，它是法律解释的一种权威依据；以宪法为前提，从合宪的角度确定法律条文的含义，是法律系统和谐的最基本的要求。

同时还要说明，我们之所以提出这一问题，不只是因为立法机关在法律解释体制中处于主导地位这一现象富有本土特色，更直接的原因来自对立法解释超越解释范围、立法解释权长期虚置或实际旁落等现象的思考。因为，立法解释超越解释范围，表明立法解释与立法之间的界限不清，而如果立法解释不能区别于立法（法律的立、改、废），我们就无法证明在立法的范围之外设立立法解释的必要性。立法解释权长期虚置或实际旁落则可能表明：在解释对象重合（皆为基本法律、法律）的情况下，立法解释除去立法的内容之外，实际上并没有什么不同于实施机关对法律解释的内容。②

按照本文第二部分的分析，立法解释得以确立的认识依据是与两个命题分不开的，一个是"立法归立法，实施归实施"，另一个是"有权制定法律，就有权解释法律"。其中的逻辑关系是：前一命题——之所以要确立立法解释，是因为它具有不同于实施者解释的独特内容，或者说，它所要解决的是实施者解释无法解决的独特问题；后一命题——立法者比实施者更有资格解

---

① 在现代社会，民主政治也可以说是一种立宪政治，因此，宪法的付诸实施至为重要。为了使宪法得以切实实施，各国形成或设立了不同的制度，如宪法法院制度、宪法委员会制度、司法审查制度和议会监督制度等。值得注意的是，尽管在负责宪法实施的机构上存在不同，但它们各自在所在国家都使宪法成为一个可裁判、可实施的概念，"违宪无效"已不是一句空话，它主要针对政府行为（包括制定法律法规的行为）本身，而且大量表现于具体的个案之中。中国实行的是全国人大常委会监督实施宪法制度，而且人们普遍认为，这种制度具有本土特色以及种种优越性。但是，不能不承认的是，在中国虽然宪法的权威早已被奉为最高，但宪法迄今还不能说是一个可裁判、可实施的概念。中国没有基于合宪与否的宪法诉讼，宪法条文在司法裁判中也不能引用来作为判决依据（如最高法院在 1955 年 7 月 30 日就曾作出过《关于在刑事判决中不宜援引宪法作论罪科刑的依据的复函》）。

② 人们普遍认为，全国人大常委会每两个月开一次会议，因而无暇兼顾法律解释。这样解释"虚置"现象，并不充分。

释法律，因此，即使立法解释没有自己的独特内容，它也有存在的必要。下面，我们先分别就这两个命题谈一些看法。

### （二）关于"立法归立法，实施归实施"

1981 年法律解释决议基于立法职能和法律实施职能（司法和执法）的划分，在法律解释上区分了"条文本身"的问题和"具体应用"的问题，规定：凡属"法律、法令条文本身需要进一步明确界限或作补充规定的"，由全国人大常委会解释；凡属"具体应用法律、法令的问题"，由法律实施的有关主管部门分工解决。笔者认为：

其一，按照上述宪法规定的思路，应该在一般意义上把"补充规定"归入立法范畴。法律解释作为一种解释现象，一种表达的方式（如定义、分类等逻辑方法），它也存在于立法之中，尤其是当我们把"解释"理解为立法的不断展开和细化的过程时，就更是如此。但是，立法解释与对法律的补充规定应该有所不同。这种不同主要不在于其"事后性"①，而在于其应该具有的不同于立法的性质。立法解释作为抽象法律解释的一种，它是描述性的，以展示解释对象的固有含义为目的，因此，解释者要受解释对象的全面制约，负有忠实于解释对象的责任。相形之下，对法律的补充规定属于立法的范畴，它尽管具有"事后性"，却主要不是描述性的，而是像任何形式的立法一样，具有规定性、创制性，其目的在于给补充或"解释"的对象注入、限定或选定某种含义，因此，在主体与对象的关系中，主体处于支配的、比较自由的状态，在法律的位阶关系中，只需满足"不抵触"的要求。

其二，如果立法解释的内容限于"条文本身需要进一步明确界限"的问

---

① 人们普遍认为，法律解释是指法律被制定通过并付诸实施后的"事后解释"，而不包括为预防法律在应用时发生疑问而预先在法律本文中所作的解释，即"事前解释"。实际上，"事前解释"和"事后解释"并不足以区别立法和法律解释，因为"事前"和"事后"是相对而言的，同一个法律中的规定有先有后（如一些解释性规定一般都是在附则中），立法本身也是有先有后（如实施细则、各种修改法律性质的"决定"和"补充规定"）。"事后解释"也可能与"事前解释"一样，属于立法而不具有法律解释的性质。

题，那么，实际上它与法律实施者解释的内容并无不同。具体地说，首先，在"条文本身"和"具体应用"之间，并不构成一种真实的区分。因为，法律解释存在于法律制定通过后的实施领域，它具有实施法律的性质，属于在法律"具体应用"意义上发生的问题。对"条文本身"进行解释的需要，来自于其付诸实施的过程，未经应用，就不会有真实的而非想象的解释问题出现。而且，由于法律规定具有抽象和概括的属性，从一般的意义上说，对"条文本身"进行解释的需要是难以穷尽的，只有从"具体应用"的角度加以限定，这种需要才可能成为一种可操作的任务。因此，对"条文本身"的解释，实际上只能是在"具体应用"中对"条文本身"的解释。同样，又有哪一种"具体应用"的解释不是针对"条文本身"作出的呢？对法律"具体应用"的解释，也只能是对"条文本身"在"具体应用"中的解释。可以说，任何法律解释不管表面上直接针对的是不是法律条文本身，实际上都要结合或针对一定的问题或个案事实对法律条文本身进行解释。其次，"进一步明确界限"不能构成立法解释的独特内容。因为排除了对法律规定的缺漏之处作"补充规定"的含义，"进一步明确界限"这一规定的比较确切的理解是，针对法律中存在的模糊和歧义之处作出解释，而这正是法律解释的应有之义。应该指出的是，由于法律规定的固有属性，在法律解释上，我们也只能从实际应用而非逻辑推论的意义谈论其存在的模糊和歧义问题。

在现代法律解释的理论和实践中，作为严格划分立法权和司法权在法律解释上的反映，人们争论不定的是"法官造法"的正当性或合法性问题（在司法裁判中，可以说这一问题处于司法职能和立法职能的边界之处）。分析说来，"法官造法"与中国法律中讲的"补充规定"在功能上是相同的，目的都是弥补法律规定自身存在的缺漏。因此，在确立了"补充规定"的立法活动形式并将它归入立法机关的职权范围后，中国的法律解释至少从制度上说已不包含立法的含义。那么，在这种情况下，立法机关除了以包括"补充规定"在内的各种立法方式从事活动外，是否还有必要和可能承担法律解释的任务呢？（现今的实际情况是，立法机关连"补充规定"的任务也难以承担。）

### （三）关于"有权制定法律，就有权解释法律"

法律解释是对法律文本的意思的理解和说明，但是，对于什么是"法律文本的意思"，以及如何来确定法律文本的意思，在理论和实践上都存在复杂的争论。这种争论主要涉及立法者、法律文本和解释者三者之间的复杂关系，并形成了各种观点形态，如统一说、选择说（包括语义原意说、历史原意说、理性原意说、文本说、解释主体说）和融合说。① 比较说来，"有权制定法律，就有权解释法律"这一命题与统一说和历史原意说在原理上大致相通。② 因为这一命题之所以为人们所确信，其基本理由在于：立法是立法者的意思表示，既然法律解释的目标在于探寻立法者在立法时注入法律条文的意思，就没有谁能比立法者自身更有资格解释法律。联系前文的分析，笔者认为，如果把法律解释作为一种区别于立法的活动，那么基于以下两方面的考虑，"有权制定法律，就有权解释法律"这一命题并不具有认识上的合理性。③

第一，立法原意以及从立法者那里寻找立法原意，实际上并不像人们想象的那样可靠。立法原意包括总体上的立法意图，也包括立法者在制定每一具体法律条文时所具有的意思，在进行法律解释时，前者虽然比较清楚，但由于它本身属于笼统概括的东西，可以容纳不同的甚至相互矛盾的观念和变化，结果并不能提供多少确定的指引；后者则时常本身就难以确定。尤其是在中国，除了在法律草案提交立法机关审议通过时的"说明报告"之外，正

---

① 参见张志铭：《法律解释操作分析》，中国政法大学出版社1998年版，第36—58页。

② 而且也仅仅是在原理上相同，因为"有权制定法律，就有权解释法律"是作为立法者直接从事法律解释的根据，它的结论是制度指向的，即谁有权解释或谁最适合解释，而不是认识指向的，即"如何解释"。

③ 这里所说的是这一命题在认识上的合理性而非政治上或制度上的合理性。如果从政治合理性的角度看问题，那么既然立法机关有权制定法律，决定法律的存废，解释法律自然也不在话下。但问题在于，立法机关既然可以用立法的形式（如对法律进行补充、修改，甚至废除等）解决问题，又何必选择法律解释这样一种缩手缩脚的形式；而如果选择一种不同于立法的解释形式，那么我们就只能从解释活动的规定性出发，衡量它在解释或认识上是否比实施者处于更有利的位置。

式而公开的立法史材料似乎别无其他，因而在遇有解释争议时要把握立法者在立法时的原意，更非易事。同时，在现代社会中，立法活动已经远远不是有权立法的个人或集团的行为，[①] 法律在经立法者最终审议通过之前，常常历经数稿，长达数年，[②] 在此过程中，有各种主体的广泛参与，并交织着各种观点主张的争论和妥协，因此，具体法律条文在制定过程中的原本含义，作为一种历史事实，即使在立法者那里，实际上也不像人们想象的那样清楚。[③]

第二，更为重要的是，尽管必须肯定立法原意在法律解释中的重要作用，但是，在一般情况下，不应该超越法律条文本身所能容纳的限度去确定立法原意。不能否认，在"意思"和"意思的表达"之间常常存在差距，也就是说，由于各种原因，如立法者的水平，语言本身的"开放性"，立法过程的复杂性，环境的不断变化等，法律条文的规定可能并不能充分展现立法原意。但是，即使如此，法律解释也不能成为一种探索立法原意的纯粹认识活动。法律解释是法律实施的一个基本前提，从受法律调控者的角度看，在一般情况下，法律解释只能假定立法原意已经体现在法律条文之中，假定法律条文本身的合理含义与该条文的立法原意是吻合的，如果不是这样，而是在人们对法律条文的通常理解之外去寻找和肯定该条文的"立法原意"，那就等于是在要求人们做不可能做到的事，从而违背基本的法治精神。因此，如果把法律

---

① 在中国也像其他国家一样，真正在法律制定过程中起作用的，或者作为法律在智识上的作者（intellectual author）的，并不是在法律上享有立法权的立法机构，而是那些在法律上不具有立法权、但负责法律案起草的职能部门（如法律和地方性法规绝大部分由政府部门起草），是那些在立法过程中起实际主导作用的所谓"技术精英"。立法者所行使的立法权，实际上只是通过法律权。

② 例如，中国刑法在1979年通过前，已历经33稿，长达29年。参见高铭暄主编：《新中国刑法学研究综述（1949—1985）》，河南人民出版社1986年版。当然，这不能算是一个正常的例子。

③ 在美国加利福尼亚州，法官可以传唤立法者作为证人来为制定法的预期目的作证。对此，波斯纳法官作了批判性的分析和评论。波斯纳认为，这种做法的危险在于某个立法者也许会提出一种新解释来改变该制定法，而这种解释可能在最初立法已经或者会被多数立法者所否定；这种解释也可能迎合立法机关目前的偏好。参见［美］波斯纳：《法理学问题》，苏力译，中国政法大学出版社1994年版，第132、343页。

解释作为一种区别于立法（包括立法中的解释现象）的活动，那么甚至可以说，由立法者之外的实施者解释法律，尤其是由司法裁判者在利害双方或多方充分参与的情况下解释法律，更符合客观公正地理解和实施法律的要求。

## （四）其他国家的做法及其法理基础

在法律解释问题上如何处理立法机关与实施机关的关系，应该说是一个普遍存在于各国法律实践之中的问题，因为法律实施既然不可能像概念法学所设想的那样成为一种机械的操作，而必然包含自由裁量或"造法"的因素，那么自然就会产生如何保证法律实施的正当性或合法性的问题。在这种情况下，是由法律实施者解释法律，还是将法律解释问题交由立法者解决，就构成一种选择。从当今其他国家的情况看，像中国立法机关这样除了承担法律的制定、修改、补充、废除等立法任务之外，还承担法律实施过程中的法律解释任务，并不多见。[1]

如前所述，在其他国家的法律实践中，法律解释一般是指在具体个案的司法裁判中与法律适用相联系的一种活动。这一点在普通法系国家自不待言。例如，在美国，立法者有赖于法院把制定法适用于具体案件，法律解释则是与法院适用法律相伴随的一项活动。如果立法者不赞成法院对某项制定法所做的司法解释，他们可以对该法作出修改补充，以此来保证司法解释体现立法意图。[2]

大陆法系国家的情况比较复杂，在18世纪晚期的一段时间里，以法国为代表[3]的许多国家基于严格的分权理论以及对司法的不信任，曾意图

---

[1]　尽管比利时宪法第28条规定："解释法律之权，属于立法机关"。但这是从合宪性的角度所作的规定，意指司法机关不能宣告立法机关制定的法律违宪。参见莫纪宏：《宪政新论》，中国方正出版社1997年版，第143页。

[2]　参见 Fred R. Harris and Paul L. Hain, America's Legislative Processes: Congress and the States, Scott, Foresman and Company（1983），Chapter 16.

[3]　"如同法国民法典为罗马法系许多国家的私法提供了蓝本一样，法国的法院组织也成为效仿的对象。"参见［德］K.茨威格特、H.克茨：《比较法总论》，潘汉典等译，贵州人民出版社1992年版，第224页。

通过立法的途径来解决法律适用中遇到的疑难解释问题，例如，法国在大革命期间曾通过法律，规定"当法院认为有必要解释一项法律或制定一项新法时必须请求立法会议"，并设立附属于立法机关的"上诉法庭"（Tribunal de Cassation），负责监督各类法院，以防司法偏离法律条文，侵犯立法权。但是，这种要求由立法机关解释法律的规定不久就发生了变化，作为相关设置的"上诉法庭"也最终与立法机关脱离，演变为刑民事方面的最高法院（Cour de Cassation）。《法国民法典》"总则"第 4 条规定，法官如果以法律无规定或不明确或不完备为由拒绝依法判决，就得因此承担责任。这就改变了上述由立法机关解释法律的规定，肯定了法官解释法律的权力。① 就这种变化的原因或法理而言，该法典编纂委员会认为，立法者的任务是制定一般的行为规则，假使在解释问题的裁决中介入个别的私人争讼，其尊严就会受影响，立法负担会加重，立法质量会下降，诉讼过程会延长。而且，他们也清楚地意识到，立法者不可能认识到所有问题案件的类型并予以判断，因而必然要给司法判决留下余地，即法律在不可预见的个别情况下的具体化和对变化的社会需要的适应。②

---

① 当然，在大陆法系国家，从最初否定立法机关解释法律、肯定法官有权解释法律，到最终明确承认现实法律的缺漏并肯定法官有填补法律缺漏的权力，期间经历了漫长的一百多年。前者以 1804 年《法国民法典》"总则"第 4、5 条的妥协规定为标志，后者以 1912 年《瑞士民法典》第 1 条规定为标志。

② 正如民法典四人起草委员会成员之一波塔利斯精辟地指出："立法机关的任务是要从大处着眼确立法律的一般原则。它必须是确立高度概括的原则，而不是陷于对每一可能发生的问题的琐细规定。法律的适用乃属于法官和律师的事情，他们需深刻理解立法的基本精神，……立法同司法一样也有技巧，而二者是颇为不同的。立法者的技巧是要发现每一领域中对公共福利最有利的原则，法官的技巧则是要把这些原则付诸实施，要凭借智慧和理性的运用而将其扩大到具体情况……那些没有纳入合理立法范围的异常少见的和特殊的案件，那些立法者没有时间处理的太过于变化多样、太易引起争议的细节及即使是努力预见也于事无益、或轻率预见则不无危险的一切问题，均可留给判例去解决。我们应留有一些空隙让经验去陆续补充。民众的法典应时而立，但确切地说，人们尚未将其完成。"参见[德] K. 茨威格特、H. 克茨：《比较法总论》，潘汉典等译，贵州人民出版社 1992 年版，第167—168 页。

# 七、实施者解释法律的两个问题

在法律"具体应用"的问题上，现行法律解释体制区分有最高法院的审判解释、最高检察院的检察解释和国务院及主管部门的行政解释（即对"不属于"审判和检察工作中的其他法律如何具体应用问题的解释），此外还包括有关地方政府或其主管部门对地方性法规的解释。对此，我们想谈两个问题。

## （一）行政解释权——司法功能的残缺——法律割据

为了揭示三者之间的联系，我们先将行文所需的几个主要背景情况罗列如下：

之一：按照 1986 年 10 月 28 日最高法院《关于人民法院制作法律文书如何引用法律规范性文件的批复》的规定，法院在制作法律文书时将各种规范性文件区分为三类：一类是"可引用"的，包括基本法律、法律、行政法规、地方性法规以及自治条例和单行条例；另一类是"可在办案时参照执行，但不要引用"的，包括国务院各部委的"命令、指示和规章"，县、市人大的"决定、决议"，以及地方各级政府的"决定、命令和规章"；① 再一类是"应当贯彻执行，但也不宜直接引用"的，指最高法院的各种法律解释（这一点已过时，因为前述最高法院《关于司法解释工作的若干规定》第 14 条规定：司法解释与有关法律规定一并作为法院判决或裁定依据的应该在司法文书中援引）。

之二：《中华人民共和国行政诉讼法》的颁布实施(1989 年 4 月 4 日通过，1990 年 10 月 1 日起施行)，意味着司法功能的扩张或健全。同时，这种扩张是有界限的，该法第 12 条规定了法院不受理的四种诉讼事项，其中第二

---

① 《行政诉讼法》第 52 条规定，法院审理行政案件的依据是法律、行政法规、地方性法规以及自治条例和单行条例；第 53 条第一款规定，法院审理行政案件的"参照"依据有关部委规章以及省级政府、省会市政府和较大市政府的规章。

项为:"行政法规、规章或者行政机关制定、发布的具有普遍约束力的决定、命令。"①

之三:按照本文第一部分的描述,"法律"和一些"基本法律"总是授权国务院或国务院主管部门制定实施细则,在这些细则中,制定者通常又规定"本细则"由自己或自己所属的部门解释,从而构成一种法律解释权的显著流向:法律或基本法律—实施细则—实施细则的解释。

之四:宪法第 67 条中的规定:全国人大常委会有权撤销同宪法、法律相抵触的行政法规,撤销同宪法、法律和行政法规相抵触的地方性法规。地方各级人大和政府组织法第 39 条中规定:地方人大常委会有权撤销本级政府不适当的决定和命令。

综合上述情况,我们很快会发现,现行法律解释体制中关于法律"具体应用"问题的解释权划分,可能并不合理。因为,司法审判涉及对基本法律、法律、行政法规和地方性法规等规范性文件的直接"引用",涉及对各种行政类规章的"参照执行",尤其是,随着社会的发展,司法审判功能的不断扩张——一种以健全和完善为目标而非起点的扩张,事实上已经不可能用"属于"和"不属于"这样的措辞,在平行的意义上划分不同法律实施者的解释权范围,尤其是不可能用"不属于"这样一种排他性的方式,去限定审判解释权的范围和划定行政解释权的范围。

在这样一种情况下,我们会进一步发现:在现行的法律解释体制中,由于行政法规的制定权和解释权皆属国务院及其主管部门,地方性法规"具体应用"问题的解释权属于相应的地方政府或其主管部门,同时由于"法律"包括一些"基本法律"的解释权顺着"法律—实施细则—实施细则的解释"的"流向"也进入了政府主管部门的职能范围,② 就在总体上侵消了司法审判解释权,使司法裁判在很大程度上面临一种不能不接受既存的行政解释的

---

① 《行政诉讼法》第 53 条第二款规定,法院在审理行政案件中认为地方政府的规章与部委规章不一致或者部委规章之间不一致的,"由最高人民法院送请国务院作出解释或裁决"。

② 也就是说,在这些情况下,行政机关对基本法律、法律、行政法规和地方性法规的解释从法律上讲是"正宗的"。

状况（作为一种变通，则自发生成了打破既定的解释权划分格局、由几家联合作出法律解释的做法），从而在功能上形成某种残缺。在行政诉讼中，则更由于行政诉讼法第 12 条第二项的规定，而使司法裁判在很大程度上陷入有权管辖却无法裁判的尴尬局面。①

法律的具体实施与法律解释密不可分，由于在法律具体实施过程中人大常委会的上述"撤销权"实际上难以启动，在司法审判功能残缺的情况下，行政解释权就有可能在事实上演化为一种行政法律割据或行政主管部门法律割据的局面，这种割据不仅表现在行政法规和规章由于制定权和实施解释权的行政独占而呈现出的封闭性，而且还表现在法律、地方性法规的"应用"解释权通过直接或间接的授权也被纳入行政机关的职能范围。②

### （二）关于司法审判领域的法律解释权垄断问题

在部门领域内实行法律解释权垄断，目的在于保证法律的统一实施，维护国家法制的统一，这对于一个行政区域广大、管理层次众多的单一制国家来说，无疑有重大意义。不过，在这里笔者还是要着眼于司法审判领域谈谈法律解释权垄断问题。

在法律实施方面，司法审判领域与检察领域和各个行政部门领域显然有所不同。检察领域和各个行政部门领域的职能较为单一③，与主管领域相关

---

① 如果我们把行政领域的规范性文件从上到下看作一个层层推出的有序系列，加上各级制定者所拥有的解释权，那么，即使对最低层次的具体行政行为，事实上也难以裁判其违法，而且，随着层次的升高，裁判其违法的难度也不断增大。在行政诉讼中，不仅起诉者难，实际上裁判者也很难。

② 在现代社会中，随着国家管理职能的加强，越来越多的制定法都直接面向行政管理部门或者说由它们负责实施，行政管理部门对法律的解释是大量的，也是必然的。而且，作为法治发达国家的通例，法院在审判活动中对行政机关的解释都会予以充分尊重——作为形成自己解释论点的一个重要依据，只是在尊重的同时并不丧失自己在法律解释和适用中的主导地位。参见周汉华：《论行政诉讼中的司法能动性——完善我国行政诉讼制度的理论思考》，载《法学研究》1993 年第 2 期。

③ 虽然检察院是"国家的法律监督机关"，但它的职能主要是在刑事领域。

的法律也相对要少①；司法审判领域的职能则是一种"普遍性"的职能，涉及的是整体意义上的法律实施——甚至于一个基层法院也是整体意义上的法律实施者。因此，较之于检察领域和各个行政部门领域，在司法审判领域实行法律解释权垄断的难度颇大。从实践中看，人们关注最多的是审判领域的抽象司法解释或司法解释越权问题，对于最高法院直接就某一法律（如民法通则、继承法、行政诉讼法等）作出系统全面的解释这种做法，人们甚至直接提出了"是否合法"的质疑。

笔者认为，对于司法审判领域的法律解释权垄断问题，在根本上应该结合司法审判职能的性质和特点来加以认识。虽然在目前情况下，由于司法体制和司法职能在社会转型的整体环境中尚需不断的变化和调整，我们还难以在一个比较确定的基础上讨论这一问题，但是，以下几点还是可以肯定的：

第一，区分司法活动中法律解释的不同层次。法律解释是法律适用的一个基本前提，在司法裁判过程中，对于任何一个裁判者来说，法律解释都是实现其裁判的一种基本需要，因此，最高法院的审判解释权垄断，不可能也不应该是下面这种意义上的垄断，即：把所有的法律解释需要都从法律适用的过程中剥离出来，并由最高法院统一行使。这里提出的问题是，如果需要有专属于最高法院的法律解释权，那么其具体范围和内容是什么呢？同时，各级法院在适用法律（包括基本法律、法律、行政法规、地方性法规等）的过程中，又应该在什么范围内、以什么方式具有与它们各自职能的实现相对称的法律解释权呢？

第二，重新厘定最高法院司法解释与立法机关立法活动的界限。最高法院是国家最高审判机关，由它集中行使司法审判领域的法律解释权，就必然使其解释活动带有抽象性质——其目的在于通过解释形成在司法裁判中具有普遍法律效力的一般解释性规定。更进一步说，由于立法本身的不完备或疏漏不周，由于在制定法传统中判例不具有约束力，需要通过抽象法律解释等

---

① 尤其是对于中下级行政机关而言，它们在工作中也许主要涉及的只是部门领域内的行政法规和规章，从这个意义上讲，它们并不需要解释法律。

方式来实现类似于判例的功能，以及其他种种原因，最高法院解释法律的既定方式和状况是自然形成的结果，并具有其内在合理性；而且可以说，正是靠了最高法院的各种司法解释，才使得"依法审判"在过去的岁月里成为可能。但是，从迄今为止最高法院所作的司法解释的情况看，也不能否认许多解释具有与立法机关的立法活动难以区分的性质，尤其是那些直接针对某一法律作出的系统全面的解释——它们往往导致在法律适用中对相关立法的取代——就更是如此。这里显然存在一个合法性问题。当然，对于这个问题不能采取一种简单化的处理方式，比如，像大陆法系国家如法国曾经有过的实践那样，按照立法和法律实施的严格划分，要求法院把法律解释的疑难问题交由立法机关解决。因为，问题如果真是如此简单，立法机关的立法活动能够满足司法审判中的"依法"要求，最高法院的司法解释就无从产生。因此，我们应该在肯定最高法院司法解释的意义的前提下，更实际地考虑这样的问题，即如果最高法院的司法解释不能不具有立法的性质，那么其界限何在、程度如何？如何使它区别于立法机关的立法活动？如何使其合法化？

第三，司法解释应该以司法裁判为背景。从今后的发展方向看，即使是最高法院的司法解释，也应该体现司法不同于立法的功能和性质，不断缩小与具体司法裁判过程的距离，尽可能多地针对或联系具体案件的司法裁判来作出解释。例如，最高法院在民事方面所作的一些"答复"虽然针对具体的个案，但在标题中往往加以类型化的处理，即以问题性质命名、不提当事者，这不失为一种良好的方式。司法解释毕竟是司法机关的活动，其所具有的抽象性质——即通过解释形成在司法裁判中具有普遍法律效力的一般解释性规定，只有以司法裁判为背景，与具体案件的裁判过程结合或者联系起来，才能体现其合理性，并显示其正当性或合法性。

（后记：2000 年 3 月 15 日，九届全国人大第三次会议通过《中华人民共和国立法法》，该法在第二章第四节专门规定了对全国人大及其常委会制定的法律的解释。虽然本文成稿于此法颁布实施之前，因而没有可能顾及该法的有关规定，但是，其中的描述、概括和分析的有效性并不会因此受到不利影响。原因是，该法只是在重申宪法所规定的全国人大常委会拥有解释法律的权力的基础上，对具体的操作程序和解释的效力做了进一步的规定。从迄今为止的情况看，它对中国既成的法律解释体制和实践并没有产生什么影响。当然，该法的规定确实强化了全国人大常委会解释法律的意识，从而使文中所说的"解释权虚置"现象有所缓解，同时，也使得当代中国法律解释体制的合理性问题更加引人注目。）

# 第四章　中国司法的功能形态 <sup>*</sup>

## 一、能动司法：现象与问题

能动司法或称司法能动主义（judicial activism）是一个外来词，其使用在中国近年来的司法实践和司法理论研究中已呈流行之势。

分析来看，人们借用能动司法一词意欲表达和刻画的主要是中国司法发展的两种现象：就当下情势而言，能动司法主要被用来表述中国各级法院在当下世界金融危机、国内经济社会发展面临严峻挑战背景下的各种积极作为。自去年以来，全球性金融危机给我国经济社会发展带来了前所未有的困难和考验，为应对危机和挑战，响应中央保增长、保民生、保稳定的号召，中国各级法院当局均强调要最大限度地发挥司法职能，积极通过司法手段促进经济社会发展。迄今为止，各地法院积极行动，出台了多种多样的制度措施。例如，浙江省高级法院发布了《关于充分发挥司法职能保障经济平稳较快发展的指导意见》，制定了针对宏观经济形势变化的司法对策，明确提出以能动司法保障经济发展的任务。在江苏和上海等地，各级法院也着手建立了针对企业借贷、劳务工资、房屋拆迁以及群体性纠纷的预警防范机制，制

＊　原载《中国人民大学学报》2009 年第 6 期。本文源自作者 2009 年 5 月 27 日参加在浙江杭州召开的"第一届长三角地区人民法院司法协作和发展论坛"的专题发言，充实成文过程中得到杨知文博士生的大力帮助，特此鸣谢。

定了司法应急处置预案。

在一般意义上看，能动司法多被用来描述和刻画当代中国社会转型发展时期司法功能和司法运作的基本形态和要求。中国正经历着一个社会全方位变迁的转型发展时期，在此转型过程中，由于社会变革导致社会生活主体的利益高度分化、社会关系日趋复杂，造成各种矛盾冲突尤其是各种群体性事件不断，纠纷和诉讼数量快速上升。在这种背景下，近些年来中国司法实务和理论界普遍认为，中国的司法需要充分发挥主观能动性，积极应对经济社会领域不断出现的各类问题，为经济社会发展提供强有力的司法服务和司法保障，促进社会和谐稳定。

能动司法一词的流行反映了当下中国司法的一种崭新发展取向。无论是出于应对金融危机，保增长、保民生、保稳定的迫切需要，还是基于中国社会转型这一宏大背景的考虑，能动司法都体现了中国法院当局服务大局、"有为才有位"的思路，展现了中国司法积极进取的追求。然而，当一种观念盛行、一种趋势形成之时，我们有必要就能动司法一词在当下中国的引进和运用，在理论上思考和回答两个方面或层次的问题：第一，能动司法相对于中国司法在当下应对金融危机过程中种种进取的态度和做法是不是一个恰当的表述；第二，在更为一般的意义上，能动司法是否适合用来概括和表述转型时期中国司法的一般功能形态。在回答问题前，我想先从能动司法的固有语境和语义，以及能动司法与司法一般规律的关系的角度，做一些客观描述和比较分析。

## 二、能动司法固有的语境和语义

能动司法在典型意义上是出自美国语境的一个概念，尤其是与美国联邦最高法院的司法实践密切相关。

1787年美国宪法确立了美国分权和制衡的政治体制：不仅是政府权力在立法、行政和司法三个部门之间的分权和制衡，而且还包括联邦政府和各州政府之间的分权和制衡。在这种体制下，联邦法院的权力和管辖范围是有限的，因而要求联邦法院尤其是联邦最高法院以一种所谓的司法克制（judicial restraint）的态度和方式行使权力，并在具体操作上立足于遵循先例的原则、针对具体的案件和争议去行使管辖和作出裁判。在美国的政治哲学中，法院被认为是对社会成员的人权和权利"危险性最小"的政府部门，而法院自身在主张和行使权力、处理裁判事务与立法事务和行政事务的关系上所采取的克制态度，则体现了其所信奉的司法保守主义的哲学。

随着时间的推移和司法实践的发展，美国法院的权力出现了种种扩张。首先是法院获得了在合宪性问题上的司法审查权。1803 年美国联邦最高法院通过"马伯里诉麦迪逊案"的判决，确立了联邦最高法院拥有对国会立法和州立法进行审查的权力。法院司法审查权的确立，可以说是美国司法权范围最重要的扩张，也被认为是司法能动主义在美国的起源。20 世纪以来，随着科技进步、社会变革和立法对民权保护的增多，美国社会的矛盾和纠纷日益增加，司法管辖案件的诉讼种类和范围也日渐扩大，法院的作用和地位呈凸显之势。美国法院越来越显现出其在社会政策制定和社会矛盾解决、宪法解释和监督实施等方面的突出作用。特别是在第二次世界大战以前西方资本主义社会经济危机和罗斯福新政时期，美国联邦最高法院积极行使对国会立法的司法审查权，使得像《国家工业复兴法》、《铁路退休法案》、《农业调整法》等众多法律归于无效，此外还否定了联邦政府对制造业、能源、矿山、农业的管理权，重申了国家不能调整工时和工资的概念等等，这些都进一步推动了司法能动主义的发展。到了 20 世纪五六十年代的沃伦法院时期，能动司法或司法能动主义的观念和实践在美国发展到极致。以首席大法官沃伦为代表的联邦最高法院多数派法官坚持自由主义的司法理念，在民权领域高举司法能动主义的旗帜，在反对种族歧视、保障言论自由和集会自由、堕胎、宗教信仰自由以及保护刑事被告人的人权等许多问题上都通过相应的判决改变了原有的法律。例如，在 1954 年的"布朗诉教育委员会案"的判决中，沃伦法院借助黑人的民权问题，推动联邦政府干预各州内部的"公共福利"事务，维护了公民平等的宪法权利。在该案中，"沃伦法院实际上是以司法裁判的形式，代表联邦政府宣告了南方州实行的种族隔离制度违宪，从而将联邦政府的干预引入了州级民权保护领域。"①"沃伦法院代表了作为宪法解释根本理想的民主生活方式的一种扩展性概念。"② 至此，司法能动主义在美国的政治和社会生活中已然成为法院作用和地位的一种标识，成为美国法院尤其是联邦最高法院权能扩张的显著标志。

与司法能动主义产生和发展的语境相对应，能动司法一词显然有它固有的含义。根据布莱克法律词典，能动司法或者说司法能动主义是指与司法克制相对应的一种司法哲学，它认同法官在司法裁判过程中按照自己关于公共政策以及其他现象的个人观点来主导判决的作出，在理念上倾向于寻找各种有违宪法的行为，从而容易忽视遵从先例的原则。③ 美国学者克里斯托弗·沃尔夫认为："司法能动主义的基本宗旨是，法官应当审判案件，而不是回避案件，并且要广泛地利用他们的权力，尤其是通过扩大平等和个人自由的手段去促进公平——即保护人的尊严。能动主义的法官有义务为各种社会不公提供司法救济，运用手中的权力，尤其是运用将抽象概括的宪法保障加以具体化的权力去这么做。"④ 国内学者的专门研究表明，能动司法是"一种司法哲学，它促使法官为了推动新的进步的社会政策偏离严格遵循先例的原则"，这些进步的和新的社会政策经常与人们期待的上诉法官所受到的限制不一致；司法能动主义的共同标志是法官更多地把自己看作社会工程师而不是单纯适用规则的法官，而"那些旨在建造社会工程的判决有时候表现为对立法和行政权力的侵犯"。⑤ 能动司法是指"法院应超越固有定位，将越来越多的纠纷纳入管辖范围，通过法官的自由裁量权和规则发现、参与决策、资源分配，成为积极介入和干预社会生活的力量；直至通过违宪或司法

---

① 白雪峰：《美国沃伦法院述评》，载《南京大学学报》（人文社会科学版）2005 年第 4 期。

② ［美］莫顿·J.霍维茨：《沃伦法院对正义的追求》，信春鹰、张志铭译，中国政法大学出版社 2003 年版，第 200 页。

③ Black's Law Dictionary (eighth edition). St. Paul: West, a Thomson Business, 2004, p.862.

④ ［美］克里斯托弗·沃尔夫：《司法能动主义——自由的保障还是安全的威胁?》，黄金荣译，中国政法大学出版社 2004 年版，第 3 页。

⑤ 信春鹰：《中国是否需要司法能动主义》，载《人民法院报》2002 年 10 月 18 日。

审查成为事实上的最高权威。"①

总之，能动司法或司法能动主义有其固有的语境和语义，作为源自于美国的司法理论和实践的概念，它是美国司法哲学的一个重要的变奏，反映了在美国政制框架中法院司法权能的不断扩张的趋向，以及司法权对社会经济和国家政治生活已然增大的影响。② 对比说来，能动司法的概念在美国语境下的含义与我们这些年针对中国的司法运作状况所说的能动司法，显然有实质性的不同。我们所说的能动司法，讲的是法院立足审判职能，发挥主观能动性，以应对世界金融危机对国内经济和社会的不良影响，回应社会广泛而深刻的转型发展的需要。这种所谓的能动司法，只是法院努力履行审判职能意义上的能动，而不涉及也不可能涉及司法权能的扩张以及不同政府部门之间的权力位移。由于中国和美国在政制框架和司法体制方面的重大区别，能动司法在语境和语义方面的明显不同，把原本是美国语境下的能动司法概念搬用过来描述和刻画当下中国法院在应对金融危机、化解经济和社会矛盾方面的各种积极作为，甚至在一般意义上用以概括转型时期中国司法的功能形态，其恰当性如何，不能不说是一个值得思考和斟酌的问题。

# 三、能动司法与司法规律

从现代司法的一般规律来看，能动司法或司法能动主义在理论和实践上一直是一种惹是非受质疑的司法权能运作形态。

人们普遍认为，司法是国家司法权机关（一般指法院和法官）适用法律裁决纠纷的专门活动。司法是一种有限的国家权能，它不同于立法和行政，

---

① 范愉：《诉前调解与法院的社会责任：从司法社会化到司法能动主义》，载《法律适用》2007 年第 11 期。

② 因此，脱离开美国的语境是很难把握能动司法的含义的，正如霍维茨所言："任何为最高法院的能动主义确立一个可以接受之标准的努力都必须基于一个精确的、事先存在的关于宪法和最高法院在美国人生活中之角色的概念。"参见〔美〕莫顿·J.霍维茨：《沃伦法院对正义的追求》，信春鹰、张志铭译，中国政法大学出版社 2003 年版，第 197 页。

其运作具有被动、中立、法定和终局的鲜明特征。有鉴于此，司法权在实际运作中往往采取一种自我克制的立场，这种立场甚至在一般意义上被当作是司法权运作的常规形态，当作是司法的一般规律。司法克制不仅要求法院和法官忠于法律、尊重事实、严守中立，而且还要求在自己的管辖权范围以及处理与其他权能部门的关系上保持一种谦抑的风格。例如，司法克制要求司法权行使严格奉行被动司法的立场，以具体案件纠纷的存在为前提，以具体案件争议为对象。司法机关行使权力不同于立法机关和行政机关，立法机关可以针对普遍的社会事务积极主动地制定和颁行法律，行政机关需要积极主动地行使权力以实现社会管理，增进社会福利，而对于法院来说，其权力的启动必须有实实在在的纠纷存在，只有纠纷存在并被诉诸于法院变成为法院实际管辖的案件，法院才可以行使权力对案件争议依法进行裁判。正如法国思想家托克维尔所言："从性质来说，司法权自身不是主动的。要想使它行动，就得推动它。"① 司法权的管辖范围是非常有限的，多数社会矛盾纠纷并不以诉讼的方式进入司法裁判的渠道去解决。同时，法院的管辖权不仅只能限于被起诉的案件，而且其裁决通常也只能在当事人争议和诉求的范围内作出，"法院不得对于未向其诉求的事项有所作为"。

被动性不仅是司法权运作的重要特性，而且较之于其他诸个属性，还被认为是司法权运作最为基础、最具有标识意义的属性。例如，为确保司法公正，法官在司法过程中必须保持中立，不偏不倚，而要做到这一点，就必须坚持司法的被动性。如果法院不是以被动的方式行使司法权，而是主动地寻找案件进行裁判，甚至"送法上门"，试图积极地发现和解决社会中出现的或潜在的纠纷，就势必会将自己卷入当事人之间的利益纠葛，也就无法做到公正无偏地裁判。同样，法院作为司法权主体，在所有的政府部门中是掌控资源最小、因而被认为是对社会成员的权利"最不具有危险性的"政府部门，所以要做到司法权运作的合法正当，获得司法管辖和裁决的终局权威，也必

---

① ［美］托克维尔：《论美国的民主》上册，董果良译，商务印书馆 1988 年版，第 110 页。

须恪守司法活动的被动立场。正是由于被动性对于司法权运作的这样一种极端的重要性，人们才会时常把司法克制的要求直接等同于司法权被动行使的要求，并提升为一种传统而经典的保守主义司法哲学，视之为司法的一般规律。

相对于司法克制或被动司法，能动司法或司法能动主义的概念和主张在时序上是后发的，在立场和原理上则恰好是传统司法权运作模式的一个反向运动。由于司法克制或司法权的被动行使一直被认为是司法的常态，是司法的一般规律，能动司法或司法能动主义自产生时起就被视为一种异例或特例，是一种全然不同的另类司法哲学。也正是因为此，使得司法能动主义在司法理论和实践上难以获得清楚的定位，并经常遭受各种挑战和批评。特别是司法能动主义所倡导的法院和法官在司法权行使过程中要具有主动性，认为法官要善于从司法活动中发现社会问题，司法应当为政治和经济社会政策服务，司法权应主动介入社会生活的运行过程，积极参与社会生活的管理，等等，这些都一直是颇受质疑的观点和做法。实际上，就连司法能动主义发源的美国和能动司法发展比较充分的其他西方国家，能动司法及其哲学也一直是一个备受争议的问题。正如有研究者指出的那样："尽管司法能动主义已成为美国司法的主流意识形态，但对司法能动的辩护和批评的争论在美国从来就没有平息过。"[①] 美国学者克里斯托弗·沃尔夫在其著作《司法能动主义》一书中也写道："我坚信司法能动主义是一个不幸的现象，如果没有它美国将变得更美好。"[②]

对比说来，当下中国的司法和司法权概念与美国和其他国家具有明显不同的语境和语义，在对司法权运作的认识和实践上，也不存在那种从司法克制或被动司法到能动司法或司法能动主义的发展变化，更不存在将司法克制或被动司法作为司法权运作的常规形态，甚至等同于司法规律的情况。我们不仅不能认为当下中国强调能动司法是因为此前中国司法是一种被动或自我

---

[①]　张榕：《司法克制下的司法能动》，载《现代法学》2008 年第 3 期。

[②]　[美] 克里斯托弗·沃尔夫：《司法能动主义——自由的保障还是安全的威胁?》，黄金荣译，中国政法大学出版社 2004 年版，"前言"第 4 页。

克制的形态，而且还应该看到，中国一直是强调遵行司法规律，积极发挥司法在国家和社会治理大局中的作用的。尽管在当下应对全球金融危机挑战的情势下，业内外热衷于使用能动司法的概念，但表达的依然是中国司法一以贯之的积极进取和有所作为的立场和态度。因此，从中国司法发展的内在规律看，借用能动司法的概念来描述和刻画中国司法的一般功能形态，其妥当性也是大可怀疑的。

# 四、中国司法的功能形态：积极司法

基于以上描述和分析可以认为，由于能动司法或司法能动主义有其域外固有的不同于中国的语境和语义，而且在司法规律的意义上还备受质疑、充满争议，这就使得简单借用能动司法的概念来描述和刻画当下中国司法的所作所为并不是一种恰当的选择。能动司法作为外来词，既不具有中国当下司法理论和实践中所指称的那种本土性的含义，在一般意义上也与中国司法权的整体布局和司法权能运作的一般模式不相切合，而且也有碍于当下我们立足于中国的司法制度和实践、探索中国自己的司法理论的努力。有鉴于此，我主张用积极司法的概念置换能动司法的概念，用积极司法的概念来表述和刻画中国当下司法在金融危机条件下的进取与作为，并在一般意义上概括中国司法在社会转型时期的一般功能形态。

我认为，用积极司法一词来概括和说明中国司法当下和一般意义上的功能形态，不仅可以避免与能动司法概念相伴随的域外复杂的司法语境和语义的纠葛，从而做到语境明确，语义清晰，而且也更加符合中国司法制度和司法实践一贯以来的追求。在中国语境下，人们强调法院要立足国家治理和社会发展的需要，努力在服务大局的理念下圆满履行司法职能，体现的都是司法的积极作为、"有为才有位"的含义。从各种解说和论述中国当下所谓能动司法的文献中，我们也可以发现大都以"积极"这个语词来定义能动司法中"能动"的含义。从言语表达的角度看，人们在谈论中国司法权能时所说的能动司法，都可以用积极司法的表述加以置换。

不仅如此，在一般意义上，积极司法也不会像能动司法或司法能动主义那样，被认为是一种违反司法规律的司法权能运作形态，相反，它恰恰体现了司法活动应当具有的追求，在整合的意义上彰显司法活动的基本规律。客观地说，近现代司法发展到今天，克制和进取、被动和能动都已经成为司法规律的有机组成部分，表现为司法规律在内在结构上两个相反相成的维度和方面。司法的基本任务是适用法律裁决纠纷，这就决定了司法权的运作要保持独立，严守中立，并遵行传统司法哲学的克制或被动的立场。但是司法的历史发展表明，法官对法律的适用，也不是自动售货机式的机械运作，法律规范的滞后僵硬特性与案件纠纷的鲜活复杂情状之间的矛盾，决定了在具体的司法裁判活动中，在个案的裁判上，必须强化法官的积极性，要求法官在司法过程中秉承一定的价值理念和方法，理性地对案件的事实和法律问题作出判断。拿破仑法典中所规定的"法官不得以法律没有明确规定为由拒绝裁判"，其实就隐含了一种能动进取的司法精神。所以，无论是克制还是进取的司法、能动还是被动的司法，如果立足于司法职能的实现，皆为积极司法。基于司法能动和司法克制而提升出上位序列的积极司法概念，合二为一，就能够做到概念的圆融自洽，并与司法规律的要求达致契合。正是由于积极司法这样一种位势关系，以及与司法规律要求的高度契合，所以可以说，积极司法始终是正确的，而消极司法则永远都是错误的。

综上所述，我认为，用积极司法的概念置换能动司法，用以刻画和表述当下和一般意义上中国司法的功能形态，具有明显的优越性：第一，不惹是非，可以摆脱域外不同司法语境下与能动司法或司法能动主义概念相关的理论纠葛，更加真切地面对和把握中国的司法制度和司法实践，拓展中国特色司法理论的想象空间；第二，彰显司法规律。基于克制和进取、被动和能动是司法规律内在不可分割、相反相成的两个维度和方面，遵循司法规律就要同时兼顾和体现这样两个方面的要求，在司法原理上则有必要以积极司法这样一个上位概念对两者予以统领和整合；第三，没有对立面的置疑和纠缠，表述上准确明快。积极司法是一个圆融自洽、没有对立面纠缠的概念，按照司法规律的要求积极履行司法职能始终是正确的，司法消极则永远是错误的；第四，简便易行。用"积极司法"置换各种研究文献中的"能动司法"，以之描述和刻画中国司法功能的当下和一般形态，不会产生任何语义上的不连贯，因而是收益颇丰却没有什么成本的改变。

# 第五章　传媒与司法的关系 *

## 一、问题缘起及从制度原理角度分析的重要性

传媒与司法的关系，目前已经受到人们越来越多的关注。从大的背景分析，这是因为，实行法治在中国社会已成为难以逆转的趋势，而在此过程中，司法在国家和社会生活中的重要性在人们的心目中日显突出，相应地，人们对司法公正的期待也愈益迫切，对作为公权腐败之"冰山一角"的司法腐败尤显注目。在这种情况下，一方面，新闻媒体作为党的"喉舌"，义不容辞地担负了对司法进行舆论监督的任务；另一方面，司法决策者为改善公众形象，提高自己的社会公信度，也积极采取各种措施增加司法透明度，对包括舆论监督在内的各种社会监督持开放欢迎态度。法治、司法公正、司法腐败和舆论监督等观念在现实生活中推演，在当今中国已构成一道由传媒与司法的紧张关系构成的特殊风景线。

说传媒与司法之间存在一种紧张关系，意味它们之间并不只是一种正相关的关系，也就是说，它们并不常是友好合作的伙伴，它们更是相互角力的对手，从而也存在相互抑制的负相关关系。如果说传媒和司法皆有自己正当作用的领域，那么从原理上说，当这两个领域发生交叉时，当各自认为自己

---

* 原载《中外法学》2000 年第 1 期。

的"领地"被对方不受欢迎地侵入时，矛盾和冲突就不可避免。在这种情况下，决策者在决策时的良好愿望就会显得空泛，制度规范层面的操作分析就成为必需。在这里，必须强调专家不可替代的作用。在实际操作上避实就虚，把一些决策中基于常识、一时之需、想当然的愿望付诸于制度建设，那么制度建设就难上轨道。

在传媒和司法的关系上，时下除了要注意决策的妥帖慎重以及制度设计相对于决策的不可替代性外，还应该强调在一般制度原理上探讨和认识问题的极端重要性。不容否认，传媒与司法的关系在实际生活中是活生生的，它往往发生于具体的个案之中，要妥善处理两者之间的矛盾冲突，必须在具体事实情节上作出考量。从英美等普通法系国家的实践看，即使一般制度原理，也是经由法官在一个个判例中阐发而成。但是，中国的制度实践受大陆法系传统的影响，法院的司法判决除了给具体的纠纷一个"权威的"答案外，并不在判决理由、甚至在一般原理上作细致的说明。因此，尽管现实中以司法和传媒为两造的个案时有所见。但由此而生发出的制度原理上的探讨却不多见。制度设计应该立足于一般原理，而非一时一地具体个案中的是非得失。在谈论媒体与司法的关系时，如果只是局限于所选择的一些"典型"个案作单向度的表达，那么在民众和决策者中激起的只能是义愤，是制度设计上的感情用事。

## 二、问题的关键所在

从法治发达国家的实践看，传媒与司法的关系涉及社会生活中两种基本的价值，即新闻自由（free press）和公平审判（fair trial），它包含了一个恒久性的问题，这就是新闻自由和公平审判的关系问题。从当今中国的实践看，也许人们更习惯的是舆论监督和独立审判的提法，而对新闻自由则心存疑虑，对公平裁判的确切含义则体悟不深。因此，在从制度设计原理上深入探讨传媒与司法的关系之前，有必要首先分辨问题的关键所在，在新闻自由和公平审判与舆论监督和独立审判之间，到底何者是更能揭示问题的表达。

　　显然，如果人们在对等的意义上谈论传媒与司法的关系，意味着它们两者在满足国家和社会生活的需要上，具有相对独立、而非从属或重合的价值。如果我们把视野限于现实已展开的程度，那么这里需要思考的是：就传媒而言，最能表达其内含价值的是表达自由（freedom of expression）、新闻自由还是舆论监督？就司法而言，最能表达其内含价值的是公平审判还是独立审判？在我看来，最能表达传媒的内在价值的是表达自由，而就传媒与司法的关系而言，这种表达自由则以新闻自由为突出表现。同时，最能表达司法的内在价值的是公平审判。对此，从民主政治的意义上就能获得较好的说明。

　　在民主政治的理论和实践上，表达自由属于社会成员所享有的一种综合性的权利，是任何民主社会所必须追求的基本价值之一。我国宪法第 35 条规定：公民有言论、出版、集会、结社、游行、示威的自由。第 41 条规定：公民对任何国家机关及其工作人员，有批评和建议权。由此可以认为，尽管我国宪法中没有关于表达自由的措辞，但表达自由内含于宪法上述条文的规定之中，应属不容置疑。宪法所列举的这些自由和权利，在宽泛的意义上说可以用表达自由囊括无余（狭义的表达自由则可以认为是指言论自由（free-dom of speech））。[1] 新闻自由虽然也未见诸于宪法文字，但它应该是表达自由的必然延伸，确切地说，它由上述言论和出版自由、批评和建议权延伸而来，是后者借助于报刊媒体的实现。新闻自由的正当性和规定性，只有回归于表达自由或言论出版自由才能加以认识。

　　新闻自由以表达自由为根据，是表达自由的必然延伸，这也就在很大程度上说明了为什么上文认为，在传媒与司法的关系中，表达自由以新闻自由为突出表现。表达自由不是自言自语，也不是窃窃私语，而是保障公民政治参与、造就健康的社会生活的有效手段。在一个民主社会中，在通过自由表达实现有效的政治参与方面，民众个体对报刊媒体有一种深切的依赖。具体主要有二：其一，在表达意见方面，如果没有新闻出版界的帮助，个人实际

---

　　① 宪法第 41 条中还规定，公民对任何国家机关及其工作人员的违法失职行为，有向有关国家机关提出申诉、控告或检举的权利。由于这些权利限于向"有关国家机关"提出，不能纳入表达自由的范畴。

上就不可能以一种社会听得见的声音，宣传他对公共事务的看法，并进而影响公共事务；其二，在为了有效表达而获得必要的信息方面，民众个体有赖于新闻媒体准确有效的报道来保证资讯畅通，以便对政府行为和其他众所关心的问题作出有根据的判断。因此，表达自由的社会目的只有在新闻出版界能够自主决定报道或出版什么时才能实现。如果说表达自由是公民的基本权利，那么就表达自由对国家司法活动可能经常构成的挑战而言，显然是以报刊媒体的工作者为直接活动主体的新闻自由。

相对于表达自由和新闻自由，舆论监督则只能是前者发生作用的客观结果。尽管对国家机关包括司法机关及其工作人员活动的舆论监督，已经成为人们甚至决策者的日常表述，其正当性被视为理所当然，但相对于表达自由和新闻自由，舆论监督不过是前者价值的一种表象。报刊传媒界所扮演的应该是公众代理人的角色，舆论监督的正当性，只能从表达自由和新闻自由获得说明。

在司法方面，尽管我国宪法规定的是独立审判，即第 126 条所说的"人民法院依照法律规定独立行使审判权，不受行政机关、社会团体和个人的干涉"，但是，在传媒与司法的关系中，相对于新闻自由并在价值上与之恰成"对峙"的却应该是公平审判。理由主要是，独立审判以公平审判为依归，它们之间的关系是一种表与里、因与果的关系。离开公平审判，独立审判就无以说明自己的正当性，也就不足以抵御传媒所体现的表达自由和新闻自由的挑战。

因此，从制度设计的角度分析传媒和司法的关系，关键在于如何处理新闻自由和公平审判这两种在民主政治体制中具有根本重要性的价值之间的冲突。而如果把问题的关键定位于舆论监督和独立审判，就会不得要领，使问题陷入简单的对峙：前者犹如"倚天剑"，后者适成"铁布衫"、"金钟罩"。很显然，立足于舆论监督，那么只要存在严重的司法腐败、昭示公权不受监督制约必然腐败的趋势，强调独立审判在普通民众看来，就可能是一种反动或别有用心；而立足于独立审判，强势而硬性的舆论监督在制度层面上就很容易被认为是一种界限不清、遗患无穷的脱缰"野马"。

# 三、新闻自由和公平审判：两种同样重要的价值

在任何实行民主政治和法治的社会中，新闻自由和公平审判皆为国家和社会生活中两种不可缺少的基本价值。独立公正的司法和自由的新闻出版，是识别真正的自由民主社会和其他社会的标准。[①]

如上所述，新闻自由是表达自由的必然延伸。新闻自由的重要性主要可以由以下几个方面来说明：[②]

第一，新闻自由是自由交流思想的需要。在一个自由民主的社会中，只有公众对不同意见和思想进行公开而自由的交流和争论，才能使事实真相得以揭示，使社会成员的个性得以健康发展，使社会生活之根本不断获得滋补而趋坚固。

第二，新闻自由使社会自治成为可能。民主政治是以民主权利和社会自治为基础的政治。民主政治的性质决定了人民对政府而非政府对人民的监督。人民把支配范围有限的公权委托给他们选出的代表，但保留监督政府的自由，包括通过新闻出版等媒体监督政府的自由。新闻自由是人民享有和实现自治权的体现。

第三，新闻自由是社会秩序的"安全阀"。任何社会都难免因为各种有理或无理的原因而形成不满情绪，从心理角度分析，对不满情绪一味地压制，只能酿成激愤和暴力。新闻自由不仅能保证个人和团体的不满情绪及时地被发现，而且还能为各种社会不满情绪提供及时宣泄的场所，从而消除破

---

①　参见［美］卡特等著：《大众传播法概要》，黄列译，中国社会科学出版社1997年版，第4页。

②　系统的论述，请参见卡特等著：《大众传播法概要》，黄列译，中国社会科学出版社1997年版，第5—7页。关于表达自由在民主社会中的极端重要性，欧洲人权法院在1976年12月7日 HANDYSIDE v.The United Kingdom 的判决中精辟地指出："表达自由构成民主社会的根基之一，构成社会进步和每个人的发展的基本条件之一。它……不仅适用于人们乐于接受或视为无关紧要的'信息'或'观念'，而且适用于那些冒犯、惊扰国家或任何人群的'信息'或'观念'。这是多元、容忍和思想开放的要求，没有这些就没有'民主社会'"。

坏性的对抗，增进社会生活的和谐。

公平审判是社会正义的源头活水，① 它关涉的主要不是法官和法院的权威，而是个人、团体的权利和社会的利益。进而言之，现代民主政治和法治的确立，与法律的正当程序观念切切相关。按照这一观念的要求，任何人未经法律的正当程序，不得被剥夺生命、自由或财产。公平审判是法律的正当程序在司法领域的体现，其基本含义是，法官在作出裁判（如决定被告有罪或无罪）时，应该处于公正无偏的立场，不得受法庭外的力量或信息或在审判中未予承认的证据的影响。

同时，在现代社会中，新闻自由和公平审判也应该是两种不可相互替代的基本价值。如果说民主的社会以社会成员的权益和福祉为终极目的，那么就该目的的实现而言，新闻自由和公平审判则犹如车之两轮，不可偏废。正如美国大法官 Frankfurter 所说：表达自由在价值上并不具有压倒公平审判的重要性。法院是维护公民权利的最后的堡垒，为了在审判中不至于陷入原始的情感冲动和压力的泥沼，它应该获得各种保障以便使审判过程不偏离合理的轨道。就社会而言，对法院工作品头论足的需要与法院严格履行职责的需要同样重要。②

当然，就中国目前的状况而言，新闻自由和公平审判的发展皆不充分。一方面，由于报刊媒体的职能定位，把司法视为"政法战线"的一部分、视为治理社会的"工具"，对它们的作用估量不足，外在制约较多；另一方面，媒体和司法的内部自治自律机制尚未形成。但是，就中国宪法规定和社会发展趋势而言，两者皆构成社会生活的基本价值。因此，从制度设计原理的角度看，我们有可能也有必要前瞻性地、在两者发展皆比较充分的意义上探讨

---

① 培根有言："一次不公的判断比多次不平的举动为祸尤烈。因为这些不平的举动不过弄脏了水流，而不公的判断则把水源败坏了。所以所罗门说，'义人在恶人面前败诉好像浑之泉，弄浊之井'。"［英］弗·培根：《培根论说文集》，水天同译，商务印书馆 1983 年版，第 193 页。

② 参见 Elder Witt.（ed.），Guide to the U.S.Suprem，e Court，Congressional Quarterly I nc.，1979，p.441。

两者之间的关系。

## 四、新闻自由与公平审判的正相关关系

新闻自由和公平审判皆服务于实现社会正义的终极目标，两者之间既可能是对手也可以是伙伴，既存在一种负相关的关系，也存在一种正相关的关系。这两种关系甚至可以恰当地视为一币之两面、一车之二轮。

所谓新闻自由与公平审判之间的正相关关系，是指把负责任的报刊媒体视为公正有效的司法运转所必不可少的辅助机构。公众对司法的关注，是司法制度合理建构和有效运作的可资利用的资源。

从一般的意义上说，司法活动的结果有赖于媒体向民众传导并通过民众影响社会生活甚至历史发展。以美国的实践为例，尽管美国联邦最高法院处于政治枢纽的地位，甚至美国的体制被戏称为"九个老人的专政"，但专门研究美国最高法院历史的学者 Warren 认为，人民对司法宣告的法律（即判决）的反应，一直是美国社会发展过程中一个非常重要的因素。他说："法官的判决造就了法律，而创造历史的常常正是民众对司法判决的看法。"进而又说："一个不容否认的事实是，如果说法律通过司法判决的官方报告传至法律家，那么可以说法律传至民众则是通过报刊传媒的过滤，尽管报刊传媒往往带有党派偏见，而且还常常采取夸张、扭曲和充满政治色彩的方式。"① 也许人们可以基于本国的体制"特色"对美国的实践不以为然，但是应该认为，在美国的实践中所包含的那种司法和传媒之间的正相关逻辑还是成立的，这就是，司法裁判造就了实在的法律，实在的法律通过传媒管道及于民众，进而又通过民众影响现实生活和社会历史。

对于新闻自由与公平审判之间的正相关关系，如果从较为具体的意义上或者说在具体的裁判过程中加以审视，则诚如美国大法官 Clark 所言：在

---

① 参见 Elder Witt（ed.），Guide to the U.S.Suprem，e Court，Congressional Quarterly I nc.，1979，p.705。

审判尤其是刑事审判过程中，反应灵敏的新闻界常常被视为有效司法的助手。① 新闻不只是报道有关审判的信息，而且还要使审判过程服从广泛的公众监督和批评，使法官严守职责，使个人和社会获益，使公众相信正义由此获得实现。

从目前中国现状看，由于媒体的官方色彩较浓，以及对媒体监督"腐败司法"的高度强调，媒体的舆论监督和司法的审判独立有时存在一定的对峙关系。在这种情况下，厘定问题关键所在，在制度设计原理上申明新闻自由与公平审判之间的正相关关系，尤为必要。这不仅对新闻媒体在国家和社会生活中的合理定位是有益的，而且对于司法的重新定位和司法权的合理建构也至关重要。

# 五、新闻自由与公平审判的负相关关系

新闻自由和公平审判在实现过程中经常会发生冲突，从而形成相互牵制或制约的负相关关系。具体地说，这种负相关关系可能表现为以下两个方面：

其一，报刊媒体在追求自由报道的过程中可能对公平审判构成侵害。如上所述，公平审判作为法律的正当程序在司法领域的体现，要求法官在作出裁判（如决定被告有罪或无罪）时处于公正无偏的立场，不得受到法庭外的力量或信息，或者在审判中未予承认的证据的影响。而在现实生活中，报刊媒体却常常可能成为法庭外的力量，其报道内容可能营造出某种对裁判者产生重大压力的舆论氛围，其报道活动可能扰乱法庭的肃穆平静，结果使得法官难以做到保证程序公正和冷静审视。②

---

① 参见 Elder Witt（ed.），Guide to the U.S.Suprem，e Court，Congressional Quarterly I nc.，1979，p.440。

② 当然，法院也不能机械推定大规模的预审和审判报道总是导致剥夺公平审判，否则在这样一个大众传播时代，越臭名昭著的罪行就越不易被定罪。因此，必须仔细检查围绕审判发生的各种情况，如果围绕审判的环境条件并没有为社区中被煽动起来的情绪所左右，就不能仅仅因为公开报道而声称剥夺了公平审判。

其二，司法方面为避免因不利于公平审判的报道而使自身的运作机制陷于瘫痪，设计并采取各种直接或间接的限制媒体采集和传播功能的措施，由此必然与新闻自由发生程度不同的冲突。以美国曾经有过的实践为例，这种限制措施包括限制媒体获得有关未决案件的信息的权利，诸如限制法庭成员、检察官和辩护律师对待决刑事案件发布信息，禁止在法庭摄影摄像，下令封锁有关逮捕和其他公开记录的信息，以及在审理有轰动效应的刑事案件时封锁法庭、拒绝公众和新闻媒体进入法庭（从而直接冲击公开审判原则）等。不仅如此，这种限制措施还包括对媒体报道进行事后的民事或刑事处罚，甚至对新闻媒体进行事先约束、禁止它们发表已经获得的信息。①

那么，导致新闻自由和公平审判之间发生冲突的原因是什么呢？对此，或许可以从以下两个层面来分析和把握。

首先是固有的或必然的层面。从这个层面看，两者之间的冲突产生于新闻媒体和司法各自所固有的不同特性，因而具有某种必然性。具体点说，较之于新闻媒体的运作，法院处理问题的特点在于：它要有板有眼，要受传统的约束，要非常注意判决前对裁判意见的保密。依法办案，同样情况同样对待，遵循先例，与外界保持必要的距离，等等，都说明法院或法官在根本上是一个在"因循"意义上求得其正当性的制度设置，它们不应该在自己的"门脸"上打上"时代弄潮儿"的标记。与此恰成对比，新闻媒体在一个奉行民主法治的社会中则是完全不同的制度设置。它们必须搏击于时代风潮的风口浪尖，必须顺应时代，具有开拓性，并且作为原则还必须致力于消除政府秘密行事。因此，如果对于法院来说，保守、谨慎的自我节制（judicial restraint）是其安身立命的一贯传统或主旋律，而积极进取的司法能动主义（judicial activism）不过是其中的小小"跳跃"，而且还常常以保守的也即披

① 参见［美］卡特等著：《大众传播法概要》，黄列译，中国社会科学出版社1997年版，第136—145页。按照该书的介绍，为避免因媒体的不当干预而影响审判，法官也可以采取避免冲突的方法，即诉诸司法程序自身而非直接限制媒体活动。具体做法包括：延期审理直至偏见消除，异地审理或从异地引进陪审员，重组法庭，隔绝证人或警告他们在作证时不要听从媒体报道，禁止案件所有当事人向媒体作带有倾向性的陈述，以及重新审理等。

上合法外衣的进取形式出现，那么，对于新闻媒体来说，开拓进取的能动主义则是其生存的法宝，① 而板着面孔的老派说教，则只能是其欢快旋律中的不和谐的变调。

其次是人为的或非必然的层面。新闻媒体和司法之间的冲突在很多情况下、甚至有时还主要是由各种人为因素造成的。这方面的因素举其显著者大致有：② (1) 在案件诉讼中，检察官和／或律师违反职业伦理，通过新闻媒体鼓动风潮，意图使案件朝向自己的主张解决；(2) 司法或执法官员包括法官、检察官、警察等利用传媒为自己的机构谋求政绩或荣誉；(3) 法官个人难以抵抗众人瞩目的诱惑，就自己审理而为社会所关注案件在媒体上发表"个人意见"，当然，也可能法官个人在媒体上出头露面并非为了"出风头"，而是不得不借用媒体以排除来自法院内部或外部的不当干扰；(4) 知名人士包括"权威"学者在媒体上主动或应邀发表带有倾向性的意见，以此回应或引发社会对待决或既决案件的关注；(5) 对于一些具有新闻价值的案件——或者因为案件涉及公共人物，或者因为案件涉及社会关注的事件，媒体工作者积极介入，唆使和鼓励有关消息来源，并抢先予以绘声绘色的披露。

在对新闻自由和公平审判之间发生冲突的原因作了上述分析之后，我想着重强调以下三点：

第一，基于固有层面的原因而导致的新闻自由和公平审判之间的冲突，是我们在制度设计上需要着重考虑和权衡解决的。任何社会都需要在保守③

---

① 托克维尔有言："我认为报刊不管在什么环境下，都该保存其特性和激情。"[法] 托克维尔：《论美国的民主》，董果良译，商务印书馆 1995 年版，第 206 页。

② 请参见 [美] 卡特等著：《大众传播法概要》，黄列译，中国社会科学出版社 1997 年版，第 136 页。这里借用了该书提示的要点，并以国内在传媒和司法关系方面已有的现象或事例为背景，作了展开的表述。

③ 在汉语表达中，"保守"与"落后"相连属于贬义，"保守主义"和"保守主义者"历来成为人们斥责的对象，但是，如果我们认真审视一下西方文化传统和政治实践中的保守主义传统，那么，为保守、保守主义和保守主义者等用语作出褒义正名的冲动，就会油然而生。对于保守主义传统的简要介绍，可参见 [美] 汤普森：《宪法的政治理论》，张志铭译，三联书店 1997 年版。

和进取、因循和变革之间保持合理张力。法治社会讲究秩序，但秩序的理想状态却是有进取的保守，即所谓的"道中庸而极高明"。在现代社会生活中，司法和传媒可以理解为在保守和进取、因循和变革之间各有偏重的两种制度设计，它们应该形成一种功能互补的关系。因此，问题的关键在于，如何在制度运作中保持合理的张力，在新闻自由和公平审判之间寻求合适的度。

第二，基于人为层面的因素而导致的新闻自由和公平审判之间的冲突，是我们在现实生活中需要正视并努力加以避免和克服的。相对于固有层面的原因，各种人为层面的因素就不那么正常了，它们所起作用的累计，构成了制度运作效果的非正常损耗。尽管任何制度运作都必然遭受各种非正常的损耗，人为干扰在所难免，但是，对于这些人为的干扰因素，我们不能在制度上承认其正当性，而应该通过法律规定尤其是职业伦理，加以避免和克服。新闻自由和公平审判之间的潜在冲突，应该说大量的是可以通过媒体、司法等方面的自我约束和一般常识来避免的。当然，说"大量的"也即意味着不是"绝对地"，在一些涉及重大公共利益、从而引起社会广泛关注的案件里，自律的机制往往会变得软弱乏力。

第三，在强调新闻媒体对司法的"监督"时，要特别注意媒体因为其固有特性而可能产生的局限。应该说，在新闻自由和公平审判的冲突中，媒体往往是主动挑起"争斗"的一方，在当今中国就更是如此。因此，有必要特别指出媒体在案件报道中其自身所普遍存在的局限：(1)报道者往往缺乏必要的法律训练。(2)新闻的时限要求。新闻报道的价值在于其及时性，它追求的是"在第一时间、以最快的速度发表"(记者的话)；新闻报道犹如"文化快餐"，迟到的新闻可能就不是新闻。但是，案件的处理需要时间，具有新闻价值的案卷材料也可能卷帙浩繁，一味求快，就难免顾此失彼、忙中出错。(3)新闻的简洁明快风格。新闻表达倾向于追求标新立异、与众不同；新闻报道倾向于把案件作为一个整体"事件"，更注重其概然层面，而非具体细致的事实层面；新闻报道即使关注具体事实，也更近似于常识意义上的"自然事实"或"客观事实"，而非经法庭确认、证据意义上的"法律事实"。因此，面向大众的新闻报道在追求明快风格的同时，很容易忽视所报道案件在事实和法律上的复杂性。以上这些方面的局限是相互交错、互为助长的，它们都可能成为媒体在报道案件时所面临的严峻挑战或批评。① 媒体工作者应该有自知之明，并主动寻求司法方面的合理帮助。如果说新闻自由意味着某种程度的自治，那么这种自治必须以自律为基础。

当然，在凸显媒体局限性的同时，我们也应该注意从根本上解决问题，这除了淡化媒体的"机关"或"权力"色彩外，更需要提高社会大众尤其是决策者对媒体报道的心理承受能力，在他们中努力养成对媒体的宽容心态。如前所述，新闻自由的正当性和规定性，只有回归于表达自由或言论出版自由才能加以认识。表达自由或言论自由并不只是说对的、受欢迎的话的自由，而且更是说错的、不受欢迎的话的自由；同理，新闻自由也应该既包括传导正确的、受欢迎的信息的自由，也包括传导错误的、不受欢迎的信息的自由。对此，托克维尔说得很深刻："报刊是把善与恶混在一起获得一种奇特的力量，没有它自由就不能存在，而有了它秩序才得以维持"。"在出版问题上，屈从和许可之间没有中庸之道。为了能够享用出版自由提供的莫大好处，必须忍受它所造成的不可避免的痛苦。想得到好处而又要逃避痛苦，这是国家患病时常有的幻想之一。"②

## 六、寻求解决冲突的标准：域外的经验

那么，是否能够找到某种实际有效、前后一致的标准或模式来解决新闻自由和公平审判的矛盾冲突呢？在上面对传媒和司法关系的探讨中，我在同等重要的程度上强调了作为传媒内含价值的新闻自由，以及作为司法内含价值的公平审判，由此也就必然意味着在两种价值发生冲突时，我会赞成通过具体的利害权衡解决矛盾的标准。但是，从域外的理论和实践看，被用于解

---

① 参见 Elder Witt（ed.），Guide to the U.S.Suprem，e Court，Congressional Quarterly I nc.，1979, pp.722–723。

② 参见［法］托克维尔：《论美国的民主》，董果良译，商务印书馆1995年版，第206—207页。

决冲突的标准并不限于"权衡"（balancing）一种。在下面的讨论中，除对权衡的标准作进一步的说明外，我还将介绍其他一些可选择的标准。不过，在此之前，有必要首先作以下三点说明：

第一，传媒和司法、新闻自由和公平审判的关系问题虽然是现代法治社会中一个恒久性问题，但在中国，它只是新近才在尖锐的程度上浮现于社会实践，并为人们所关注，因此，从制度原理上探求解决冲突的实际可行的标准，有必要借"他山之石"，吸取法治发达国家在这方面的制度实践的经验。本文所说的"域外"，将限于美国。在这方面，美国有长久的制度实践，并积累了丰富的经验。

第二，在探求解决冲突的实际可行的标准时，新闻自由可以合理地成为思考的原点。原因主要有二：一是新闻自由与其他各种自由一样，并非绝对。确认一种自由意味着要厘定它的界限，自由只有在不断厘定界限的基础上才能真正确立。二是在传媒和司法之间，传媒往往是能动的，司法则相对处于守势。对于能动的新闻自由，我们需要考虑它是否要受到公平审判的限制，以及什么样的限制。

第三，从美国的实践看，虽然从公平审判方面引申出不少约束新闻自由或避免冲突的具体规则或方法（见本文"五"），但是从宏观上说，涵盖这些规则或方法的则是一些更一般的标准。这些标准来自于在更宏观的层面上对表达自由或言论自由的合理界限——即如何面对政府基于社会利益所作出的管理和控制——的思考。新闻自由是表达自由或言论自由的必然延伸，公平审判也可能成为限制表达自由或言论自由的一个重要方面，因此，下面要谈论的各种实际有效的标准，是在范围更广泛的表达自由或言论自由的意义上提出来的。

下面，让我们看看美国的制度实践所提供的经验。①

从美国的制度实践看，存在着对表达自由或言论自由采取最宽松理解的

---

① 　主要参考 Elder Witt（ed.），Guide to the U.S.Suprem，e Court，Congressional Quarterly I nc.，1979，pp.392–394，以及［美］卡特等著：《大众传播法概要》，黄列译，中国社会科学出版社 1997 年版，第 7—18 页。

立场，这种立场被一些美国学者称之为"绝对主义"。<sup>①</sup> 也许这方面最鲜明的表达要数杰弗逊。他说："人民是其统治者的唯一监督者，——民意是政府行为的根据，——如果让我在没有报纸的政府和没有政府的报纸之间做选择，我会毫不犹豫地选择后者。"<sup>②</sup> 但是，被归入绝对主义者的法律家（如道格拉斯大法官、布莱克大法官）则比较有分寸。一方面，他们试图取消司法机构对表达或言论自由的利益与不同时期的迫切需要作出平衡，认为美国宪法第一条修正案为"言论或出版自由"提供了彻底的保障<sup>③</sup>，在表达或言论（包括诽谤和色情表达等）方面，任何在性质、程度和后果上可能损害该自由要旨的政府自由裁量，都构成"过度约束"，构成对该自由的"剥夺"；另一方面，他们并不绝对排除约束，或者说他们仍然承认在偶然情况下，对言论表达的时间、地点和方式可以有"合理的"约束。

正是由于法律家的这种分寸感，使得以下判断顺理成章，即"美国最高法院从不认为言论、出版等自由是绝对的或不可剥夺的"。<sup>④</sup> 换言之，历任大法官都是在一个幅度很大的"相对主义"的范围里寻找标准，以判断表达或言论自由在面对政府管理时的合理界限。尽管他们迄今未能一劳永逸地找到一种普遍标准，据此决定在棘手的案件中具体的表达或言论在什么情况下会危及社会，从而使政府有理由加以限制，但是，在长期的制度实践中，他们并未中断努力，并且也的确提出了一些具有实效、具有较高普遍性的标准。这类标准主要有三：

第一，"明显和即刻危险"（the clear and present danger）的标准。该检

---

① 参见［美］卡特等著：《大众传播法概要》，黄列译，中国社会科学出版社1997年版，第7—9页。

② 参见 Elder Witt (ed.), Guide to the U.S.Suprem, e Court, Congressional Quarterly I nc., 1979, p.423。

③ 美国宪法第一条修正案规定："国会不得制定法律——剥夺人民的言论或出版自由——"。中国宪法第35条规定："中华人民共和国公民有言论、出版、集会、结社、游行、示威的自由。"相比之下，前者的表述显然更为绝对。

④ 参见 Elder Witt (ed.), Guide to the U.S.Suprem, e Court, Congressional Quarterly I nc., 1979, p.392。

验标准（test）由霍姆斯大法官在 1919 年的 Schenck 案中提出。他说："问题在于，在特定情形下使用的言词在性质上是否会产生明显和即刻的危险，将带来国会有权阻止的实际恶果。这是个临近和程度的问题"。① 因此，限制或惩罚言论的正当理由，在于该言论对社会造成了明显和即刻的危险。例如，在裁判过程中，对于试图影响待决案件的庭外言论或文字，以及抨击、讥讽法庭成员在法庭上的行为的言论或文字，最高法院在 1941 年的 Bridges 案中就曾经按照这一标准，决定这些言论或文字是否给公平审判造成明显和即刻的危险，以致法官可以以藐视法庭罪予以惩处。

"明显和即刻危险"的标准的显著缺陷是，人们很难确定一个标准，在变动不居的时空条件下，决定何时危险是"明显的"，危险有多遥远才是"即刻的"，以及什么程度的恶行应该认为是可以诉诸限制或惩罚言论的措施的。因此，虽然这一标准长期盛行，其他各种标准都是在反思这一标准的基础形成，但是，在 1957 年的 Yates 案后，该标准就几乎不再被采用。② 而且，即使在这一标准盛行期间，也相继产生了其他一些作用程度、范围不同的标准。这些标准除了下面的"权衡标准"和"定义平衡标准"两类外，也包括其他一些影响不那么大的标准，如几乎与"明显和即刻危险"的标准同时产生、更为宽泛的"不良倾向"（bad tendency）标准。③

第二，定义平衡的标准（definitional balance）。该标准在 1942 年的 Chaplinsky 案中首次得到阐述。这类标准是许多具体标准的概括。在该案中，最高法院一致认为："言论自由的权利并非在所有时候、所有情况下都是绝对的。有些经妥善界定和严格限定的言论从来不会因对它们的阻止和惩罚而被认为会提出宪法问题。这类言论包括淫秽猥亵、亵渎、诽谤，以及侮

---

① 参见 Elder Witt（ed.），Guide to the U.S.Suprem，e Court，Congressional Quarterly I nc.，1979，p.392。

② 参见 Elder Witt（ed.），Guide to the U.S.Suprem，e Court，Congressional Quarterly I nc.，1979，p.392。

③ 参见 Elder Witt（ed.），Guide to the U.S.Suprem，e Court，Congressional Quarterly I nc.，1979，p.392。

辱性或'攻击性'言词。这类言词在探求真理方面的社会价值微不足道，从中获得的益处显然不如在秩序和道德上的社会利益。"① 从本质上说，这种标准的前提是，限制某类言论的社会利益始终压倒那一言论的价值，而不论其内容或条件。

定义平衡的标准似乎比其他标准提供了更确定的指引，但是，由于在界定何为淫秽猥亵、亵渎、诽谤，以及何为侮辱性或"攻击性"言词上的困难，该标准仍然陷于不确定。

第三，特别权衡的标准（the balancing doctrine）。该检验标准来自弗兰克福特大法官在 1941 年 Bridles 案的异议之中，得到最高法院多数法官的承认则是在 1950 年美国电信协会诉道兹案（American Communication Assn. v.Douds）的判决中。弗兰克福特大法官认为："言论自由并非是一种绝对或不合理的概念，以致使有效保障《人权法案》所确保的一切自由的手段都陷入瘫痪"，因此，必须权衡它与其他自由或权利（如法律的正当程序和公正审判）在具体案件中的相关重要性来解决问题。

特别权衡的标准既承认言论自由的重要性，又主张在具体个案中基于不同利益的"特别权衡"作出判断，因而具有明显的实用主义的优点。从现今美国最高法院的实践看，不仅采纳了特别权衡的标准，而且还在实践中形成了更有章法的操作，即认为：言论自由可以表现在不同的层次，在适用特别权衡方法时，言论的内容、言论传播的方式、发表新闻权受采集新闻权的约束程度等，都会影响对言论自由的保护程度。② 但是，特别权衡标准的固有局限仍难以克服。这种局限就是：权衡既然是"特别的"，就难以在不同的个案中做到前后一致；由于权衡过于依赖法官对所涉及言论的价值和相冲突利益的判断，因而个人很难事先知道他的言论自由的利益的重要性是否会超过与其对抗的利益。

---

① 参见 Elder Witt（ed.），Guide to the U.S.Suprem，e Court，Congressional Quarterly I nc.，1979，p.407。

② 参见 ［美］卡特等著：《大众传播法概要》，黄列译，中国社会科学出版社 1997 年版，第 14—18 页。

以上这些标准，有助于我们在操作层面宏观地把握新闻自由和公平审判的矛盾冲突的解决问题。很显然，新闻自由作为表达或言论自由的必然延伸，它并非绝对，它必须受到包括公平审判在内的其他社会价值的制约。制约形成了界限。但是，这只是一个方面。另一方面，对新闻自由的限制也非漫无边界。在这里有必要区分三个概念，即事前审查（censorship）、事前限制（prior restraint）和事后惩罚（subsequent punishment）。

从历史上看，言论、新闻、出版自由起因于压制言论自由、特别是有关政府事务的言论自由的历史，它是针对发放出版许可证、滥用书报检查制度和惩罚政治言论的专横恣意行为的。因此，新闻自由在绝对意义上意味着不受事前审查。但是，尽管在实践（如美国的实践）中，事前审查往往被混同于事前约束，我以为它们还是有所不同：否定事前审查并不意味着否定事前限制，如在战时不得泄露部队调动的信息、不得煽动暴力、不得诽谤、不得传播淫秽等。不过，从法治国家的实践看，事前限制在范围上均受到严格限定，而且在通常情况下，表达自由包括新闻自由应该受到免于事前限制的保障。至于事后惩罚，如果其含义是指有关表达一旦被裁定触犯了法律，就会受到事后的刑事或民事处罚，那么就理所当然。尽管如此，我们还是应该努力营造更宽松的言论环境。因为，如果说事前审查是扼杀言论，事前限制是一时地"冻结"言论，那么对于言论以事后的刑事和民事制裁相威胁，则至少是给言论"泼冷水"。①

---

① 这是对美国 Burger 大法官妙语的"改装"。他说："如果说以事后的刑事和民事制裁相威胁只是给言论'泼冷水'的话，那么事前限制则是一时的'冻结'言论。"参见 Elder Witt（ed），Guide to the U.S.Suprem，e Court，Congressional Quarterly I nc.，1979，p.443。

# 第六章 司法判例的法理基础 *

## 一、引言：现象、问题和方法

　　建立案例指导制度是中国司法改革的一项重要议题，也是近年来法律理论和实务界热切讨论的话题。从 2005 年法院"二五"改革纲要明确提出建立和完善案例指导制度，到 2010 年 11 月 26 日最高人民法院出台《关于案例指导工作的规定》，对案例制度的基本方面作出规定，再到 2011 年 12 月 20 日最高人民法院发布第一批 4 个指导性案例，正式展开案例指导制度的实践，前后历经多年。回顾起来，一方面，业界对案例制度所涉及的问题在理论和认识上已经有了广泛探讨，另一方面，从共识达成的角度看，业界还存在许多重大的分歧，涉及指导性案例的价值目标、规范性质、法律效力或裁判效力、作用机理、编选技术等诸多方面，需要在原理层面做更加深入的思考和研究。

　　按照最高人民法院的上述规定，中国法院的案例指导制度可以界定为：为统一法律适用，由最高人民法院按照一定程序在全国各审级法院生效判决中选取编发的、并在今后的裁判中具有"应当参照"效力的案例的制度。较之于域内外已有的司法判例制度和实践，中国法院案例指导制度具有鲜明的

＊　原载《清华法学》2013 年第 6 期。

特色，表现在指导性案例的价值功能、法律性质、裁判效力等多个方面，体现出中国特色的制度创意。但是，从世界范围看，中国法院的案例指导制度也是司法判例制度的一种，尽管与其他国家的司法判例制度一样，可以有自己的特色，但是也应当分享和体现一些共同的制度理念和原理。当下案例指导制度在设计和实践中遇到的上述诸多问题，与当事者对司法判例制度的法理根据缺乏清楚认识、在观念和实践上偏离甚至背离判例制度的基本法理不无关系；笼统武断地认为指导性案例制度不同于英美法系的"遵循先例"制度的观点，定然似是而非。

从法理的角度研究一项制度，意味着就该制度所涉及的最基本的问题予以揭示和阐明。这是设立一项制度的依据，也是一项制度设立之后理解和运用该制度的基础。探讨司法判例制度构建的法理基础，也就是要揭示并阐明该制度所涉及的根本问题。

从一般意义上讲，建立和落实司法判例制度，有三个方面的问题最为至关重要，需要认真地思考和回答：①为什么要建立司法判例制度，其意义何在？②什么是司法判例制度，其明确含义是什么？③如何实践司法判例制度，其运用机理又是什么？这些问题，同样也是中国法院的案例指导制度需要面对和明确的问题。但是，从更具体明确的要求看，这样的提问和问题只是法理学研究问题的一种因循做法，所提供的只是一般的而非确定的指引，甚至还可能是似是而非的错误指引；如果基于这样的指引和思路展开研究，获得的只能是泛泛的、似是而非的结果。因此，我们还应该在更加精准的意义上提问，更进一步地思考：在司法判例制度所涉及的诸多问题中，对于制度的构建和实践来说，只有锁定什么问题，洞穿什么关键，才算是在法理的意义上回答了司法判例制度的意义、含义和运作机理。

本文将依据域内外关于司法判例制度研究的一些代表性文献，以及对中国法院案例指导制度认知实践的参与感受，运用综合分析的方法，首先对司法判例和司法判例制度的含义予以解析，揭示司法判例制度建设的核心问题，然后基于此核心问题，就司法判例制度的意义、含义和运作机理予以阐明，其间会立足已阐明的司法判例制度的法理，就中国案例指导制度的认识和实践做简要的分析检讨，以期对今后的制度完善有所裨益。

# 二、司法判例和司法判例制度解析

## （一）司法判例的含义

什么是司法判例，先来看看域外英美、德法和日本学者的理解。按照麦考米克和萨默斯主编的《解释先例：一个比较研究》① 一书中相关国家学者提交的判例制度研究报告的介绍，英国的"判例"（或"先例"precedent）一词有不同的用法。一般情况下"只是指法院作出的与手头待决案件在法律上有显著的可类比性的先前判决（prior decision）"。其中同类性质上级法院的先前判决，除非在事实或法律的某个显著点上有区分，皆为必须遵循的约束性判例，其他的先前判决则是说服性判例。在严格意义上，判例"仅仅指有约束力的相关案件或判决中具有实际约束力的那部分内容"。② 在美国，以纽约州为例，"判例一词有多种用法，但在最为严格的意义上则是指同一司法辖区内上级法院和同个上诉法院有约束力的判决。法院通常赋予这些判例以决定性的权威价值，尤其是在诸如合同、侵权和财产这样一些普通法领域，就更是如此。"③

在联邦德国，"判例通常意指任何先前作出的与待决案件可能相关的判决。判例虽然被推定具有某种约束力，但在法律话语中，并不意味着这种约束力的性质或强度是确定的，而且作出判决的法院也不必刻意制作判决

---

① 参见 D. Neil MacCormick and Robert S. Summers ed. Interpreting Precedents: A Comparative Study, Dartmouth/Ashgate，1997。

② 参见 Precedent in the United Kingdom，载前注 D.Neil MacCormick and Robert S.Summers 编书，p.323。

③ 参见 Precedent in the United States（New York State），载前注 D.Neil MacCormick and Robert S.Summers 编书，p.364。

以便被当作指导将来判决的判例，只要具有相关性就够了。"① 在法国，"判例一词在通行的法律词典中仅仅意指在作出判决时，采用与过去类似情况案件相类似的判决。具体有强弱不同的两种含义，前者指把上级法院的判决当作虽不具法律性却具有权威性的论点，意味着该判决虽不具有约束力但应当为下级法院所遵循，而下级法院虽没有法律义务但基于现实的考虑总是会遵循上级法院的论点。后者指任何法院甚至是下级法院作出的类似案件的判决，都应当被当作肯定或否定的例子，遵循这种判例有助于法院更好地分析案件事实和所涉及的法律争议，并体现法律面前人人平等的原则要求。"②

另外，根据我国学者对日本判例制度的研究，日本在 1898 年施行民法典后约半个世纪的时间里，由于对"判例"概念的理解缺乏共识，有的理解为英美法意义的"裁判上的先例"，有的理解为广义的"裁判例"、"判决例"，或理解为"判决中的法律论"，相关的判例研究一直处于一种看似繁荣实则混沌的状态。直到 20 世纪中后期，川岛武宜提出"只有那种具有先例拘束性的裁判例规范才有资格称为判例"，理论上的混乱局面才基本改观。③

按照中国最高人民法院《关于案例指导工作的规定》，中国法院案例指导制度中的"案例"是指：为统一法律适用，由最高人民法院按照一定程序在全国各审级法院生效判决中选取编发的、并在今后的裁判中具有"应当参照"效力的案例。较之于域外对司法判例的理解，在判例的生成主体、判例的价值、判例的效力等重要方面都具有显著特色，引人注目。

## （二）司法判例含义的理论解析

基于上述资料信息，可以从时间维度按照先前和后来两个位序来分析认识司法判例的含义。

---

① 参见 Precedent in the Federal Republic of Germany，载前注 D. Neil MacCormick and Robert S. Summers 编书，p.23。

② 参见 Precedent in France，载前注 D.Neil MacCormick and Robert S.Summers 编书，p.111。

③ 参见解亘：《日本的判例制度》，载《华东政法大学学报》2009 年第 1 期。

司法判例是法院先前作出的判决，故又叫先例、案例、成例，具有记录司法裁判活动的功能。在一般意义上说，任何法院在案件中作出的既定判决，都形成裁判的实例；它们不是杜撰而成的，也不应该是修饰加工过的，而是具有真实存在的事实属性。同时，司法判例与后来的司法裁判必然具有某种联系，具有相关性。这种相关性的基础是，针对案件纠纷所进行的裁判活动，是一种反复进行的类型化的认知和实践活动，作为类型化裁判活动结果的司法判例，不仅构成一个个真实的事例、实例，而且还由于类型化的性质而必然与后来的裁判活动形成联系。类型化是一个相互联系的概念，意味着同一类型中所包含的各个事项间具有相关性，联系密切。

由此可以获得理解司法判例含义的第一组概念：既定判决和相关性判决。既定判决是作为法院先前裁判活动结果的司法判例的初始含义，它作为历史事实存在。相关性判决是基于既定判决的类型化特征，以及由此生发的它与后来判决所具有的逻辑上的相关性，而在延伸意义形成的司法判例含义。由于司法判例的原初含义是既定判决，而相关性判决的生发以人们对类型化关系的认识和强调为前提，现实中关于"是不是判例"的说法，常常失之于武断和语意不清。分析看来，"是不是判例"的问题，关注的只能是既定判决与后来判决的关系，因此，对于任何法院的任何一个既定判决，尽管不能说它不是案例或判例，但是从司法判例制度的角度说，研究的起点或关注的对象只能是相关性案例；单纯的既定判决是没有意义的。

为什么这样说呢，因为从相关性判决中可以进一步引申出影响力判决的概念，从而使司法判例的含义基本得以澄清，也使得司法判例制度概念的厘定有了可靠的前提。既定判决与后续判决的相关性，出于人们因循、模仿、跟从而为等原因，会自然而然地转化为对后续判决的事实上的影响力。基于此种影响力，作为既定判决的司法判例对后续相关裁判活动的指引功能脱颖而出。这种功能至关重要，它连接司法裁判活动的过去和现在，并预示着司法裁判活动的未来，使得司法的价值在很大程度上可以通过司法判例作用的发挥得以承载。而对司法判例这种作用的确认和规范，则生成为司法判例制度。

### （三）司法判例制度及其法理解析

如上所述，司法判例的初始含义是既定判决，既定判决作为类型化裁判活动的结果必然成为与后续裁判相联系的相关性判决，而这种相关性又自然会生成为既定判决对后续裁判的影响力。但是，这种影响力只是一种自发生成的现象，不具有规范的形态，因而也难有确定性和可靠性。如果予以规范定型，赋予既定判决对后续裁判的作用或影响力以一种确定的形态，则意味着从既定判决影响力现象向既定判决影响力制度的转变。由此可以获得理解司法判例制度的又一组概念：影响性判例和规范性判例。

制度是规范的集合。制度的主要意义或基本指向是规范化。制度化是就事物的设定和运作所做的规范性安排，是在事物中注入规范性的元素。制度化、规范化的过程不仅是一个秩序化、模式化的过程，也是一个包含目的追求、落实价值判断的过程。从法理角度看，司法判例制度以司法判例为规整对象，其着力点是既定判决对后续裁判的作用力或影响力，所要解决的问题或达成的目标，是将这种自发生成的、事实意义上的影响力予以制度化，转变为一种规范的形态，使作为既定判决的司法判例由一种影响性判例转化为规范性判例。这也就是司法判例制度的全部意义之所在。

考察看来，制度化的途径主要有二：一是创制，二是惯习。前者最为显著，指通过制定专门的规范性文件，或者通过专项的法律规定，进行明确的制度创设；后者不那么明显，指在一定的制度背景和框架下，基于各种约束条件而在人们行动上表现出的惯习。从司法判例制度产生的情况看，域外国家有采行专门法律规定的做法，如《德国联邦宪法法院法》第31条第一款规定：联邦宪法法院的所有判决对联邦和州的所有宪法机构、所有法院和政府机关具有约束力；第二款还规定，在一些案件尤其是宪法法院宣布法律规则无效的案件中，宪法法院的判决具有制定法的效力，它们被公布在《联邦制定法登记》，对全体公民都有约束力。① 但是，司法判例制度更多的还是以司法惯习的方式存在。像中国最高人民法院制定专门的案例指导工作规定的情况很少，也许是绝无仅有。

总之，对于司法判例制度的认识，首先在于对司法判例的认识，而关键则在于对既定判例之于后续裁判的作用或影响力的认识。没有对司法判例作用或影响力的认识，就谈不上对司法判例的认识，更谈不上对司法判例制度的认识。忽视这样的认识逻辑去谈论司法判例制度，则或者似是而非，或者空洞乏力，这也是时下关于司法判例制度理论研究不如人意的原因所在。

聚焦于司法判例的作用或影响力来探讨建立和落实司法判例制度的法理基础，那么前述关于司法判例制度的意义、含义和运作机理等三方面的重要问题，就可以明确地表述为如何确认司法判例作用的价值，如何界定司法判例作用的性质含义，以及如何明确司法判例作用的实现机制这样三个方面的问题。对围绕司法判例作用的这些问题的认识和回答，构成了一个国家或地区司法判例制度建设的法理基础。

# 三、司法判例作用的承认

## （一）司法判例的作用和司法判例制度的作用

这是理论研究中常常被混淆的两个概念。司法判例是司法判例制度规整的对象，司法判例制度是围绕司法判例的作用所构建的司法判例的规范形态，由于它们之间关系密切，司法判例的作用或意义② 会传导生成司法判例制度的作用或意义。但是，两者不是一回事。司法判例的作用或意义并不等

---

① 参见 Precedent in the Federal Republic of Germany，载 前注 D. Neil MacCormick and Robert S.Summers 编书，p.26。

② 作用和意义经常被混同使用，但辨析说来，作用比较直接，意义比较间接；作用注重客观分析，意义更多主观评价。

于司法判例制度的作用或意义：司法判例的作用或意义是原生的、自在的，司法判例制度的作用或意义则是人为建构的结果；前者是事实和价值陈述的对象，适宜于作中性评价，后者则需要关照前者，根据制度化规范化的具体情况，在有无作用或意义、积极抑或消极的作用或意义，以及作用或意义之大小上做优劣得失之评价。因此，对于司法判例制度不能盲目肯定，其具体品质需要特别关注。

从检索到的相关文献资料看，国内学界很少区分司法判例的作用或意义和司法判例制度的作用或意义，相关的认识涉及内容相当广泛，所列事项之多，令人叹为观止。罗列说来，大致有：①规范已有的案例实践；②弥补成文法、司法解释的局限；③约束法官的自由裁量权；④体现司法智慧，总结推广司法经验；⑤节约司法资源，提高司法效率；⑥增强法律的确定性和可预测性；⑦创新和完善司法业务指导方式；⑧提高审判质量；⑨统一司法理念和法律适用标准；⑩促进司法公正；⑪提高司法队伍整体素质和能力；⑫丰富和发展中国特色社会主义司法制度；⑬深入推进"三项重点工作"（即化解社会矛盾、创新社会管理和公正廉洁执法）的需要；⑭提高司法的公信力和权威性；⑮为宣传法治提供范例，为法学教学和研究提供素材。[①] 分析来看，其中多数事项属于指导性案例及其制度的作用或意义的混淆表述或无序演绎。比如，第11、13、15皆属于理论上的无序勾连，其他各项则不易说清是指导性案例的作用，还是指导性案例作为一种规范的制度形态所具有

① 参见苏泽林：《充分发挥中国特色案例指导制度的作用积极履行人民法院的历史使命》；公丕祥：《能动司法视野下的中国特色案例指导制度》；康为民：《中国特色司法制度的自我完善——案例指导制度的定位、价值与功能》；武树臣：《让历史预言未来——从中国"混合法"传统审视今天的案例指导制度》等，见《审判研究》编辑委员会编：《审判研究（案例指导制度专题）》2011年第3辑，法律出版社2011年版，第1—8、18—26、33—39、61—79页；蒋安杰：《最高人民法院研究室主任胡云腾——人民法院案例指导制度的构建》，载《法制资讯》2011年第1期，第78—81页；本报评论员：《充分发挥案例指导制度的作用》，载《人民法院报》2011年12月21日第1版；孙谦：《建立刑事司法案例指导制度的探讨》，载《中国法学》2010年第5期，第76—87页；王利明：《论中国判例制度的创建》（代序），见其著：《民法疑难案例研究》，中国法制出版社2002年版，第1页。

的作用，很多说法如第 2、3、5、12 等，具体含义模糊不清。例如，说司法判例有助于约束法官的自由裁量权，实属似是而非之论，后文将会谈到，法官的自由裁量权为司法裁判所必不可少，否定不可取，约束的提法也过于负面，准确地说应该是规范，即司法判例及其制度有助于规范法官的自由裁量权。又如，认为司法判例能够弥补成文法、司法解释的局限，是一种非常流行的说法。殊不知，司法判例在裁判适用中也与成文法、司法解释具有同样的局限性：司法判例与制定法、司法解释一样，也是产生于过去，作用于未来的书面文件；因为语言的"空缺结构"、人的认知能力的限制而造成的制定法文本、司法解释文本的模糊性和不确定性，在文本化的司法判例中也一样存在；"徒法不足以自行"，制定法、司法解释在解释适用中对人的依赖，也同样存在于将在以后的裁判中发挥作用的司法判例。司法判例源自个案裁判，在解释适用制定法、司法解释为人们的行为提供更加明确的法律指引方面，具有重要价值，但是，制定法、司法解释与个案事实的对接并不会因为司法判例而一劳永逸地完成；对接制定法、司法解释、司法判例与个案事实的裁判活动将永久鲜活地存在下去。

司法判例制度的构建，应该紧紧围绕司法判例的作用展开。以司法判例的作用为原点，在构建司法判例制度中对司法判例作用的确认和规范，逻辑上主要涉及一前一后两个方面的问题：向前涉及对司法判例作用之价值基础的认识，探讨司法判例作用的价值正当性，回答为什么要确认司法判例的作用问题；往后涉及对司法判例作用生成原理或机制的认识，追问司法判例作用的缘起、根据，以便理清确认司法判例作用的起始立场，回答什么是确认司法判例作用的正确做法的问题。

### （二）司法判例作用的价值正当性：对司法判例作用的承认

制度建设是一种将对象规范化的努力，它不仅是一个秩序化、模式化的过程，也是一个具有明确的目的追求、价值判断先行的过程。司法判例在司法裁判过程中有什么作用，这种作用对于司法活动的终极目标的实现有什么意义，这涉及对司法判例作用的价值功能的认识。司法判例的作用具有价值正当性，是司法判例制度对之加以肯定的前提。对于司法判例制度的构建而言，这是一个价值判断先行的问题，是首先需要面对的。同时，对司法判例作用的价值正当性评价，又以对司法判例作用的厘定为前提。如何把握司法判例的作用，司法判例作用的表现形态是什么，对于这方面的问题，有必要予以辨析。

从直观角度看，司法判例的作用表现为既定判决对于后续裁判的影响力或约束力这样一种现象。这种影响力或约束力究竟为何，其性质和具体要求是什么，其具体的实现机制是什么，有不同的认识和说法，留待后面专门讨论。这里只想指出，按照以往研究的表达习惯，这种影响力或约束力在技术形态上一般被表述为"遵循先例"或"同案同判"。文献阅读中粗略的感觉是，在判例法传统的国家讲"遵循先例"，将"同案同判"作为其法理释义；在制定法传统的国家不讲"遵循先例"，直接讲"同案同判"。前者强调司法判例为后续裁判提供规则依据，以达成"同案同判"；后者强调司法判例为后续裁判提供解释适用法律规则的范例，以指向"同案同判"。有鉴于此，我们可以将司法判例的作用简洁明快地表述为"同案同判"。对司法判例作用的确认，也就是对"同案同判"的意义或价值正当性的确认。

对司法判例作用的价值正当性的评价，构成了对其作用之意义的说明。"价值"一词的含义在理论上有不同的理解，常见的如工具价值和目的价值，其中的"目的"按过程分析又可以区分为直接目的和间接目的、近期目的和中长期目的等。这也是目前我们在谈论司法判例制度的意义时，胶着混杂着不同的角度、不同的主题、不同的表述如意义、作用、功能、价值、目的等等的原因所在。

从司法裁判的角度看，司法是法庭针对案件争议，运用证据认定案件事实，解释适用法律，作出纠纷处理决定的活动。对于司法活动来说，最为重要的就是个案裁判；对于司法成效的评价，关键在于作为司法产品的个案裁判的品质。而就如何保证个案裁判的品质而言，最简约的操作秘诀和技术要求，就是践行"同案同判"。"同案同判"立足个案裁判，着眼于个案裁判之间的关联性、连续性，其基本内涵在于规范法官在运用证据认定事实、解释适用法律，以及作出法律推理决定等裁判环节的裁量权。

在个案裁判中实现"同案同判"，意义广泛而深远，就终极价值目标而言，在司法领域是维护司法公正，在国家和社会生活范围里则是促进法治发展和公平正义。相对于"同案同判"这种司法判例的最为直接的作用，也可以认为是司法判例最为直接显明的意义或价值，司法活动以至整个法治建设所追求的"公平正义"，则是终极的价值追求。在这两者之间，国内研究者在论及司法判例或司法判例制度的作用、意义或价值时所列举的其他诸多事项，如司法公信、司法权威、司法资源、司法效力、司法经验、司法品质、司法能力、司法管理、司法政策、法律的确定性、成文法和司法解释的局限、法学教学和法学研究等等，皆属于与司法判例作用的终极价值目标实现过程相关联或可能相关联的阶段性目标。

相对于国内研究者，域外研究者对司法判例作用的意义或价值的理解相对简洁，主要强调的是两个方面：其一，宣示和完善法律。英国19世纪前流行的司法宣示理论认为，尽管不能说法院的判决制造了法律，不能说它们是法律，但"它们宣告了法律，并成为法律是什么的证据"。[1]19世纪后流行的司法造法理论认为"司法造法的空间仅仅只是在立法有缺漏时存在；法官的确在制定法律，但只是在法律空隙里立法。"[2] 美国学者认为："立法机关不可能将普通法整个法典化，即使能够做到，仍然会有缺漏让法院用判例去填补，仍然有用判例进行解释的范围，还可能存在对立法机关来不及修正的完全过时的制定法进行司法'革新'的需求。"[3]

其二，法律的确定性及相关的社会生活的可预期性、稳定性等价值。"一般说来，被人们普遍承认的支撑遵循先例预设的理由是法律的确定性和可预

---

[1] 参见 Precedent in the United Kingdom，载前注 D. Neil MacCormick and Robert S. Summers 编书，p.330。

[2] 参见 Precedent in the United Kingdom，载前注 D. Neil MacCormick and Robert S. Summers 编书，p.331。

[3] 参见 Precedent in the United States（New York State），载前注 D. Neil MacCormick and Robert S.Summers 编书，pp.378–379。

见性。人们越确信法院会遵循既定判决及其思路，就越会在将来的行动中依赖类似判决。人们越能依靠这样的判决，对法律指引行为的可靠性的信心就越强，而对法律的信心越强，就越能强有力地主张公正，反对恣意妄为"。[1]古德哈特相信，对法律的确定性目标的需求是英国判例制度的根据和正当性基础，没有它，公正就会总是处于流变和不稳固之中。[2] 除此之外，也有涉及提高司法效率，节约司法资源，增进司法权威等方面的价值意义，这些在终极意义上都有利于司法公正和社会正义的实现。

在认识司法判例制度的意义或价值时，聚焦于"同案同判"，聚焦于其中内含的规范法官自由裁量权的要求，对于该制度的实践至关重要。原因在于，对于该制度的实践者来说，它不仅在最为直白的意义上回答了"为什么"要有司法判例制度的问题，给予价值目标上指引，而且还在直接的意义上回答了"如何做"——如何制作和运用司法判例的问题，给予操作技术上的指引。而业界关于司法判例作用延伸意义上的各种价值目标的列举和阐发，只是在更加深刻而广泛的意义上回答司法判例制度"为什么"要承认司法判例的作用这个问题。司法判例可以服务于司法和法治的多种多重价值目标的实现，但是，在全面揭示其意义或价值的同时，也不宜一味地以多取胜，过分铺陈蔓延，否则就会因为过度"散光"、缺乏"聚焦"而使实践者茫然于繁繁复复的说法无所适从。

### （三）司法判例作用的自然生发原理：对司法判例作用的正确承认

司法判例制度对司法判例作用的确认，以对其作用的意义或价值正当性的认识为前提，而对这种作用的正确确认，则以对司法判例作用的生发原理的认识为先决条件。这涉及司法判例制度确认和规范化司法判例作用的思路问题，在这个问题上的疏忽，以及一味地凭靠权力意志，必然造成制度化过

---

① 参见 Precedent in the United Kingdom，载前注 D. Neil MacCormick and Robert S. Summers 编书，pp.334–335。

② 参见孟凡哲：《普通法系的判例制度——一个源与流的解读》，博士学位论文，吉林大学，2004 年，第 116 页。

程的消极后果，致使司法判例固有作用的发挥受到减损。

分析表明，司法判例的作用基本上可以说是自然生发的，虽然司法判例制度确认并使这种作用规范化，但并不构成这种作用生发的主因。因此，并不是因为有了司法判例制度才有了司法判例的作用。有研究认为，司法判例制度在英国最先得以确立的原因是：英国经验主义的传统，英国保守主义的文化基础，司法判例的汇编，法律职业的行业化，陪审制度的确立等。① 由于与多数研究者一样，这里没有区分司法判例的作用和司法判例制度对此作用的确认，表达也陷于含糊。确切地说，这些原因直接形成的是与司法判例作用的因果关联，与司法判例制度的因果关联究竟如何，则需要细加甄别。

司法判例作用的自然生发原理主要包括两层含义：①司法判例的作用是一个与法官裁判活动必然伴生的现象；②司法判例的作用是一个与统一的司法管辖权制度、法院审级制度、法官职业共同体制度等必然伴生的现象。

司法判例是先前的既定判决，作为类型化的司法裁判活动的结果，其对后来的判决，出于人们因循、模仿、跟从而为的原因，会具有自然而然的、事实意义上的影响力；基于事物生存竞优、主体理性选择的道理，裁判者也会自觉自愿地关注那些富有职业声望的同行的判例，倾心于那些内在质地良好的判例。这是一种社会生活领域的自然现象，也是司法裁判领域的必然现象。所谓的英国经验主义传统、保守主义文化基础等，作为社会生活现象其实不独为英国人所有，任何人类活动其实在很大程度上说都是经验的、因循的，因而也是理性的，只是在英国人那里表现得更为显著而已。

司法判例作用自然生发的最为重要的原因，是统一的司法管辖权制度和法院的审级制度。研究表明，1875 英国颁布实施《司法法》，通过司法

---

① 参见奚晓明等编：《两大法系判例制度比较研究》，北京交通大学出版社 2009 年版，第 16 页。

机构改革建立了统一的司法管辖体系，从而为"遵循先例"制度提供了体制和程序上的保障。在一个统一的司法管辖权制度下，基于法院审级构造的裁判原理，下级法院在裁判中必然会高度重视上级法院先前的同样或同类判决。同时，基于司法裁判均衡的伦理要求和行动逻辑，基于法官职业共同体的建构，一个法院也会尽量在裁判活动中保持与自己先前的判决一致，会关注同级法院、甚至下级法院的判例。由于司法判例作用之生成与法院的统一管辖权制度、法院的审级制度等密切相关，我们将在后文具体谈及，域外的司法判例制度基本都是循着法院的审级构造对其作用加以确认和规范。

有研究者认为，"遵循先例原则是 18—19 世纪英国司法机构改革的结果，也是 19 世纪判例汇编制度发展的产物。"① 这种看法具有相当的代表性。其实，司法判例汇编与司法判例作用的生成虽有一定的关系，但分析说来，它更是出于回应司法判例作用生发后的需求。因此，将司法判例汇编作为司法判例制度的一部分来认识更为妥当，它的作用是记载、整理和规整司法判例。同时，不少研究者从司法判例作用生成原因的角度提及司法效率、司法权威、司法均衡等因素，从前面的分析看，这些因素被归入司法判例作用的意义或价值正当性的范畴更为妥当，当然它们反过来也强化了司法判例自然生发的作用。

中国最高人民法院《关于案例指导工作的规定》将指导性案例的确定和发布作为专属于最高人民法院的一项权能，并且不受审级范围的限制遴选指导性案例，从而使指导性案例在作用机制上呈现为一种人为的、基于最高人民法院权力垄断的"特别加权"特色：这种基于最高人民法院权威认可而产生的指导性案例，其数量必属凤毛麟角，其地位和影响力也定非其他司法案例可比。尽管作出如此特别的判例制度安排也未尝不可，但是要清醒地认识到，设立指导性案例在裁判中"特别加权"的作用机制，并不应该构成对其他司法案例作用的人为排斥，个中道理的关键还在于，基于判例作用机制的

---

① 齐树洁主编：《英国民事司法改革》，北京大学出版社 2004 年版，第 122 页。

自然发生的原理，在事实上也绝无可能实现这种排斥。中国各层级地方法院尤其是省级法院已然普遍存在的编选司法案例指导裁判活动的实践，将一如既往的进行并发挥重要作用。[①]当然，中国最高人民法院编发的指导性案例，则将成为其中最具权威性的一类司法案例，并对各地各级法院原有和将有的司法案例编选实践构成技术上的示范指引。

# 四、司法判例作用的界定

## （一）司法判例的约束力

司法判例作为先前的判决，由于与后续裁判的相关性，以及诸如统一的司法管辖权、裁判者群体的同质化和人类活动的因循效仿等因素，必然生发对后续裁判的影响力。对这种影响力的确认和规范，使司法判例从影响性司法判例向规范性司法判例转变，构成司法判例制度。如前所述，司法判例制度的形成，可以通过制定专门的规范性文件或通过专门的法律规定进行制度创设，比如中国最高人民法院《关于案例指导工作的规定》、德国《联邦宪法法院法》第31条第一、二款对宪法法院判决法律约束力的规定，等等。但是，从域外国家和地区的情况看，司法判例制度的形成更多的还是基于统一的司法管辖权制度、基于法院的审级构造体系等而生发出来的司法惯习。

下面从三个方面对司法判例的制度形态予以刻画：①从裁判约束力角度描述刻画司法判例的作用或影响力；②就司法判例作用的法源性质进行分析；③就司法判例是否"造法"或创制规则予以澄清。先说第一个问题。

---

① 有学者也明确表示，中国指导性案例的生成，主要依赖最高人民法院的司法外权力，采取不以司法等级权威为基础的案例选拔方式，没有遵循普遍的形式主义进路，没有严格依傍法院体系和审级制度，其实效有待观察；主张最高人民法院和高级人民法院都应成为判例法院，并可遴选自己法院的案例为指导性案例。参见宋晓：《判例生成与中国案例指导制度》，载《法学研究》2011年第4期，第58页。

司法判例的作用具体表现为对后续裁判的约束力，在这方面，域外通常用于描述刻画的概念有两组：一组概念是纵向约束力（Vertical bindingness）和横向约束力（Horizontalbindingness）；另一组概念是正式约束力（Formal bindingness）和非正式约束力（Not formallybinding）。前者是基于统一的司法管辖权原理，依据法院组织的审级构造而形成的一对概念或一种分类。纵向约束力指上下级法院之间先前判决对后续判决的约束力，包括上级法院先前判决对下级法院后续判决的约束力，以及下级法院先前判决对上级法院后续判决的约束力。横向的约束力指同一法院自身、同级法院相互间的先前判决对后续判决的约束力。后者是基于司法判例约束力的性质和大小所做的一种比较粗略的区分，实际上并不是那么清晰。正式约束力时常又称法律上（de jure）的约束力或强制性约束力，意指不尊重判例约束力的判决不合法，如没有十足的理由、例外，会因此被上诉否决。非正式的约束力时常又称事实上的（de facto）约束力，是一个非常宽泛的概念，一般指在后续判决中尊重判例的约束力不是必需的，不尊重并不违法，也不必然导致被上诉否决。非正式的约束力的情况有明显的程度区别：可能比较强势，指不尊重判例效力的判决虽然合法，但会因此被批评并可能被上诉推翻，也可能比较弱势，仅仅指引用判例将增强判决的权威性，构成对后续判决的支持力，或者其他什么有助于后续判决释明的效力。[1]

司法判例的约束力在不同级别的法院中有不同的含义。一般说来，法官裁判案件应当遵循判例，包括遵循上级法院的判例，以及重视法院自身的判例、下级法院的判例和同级法院的判例。在英国，法院的审级构造从下往上依次是：郡法院、治安法院和刑事法院、高等法院、上诉法院、贵族院。贵

---

[1]　对司法判例约束力的性质，有学者做了如下细分：①正式的约束力。意指不尊重判例约束力的判决不合法，并因此会被上诉否决。②非正式的约束力。意味着不尊重判例效力的判决，虽然合法，但会因此被批评，并可能因此被上诉推翻。③支持力。意指引用判例将增强判决的正当性、权威性。④其他有助于判决释明的效力。这些只是大致的区分，实际上不一定那么清晰。参见 The Binding Force of Precedent，载前注 D.Neil MacCormick and Robert S.Summers 编书，p.471。

族院的判例对其他所有法院具有正式约束力，一般说来该院也不会推翻自己先前的判例；上诉法院的判例对所有下级法院具有正式约束力，一般情况下也约束该院自身；高等法院的判例对所有下级法院具有正式约束力，对该院自身只有说服力；最底层的郡法院、治安法院和刑事法院受上级法院判例的约束，自身和其他法院的判例则只有说服力。①

在美国，法院的司法管辖体系由联邦法院系统和 50 个州法院系统构成。联邦法院由联邦最高法院、联邦上诉法院和联邦地区法院构成；州法院以纽约州为例由州上诉法院、州上诉法院分院、州初审法院和若干专门法院构成。从颇具代表性的纽约州的情况看，州上诉法院的判例对所有下级法院、上诉法院分院的判例对其辖区下级法院具有正式约束力，一般情况下它们的判例也约束自身。其他情况下的法院判例则具有程度不同的非正式约束力。②

在德国，除联邦宪法法院和州宪法法院外，横向区分为普通、劳动、行政、社会保障和财税五个司法管辖系列。按照《德国联邦宪法法院法》第 31 条规定：联邦宪法法院的所有判决对联邦和州的所有宪法机构、所有法院和政府机关具有约束力；在一些案件尤其是宪法法院宣布法律规则无效的案件中，宪法法院的判决还具有制定法的效力，对全体公民都有约束力。至于联邦宪法法院的判例对自身和联邦立法机关，则不具有不可更改的绝对约束力。除联邦宪法法院外，其他法院的判例对下级法院、同级法院或自身则没有强制性的或正式的约束力。尽管如此，判例在审判实践中仍然具有重要作用。"如果法院作出一个背离其先前判例的判决，则需要有普遍的认同和具体的说明。下级法院通常会遵循上级法院的判例，法律职业者和执法机构也

---

① 即使贵族院发现某些判例不当，要推翻也会非常谨慎，"对于此类案件，会有一个比普通合议庭法官人数更多的委员会来讨论，并给出是否有足够的理由来推翻判例的建议。"参见 Precedent in the United Kingdom，载前注 D. Neil MacCormick and Robert S. Summers 编书，pp.325–326。

② 参见 Precedent in the United States（New York State），载前注 D. Neil MacCormick and Robert S.Summers 编书，pp.369–371。

倾向于以类似立法性决定的方式对待判例。"①

基于以上对司法判例裁判约束力的描述，可以认为，司法判例的约束力呈现为一种规范的制度形态，以下几点值得特别注意：

第一，无论是基于司法惯习还是专门的立法创制，司法判例约束力基本上都是依托于统一的司法管辖权制度、法院的审级制度而得以成型；

第二，只有上级法院的司法判例才有可能对下级法院的后续裁判构成法律上的、正式的或强制性的约束力，而其他司法判例对于法院自身、同级法院、上级法院的后续裁判只可能具有非法律上的、非正式的或非强制性的约束力，或者称之为说服力；

第三，正式和非正式的约束力都属于司法判例的作用或影响力的范畴，域外还没有发现那种司法制度去否定司法判例的影响力；

第四，不承认司法判例具有法律约束力的国家，司法判例的实际影响力可能远远超出人们的想象，甚至可能不逊色于承认司法判例具有法律约束力的国家。②联邦德国的情况就是典型。在那里，虽然除联邦宪法法院的判例外一般不承认其他法院的判例具有正式的约束力，属于正式的法律渊源，但是在司法实践中，从法律确定性的原则出发，仍然承认判例对手头案件的影响力。"在官方判例集中，很难发现不引用任何判例的判决：在1990—1995年联邦宪法法院的公布的235个判决中有228个引用判例，占97.02%；在1992—1995年联邦最高法院公布的420个民事判决中有417个引用判例，占99.29%；在1982—1995年联邦最高法院公布的715个刑事判决中有686个引用判例，占95.94%；在1990—1994年联邦行政法院公布的522个判决中有509个引用判例，占97.51%；在1992—1995年联

----

①　参见 Precedent in the Federal Republic of Germany，载前注 D. Neil MacCormick and Robert S.Summers 编书，pp.26–28。

②　事实上的约束力并不意味着缺少规范性，而只是意味着遵循判例的规范性理由与遵循立法规定不同，或较之为弱，后者具有正式的约束力。判例的规范约束力即使不是法律上的，也不同于所谓的"实质理由"——其效力仅仅依靠其内容，而非形式或根源（或血统）。参见前注 D. Neil MacCormick and RobertS. Summers 编书，pp.465–467。

邦劳动法院公布的 416 个判决中有 406 个引用判例，占 97.51%；在 1989—1994 年联邦社会法院公布的 482 个判决中有 473 个引用判例，占 98.13%；在 1993—1996 年联邦财政法院公布的 1216 个判决中有 1190 个引用判例，占 97.86%。"①

## （二）司法判例约束力的法源性质

对司法判例的作用或影响力的性质予以界定，是司法判例制度化的重要内容。此类话题理论上一般从法律渊源的角度予以展开，通常讨论的问题是，司法判例是不是一种正式的法律渊源。由于法律渊源含义存在理解上的不同，对于司法判例法源性质的认识，也常常陷于模糊混乱的境地，从而使我们在讨论前不得不有所澄清。

法律渊源从法律实质内容的角度说主要是指各种影响促成法律的因素。这些因素可以在广泛的意义上涉及社会、经济、政治、文化等各个方面。在更加直接的意义上，法律渊源则是指法律的形式渊源，即作为法律载体的各种法律形态。作为法律形态，可以有不同的分类，常见的如制定法和习惯法，国际法和国内法，宪法、法律、法规、司法解释等。值得注意的是，法律形式的概念内含着法律效力的概念，意指有效的法律形态。因此，作为法律形式的法律渊源的概念直接引发对法律效力来源的关注，进一步则导向对立法权的关注，对谁有权立法、谁是立法者的追问。正是因为在法律渊源、法律形态、法律效力来源、立法权、立法者等概念间存在这样的意义关联，构成一组概念链条，所以对司法判例法源性质或定位的探讨，才会最终聚焦于诸如以下的一些问题：司法判例是不是一种法律渊源，司法判例是不是一种具有法律效力的法律形式，司法判例是否意味着"法官造法"，法官有没有"造法"的权力，等等。

分析至此，答案自然呈现。在英美等普通法传统国家和地区，答案是

---

① 参见 Precedent in the Federal Republic of Germany，载前注 D. Neil MacCormick and Robert S.Summers 编书，p.23。

肯定的。从历史上看，英美国家的普通法很大程度建立在判例的基础上。"法官造法"天经地义，不仅在实践上一以贯之，传统和现实相统一，而且还有各种论证"法官造法"正当性的理论支持，诸如法官是法律的喉舌的"司法宣示论"，国会制定的法律仅仅是法律的渊源而非法律本身的"司法造法论"，等等。司法判例作为正式的法律渊源与立法机关的制定法相对，构成判例法，并在合同、侵权、财产、遗嘱和信托等领域成为法律的主体。"遵循先例"成为明确的法律适用原则：司法判例对于最高法院以下的所有法院具有正式的约束力，不遵循上级法院的判例除非基于严格限定的强有力的理由，否则构成法律上的错误，通常会在上诉时被推翻；同时，司法判例对于最高法院自身也有很强的规范效力，只是由于没有被上诉推翻的可能而不被认为属于正式的、强制性的约束力而已。① 在欧陆等制定法传统的国家和地区，答案一般说来则或明或暗地是否定的。② 法官不能篡权越位成为立法者，无权立法；司法判例不是正式的法律渊源，不构成判例法并挑战制定法作为法源的唯一性；司法判例在裁判适用中也不具有正式的、强制性的法律效力，不具有普通法传统中基于"遵循先例"原则而具有的法源地位，法院对司法判例的遵行通常只是一个事实。中国除香港特别行政区外属于大陆法传统，没有"法官造法"的理念和制度、传统和实践，中国最高人民法院的指导性案例，在现行政制和法律框架下，也不可能拥有正式法源的地位，并在社会生活和司法裁判中具有法律那样的效力。

　　目前国内外研究中关于司法判例是不是一种正式法源，是不是意味着肯定"法官造法"的权力而构成判例法的讨论，主要是基于立法视角对司法判例约束力的考察，偏重于对司法判例约束力的定性分析。从前面对司法判例约束力的描述看，这种对司法判例法源性质的定位，产生的是正式的或法律

---

　　① 当然，这些国家的最高法院确实会重新考虑自己先前的判决，偶尔基于审慎权衡的理由也会背离或推翻它们。

　　② 在德国、波兰、西班牙等国家，一些特殊类型的判例具有法律上的约束力，比如在德国，联邦宪法法院的判例对所有其他法院具有正式的约束力，而联邦最高法院的普通判例没有正式的约束力，尽管没有相反的具体理由也应该被遵循。

上的约束力和非正式的或事实上的约束力这组概念。值得注意的是，基于这组概念来认识司法判例的约束力，构建司法判例制度，实际上使人们陷入了某种误区。因为，如果对司法判例约束力的认识附着于司法判例是不是正式法律渊源的回答，并以此判断司法判例在后续裁判中的约束力的有无和大小，判断司法判例在法律规范体系构建中的意义，那么就会忽视司法判例约束力的自然生发机制，认识不到司法判例所拥有的非正式的或事实上的约束力，可能并不逊色于正式的或法律上的约束力，更无法深入考察分析司法判例在法律规范层面上所具有的生成裁判规则的意义。这种生成裁判规则的作用，后面将专门讨论。

有鉴于此，我认为更应该从司法裁判的角度来认识和界定司法判例的约束力，认识和界定这种约束力所具有的规范性。观照前面我们对司法判例约束力情况的描述，如果从司法裁判的角度而非法律创制的角度看问题，那么对司法判例约束力的法源定位的看法就会变得生动而立体，就不会那么静止而狭窄。具体说来，不承认"法官造法"、"遵循先例"，并不意味着司法判例的作用或约束力就没有就更小；司法判例的约束力，可能是正式的或法律上的，也可能是非正式的或非法律上的，还可能是两者兼而有之；实际上对后续裁判具有作用或约束力的司法判例的范围，可能包括法院司法管辖在纵向意义上的上下之间和横向意义上的相互之间的各种情况。

可以确切地说，司法判例的作用或约束力自然地产生于司法的结构和过程，而非主要依赖于从立法上对司法判例法源性质的确认。依托于司法统一管辖、法院审级构造和职业共同体的组织建构，秉承"同案同判"的公正司法理念，司法判例的约束力会形成基于司法惯习的生动立体的规范形态，而法官是否"造法"，司法判例是不是法源、是不是成为"判例法"而具有正式的或法律上的约束力，则会成为过于简单狭窄的追问。①

---

① 法律体系由两个方面的内容构成：一是在法律论辩中必须被当作权威理由的规范，具有正式的或法律上的约束力，以及只是应当被当作权威理由的规范。欧陆国家的司法判例绝大多数属于后者，普通法下多数判例具有正式的法律约束力，有些则具有较小的规范效力。参见前注 D. Neil MacCormick and Robert S.Summers 编书，pp.467–468。

对司法判例作用性质的法源定位，意在从制度规范的角度厘定司法判例作为裁判依据对后续裁判的效力，而裁判效力说到底是一种权威与服从的关系。司法判例作为裁判依据对后续裁判具有什么样的权威或约束力，后续裁判需要在什么程度上遵行司法判例、受其约束，可以综合立法和司法角度的各种分类描述，作出更加规范的制度刻画。

在我看来，对司法裁判具有影响力并在广泛的意义上构成裁判依据的材料是有不同的类别的。按照对裁判者制约和影响的力度，裁判所依据的材料大致可以区分为权威性、准权威性和说服性三类。具体差别在于：对于权威性材料，裁判者不管认可与否都必须遵行适用，诸如中国的宪法、法律和法规等，皆属此类；对于准权威性材料，裁判者可以不认可不适用，但对此行为要承担详细说明理由的责任，诸如中国的司法解释、部委规章等可以归入此类别；对于说服性材料，裁判者只有认可信服才自觉地加以采用，不采用也没有说明的责任。作为裁判依据的说服性材料是一个可以在效力层级上做更为细致划分的非常宽泛的类别，甚至教科书上的说法和权威理论的观点都可以归入，展示了裁判背景的广阔和复杂。从裁判引用的角度看，前两类属于应当直接引用的范围。

中国最高人民法院《关于案例指导工作的规定》7条要求，对于最高人民法院的指导性案例，"各级人民法院在审判类似案件中应当参照"。此规定涉及指导性案例在司法裁判中的具体法律效力或法源定位这样一个核心问题。"应当参照"一语既包含了刚性的"应当"要求，也包含了柔性的"参照"要求，因此多少是一个需要澄清语义的表述。按照法院方面主事者给出的一种解释，"应当参照"是指指导性案例具有类似于最高人民法院司法解释的效力，比如，指导性案例可以作为裁判依据，并应当在被用作裁判依据时在裁判文书中引用，如果违反，则可能成为当事人上诉抗辩的理由，可能成为上级法院撤销判决的理由。这样的解释尽管明确果断，却难以与当下国家在立法制度和司法制度上的基本安排对接，也缺少法源理论所涉及的裁判依据原理的支持。我的看法是，指导性案例所具有的"应当参照"的法律效力，可以合理地定位于准权威性依据的级别，类似于司法解释，而不同于其他司法案例。个中原因或理由是，如果定位于权威性类别，将会突破以立法为中心的成文法国家的制度底线，并引发制度和观念体系中的连锁反应，导致混乱；如果只是定位于说服性类别，则会使案例指导制度成为多此一举，因为如上所述，任何司法判例作为法律适用的先行实践或故事，皆有其自然而然的事实上的地位和作用。

### （三）司法判例与规则创制

英美等普通法国家中"法官造法"、"遵循先例"的观念，意味着司法判例作为正式法律渊源的地位，对后续司法裁判具有权威性的约束力。与此相适应，英美判例法理论和实践中在司法判决中区分了一对概念，即判决理由（ratio decidendi）和附带意见（obiter dicta）。判决理由是案件事实同某种先在的规则、原则等规范相结合的产物，构成判决的依据，是判决中具有约束力的内容，并约束后续同样案件的裁判；附带意见是判决中没有约束力或者并非必要的部分，但它对后续同样案件的裁判也可能会有影响，只是这种影响并非强制性质而是说服性质。因此，法官造法所说的"法"，遵循先例所说的"先例"，准确地说是指构成裁判依据的判决理由。普通法国家司法判例具有正式法律渊源的性质，对于后续同样案件的裁判具有法律意义上、强制性的约束力。

但是，如果我们按照普通法传统国家"法官造法"和"遵循先例"的理论和实践来看待制定法传统国家的情况，则容易被误导或者被蒙蔽。事实上也确实如此。被误导则以为所有司法判例制度，都意味着对"法官造法"和司法判例正式法源地位的肯定；被蒙蔽则很容易因否定"法官造法"，否定司法判例的造法功能或正式法源性质，而无视其在裁判规则生成方面的意义。对此，可联系当下中国建立案例指导制度的认识和实践来加以说明。

在中国建立案例指导制度，最容易使人们联想到并混同于普通法系国家的"遵行先例"制度，业界就有许多人认为指导性案例具有一般意

义上的"造法"功能。我的看法是，指导性案例最基本的价值功能应该
定位于适用法律，而非创制法律。这一点完全不同于普通法系国家的"遵
行先例"制度，与其中内含的法律文化传统及相关的观念和实践，诸如
经验主义法律思维，"法官造法"，立法怀疑主义，司法在社会法秩序构
建中的中心地位等等，也相去甚远。成文法国家的司法判例制度，以对
制定法的解释适用为指向，是制定法规范在具体个案裁判场景中的具体
化，或者说是制定法延伸意义上的"法律续造"。因此，如果说普通法
国家的"先例"准确地说意指作为"法官造法"的"判决理由"（Ratio
decidendi），我们的指导性案例则是适用法律的成例，是在认定事实、解
释法律和作出法律决定方面的典型事例，甚至可以延伸至判决执行领域
的典型事例。

在一个成文法传统的国家，尤其是在中国这样一个着力于通过立法活
动构建系统严整的法律体系、并且已经在不久前宣告"中国特色社会主义
法律体系已经形成"的国家，应该慎言"法律缺失"或"法律缺漏"。不
仅如此，考虑到由法律概念、法律原则、法律规则、国家政策、法律认可
之习惯等多种多样法律构件所支持的"法网恢恢、疏而不漏"的法律自洽
效果，在事实上我们也很难认定在具体个案场合确实发生了"无法可依"
的状况。最高人民法院《关于案例指导工作的规定》开宗明义，说明指导
性案例的价值功能属于"统一法律适用"的性质；二条关于指导性案例选
定条件的规定，也没有提及"无法"的情况；① 最高人民法院公布的第一
批四个指导性案例也各自列明了"相关法条"，所有这些都清晰地提示了
从适用法律的典型性、示范性事例的角度来定位指导性案例作用性质的
立场。

---

① 该条的具体规定是："本规定所称指导性案例，是指裁判已经发生法律效力，并符合
以下条件的案例：（一）社会广泛关注的；（二）法律规定比较原则的；（三）具有典型性的；
（四）疑难复杂或者新类型的；（五）其他具有指导作用的案例。"

表 2

| 四个指导性案例 | 相关法条 | 裁判要点 |
|---|---|---|
| 上海中原物业顾问有限公司诉陶德华居间合同纠纷案 | 《合同法》424条 居间合同是居间人向委托人报告订立合同的机会或者提供订立合同的媒介服务，委托人支付报酬的合同。 | 房屋买卖居间合同中关于禁止买方利用中介公司提供的房源信息却绕开该中介公司与卖方签订房屋买卖合同的约定合法有效。但是，当卖方将同一房屋通过多个中介公司挂牌出售时，买方通过其他公众可以获知的正当途径获得相同房源信息的，买方有权选择报价低、服务好的中介公司促成房屋买卖合同成立，其行为并没有利用先前与之签约中介公司的房源信息，故不构成违约。 |
| 吴梅诉四川省眉山西城纸业有限公司买卖合同纠纷案 | 2007年《民事诉讼法》第207条第二款一方当事人不履行和解协议的，人民法院可以根据对方当事人的申请，恢复对原生效法律文书的执行。 | 民事案件二审期间，双方当事人达成和解协议，人民法院准许撤回上诉的，该和解协议未经人民法院依法制作调解书，属于诉讼外达成的协议。一方当事人不履行和解协议，另一方当事人申请执行一审判决的，人民法院应予支持。 |
| 潘玉梅、陈宁受贿案 | 《刑法》385条第一款国家工作人员利用职务上的便利，索取他人财物的，或者非法收受他人财物，为他人谋取利益的，是受贿罪。 | 1.国家工作人员利用职务上的便利为请托人谋取利益，并与请托人以"合办"公司的名义获取"利润"，没有实际出资和参与经营管理的，以受贿论处。2.国家工作人员明知他人有请托事项而受其财物，视为承诺"为他人谋取利益"，是否已实际为他人谋取利益或谋取到利益，不影响受贿的认定。3.国家工作人员利用职务上的便利为请托人谋取利益，以明显过低的价格向请托人购买房屋等物品的，以受贿论处，受贿数额按照交易时当地市场价格与实际支付价格的差额计算。4.国家工作人员收受财物后，因与其受贿有关联的人、事被查处，为掩饰犯罪而退还的，不影响认定受贿罪。 |
| 王志才故意杀人案 | 《刑法》50条第二款对被判处死刑缓期执行的累犯以及因故意杀人、强奸、抢劫、绑架、放火、爆炸、投放危险物质或者有组织的暴力性犯罪被判处死刑缓期执行的犯罪分子，人民法院根据犯罪情节等情况可以同时决定对其限制减刑。 | 因恋爱、婚姻矛盾激化引发的故意杀人案件，被告人犯罪手段残忍，论罪应当判处死刑，但被告人具有坦白悔罪、积极赔偿等从轻处罚情节，同时被害人亲属要求严惩的，人民法院根据案件性质、犯罪情节、危害后果和被告人的主观恶性及人身危险性，可以依法判处被告人死刑，缓期二年执行，同时决定限制减刑，以有效化解社会矛盾，促进社会和谐。 |

但是，在谈论司法判例包括中国的指导性案例作用的法源性质时，应该特别提出并区分创制法律和生成规则这样两个概念的区别：司法判例不创制法律，但能够而且也确实在生成裁判规则。在认定制定法传统国家司法判例最基本的功能在于适用法律而非创制法律的同时，也应该坦承其在解释和适用法律意义上的规则生成意义。法律在具体的适用过程中，存在各种形态的法律延伸或"弥散"意义上的"法律续造"现象。司法判例包括中国的指导性案例作为在具体个案裁判场景中法律解释适用的结果，是"法律续造"的一种极为重要的形态，对于法秩序的形成具有非常重要的意义。尤其是在中国最高人民法院编发的指导性案例中，包含有对所选案例"裁判要点"的概括，使得指导性案例生成裁判规则的意义更是了然于目。

中国最高人民法院迄今已经编发四批十六个指导性案例，其中都包含有关于"裁判要点"的概括。从上图第一批四个指导性案例所提示的"裁判要点"看，作为对相关法律条文的解释适用，都具有作为一般行为规则的形态和含义，其中所包含的规则适用条件、具体行为模式和相关法律后果等规范逻辑要素，很容易加以识别。由于指导性案例的"裁判要点"对以后的裁判具有指引作用，将其承载的规范内容称之为裁判规则，当属恰如其分。基于这样的认识来看待今后指导性案例"裁判要点"的制作，也可以在其表述和内容上提出更加明确的规范要求。

# 五、司法判例作用的实现

## （一）司法判例的裁判适用与"同案同判"

如前所述，司法判例对后续案件司法裁判的作用可以直接而确切地表述为"同案同判"，对司法判例作用的确认，也就是对"同案同判"的意义或价值正当性的确认。同样，司法判例作用的实现，涉及司法判例在后续司法裁判中的适用，而分析说来，其中的关键则在于裁判者在后续裁判中如何认识、把握和运用"同案同判"的原理原则，以及如何认识、把握和对待该原则所必然涉及、与司法判例作用实现密切相关的法官自由裁量权问题。从制度上规范司法判例作用在裁判适用中的实现，不仅在比较理论的层面界定司法判例作用的法源性质，而且还要在比较技术操作层面聚焦于"同案同判"的原理原则，聚焦于其中所内含的规范法官审判裁量权的要求。

司法以公正或正义为依归。在人类社会生活秩序的形成过程中，公正至关重要，含义却极为复杂。从平等对待的角度看，有时公正要求在不考虑人的某些差别的意义上讲同样情况同样对待、不同情况不同对待；有时则要求在考虑人的某些差别的意义上讲同样情况同样对待、不同情况不同对待。亚里士多德称前一类情形为"校正正义"，后一类情形为"分配正义"。司法所追求的公正大致属于"校正正义"。"同案同判"、"不同案不同判"则是对公正裁判的一般要求，也是建立案例指导制度的直接目的所在。但是，什么是"同案"，"同判"的含义又是什么，目前法律理论和实务界在理解上存在明显分歧，所采用的表述也多有不同，诸如"同类案件同类判决"，"类似案件类似判决"，"同样案件类似判决"，"同类案件同样判决"，"类似案件同样判决"，等等，不一而足。

联系中国的案例指导制度来看，最为流行的看法是，在案例指导制度中，"同案"是将一个待决案件的案件事实与一个先决案件或案例的案件事实做对比的结果，由于世界上不存在绝对相同的两个事物，司法裁判中也不存在案件事实绝对相同的两个案件，因此，"同案"的确切表述应当是"同类案件"或"类似案件"，而非"同样案件"或"相同案件"。中国最高人民法院《关于案例指导工作的规定》七条似乎就采用了流行的看法，其行文是："最高人民法院发布的指导性案例，各级人民法院审判类似案例时应当参照。"与这种流行看法不同，我的观点是，"同案同判"中的"同案"还是表述为"同样案件"比较好，理由主要可以从表述形式和表述内容两个方面来分析。

从表述形式看，"同样案件"与"同类案件"尽管只有一字之差，但给人的感觉却相去甚远。在两个事物之间做异同比较时，如果说它们"同样"或"相同"，那么尽管不是意指绝对的"同一"，重心却在同不在异，而如果说它们"同类"或"类似"，则说的是"同"，意指实为"异"。从定性和定量的角度来分析，"同样"或"相同"似乎既有性质上的肯定，也有数量上的肯定，而"同类"或"类似"则属于性质上的肯定，量化分析上的否定。因此，说"同类案件同样判决"，就如同说两个不完全相同的案件要采取完全相同判决，这在逻辑上似乎讲不太通，而说"同样案件同样判决"则因果关联分明。

从表述内容分析，一个待决案件与一个指导性案例是不是属于"同案"，需要有两个步骤的分析，即案件性质上的定性分析和案件情节上的定量分析。

案件性质上的定性分析，是看待决案件的事实与司法判例或指导性案例的事实在整体性质上是否涉及相同的法律问题，内含着对案件事实在法律性质上的类型化或定型化操作。这里最容易陷入的误区是，眼睛紧盯着案件事实做文章，误以为要解决的是什么单纯的"事实问题"，而非"法律问题"。实际上，司法裁判是将案件事实"归入"具体法律调整范围，或者说是以具体法律规定"涵摄"案件事实的活动，因此，在认识上要明确，案件事实并不是与法律适用毫无关联的纯粹的"事实问题"，而必然是与法律适用直接或间接相关的"事实问题"。应该立足于案件事实与具体法律条文的联系，以案件事实的法律特性为线索，来确定两个案件的事实在整体上是不是涉及相同的法律问题，是不是属于同样法律性质的案件。比如，最高人民法院公布的第一批四个指导性案例，其案件事实整体涉及的法律问题分别是：房屋买卖居间合同实践中的"跳单"行为是否违约的问题，民事案件二审期间当事人一方不履行和解协议、另一方申请执行一审判决法院是否支持的问题，国家工作人员在一些特定情形中的行为是否构成受贿罪的问题，以及在婚恋矛盾引发故意杀人的案件中如何量刑(或如何适用死刑和限制减刑)的问题。

对于案件事实的法律性质的比较分析，弄清楚案件事实所涉及的法律关系的性质和种类会有很大帮助。也有论者强调案件当事人"诉讼争点"的提示和指引作用，这是正确的，只是在此同时需要细加辨识：任何诉讼案件皆有其涉及的法律问题，但并不一定在案件相关的事实和法律上有争议，许多诉讼属于当事人借助司法的权威强化和实现自己的主张的情况；也有许多争议只是局部、枝节意义上的，与案件事实整体涉及的法律问题的认定无关。另外，不同案件事实所涉法律问题在性质类别上的"相同"，可以有上位和下位、大类和小类上的层级区别。例如，最高人民法院公布的第一个指导性案例，其案件事实整体涉及的法律问题可以定位于房屋买卖居间合同实践中的"跳单"行为是否违约的问题，也可以定位于买卖居间合同、甚至更高层级的居间合同实践中的"跳单"行为是否违约的问题。具体认定为哪个层级类别，无法一概而论，需要留待裁判者的自由裁量；同时大致可以认为，抽象意义上的层级类别越小，具体意义上的可比性或趋同性越大。

在定性分析确定待决案件的事实与指导性案例的事实在整体性质上是否涉及相同法律问题之后，还需要在案件情节的比较上做定量分析，看两个案件在具体情节上是否可以视为"相同"或"同样"。具体的操作方式是：①以择定的指导性案例为基点，与待决案件在具体案情上进行比较，列出事实情节上的相同点和不同点；②结合具体的场合，针对所涉及的法律问题，比较确定相同点和不同点的相对重要性，并作出"相同案件"还是"不同案件"的判断：如果认为相同点对于认定和处理案件涉及的法律问题更重要，则无视或舍弃不同点，视为"同样案件"；如果认为不同点对于认定和处理案件涉及的法律问题更重要，则无视或舍弃相同点，视为"不同案件"。① 由于两个案件在案情比较意义上不可能绝对相同，也不会绝对不同，最终视为相同或不同，属于一种"法律拟制"的性质。业界许多论者基于两个案件的案情不可能绝对相同的事实，主张将"同案同判"中的"同案"理解和表述为"类似案件"或"同类案件"，这是知其一不知其二——不了解裁判中对"同案"的认定，不仅有对案情同异点的比较，而且还有针对案件事实整体涉及的法律问题，对案情相同点和不同点所作出的二者有其一的抉择。当然，这样的定量分析所需要的权重和抉择，也少不了裁判者的自由裁量。

---

① 参见［美］史蒂文·J. 伯顿：《法律和法律推理导论》，张志铭、解兴权译，中国政法大学出版社 1998 年版，第 30 页。

　　"同案同判"不仅涉及对"同案"的理解，而且还必须联系"同判"来理解"同案"。申言之，"同案"是导致"同判"的原因，是支持"同判"结果的根据，我们只有基于"同判"的要求、在匹配"同判"的意义上去选择和锁定"同案"的表述和含义。那么，什么又是"同判"的含义呢？

　　所谓"同判"，是指"同样的判决"，具体到指导性案例的意义或价值来说就是：如果一个待决案件的案件事实与一个指导性案例的案件事实被认为是相同或同样，那么就应该采取与指导性案例相同的判决。这里，相同判决意指相同的法律处置，包括相同的法律认定以及相应的肯定或否定的法律后果；至于法律后果在数量上是否一般无二，则不可强求一律，因而不属于相同判决所要求的内容。基于这样的分析来看问题，那么业界一些人所提出的与"同类案件"或"类似案件"相对应，将"同判"称为"同类判决"或"类似判决"的主张，则不可能是恰当的了。

　　当然，按照以上所做的辨析，也可以将"类似案件"和"同样案件"作为一组概念，去刻画指导性案例的作用在司法裁判中的实现过程。《规定》第 7 条关于"最高人民法院发布的指导性案例，各级人民法院审判类似案件时应当参照"的文字内容，可以理解为是对法院审理案件时的要求，这时与"应当参照"匹配的是"类似案件"：如果案件不类似，应当参照也无从谈起。在此基础上，再补充写上审理后的要求，整个条文可以修改为："最高人民法院发布的指导性案例，各级人民法院审理类似案件时应当参照。如果审理后认定案件事实相同，应该作出与指导性案例相同的判决。"这里将原条文中的"审判"改为"审理"，"类似案例"改为"类似案件"，则是出于规范性文件讲究用语准确的考虑。由于对指导性案例所要求的"同案同判"在不同裁判阶段的要求的差异缺乏区分，业界对"应当参照"的含义解释，目前存在着某种明显的混乱。

## （二）司法判例的裁判适用与法官自由裁量权

　　司法判例在后续裁判中作用的发挥，离不开法官自由裁量权运用。在域外法治发达国家和地区，由于对司法独立的强调，由于法官所享有的职业尊荣和社会尊荣，法官在裁判中的自由裁量权一般在法律理论和实务中被积极地加以肯定。具体到司法判例制度，法官的自由裁量权被看作是司法判例作用实现机制的重要因素。与此形成对比，在当下中国的法律理论和实务界则有很多人认为，目前中国法官群体整体素质还不够高，对法律的统一适用和裁判的质量构成了严重的不利影响，建立案例指导制度是解决问题的重要举措：有益于约束和控制法官的自由裁量权，实现中国最高人民法院《关于案例指导工作的规定》所说的"总结审判经验，统一法律适用，提高审判质量，维护司法公正"的目的。讨论司法判例作用的实现，有必要在制度原理上对法官自由裁量权的意义予以澄清。

由于当下中国的司法状况，指导性案例的确能为裁判者依法裁判提供更加明确的指引，从而有助于解决因法官群体整体素质不高对裁判质量造成的不利影响。但是，一定不能认为，我们需要指导性案例是因为法官整体素质有问题。法官素质低也好，高也好，都需要案例指导制度，否则，就会错以为目前法官整体素质较低需要案例指导制度，将来法官素质高了就不需要案例指导制度了。其实司法判例制度包括我们的案例指导制度与裁判者素质的高与低并没有太大的逻辑关联，它所针对的是裁判者之间的差异性，以及这种差异性对法律统一适用所可能造成的不利影响。裁判者素质高了也同样有个体差异性，甚至张扬个性的冲动还更加强烈，从而更需要发挥司法判例的平衡作用。

从上面对司法判例作用的实现机理看，法官的自由裁量权恰恰是司法判例制度包括我们的案例指导制度发生作用所不可缺少的重要因素。因为，在一般意义上说，实现所有案例制度一概要求的"同案同判"，关键在于辨析案件的同与异，做到"同样案件同样判决"，"不同案件不同判决"，因此必然需要借助于法官的自由裁量权来实现；在具体的操作技术上看，无论是对案件事实所涉法律问题的类型级别的把握，还是对案件事实情节在相同点和不同点上的列举和权重，都需要法官裁量才能确定。正如英国法学家哈特在其力作《法律的概念》中所言："虽然'同样案件同样对待，不同案件不同对待'是公正理念的一个中心部分，但它本身是不完全的，在加以补充前，它无法为行为提供任何确定的指引……在决定什么相似点和不同点具有相关性前，'同样案件同样对待'必定还是一种空洞的形式。要充实这一形式，我们必须知道在什么时候为了眼前的目的案件将被看作是相同的，以及什么不同点是相关的。"① 有鉴于此，中国案例指导制度也必须正视法官的自由裁量权，与其正向关联；与其他国家和地区的司法判例制度一样，中国案例指导制度的目的，也不应该是否定甚至取消法官在个案裁判、在指导性案例的运用中的自由裁量权，而是要规范其自由裁量权的行使。

中国最高人民法院《关于案例指导工作的规定》开宗明义，写明了建立案例指导制度的目的："为总结审判经验，统一法律适用，提高审判质量，维护司法公正，根据《中华人民共和国人民法院组织法》等法律规定，就开展案例指导工作，制定本规定。"基于上面的分析，考虑到法官自由裁量权对于司法判例作用实现的极端重要性，以及它在司法判例制度中所应该具有的确切含义，此段文字似乎可以恰当地调整为："为统一法律适用，规范法官自由裁量权，维护司法公正，根据《中华人民共和国人民法院组织法》等法律规定，就开展案例指导工作，制定本规定。"

---

① 参见［美］史蒂文·J.伯顿：《法律和法律推理导论》，张志铭、解兴权译，中国政法大学出版社 1998 年版，第 48—49 页。

# 第七章　欧洲人权法院判例法中的
表达自由 *

就当今世界大势而言，谈人权而不关注其实施，那真是一种奢侈。欧洲人常常以其在人权领域富有特色和成效的监督和实施机制而自豪，而这种人权实施机制是与设立在法国斯特拉斯堡的欧洲人权法院的实践分不开的。本文拟就欧洲人权公约第 10 条关于表达自由的规定，以欧洲人权法院的判例法为线索做一点研究，以便在表达自由这样一个国人关心并时感棘手的问题上，提供一点可供参照的素材。我将首先分析欧洲人权公约第 10 条规定的特点，概括欧洲人权法院在审查此类案件中所坚持的一般法理，然后顺着法院审查的一般思路，即是否属于表达自由、是否构成公权干涉以及干涉是否具有正当性，展示欧洲人权法院在表达自由问题上的方方面面的看法。

## 一、条文规定及其特点

1953 年 9 月 3 日付诸实施的《欧洲保护人权和基本自由公约》（以下称"欧洲人权公约"）的主旨在于"采取先决步骤以便集体实施世界人权宣言宣布的某些权利"，这种注重实施的特点体现在按照该条约建立的欧洲人权监督机制上，也体现在该条约的条文规定上。表达自由作为一项基本人权，由该公约第 10 条加以规定。从该条规定看，同样显示出注重实施的特点。

---

* 原载《外国法译评》（今《环球法律评论》）2000 年第 4 期。

欧洲人权公约第 10 条具体由以下两款组成：

1.人皆有表达自由权。此权利应当包括持有意见的自由、接受和输出信息和观念的自由，不受公权干涉，不受疆界影响。该条不应当妨碍国家要求广播、电视或影视实业获得许可证。

2.行使这些自由伴随一定的义务和责任，故应当受制于一定的形式、条件、限制或刑罚。此类制约应该为法律所规定，为民主社会所必需，并且有利于国家安定、领土完整或公共安全，服务于防止秩序混乱或犯罪、维护健康或道德、保障其他人的名誉或权利、防止披露保密获得的消息，或者维护司法的权威和公正无偏。

从结构上看，以上第一款属于对表达自由的正面确认，它旨在界定什么是表达自由，或者说表达自由的范围；第二款属于对表达自由的反面限定，意在表述表达自由所应该受到的限制，也即如何行使表达自由权。这就在很大程度上说明了为什么在数目众多的教科书和研究文献论及欧洲人权公约第10条时，在内容上通常都作出两分即表达自由的范围和限制表达自由的原因。本文的探讨在某种意义上说也不例外。

至少在绝大多数欧洲学者和实务者看来，欧洲人权公约第 10 条规定在内容结构上的特点，同时也是其优点。① 在他们看来，之所以在许多国家有

① 1999 年 5—11 月，我有幸应 Lisa Stearn 女士主持的"中国法治"项目之邀、受中国社会科学院法学所派遣，去挪威奥斯陆大学人权研究所做了半年访问学者。我选择的研究课题是欧洲人权法院关于表达自由的判例法研究，目的既在于表达自由问题本身的重要性，也在于对欧洲人权保障机制、对欧洲人权法院适用欧洲人权公约的解释实践的特殊兴趣，可谓一石多鸟。研究是在非常宜人的环境下进行的，挪威那无与伦比的自然和人文景观，大大缓和了研究人权问题的沉重。期间，我还重游了法国的 Strasbourg，在位于此地的欧洲人权法院工作访问了一个多星期，并顺道访问了德国的慕尼黑、奥地利的维也纳。最后我完成了一份研究报告。本文正是在该报告的基础上整理改写而成。这里，我要特别感谢 Lisa Stearn 女士的周密安排和热情帮助，作为项目主持人，我想没有比她更能干的了！感谢 Gro Hillestad Thune 女士，作为欧洲人权委员会挪威籍委员，她为我对欧洲人权法院的工作访问提供了种种便利。感谢欧洲人权法院挪威籍法官 H.S.Greve 女士的帮助，与她的交谈使我获益匪浅。此外，我还要感谢周勇教授、玛丽娅博士，以及"中国法治"项目的挪威友人白女士、熊女士和马耿先生的帮助，感谢人权研究所的所有同仁，以及欧洲人权委员会有关工作人员，他们给我短暂的访问留下了永久难忘的记忆。

关表达自由的宪政实践中，往往摇摆于"绝对保护"和"任意限制"的两极不能自拔，一个最主要的原因就出自它们的宪法规定。因为这些国家的宪法在确认表达自由的同时，并没有对其在实际行使时所可能和应该受到的限制作出规定。例如，在美国，宪法第一修正案以绝对的措辞规定了"言论或出版自由"："国会不得制定法律——剥夺人民的言论或出版自由——"，但同时并没有类似于欧洲人权公约第 10 条第二款的规定，即表达自由是否可以，以及在什么条件下可以被"剥夺"。由此而导致了在美国最高法院审判实践中的极端分裂：一种意见主张给"言论自由"概念所涵盖的任何言论以绝对的保护；另一种意见基于实际发展的需要，主张在言论自由与其他同样重要的利益发生冲突时作出利害权衡。但是，这种权衡由于没有宪法指导之便，难免任意之嫌。相比之下，由于欧洲人权公约第 10 条在内容结构上的合理性，由于其第二款对表达自由的限制性规定以及对平衡利益冲突的要求，就使得欧洲人权法院不至于为了区分什么是和什么不是第一款保护的表达而面临困难。从欧洲人权法院审理的有关表达自由的纠纷看，其主要涉及的问题是对表达自由的某种限制按照第 10 条第二款的规定是否是正当，而非争议行为是否属于第一款所界定的表达自由的范围。[1] 欧洲人权法院对于第 10 条的适用范围可以不必犹豫再三，因为即使肯定有关表达属于表达自由保护的范围，针对它的干涉或限制也可能按照第二款的规定被证明为正当。

许多欧洲学者和实务者在探讨公约第 10 条时，往往自觉不自觉地运用这样的语式来展示文章的脉络，即"表达自由范围广泛，但并非没有限制"。乍一看来，这正是在当代中国我们所非常熟悉的对待权利问题的思路。例

---

典型可参见 R.Ryssdal, The case law of the European Court of Human Right on the freedom of expression guaranteed under the European Convention on Human Rights, Hungarian Constitutional Court, 1997。该文作者 1985—1998 年曾任欧洲人权法院院长。

[1] 一般认为，欧洲人权法院与美国的做法不同，后者更注重"什么是表达自由"，它注重的是对干涉的正当性证明。也就是说，在它看来，问题的关键在于是否受到干涉以及干涉是否能被证明为正当。参见 D.J.Harris, M.O'Boyle, C.Warbrick, Law of the European Convention on Human Rights, London: Butterworths, 1995, p.375。

如，中国宪法第二章规定了中国公民所享有的包括"言论自由"在内的各项
基本权利，但同时又在第 59 条中笼统地加以限制，规定"任何权利的行使
不得损害国家和集体的利益和他人的合法利益"。应该承认，现实地对待权
利，认为权利的行使并非不受限制，这无论在何种程度上说都是我们与欧洲
之间的一个共同点。但是，如果作进一步的考察，两者在有关权利的认识和
实践上的差距还是很大的。即使从条文规定看，也不能否认欧洲人权公约第
10 条关于表达自由规定所具有的比较细密的特点。分析该条第一款的规定，
我们会发现其中所包含的对"表达自由"的大致界定，其中的用语如"持有
意见"、"接受和输出"、"信息和观念"、"不受公权干涉"以及"不应当防碍
国家要求——获得许可"等，对于"表达自由"范围的实际认定，提供了基
本的指导。尤其是第二款的规定，其中包含了对干涉"表达自由"行为的明
确的条件限制，即"为法律所规定"、"为民主社会所必需"，以及为了既定
的目的（"有利于——"）。这些条件限制，为实际认定对"表达自由"的限
制是否合法正当、进而确定是否违反欧洲人权公约，提供了健全的法律推理
的思路。因此，从立法的可操作性方面看，中国的权利立法也可以从欧洲人
权公约中获得许多可资借鉴的东西。

　　值得注意的是，欧洲人对欧洲人权公约第 10 条第一款和第二款的关系
的认识。欧洲人权委员会在 Handyside 案的报告中（反对意见）指出：

　　第 10 条第一款与第二款的关系显然是一般原则与例外的关系。一般原
则是保护自由，例外是对其限制。按照一般原则解释这类限制，则它不得被
用于在具体问题上完全压制意见的表达或传播。换言之，只有出于维护第二
款保护的价值的需要，才可加以限制。第二款列举了所有限制理由。

　　因此，按照第 10 条审查指控的方法要求委员会首先考虑在个案中是否
对被保护的权利有干涉，如果有，则是否该干涉能够按照第二款被证明为正
当。此方法是上述第一、二款关系的逻辑结果。[①]

---

　　① Council of Europe（ed.），Digest of Strasbourg case-law relating to the European Conven-
tion on Human Rights. Vol.3，p.408.

在一般意义上说，上述认识也代表了欧洲人对权利的保护和限制的关系的认识。同时还应该指出，在欧洲人权公约中，并非一切权利或自由都可以加以限制或"克减"。①所有这些，显然与当今中国的立法实践有很大的不同，而且在深层次上反映了权利观念的差异。

当然，条文规定无论如何详尽，都无法穷尽现实生活所展示的无限多样性；相对于条文的实际适用，条文本身总是呈现给其适用者一种"开放结构"。这也就产生了在条文被付诸实施时对其进行解释的必要性。诸如"持有意见"、"接受和输出"、"信息和观念"、"不受公权干涉"、"为法律所规定"、"为民主社会所必需"这样一些用语，甚至整个第10条的每一个字、词、句，都在不同程度上存在着理解和解释的问题。特别是欧洲理事会迄今已有41个成员国，由于它们在法律制度、法律传统等各方面存在的差异，使得欧洲人权公约每一个条文的解释适用都不会是轻而易举的事。②欧洲人权法院自1959年建立以来，截至1999年9月已作出约916个判决，其中有近十分之一属于或涉及第10条的表达自由权。这些判决作为法院的判例法（CASE-LAW）对法院的裁判具有很强的约束力。③可以说，要理解欧洲人权公约、进而对与之相关领域的欧洲人权保护机制和状况作出比较有深度的评价，我们的观察和研究视野就不能限于甚至主

---

① 具体地说，在欧洲人权公约中有四种权利是绝对的，因为对它们的限制不可能被认为是正当的。它们是：不受酷刑和不人道、有辱人格的对待或处罚的权利（第3条），不受奴役和强迫劳动的权利（第4条第一款），对于行为发生时国内法或国际法不认为是犯罪的行为不得判罪的权利（第7条第一款），以及对犯罪的处罚不得重于犯罪发生时所适用的刑罚的权利（第7条第一款）。参见 Council of Europe（ed.），The exceptions to article 8 to11 of the European Convention on Human Rights，1997。

② 在与欧洲人权法院挪威籍法官 H.S.Greve 女士的交谈中，本文作者曾问及不同背景法官在法律推理上是否有差异的问题。她的回答是：有很大差异，这使得交流起来往往非常困难。对于每一个法官来说，这都是一个真正的挑战。（以下注明"交谈"者，均来自本文作者在欧洲人权法院作短暂研究期间与挪威籍法官 Greve 的交谈）。

③ 对于法院裁判的法律渊源问题，H.S.Greve 法官的看法是：法院裁判的法律渊源非常广泛，甚至包括其他法院的判决、学者的意见等。法院自身的判例法具有非常强的约束力。同时，欧洲人权委员会的报告具有重要意义，但如果有相应的法院判决，则法官会注重判决。国内法也是重要的法律渊源。——交谈

要不能放在欧洲人权公约的条文本身。诸如欧洲人权委员会的报告、欧洲人权法院的判决以及其他监督公约实施的机构指导制定的文件，都至关重要。

下面我将主要从欧洲人权法院的有关判例法来考察欧洲人权公约第 10 条的实施状况。主要分四个方面：(1) 法院裁判的一般法理；(2) 是否属于表达自由；(3) 是否构成公权干涉；(4) 公权干涉的正当性。

## 二、法院裁判的一般法理：民主社会中表达自由的意义

如上所述，在过去的 40 年里，欧洲人权法院已在欧洲人权公约规定的不同领域作出九百多个判决。既然作为众所公认的事实，所以这些判决构成了对该法院在今后裁判中具有约束力的判例法，它们就不可能是一个充满矛盾的集合，而必须具有基本的连贯性或有机性。同时，从法治社会所追求的合理预期的角度看，肯定法院在不同权利领域的裁判活动存在着一些基本的法理也是必要的，而且它们也应该成为对欧洲人权法院的裁判活动进行质量评价的一个最基本的尺度。

那么，什么是体现欧洲人权法院在有关表达自由权的案件裁判中的一般法理呢？所谓法院裁判的一般法理，是指法院在具体个案的场合下，对于表达自由的重要性、表达自由的范围、什么构成对表达自由的干涉，以及干涉是否具有正当性等这样一些最基本的问题所做的一般回答，它反映了法院在不同时期对表达自由的一般认识和在裁判中的一贯立场。[1] 从欧洲人权法院所作出的近百件涉及表达自由的判例看，最能反映法院在该权利领域的一般立场、从而可以称之为一般法理的是该法院在 1976 年 Handyside 案件的判决中所说的以下一段著名的话：

表达自由构成民主社会的根基之一，构成社会进步和每个人的发展的基

---

[1]　在谈及关于公约第 10 条的判例法是否包含某种一般法理时，H.S.Greve 法官认为：有的判决中的文字会被后来的判决反复引证，这些文字就包含了法院在此问题上的一般法理。——交谈

本条件之一。它受制于第 10 条第二款，不仅适用于人们乐于接受或视为无关紧要的"信息"或"观念"，而且适用于那些冒犯、惊扰国家或任何人群的"信息"或"观念"。这是多元、容忍和思想开放的要求，没有这些就没有"民主社会"。这意味着，在这一方面加置的所有"形式"、"条件"、"限制"或"刑罚"，都必须与所追求的合法目的适成比例。①

以上这段话在欧洲人权法院此后的有关判决中以及在有关欧洲人权公约第 10 条的研究文献中被反复引证和强调。它不仅反映了欧洲人权法院在表达自由的范围、对表达自由的干涉以及干涉的正当性等一般问题上的基本立场和认识，而且更引人注目的是它对表达自由在"民主社会"中的极端重要性的认识。在后面的探讨中，我将论及欧洲人权法院在一些个案中对表达自由的范围以及对干涉表达自由的行为及其正当性所做的各种具体认定，但从根本上说，构成这些具体认定的基础的恰恰是该法院对表达自由在一个民主社会中的极端重要性的认识。

在欧洲，人们普遍认为，表达自由作为一项权利不仅其自身是重要的，而且对于保障欧洲人权公约所确认的其他各项权利也具有核心意义。②从上面所引证的欧洲人权法院的表述看，法院的立场是从民主社会和表达自由的关系中引申出来的。首先，法院明确地把表达自由认定为"民主社会的根基之一"，认为确认和保障表达自由的牢固的理论基础在于其在民主社会中两个最基本的作用：其一，表达自由对于民主社会的实际运作和进步发展起着根本作用；其二，它为社会成员个体的自我发展和实现所必

---

① HANDYSIDE v. The United Kingdom Judgment，07/12/1976，A24，para.49. 在该案中，英国当局按照《淫秽出版物法》取缔名为《小红学校书》的书。欧洲人权法院的判决是不违反第 10 条。

② 参见 D.J.Harris，M.O'Boyle，C.Warbrick，Law of the European Convention on Human Rights，London: Butterworths，1995，p.372。

需。① 进而，法院又从民主社会的根本属性的角度强调了为什么表达自由构成"民主社会的根基之一"，也即为什么它为民主社会所必需。法院清楚地把民主社会的根本特征概括为三，即多元、容忍和思想开放。稍加思考就会发现，这三者之间在逻辑上存在着的一种层层相依、互为因果的关系：一方面，民主与专制对立，它是一种利益多元、观念多元并对这种多元的现实予以首肯的社会；要正视并肯定这种多元的现实，就必须克制偏好，倡导容忍；容忍的最根本的条件是社会成员的思想开放，以及由此而形成的整个社会的开放风气。另一方面由可以反过来说，只有思想开放才可能做到容忍，只有倡导并做到了容忍，多元的状况才可能成为一个社会基本的制度构件。那么，这样一种逻辑上的层层相依的关系是如何转变为现实的呢？这当然涉及不同的制度要件，但其中最根本的要件之一就是表达自由。② 没有表达自由，就不可能展现出多元、容忍和思想开放，也就不可能有民主社会；正是因为表达自由，才将多元、容忍和思想开放粘合在一起，从而将一种多元的社会现实整合为一个统一的民主社会。

显然，在当今欧洲的政治哲学中，表达自由首先是政治表达的自由；表达自由的重要性，首先也产生于它与政治过程的密切关系。人们普遍认为，对不

---

①　为资说明，这里还可以追溯一下欧洲人权委员会在此案审查报告中的看法。该委员会指出："这里要考虑的问题是，什么是与表达自由相关的民主社会的需要或目标；没有一种关于此需要的概念，就无法对因此而必需的限制作出评价。委员会同意控告者的观点，认为表达自由所基于的民主社会的需要是，促进其成员个人的自我实现，获得事实真相，参与决策，以及在安定和变化之间求得平衡。其目的是拥有一个多元、开放和容忍的社会。就需要而言，这涉及在个人期望和功利主义的'多数人的较大幸福'之间的高妙平衡。但是，民主社会对待此问题的立足点是个人，以及对限制个人自由厌恶。然而，委员会认为，在作出平衡时，为了尊重其他人的情感，对个人表达自由的某些限制在适当的情形下是可以接受的。委员会注意到，在这种场合下，'民主社会下的表达自由通常受制于'法律设立的、被认为是'防止煽动、诽谤、亵渎和淫秽出版物所必需的限制'。"参见 Council of Europe（ed.），Digest of Strasbourg case-law relating to the European Convention on Human Rights，Vol.3，pp.487–488。

②　在普通法国家，人们往往把表达自由和司法独立作为民主社会的两个最重要的构件。参见卡特等著：《大众传播法概要》，黄列译，中国社会科学出版社 1997 年版，第 4 页。我想，在西方社会中，如果对于司法的重要性人们还可能有不同的看法的话，对于表达自由在民主社会中的极端重要性则不会有太大的分歧。

同观点的容忍是民主的政治制度的一个最根本的方面：它为不同党派之间的竞争所必需，为非正统的主张和观点推翻谬误的正统主张和观点所必需。① 因此，人们普遍要求尊重各种处于边缘的或属于非正统的意见，倾向于用讨论和争论的手段来平息和解决在各种公众关心问题上的分歧，以及对主流的正统学说的各种挑战。从欧洲人权法院的实践看也是如此。在 Castells 案的判决中，欧洲人权法院认为表达自由对于政治上的反对派具有特殊价值，因而指出：

在民主制度中，政府的行为或使命必须密切关注的不仅是立法和司法机构，而且还有新闻出版界和公众舆论。还有，政府所占有的支配地位，使得它在诉诸刑事程序时必须表现出节制，特别是在可以利用其他手段回应反对者或新闻出版界的不适当攻击和批评时，尤其如此。②

许多研究表明，在保障和限制表达自由权的问题上，欧洲人权法院"如今比过去更倾向于保障"，对于各种争论特别是公众普遍关心的政治争论，国家要想使法院相信其干涉行为是出于"民主社会所必需"往往是很困难的。③ 之所以如此，我想在很大程度上是因为欧洲人权法院对表达自由的极端重要性的认识。

# 三、是否属于表达自由

## （一）范围广泛

1."特点"——不加限制

如上所述，一般认为，由于欧洲人权公约第 10 条规定在结构上的特点，

---

① 参见 D.J.Harris, M.O'Boyle, C.Warbrick , Law of the European Convention on Human Rights, London: Butterworths, 1995, p.377。

② CASTELLS v. SPAIN Judgment, 23/04/1992, A236, para 46. 在此案例中，一武装 Basque 政治家因发表敌视政府的文章而被判罪。欧洲人权法院的判决是违反第 10 条。

③ 参见 D.J.Harris, M.O'Boyle, C.Warbrick , Law of the European Convention on Human Rights, London: Butterworths, 1995, pp.376–408。

使得欧洲人权法院在裁判中往往对该条的适用范围（也即表达自由的范围）不加限制或考虑，而是要求按照第 10 条第二款证明对表达自由的干涉行为的合法正当性。研究表明，甚至对于一些众所指责的表达，欧洲人权法院立场也是如此。例如，在 Otto-Preminger-Institut 一案的判决中，欧洲人权法院认为，搜查和没收被奥地利法院认为是亵渎性的影片，不违反第 10 条；[①] 在 Jersild 一案的判决中，该法院认为，因为一位电视记者帮助和唆使散布种族主义言论而予以判罪，违反第 10 条。[②] 但是，无论是认为对有关行为的干涉违反还是不违反第 10 条，其前提都是肯定这些"众所指责"的行为属于第 10 条所规定的表达自由的范围。

应该说，如果我们把考察的范围局限于欧洲人权法院的裁判实践，那么该法院对于表达自由所具有的宽泛视野的确不容否认。事实上，在交由法院裁判的涉及第 10 条的案件中，也很少有争议发生在是否所诉事项属于该条涵盖的范围。当然，说很少并不意味着没有。例如，在 Glasenapp 案和 Kosiek 案两个案件中，被指控的前联邦德国政府皆认为，担任公职的权利（access to the civil service）不属于第 10 条的范围。欧洲人权法院在其判决中也认为：德国有关州当局基于担任有关公职所必需的条件以及控告者所持的有关见解和态度的考虑，拒绝任用控告者，并不等于干涉其行使表达自由权，因而不违反欧洲人权公约第 10 条。[③] 在 Leander 案中，也涉及类似的担任公职的权利问题，欧洲人权法院在判决中也持类似观点：该案的问题是担任公职的权利问题。对于此权利欧洲人权公约并没有加以保护，因而不

---

① OTTO-PREMINGER-INSTITUT v. AUSTRIA Judgment，20/09/1994，A295-A. 该案主要情况是，搜查和没收被奥地利法院认为是亵渎性的影片。欧洲人权法院的判决是不违反第 10 条。

② JERSILD v. DENMARK Judgment，23/09/1994，A298. 该案主要情况是，一电视记者因为帮助和唆使散布种族主义言论而被判罪。欧洲人权法院的判决是违反第 10 条。

③ GLASENAPP v. FRG Judgment，28/08/1986，A104；KOSIEK v. FRG Judgment，28/08/1986，A105. 这两个案件涉及的是，前联邦德国当局拒绝任用 GLASENAPP 女士和 KOSIEK 先生为教师——该职位在德国的州教育系统中具有永久文官的地位，理由是因为他们分别支持极端的左翼和右翼政党，缺乏对德国自由民主的宪法体制的强制性忠诚。

存在对控告者表达自由的干涉。① 值得一提的是 Vogt 案。在该案中，德国有关当局以 Vogt 女士作为德国共产党党员参加德共政治活动为由，对她进行处罚并解除她作为一名中学语言教师的终身公职。此案并没有在担任公职权，以及开除公职是否干涉行使表达自由等问题上发生争论。欧洲人权法院在裁判中认为，该案涉及的控告者已经被终身任用为公务员，其情况不同于上述 Glasenapp 案和 Kosiek 案两个案件，因为后者诉及的是担任公职的权利。该法院最后以德国政府方面的干涉（开除公职）与所追求的合法目的不成比例为由，认定政府的干涉行为违反欧洲人权公约第 10 条。②

按照一般法理，表达自由作为一种自由权，它包括作为和不作为两个方面：它既意味着表达的自由，也意味着不表达的自由；既意味着持有、接受和输出的自由，也意味着不持有、不接受和不输出的自由。对此，如今在理论和实践并无太大争议。发生争议的往往是在表达的主体、内容、形式和手段等方面。下面，我们进一步围绕第 10 条第一款的规定，从表达的主体、内容、种类、形式和手段等方面来看看欧洲人权法院在解释和适用上对表达自由的范围所采取的宽泛立场。

2. 表达主体

欧洲人权公约的规定是"人皆有表达自由权"，因而表达自由的主体是"每个人"。从欧洲人权法院所审理的案件看，在这方面遇到的最突出的问题是在担任公职和开除公职上。典型的案例上面我们已经提及。对此，欧洲人权法院的解释是：

尽管担任公职的权利本身没有为公约所确认，但这并不意味着在其他方面公职人员或处于试用期的公职人员不属于公约的保护范围——尤其是第

---

① LEANDER v. SWEDEN Judgment, 26/03/1987, A116. 在这个案件中，瑞典当局以国家安全为由，拒绝任用 Leander 先生（前瑞典共产党党员）终身担任部分位于一海军基地内的某海军博物馆的木工，同时拒绝他获得官方保存的涉及他的秘密调查信息。欧洲人权法院的判决是不违反第 10 条。

② VOGT v. GERMANY Judgment, 26/09/1995, A323. 该案主要情况是，政府有关部门解除一名教师的公职，因为其参加德国共产党的政治活动。欧洲人权法院的判决是违反第 10 条。

10 条的保护范围。①

在其他一些案情不完全相同的案例中，法院也认为：

第 10 条所保障的表达自由如同适用于签约国管辖范围内的其他人一样，也适用于公职人员。②

Autronic AG 作为一个有限责任公司的法律地位……并不影响它受第 10 条的保护。该条适用于"任何人"——无论是自然人还是法人。而且，法院已经在三个案例中认为，该条可适用于盈利的公司实体。③

从欧洲人权法院关于第 10 条的判例看，似乎并没有对享有表达自由权的主体作出排除的情况。

### 3.表达的内容

这主要涉及对欧洲人权公约第 10 条第一款所提及的"意见"（opinion）、"信息"（information）和"观念"（idea）等术语的解释。一般认为，该条对"信息"和"观念"的区分清楚地表明，表达自由并不限于作为"信息"的各种

---

①　前引 Leander 案判决，para.71；Glasenapp 案判决，para.49–50；Kosiek 案判决，para.35–36。

②　HADJIANASTASSIOU v. GREECE Judgment，16/12/1992，A252，para 39（在该案中，一官员因为披露重要性不大但归类为保密的信息而被军事法院判罪。欧洲人权法院的判决是不违反第 10 条。）；ENGEL AND OTHERS v.THE NETHERLANDS Judgment，08/06/1976，A22，para 100（在该案中，荷兰公职人员因为发表文章、损害军队纪律而受纪律惩戒。欧洲人权法院的判决是不违反第 10 条）。

③　AUTRONIC AG v. SWITZERLAND Judgment，22/05/1990，A178.（在该案例中，瑞士 PTT 以未征得节目发送国的同意为由，拒绝授权国内一电子专业公司通过个人锅式天线、为一般公众接收由苏联电视通信卫星发送的未编码的电视节目。欧洲人权法院的判决是违反第 10 条。）这里提及的三个案例是：THE SUNDAY TIMES（No.1）v. THE UNITED KINGDOM Judgment，26/04/1979，A30.（在该案例中，英国法院基于当时有关藐视法庭的英国法，发布司法禁令，禁止发表涉及有关药品和相应诉讼的文章。欧洲人权法院的判决是违反第 10 条）；MARKT INTERN VERLAG GMBH AND KLAUS BEERMANN v. FRG Judgment，20/11/1989，A165.（在该案例中，德国当局按照德国《不公平竞争法》，禁止一出版行重复已在一专业信息公报上发表的、批评一邮购公司业务做法的某些言论。欧洲人权法院的判决是不违反第 10 条）；GROPPERA RADIO AG AND OTHERS v. SWITZERLAND Judgment，28/03/1990，A173.（在该案例中，瑞士当局禁止一公共天线的所有者在瑞士转播从意大利播发的有线节目。欧洲人权法院的判决是不违反第 10 条。）

可证实的事实资料，它还包括意见、批评和各种理论思考，即"意见"和"观念"。"意见"和"观念"属于表达主体的主观价值判断，是不能要求加以事实证明的。① 这种理解也为欧洲人权法院的裁判所认同。②

从欧洲人权法院的判例看，表达自由的内容涉及广泛的范围，并没有必要作出诸如"有价值的和无价值的表达"、"商业的和非商业的信息"一类的划分。正如该法院在 Market intern 案的判决中所说：

第 10 条第一款并不只是适用于某些类型的信息、观念或表达形式。③

### 4.表达的种类

从表达内容的性质上看，各种表达大致可以区分为政治表达、艺术表达和商业表达三种类型。

欧洲人权公约第 10 条所说的表达，首先是指政治表达。欧洲人权法院高度重视对政治表达的保护，对于任何防碍政治表达的行为，它都要求有最充分的理由以证明其正当性。因为"容忍和思想开放"是民主社会的一个基本特征，这一特征不仅要求公众所认可的信息和观念得以传播，而且还要求"冒犯和惊扰"政府和公众的信息和观念也有机会得以流传。④

政治表达并不限于高度政治性的问题。欧洲人权法院认为："法院的判例法中并没有提供依据在政治讨论和对其他公共关心问题的讨论之间作出区

---

① 参见 D.J.Harris，M.O'Boyle，C.Warbrick，Law of the European Convention on Human Rights，London: Butterworths，1995，p.381。

② 参见 LINGENS v. AUSTRIA Judgment，08/07/1986，A103（在该案件中，奥地利有关当局按照刑法典第 111 条，对申请者在报上发文毁坏一政治家名誉的行为予以罚款。欧洲人权法院的判决是违反第 10 条）；THORGEIR THORGEIRSON v. ICELAND Judgment，25/06/1992，A239（在该案件中，申请者因在报纸上发表两篇涉及警察暴行的文章而被罚款。欧洲人权法院的判决是违反第 10 条。法院认为，控告者表达的是意见而非事实，要求他证明其真实性属于不当干涉）；前引 CASTELLS v. SPAIN 案判决（其中涉及，不许可控告者证明控告的真实性以反驳对他的指控）。

③ 前引 Markt Intern 案判决，para.26。

④ 参见 D.J.Harris，M.O'Boyle，C.Warbrick，Law of the European Convention on Human Rights，London: Butterworths，1995，p.397。

分"[1] 例如，Thorgeir 案涉及的是警察的错误行为，Barfod 案涉及的是法院公正，Barthold 案涉及的是在一个德国城市中紧急兽医服务的可利用性，这些都属于广义理解的"政治表达"问题。

政治表达不可避免要涉及新闻自由（press freedom）问题。在这方面，政府和媒体之间存在一种紧张关系。欧洲人权法院认为，新闻界的角色是"公众卫士"（"public watchdog"）[2]，"如同在其他公众感兴趣的领域一样，它也有责任输送有关公共问题的信息和观念。输送这样的信息和观念不仅是新闻界的任务，而且公众也有权利获取这样的信息和观念——"[3] 在 Goodwin 案的报告中，欧洲人权委员会坚定地认为，记者有权利保护其消息来源——只有在"例外情况"下才能迫使记者披露消息来源，这是新闻自由有效运作的"必不可少的手段"；[4] 在 Sunday 案中，欧洲人权法院承认激烈甚至有敌意的新闻报道和评论的合法正当性，而不论它们是多么地为被批评者所愤恨。[5] 当然，也有学者指出，在 Thorgierson 案和 Castells 案中，欧洲人权法院对于批评警察赋予了广泛的自由范围，而在 Barford 案中，对于杂志载文激烈地攻击某些法官则没有那么随和，这样做似乎并无必要。[6]

研究表明，虽然欧洲人权法院并没有在所有细节上明确采纳美国的"公众人物"学说（"public figure"doctrine，即如果被恶意批评的对象是公众视

---

① 参见前引 Thorgeir 案判决，para.64。

② OBSERVER AND GUARDIAN v. THE UNITED KINGDOM Judgment，26/11/1991，A216，para.59（b）.在此案中，英国有关当局禁止披露或出版没被批准的备忘录的细节，其中提及英国安全部门的非法行为和来自作者——安全局前雇员——的信息。法院在 1987 年 7 月维护该禁令。该书在美国出版并在英国可获得后，直到 1988 年 10 月审判结束，该禁令仍然有效。欧洲人权法院的判决是第二阶段（1987 年 7 月——1988 年 10 月）违反第 10 条，但第一阶段（1986 年 7 月——1987 年 7 月）不违反第 10 条。

③ 参见前引 LINGENS 案判决，para.41。

④ 参见 D.J.Harris, M.O'Boyle, C.Warbrick , Law of the European Convention on Human Rights，London: Butterworths，1995，p.398。

⑤ 参见前引 The Sunday Times 案判决，para.63。

⑥ 参见 D.J.Harris, M.O'Boyle, C.Warbrick , Law of the European Convention on Human Rights，London: Butterworths，1995，p.398。

野中的人物，则有关诽谤的各种救济措施将被限制)①，但是，此学说显然对其法理有深刻影响。在许多案件的判决中，欧洲人权法院均认为，作为表达自由应有的代价，或者说作为民主社会的利益所在，政治家需要容忍对自己的批评，甚至是尖锐的攻击。② 欧洲人权委员会也认为：对表达自由的限制是必需的，但是，这些限制不得被用于遏制在报刊媒体上对政治家的行为和言论做正当合法的批评。在民主社会中，媒体就官员负责处理的公共问题的争论情况作出报道，以此参与政治进程，正是其功能所在。一个政治家必须随时准备接受针对其公务活动和言论的批评，甚至是激烈的批评。这种批评不得被认为是毁坏名誉，除非是对他的个人品格和良好声誉造成重大怀疑。③

欧洲人权公约第 10 条所说的表达也包括艺术表达和商业表达。

关于艺术表达，欧洲人权法院在 Muller 案中认为：尽管第 10 条并没有特别表明该案涉及的艺术表达自由属于其调整范围，但是它并没有在不同的表达形式之间做区分。艺术表达的自由显然属于第 10 条所规定的"接受和输出信息和观念的自由"的范围，它为人们提供了机会，以便他们参加对文化、政治和各种社会信息和观念的公共交流。而且，第 10 条第一款第二句也提及"广播、电视或影视实业"，这些大众传媒的活动扩及到艺术领域。在联合国《公民和政治权利公约》第 19 条第二项中，还专门规定表达自由权包括"艺术形式"的信息和观念。④

---

① 参见 New York Times v Sullivan，376 US 254（1964）。

② 参见前引 LINGENS 案判决；OBERSCHLICK v. AUSTRIA Judgment，23/05/1991，A204.（在此案中，奥地利一政治家对申请者提起诽谤诉讼，申请者随后被定罪。欧洲人权法院的判决是违反第 10 条）；SCHWABE v. AUSTRIA Judgment，28/08/1992，A242–B.（在此案中，申请者因诽谤以及因出于已服刑的罪行的原因而谴责一人，由此被判罪。欧洲人权法院的判决是违反第 10 条）。

③ 参见 Council of Europe（ed.），Digest of Strasbourg case-law relating to the European Convention on Human Rights. Vol.3，pp.473–474。

④ 参见 MÜLLER AND OTHERS v. SWITZERLAND Judgment，24/05/1988，A133，para.27.（在该案例中，瑞士当局没收一画家展出的画，并以淫秽出版为由处以该画家和其他申请者罚款。欧洲人权法院的判决是不违反第 10 条）。

关于商业表达，欧洲人权法院在 Market intern 案的判决中写道：尽管作为文章作者的某出版行向读者征求信息涉及的是某邮购公司的商业实践，"同时很清楚的是，系争文章所指向的是有限范围的商业人士，并不直接涉及公众整体，但是，它表达的是商业性质的信息。这种信息不能排除在第 10 条第一款的范围之外，因为该款并不只是适用于某些类型的信息、观念或表达形式。"①

当然，内含于欧洲人权公约的表达自由概念中的价值，主要与政治表达相关。尽管表达还包括艺术表达和商业表达，但是两者在受保护的程度上显然低于在最广泛意义上的"政治"表达。

### 5. 表达的形式

欧洲人权法院判例法所确认的表达形式也多种多样。它不仅包括书面或口头的形式，而且还包括其他意在表达观念或展示信息的方式。例如，在 Muller 案中，欧洲人权法院肯定了绘画（pictures）的表达形式；在 Chorherr 案中欧洲人权法院确认了影像（images）的表达形式。

### 6. 表达的手段

在 Autonic AG 案的判决中，欧洲人权法院将第 10 条的保护范围扩展到传送或接收信息的手段，它说：

第 10 条不仅适用于信息的内容，而且适用于传送或接收信息的手段，因为任何对手段的限制，必然导致对接受和输出信息的权利的干涉。而且，该条第一款最后一句还专门提及某些实业，它们必定涉及传达信息的手段。②

欧洲人权法院所说的"传送或接收信息的手段"除了常见的言谈行为外，还包括印刷（Handyside 案）、电台（Groppera 案）③、电视（Autronic AG 案）、

---

① 前引 Markt Intern 案判决，para.26。

② 前引 Autronic AG 案判决，para.47。

③ 在该案中，欧洲人权法院赞同欧洲人权委员会的意见，认为："通过有线和无线的方式转播节目皆属第 10 条第一款确立的表达自由权的范围，而没有必要按照节目的内容作任何区分。"前引 Groppera 案判决，para.55。

艺术创作（Muller 案）、电影（Otto-Preminger-Institut 案）等。从发展趋势看，表达手段还有可能扩及各种电子信息系统。①

## （二）法院的辨析

欧洲人权公约第 10 条所说的表达自由权，涉及若干重要的用语，如"持有意见的自由"、"接受和输出信息和观念的自由"、"要求……获得许可证"，等等。对于这些用语，欧洲人权委员会和人权法院在处理案件的过程中都作出了进一步的解释和辨析。

### 1. 持有意见的自由

欧洲人权公约第 10 条所说的表达自由权，包括"持有意见的自由"。按照欧洲人权委员会和人权法院的观点，持有意见的自由是表达观念的先决条件，它所针对的是对持有意见者加置不利的后果，以及强迫他人表达自己的意见。②

### 2. 接受信息的自由

欧洲人权法院认为：

接受信息的自由权主要禁止的是政府限制一个人接受他人希望或可能愿意传达给他的信息。在如同本案的情况下，第 10 条并没有授权个人获取（access to）涉及其私人立场的登记材料，也没有使政府承担向该人传达这种信息的义务。③

由此可见，"接受信息的自由"并不单纯是一个人愿说、另一个人愿听的问题，它还意味着国家应该承担的一种责任，即国家不得阻隔在说者和听者之间，干涉或阻碍获取可利用的信息和观念。④ 公众有权获取公共领域的

---

① 参见 D.J.Harris, M.O'Boyle, C.Warbrick , Law of the European Convention on Human Rights, London: Butterworths, 1995, pp.377–378。

② 参见 VOGT v. GERMANY, No 17851/91（1993）Com Rep；前引 Vogt 案判决。在此案中，欧洲人权委员会认为，虽然申请人被解除公职原因是她参加有关政治活动，但这根本无异于因为她的政治意见而解除其公职。

③ 前引 Leander 案判决，para.74。

④ 参见前引 The Sunday Times 案判决，paras.65–6；Groppera 案判决，para.53；Casado 案判决，para.59。

信息和观念。在一个民主的社会中，应该有不同的大众传媒展示社会不同的意见或倾向。事先检查或国家对新闻的不当垄断，构成对新闻自由的一般威胁，剥夺了公众接受信息和观念的自由权。

同时，接受信息和观念的自由权意味着寻求可利用的信息的权利。所谓"可利用"，是指获得信息生产者或提出者的同意。由于这种"寻求"具有这样的条件限制，就使得接受信息和观念的权利不同于、也不包括那种特别是针对公权的知情权或获得信息权（the right of access to information）。也可以这样说，获得信息权针对的是必须正视的信息接受者①，接受信息和观念权针对的则是面向群体的信息和观念。

### 3. 输出信息的自由

按照欧洲人权委员会 1976 年在一个案件中的解释，"输出信息的自由"仅仅赋予信息和观念的生产者、提供者或组织者。② 此种自由权并不意味着利用各种输出信息和观念的手段的权利，诸如报刊版面、电视电台的播放时间等。但是，欧洲人权委员会曾经认为，如果歧视性地否定利用传播媒体的可能性，则会引发是否违反人权公约的争议。另外，如果传媒所有者获得经营传媒的条件中包括供第三方利用传媒的规定，则另当别论。③

### 4. 关于许可的规定

欧洲人权公约第 10 条第一款第三句规定："该条不应当防碍国家要求广播、电视或影视实业获得许可证。"从实际发生的情况看，对于该规定的解释和适用主要面临的问题是：关于许可证的规定（Licensing provision）是否意味着国家可以垄断广播电视影视业，或者说，是否意味着国家在批准设立广播电视影视业方面拥有宽泛的自由裁量权。对此，欧洲人权委员会在有关

---

① 至于究竟什么是"必须正视的信息接受者"，那是有很大的裁量余地的。例如，对于某行政委员会作出的决定，利害关系人是否一定有权要求当局告知该委员会成员的名单。

② 参见 Council of Europe（ed.），Digest of Strasbourg case-law relating to the European Convention on Human Rights. Vol.3，p.422。

③ 参见 D.J.Harris，M.O'Boyle，C.Warbrick，Law of the European Convention on Human Rights，London: Butterworths，1995，pp.380–381。

报告中作出了肯定的解释。例如，有人指控所在国家在这方面的垄断违反上述规定，其中理由之一是该规定中的"实业"（enterprises）一词是复数，这意味着排除国家垄断；有人指控英国立法否定了英国人获得商业广播节目的权利以及自己设立商业广播台的权利。针对这些指控，欧洲人权委员会在有关报告中认为：该规定并没有说明广播电视是否要公营或私营，以及是否可由国家垄断。复数的"实业"是因为在语法上要同前面所说的复数"国家"（states）一致。对"许可"的解释，有必要考虑不同缔约国的实践，从公约起草时和"当下的"情况看，许多缔约国建立了国家垄断广播电视业的制度，禁止私人或私人组织向一般观众广播，因此，"许可"一词不能理解为绝对排除国家对电视业的垄断。① 又如，有人指控，英国立法禁止英国独立广播电视网接受播放政治性广告的做法违反欧洲人权公约。对此，欧洲人权委员会在报告中写道："许可"的概念意味着，国家在发放许可证时可以使广播电视服从一定的规定；该规定应该解释为允许国家在发放许可证时有权要求不播放一定种类的广告。②

那么，欧洲人权法院的理解或解释是什么呢？从法院对有关案件的裁判看，第一，法院对该规定作出了与欧洲人权委员会相同的"字面解释"；第二，法院通过"上下文解释"来控制和克服"字面解释"的局限性，从而保证该规定在实际适用上的合目的性或正当性。

在 Groppera 案的判决中，欧洲人权法院认为：

欧洲人权公约第 10 条第一款第三句的目的清楚地表明，允许国家通过许可证制度控制广播电台在其领土内组建的方式，尤其是在技术方面。然而，它并没有规定许可证措施不必受制于第二款的要求，因为那将违背整个第 10 条的目标和目的。③

---

① 参见 Council of Europe（ed.），Digest of Strasbourg case-law relating to the European Convention on Human Rights. Vol.3，pp.430–433。

② 参见 Council of Europe（ed.），Digest of Strasbourg case-law relating to the European Convention on Human Rights. Vol.3，p.431。

③ 前引 Groppera 案判决，para.61。

对于上述解释，欧洲人权法院在此后有关案件如 Autronic AG 案和 In-formationsverein 案的裁判中反复予以引证，并作了进一步的阐发。例如，在 Informationsverein 案的判决中，法院写道：按照法院在 Groppera 案和 Autronic AG 案判决中的解释，欧洲人权公约第 10 条第一款第三句的目标和目的以及其适用范围，必须放在整个第 10 条的上下文中加以考虑，尤其是要联系对许可证措施起制约作用的第二款的要求加以考虑。……技术方面的控制无疑是重要的，但是给予还是不给予许可也应该考虑到其他条件因素，包括申请设立的广播站的性质和目标，它在国家、地区和某个地方范围内所可能拥有的听众，某个具体听众的权利和需求，以及来自国际法律文件的各种义务等。由此所可能导致的干涉的目的即使与第二款确立的各种目的不相对应，但按照第一款第三条的规定可能是合法的。然而，这种干涉是否符合公约的问题必须按照第二款的其他各种要求来加以评价。

奥地利实施的垄断制度通过授予政府部门监控媒体设立的权力而有助于提高节目的质量和平衡性。因此，在本案的情况下，它符合与第一款第三句的规定。然而有待确定的是，它是否也能满足第二款的相关条件。①

显然，法院的态度是基于对"垄断"和"垄断的正当性"、"限制"和"限制的正当性"之间的辨析和区分。

### （三）"过滤装置"：对特点的再思考

如果说欧洲人权法院在裁判中往往对欧洲人权公约第 10 条的适用范围（也即表达自由的范围）"不加限制"，从而构成其"鲜明"特点的话，那么由上述分析可以表明，这种"不加限制"的特点并不意味着该法院在这方面毫无作为、不加辨析。这里，我想还可就此特点作进一步考究，即从欧洲人权公约整个监督机制的角度，对构成该法院的特点"不加限制"作进一步限制。

---

① INFORMATIONSVEREIN LENTIA AND OTHERS v. AUSTRIA Judgment，24/11/1993，A276，paras.29，32，33.该案的情况是，由于奥地利广播公司的垄断而不可能设立和运作私人广播或电视站。欧洲人权法院的判决是违反第 10 条。

按照欧洲人权公约原有的监督实施机制，有责任监督签约国履行义务的机构主要有三，即欧洲人权委员会（1954 年设立）、欧洲人权法院（1959 年设立）和欧洲理事会部长会议。在程序上，对违反公约的控告首先由欧洲人权委员会做初步审查，以决定是否可以受理。如果控告被宣布可以受理，同时未能达成友好解决的办法，那么欧洲人权委员会会起草一份报告以确立事实，并表达对案件是非的意见。如果当事国接受欧洲人权法院的强制管辖权，欧洲人权委员会和 / 或有关签约国在委员会报告移交欧洲理事会部长会议后的三个月内，将案件交欧洲人权法院作出具有最终约束力的判决，然后交部长会议监督执行。

因此，在欧洲人权公约的监督实施机制中，相对于欧洲人权法院的裁判，欧洲人权委员会的有关功能犹如一种"过滤装置"。而阅读该委员会的有关材料或报告就会发现，这种过滤在很多情况下就是在"是否属于表达自由的范围"的意义上作出的。为资说明，这里我想列举以下一些事例，这些事例都是在该委员会的审查中被认为不属于第 10 条表达自由的范围的情况：

1. 因受监禁而无法从事性生活——感情的身体表达；[①]

2. 有关当局拒绝为某种演出提供津贴，但并没有一般地禁止其演出；[②]

3. 要求用爱尔兰语填小孩补贴申请表；[③]

4. 出庭律师用攻击或刺激性语言代理案件（因而受纪律惩戒）；[④]

5. 动议被拒绝列入国会议程；[⑤]

---

[①]　参见 Council of Europe（ed.），Digest of Strasbourg case-law relating to the European Convention on Human Rights. Vol.3，p.410。

[②]　参见 Council of Europe（ed.），Digest of Strasbourg case-law relating to the European Convention on Human Rights. Vol.3，p.412。

[③]　参见 Council of Europe（ed.），Digest of Strasbourg case-law relating to the European Convention on Human Rights. Vol.3，p.412。

[④]　参见 Council of Europe（ed.），Digest of Strasbourg case-law relating to the European Convention on Human Rights. Vol.3，p.412。

[⑤]　参见 Council of Europe（ed.），Digest of Strasbourg case-law relating to the European Convention on Human Rights. Vol.3，p.415。

6. 登记机关因为父母无限制地为孩子取姓而拒绝登记；①

7. 囚犯被剥夺选举权的情况；②（对于囚犯在通讯、性表达、阅读、选举等方面对监管部门的控告，欧洲人权委员会经常性的观点是：对权利的这些限制是囚犯特殊状况的结果——即内涵于监禁的处罚之中，剥夺自由的刑罚服务于合法的目的，此目的必然包含对一定权利的限制。③）

8. BBC拒绝提供广播时间（但是，在特定情况下欧洲人权委员会认为构成违反公约，如在选举时不给某政党而给其他政党利用广播的时间）；④

9. 基于国家安全的理由驱逐散布有损国家安全信息的外国人；⑤

10. 邮差未将邮件送达利害关系人指定的地点；⑥

11. 要求当局提供其（利害关系人）高祖父1948年非自然死亡和将其财产收归国有的档案材料；⑦

12. 信件被苏联当局没收，指控英国当局没有给予充分救济（欧洲人权委员会认为，缔约国只在其管辖权范围内对遵行欧洲人权公约负责）。⑧

列举以上事例的目的在于提出和思考这样一个问题：假如没有欧洲人权委员会这一"过滤装置"，是不是欧洲人权法院宽泛对待表达自由范围的特

---

① 参见 Council of Europe（ed.），Digest of Strasbourg case-law relating to the European Convention on Human Rights. Vol.3，pp.415–416。

② 参见 Council of Europe（ed.），Digest of Strasbourg case-law relating to the European Convention on Human Rights. Vol.3，pp.420–421。

③ 参见 Council of Europe（ed.），Digest of Strasbourg case-law relating to the European Convention on Human Rights. Vol.3，p.434。

④ 参见 Council of Europe（ed.），Digest of Strasbourg case-law relating to the European Convention on Human Rights. Vol.3，p.424。

⑤ 参见 Council of Europe（ed.），Digest of Strasbourg case-law relating to the European Convention on Human Rights. Vol.3，pp.425–426。

⑥ 参见 Council of Europe（ed.），Digest of Strasbourg case-law relating to the European Convention on Human Rights. Vol.3，p.426。

⑦ 参见 Council of Europe（ed.），Digest of Strasbourg case-law relating to the European Convention on Human Rights. Vol.3，pp.426–427。

⑧ 参见 Council of Europe（ed.），Digest of Strasbourg case-law relating to the European Convention on Human Rights. Vol.3，p.429。

点会打一个很大的折扣。进而言之，欧洲人权法院的这种特点在多大程度上可以在比较的意义存在，从而为我们在对表达自由的认识和实践上提供另外一种新鲜的经验，即：面对千姿百态的人类表达自由实践，我们可以不必注重表达自由的范围问题，或者说可以轻松地对此作出肯定判断，而把关注点放在"权衡"对表达自由的干涉或限制是不是合法正当上。① 表达自由的范围问题究竟在多大程度上是一个可以"淡化"的问题呢？

按照 1994 年 5 月 11 日交付公开签字的欧洲人权公约第 11 议定书（"重建控制机制"）的规定，欧洲人权法院已重建为新的专职（full-time）法院并从 1998 年 11 月 1 日开始运转。原有的欧洲人权法院于 1998 年 10 月 31 日停止工作，原有的欧洲人权委员会在继续存在一年后——以便处理在该议定书实施日前已被宣布可接受的那些案件——于 1999 年 10 月 31 日终止其使命。因此，在今后的日子里，我们将有机会作进一步的考察，以确定在没有了欧洲人权委员会这套"过滤装置"之后，② 欧洲人权法院的上述特点会在多大程度上存在。

# 四、是否构成公权干涉

## （一）公权干涉的原因

欧洲人权公约第 10 条所确认和保护的表达自由权，是不受"公权干涉"的自由权。如果此种权利没有受到公权干涉，那么就不会发生是否违反人权公约的争议。当然，按照该条第二款的规定，表达自由权的行使伴随有"一定的义务和责任"，并"应当受制于一定的形式、条件、限制或刑罚"。如果跨越一定的界限，那么就是滥用表达自由，就应该受到国家公权的正当干涉。

在民主社会的制度运作过程中，表达自由不仅对于个人和社会具有广泛

---

① 控告数量的急剧上升，使得欧洲人权法院疲于应付。直观地看，裁判中过分依靠权衡，似乎与案件数量急剧上升的状况有一种正相关关系。

② 新的欧洲人权法院在其内部建立了审查和决定有关控告是否可以被受理的机制。

而深刻的影响，而且对于国家生活，对于政治权力的维持和行使有着密切的关系。由于表达所涉及问题的敏感性，由于媒体既对政治进程和权利的实现有重大影响、又可能因为其商业化运作而致害①，还由于在表达自由权与公约所确认和保护的其他一些权利之间缺乏明确的界限、从而使交错和冲突的发生在所难免，等等，都使得国家在有关表达自由问题上有充分的理由进行管理。例如，在表达自由权与公平审判权、私生活受尊重权，以及思想、良心和宗教信仰自由权等之间，就经常会发生各种复杂的冲突。这些冲突的存在，以及在冲突发生时如何权衡以决定孰先孰后、孰重孰轻的问题，为国家公权的介入提供了必要性和可能性。有研究表明：与人权公约其他领域的权利不同，在表达自由权问题上，对公约的违反往往产生于国家的能动行为或故意行为，而非国家的消极和冷漠。②

### （二）公权干涉的形式：法院的宽松立场

从欧洲人权法院的实践看，法院在是否存在公权干涉的问题上采取的是一种宽松的立场。这一点最明显地反映在法院所认定的干涉形式上。

欧洲人权法院的判例法中所认定的干涉形式是非常广泛的。它既包括各种事前审查，也包括各种事后惩罚。诸如对媒体、记者颁发许可证，要求向官方提交有关报道的副本，以及由法院对有关报道活动发出禁止令等一类"防患于未然"的做法，皆属事前审查。对于这样一些审查措施尽管没有任何界限明确的禁止，但在欧洲人权法院确立其必要性的证明责任是非常沉重的。事后惩罚包括刑事制裁（Baford 案），民事处罚（Lingers 案）和没收（Muller 案）等，它们都构成对已有表达的干涉。从成员国政府方面看，它

---

① 在实际生活中，媒体往往扮演双重角色。一方面，报刊、电视等大众传媒往往主张其拥有有效收集各种信息的强有力的权利，这些权利为它们履行其"公众卫士"的特殊责任所必需，另一方面，这些权利也使它们得以践踏个人或公众的权利和利益。因此，总是存在一种危险，即媒体的商业利益会支配其为了公共讨论的目的而无私地搜寻信息。这显然为国家干涉或控制媒体提供了机会和理由。

② 参见 D.J.Harris, M.O'Boyle, C.Warbrick, Law of the European Convention on Human Rights, London: Butterworths, 1995, pp.376–377。

们往往认为对表达自由的干涉仅限于事前审查，而针对表达自由行使的结果加置法律后果，则并不与公约第 10 条抵触。但是，欧洲人权法院却一贯反对这种对"公权干涉"的狭窄理解。

此外，欧洲学者总结欧洲人权委员会和人权法院的实践后认为：虽然欧洲人权公约第 10 条第一款规定的是表达自由"不受公权干涉"，但是，由于对表达自由的重大威胁也可能来自民间方面，在这种情况下，国家还负有采取积极行动的义务以保护表达自由。积极义务的价值在于它使国家有义务表明自己在这方面做了什么，尽管其准确内容仍然需要阐明。[①]

# 五、公权干涉的正当性证明

欧洲人权公约对权利的限制主要有以下四种类型：[②]

（1）在定义上作出排除，以便使有关权利的用语更准确。例如，第 4 条规定了"禁止奴役和强迫劳动"，但在第三款中规定它"不包括"义务兵役等各种强制性劳作。

（2）规定某种权利所不适用的情况。例如，第 5 条规定的"自由权"不适用于被合法定罪和羁押的人等一些情况。

（3）某些群体的人因其"特殊的法律地位"而可能被规定不具有享有某些权利的资格。例如，第 16 条规定，公约第 10 条(表达自由)、第 11 条(集会和结社自由）和第 14 条（禁止歧视）的规定不妨碍签约国对外国人的政治活动作出限制；第 10 条第一款允许签约国对广播、电视等影视实业进行许可证限制；第 11 条第二款允许对军警和文职人员的结社自由和和平集会自由作出合法限制。

（4）各种公共利益和私人利益为国家干涉某些权利提供了理由。例如，

---

① 参见 D.J.Harris, M.O'Boyle, C.Warbrick , Law of the European Convention on Human Rights, London: Butterworths, 1995, p.383。

② 参见 Council of Europe (ed.), The exceptions to article 8 to11 of the European Convention on Human Rights, 1997, pp.5–6。

第 15 条规定国家"在战争或其他危及国家生存的公共危急情况下",如果情势必需,可以暂停人们行使除那些绝对权利①以外的其他所有权利;第 8、9、10 和 11 条规定了国家可以基于由各种公共利益和私人利益构成的"合法目的",对私生活和家庭生活受尊重权、思想、良心和宗教自由权、表达自由权以及集会和结社自由权作出限制。

由于欧洲人权公约第 10 条第二款中对表达自由权的行使作出了相应的限制,因此,即使在一种表达行为是否属于表达自由,以及这种行为是否受到国家公权干涉这样两个方面作出了肯定的回答,也并不一定意味着违反公约。因为,是否违反公约,关键要看干涉是否正当。而这恰恰是欧洲人权法院监督或审查的用力所在。

## (一)干涉条件

公共权力对表达自由的干涉行为要想被欧洲人权法院确认为合法正当,必须符合一定的前提条件。关于干涉的条件,欧洲人权法院在判决中往往运用非常固定的表述,这种表述显然是对欧洲人权公约第 10 条第二款的有关规定的简洁概括。例如,在 Observer and Guardian 案的判决中,法院写道:

被指控的限制明显而无争议地构成对控告者 O.G 行使第 10 条第一款所保护的表达自由的干涉。如果这样的干涉不属于第 10 条第二款规定的例外,那么必然导致违反欧洲人权公约。因此,法院必须转而考察干涉是否"为法律所规定",是否为了第 10 条第二款所说的一个或多个合法目的,以及是否因为这样的目的而"在民主社会中所必需"。②

从以上表述看,公共权力对表达自由进行正当干涉或者说欧洲人权法院审查干涉行为是否是正当的前提条件有三,这就是(1)干涉是"为法律所规定"(Prescribed by law),(2)干涉是为了第 10 条第二款提到的一个或多个合法目的(legitimate aims),以及(3)干涉是为了达到这样的目的而属

---

① 见前文关于"欧洲人权公约中的四种绝对权利"的注释。

② 前引 Observer 案判决,para.49。

于"民主社会中的需要"（necessary in a democratic society）。对于这三个条件，我想可以简单地称之为合法性、合目的性和合比例性。

## （二）合法性

### 1. 一般标准

干涉行为具有正当性的第一个条件是，它必须要"为法律所规定"。在欧洲人权公约及其议定书的一些条款中，"为法律所规定"一语又表达为"按照某法律"、"为法律所要求"和"按照法律"等，而在该公约的法文文本中，这些表达均为"Prevues par la loi"。对此欧洲人权法院认为："它们具有同样的权威，但又不完全一样，法院必须尽可能以和谐而最恰当的方式解释它们，以便实现和达到公约的目的和目标"。[①]

欧洲理事会及其欧洲人权公约的基本目的之一是法治。按照法治的要求对"为法律所规定"进行解释，从而在欧洲人权法院的判例法中奠定理解这一要件基础的案例是 The Sunday Times 案。在该案的判决中，欧洲人权法院写道：

法院认为，"法律所规定"这一表述所提出的两个基本要求是：第一，法律必须可充分获知：公民必须能够在法律规则所适用的一定案件的情况中获得充分指引；第二，一项规范除非制定得足够准确从而使公民能够用于调整自己的行为，否则就不能被视为"法律"：他必须能够——如果需要则借助适当的咨询——在具体情形所许可的合理程度上预见一定行为所可能带来的后果。这些后果不必绝对确定地可预见，因为经验表明这不可能达到。另外，尽管确定性被高度期待，但它会带来过分的僵化，而法律却必须跟上变化的情势。因此，许多法律都不可避免地要以模糊程度不同的用语加以表达，其解释和适用是个实践问题。[②]

在此后的判例中，欧洲人权法院对于审查"为法律所规定"这一要件的

---

① 前引 The Sunday Times 案判决，para.48。
② 前引 The Sunday Times 案判决，para.49。

标准不断地加以提炼和概括。① 从迄今为止的情况看，这类标准主要包括四个方面，即（1）干涉行为在国内法中有根据，（2）法律可充分获知，（3）法律制定得足够准确，以及（4）法律为防止任意干涉提供了有效保障。对此，该法院在 Tolstoy Miloslavsky 案的判决中阐述道：

第 10 条第二款中"为法律所规定"这一用语必须按照一般原则加以解释，……此类原则在 1992 年 2 月 25 日 Margareta and Roger Anderson v.Sweden 案的判决（Series A no.226–A，p.25，para.75）中被概括如下："该用语——首先要求有关干涉措施应当有国内法根据。它还涉及有关法律的质量，要求该法律能为所调控者充分获知，并制定得足够准确从而使他们能够——如果需要则借助适当的咨询——在具体情形所许可的合理程度上预见一定行为所可能带来的后果。一项授予裁量权的法律本身与此要求并不矛盾，只要裁量权的范围及其行使方式被充分明确地指明，并顾及相关的合法目的，以及给个人足够的保障防止任意干涉。"②

但是，"为法律所规定"的上述各项原则要求本身还需要更进一步的解释，而且正是基于在具体个案事实中这种更具体的解释，欧洲人权法院才作出了是否符合该要件要求的认定。

2. 国内法根据

从欧洲人权法院的实践看，对于"干涉行为在国内法中有根据"这一标准，主要面临和要解决的问题是其中"法律"一词的范围问题。在欧洲学术界，对于这一问题素有争论，有的认为"法律"仅仅指制定法，有的认为它

---

① 例如，在 Barthold 案的判决中，该法院简洁地将合法性要件表述为："干涉必须在国内法中有某种根据，同时该法律本身必须可充分获知，并制定得足够准确从而使个人能够用于调整自己的行为——如果需要则借助适当的咨询。"BARTHOLD v. FRG Judgment，25/03/1985，A90，para.45. 该案的主要情况是，前联邦德国有关部门按照《不公平竞争法》和《职业行为规则》，禁止兽医在该国的大众传媒上说某些话。欧洲人权法院的判决是违反第 10 条。

② TOLSTOY MILOSLAVSKY v. THE UNITED KINGDOM Judgment，13/07/1995，A316–B，para.37. 在此案中，控告者因为诽谤一学校官员、指控他过去犯有战争罪行而被英国有关当局指令支付实体损害。欧洲人权法院的判决是违反第 10 条。

广泛地指涉所有被授予立法权的机构所作出的决定，包括判例法。① 就欧洲人权法院的判决看，该法院显然采取的是宽泛的立场，这种立场意味着承认国内当局在这方面拥有广泛的裁量余地。

欧洲人权法院的宽泛立场首先表现在，它认为国内"法律"既包括制定法，也包括以普通法国家为典型的法官造法或判例法。就此，该法院在 The Sunday Times 案的判决中写道：

法院认为，"为法律所规定"一语中的"法律"一词不仅包括制定法，也包括非制定法。因此，法院在此并不看重这样一个事实，即藐视法庭是普通法而非立法的一个产物。认为按照普通法所给予的限制不属于"为法律所规定"，而理由仅仅是它没有在立法中被明确规定，这显然违背公约起草者的意图：这会使一个签约的普通法国家脱离第 10 条第二款的保护，并动摇该国法律制度的根基。②

同时要指出的是，该法院在判决中所论及的"判例法"并不限于普通法国家。它还包括大陆法国家的"判例法"。例如，在 Kruslin 案的判决中，该法院广泛地讨论了法国的判例法③；在 Barthold 案和 Markt Intern 案的判决中，该法院讨论了德国的判例法④；在 Muller 案中，该法院讨论了瑞士的判例法⑤。在这些讨论中，该法院所持的观点均是：既然法律无法绝对准确地加以制定，它就给法院的解释和适用留下了广泛的裁量余地；而由于在有关案件中存在若干连贯一致的判例法，这些判例法由于公开出版并为下级法院所遵行，或者由于其清晰详尽并成为人们广泛注释评论的主题，使得它们可以被有关当事人及其顾问所获知，并用于调整自己的行为，因而它们构成对有关制定法规定的补充。

---

① 参见 Council of Europe（ed.），The exceptions to article 8 to11 of the European Convention on Human Rights，1997，p.10 以及前引 JERSILD 案判决。

② 前引 The Sunday Times 案判决，para.47。

③ KRUSLIN v. FRANCE Judgment，24/04/1990，A176–B，paras.28–9.

④ 前引 Barthold 案判决，paras.47，48；Markt Intern 案的判决，para.30。

⑤ 前引 Muller 案判决，paras.29，38。

欧洲人权法院的宽泛立场还表现在，它所确认的国内"法律"同时包括可在国内适用的国际法规则，以及其他各种基于立法授权而产生的法律渊源，如政府法令、规章等。例如，按照 Barthold 案和 Casado Coca 案的判决，通过一般法将规则制定权授予专门的职业团体，并不防碍职业规则在欧洲人权公约第 10 条第二款的考量中成为"法律"。在 Groppera 案和 Autronic AG 案的判决中，该法院许可国家依据可在国内适用的《国际电信公约》的有关规定来满足此标准。

由于欧洲人权法院的宽泛立场，可以说，"干涉行为在国内法中有根据"这一要求对于国家方面来说很少构成困难。

### 3. 可以获知和可以预见

如果说"干涉行为在国内法中有根据"这一要求对于国家方面很少构成困难的话，要满足"可以获知"（accessibility）和"可以预见"（foreseeability）这样一些基于现代法治而产生的对法律的质量要求，则至少不那么容易。所谓"可以获知"和"可以预见"，在前面引述的 The Sunday Times 案的判决的一段话中，欧洲人权法院已作出界定。从该法院依据此类标准在具体个案中所做的实际考量情况看，结论至少并非总是肯定。

"可以获知"的一个最基本的要求是法律要公布。在 Silver 案的判决中，欧洲人权法院认为，英国内务部发给各监狱长的有关法令和指示因为没有公布，不能为囚犯所用，其内容在监狱须知的材料上也没有说明，因而不具有可获知性，不具备"为法律所规定"这一要件中"法律"一词的要求。①

"可以预见"显然是一个必需、同时在把握起来更需要技巧的要求。法律要想使人们"可以预见"自己行为的后果，就必须在表达上具备准确性。那么，法律规定究竟在多大程度上可能或应该具有准确性呢？欧洲人权法院已经承认，为了防止过分僵化，跟上不断变化的情势，"许多法律都不可避免地要以模糊程度不同的用语加以表达，其解释和适用是个实践问题"。因

---

① 参见 Council of Europe（ed.），The exceptions to article 8 to11 of the European Convention on Human Rights，1997，p.10。

此，法律的准确性或可预见性不可能是绝对的，它只能是一个合理程度的问题。如何判断和决定这种合理程度？对此，该法院在 Chorherr 案的判决中总结概括地写道：

法院重申，要求国内立法所具有的准确程度——不可能在任何案件中提供所有的行为后果——在很大程度上取决于有关规范文件的内容，它所要涵盖的领域，以及它所要规范的那些人的数量和身份。而且，主要要由国内当局解释和适用国内法。①

下面再来看看该法院在一些案件中所作的具体判断。

在 Groppera 案的判决中，该法院确认，结果的可预见性可能需要专家咨询。"在本案中，国际电信法的有关规定是高度技术和复杂的；而且，它们主要是面向专家的，后者知道如何从官方汇编中获得有关信息。"②

在 Silver 案的判决中，该法院认为，授予裁量权的法律必须指明裁量的范围，但是这样的规定不一定要在该法律条文本身发现。"法院没有把'按照有关法律'这一用语的含义解释为，必须在授权作出限制的法律文本本身规定保障措施。事实上，防止权力滥用的保障措施问题与有效救济措施问题是紧密联系的……"③

上面已提到欧洲人权法院在"国内法"一词的解释上的宽泛立场，与这种立场相联系，该法院在许多案件的判决中认为，有关法律规定尽管本身用语模糊，但考虑到存在相应的判例法、国际法规则、"授权立法"和职业规

---

① CHORHERR v. AUSTRIA Judgment（Merits），25/08/1993，A266–B，para.25. 该案的主要情况是，控告者被逮捕、羁押和判罪，因为他扰乱公共秩序，也即拒绝停止在奥地利阅兵时散发传单和贴标语。欧洲人权法院的判决是不违反第 10 条。

② 前引 Groppera 案判决，para.68。

③ SILVER AND OTHERS v.UNITED KINGDOM Judgement，25/03/1983，A61，para.90. 请注意，欧洲人权委员会在 THE SUNDAY TIMES 案的意见书中写道："很难接受这样的看法，即第 10 条第二款中'法律所规定'一语的含义只是指法院发展现存法律概念的能力。在委员会看来，它还意味着'为实体法事先决定'，从而使法院的决定以及支撑其决定的推理至少可大致预见。"参见 Council of Europe（ed.），Digest of Strasbourg case-law relating to the European Convention on Human Rights. Vol.3，p.459。

则等，仍然可以认为符合可预见性的要求。尤其要指出的是，在该法院看来，即使有些行政指令本身不被认定为法律，但是为了弄清有关法律规定的含义，可能仍需要参照它们。例如，在 Silver 案中，尽管该法院认为英国内务部发给各监狱长的有关指示因为没有公布、不具有可获知性而不属于法律，但是在涉及有关法律的可预见性问题时，该法院仍然对这些指示予以考虑，因为它们为官方行为提供了指导，从而使具有法律地位的监狱法的适用更加确定。[1]

### 4. 法律为防止任意干涉提供有效保障

所谓"法律为防止任意干涉提供有效保障"，按照前面的引述是指，法律授予公权者的自由裁量权不能以不受约束的权力的方式加以表达，它应该充分明确地指明裁量权的范围及其行使方式，并顾及相关的合法目的，以及给个人足够的保障防止任意干涉。

在 Herczegfalvy 案和 Vereinigung 案的判决中，欧洲人权法院分别写道：

如果法律授予公权者自由裁量权，就必须指出该裁量权的范围，尽管所需要的准确性程度取决于不同的主题。[2]

就军队纪律而言，要想制定规范各类行为的详细规则几乎是不可能的。因此，可能需要当局比较开放地制定这类规则。然而，有关规定必须提供防止任意的充分保障，从而使人们有可能预见它们适用的结果。[3]

由此可见，"法律为防止任意干涉提供有效保障"这一要求与法律的"可预见性"或"准确性"的要求是密切相关的，它是在法律授予公权者自由裁量权时对结果的"可预见性"的强调。在 Herczegfalvy 案中，欧洲人权法院认为，限制一精神病人获得信息的有关措施不符合"为法律所规定"的要求，

---

① 前引 Silver 案判决，para.88。

② HERCZEGFALVY v. AUSTRIA Judgment，24/09/1992，A244，para.89. 在该案中，控告者诉及在其被羁押和受精神病治疗期间，对其通讯自由权和获得信息权的侵犯。欧洲人权法院的判决是违反第 10 条。

③ VEREINIGUNG DEMOKRATISCHER SOLDATEN ÖSTERREICHS AND GUBI v. AUSTRIA Judgment，19/12/1994，A302，para.31. 该案涉及的情况是，有关当局禁止在奥地利军营中散发一种军事报纸。欧洲人权法院的判决是违反第 10 条。

因为它们所依据的规定的用语太模糊，没有为防止对权利的任意干涉提供有效的保障，从而不符合可预见性的要求。

当然，就限制宽泛的自由裁量权、防止任意干涉而言，似乎可以认为，该要求强调的是有效保障措施的存在，"可预见性"的要求则还需要解决存在的方式问题。

### （三）合目的性

#### 1. 目的的类型和欧洲人权法院的"无为"

干涉行为符合"合法性"的要求并不意味着它就有了正当性。正如欧洲人权委员会在 Handyside 案的意见书中所说："立法本身与公约的一致并不能自动保证其适用按照公约是有效的。"[①] 干涉行为具有正当性的第二个条件在于，该行为是出于第 10 条第二款提到的一个或多个合法目的。

应该说，欧洲人权公约第 10 条第二款所提及的目的是非常广泛的。这些目的大致可以区分为三类：一类属于公共利益，包括维护国家安定、领土完整或公共安全，防止秩序混乱或犯罪，维护公众健康或公共道德等；另一类属于私人利益，即非公共的个人和团体的利益，包括保障他人的名誉或权利，防止披露保密获得的消息等；第三类是维护司法的权威和公正无偏。这类目的兼有公与私的利益：一方面，司法属国家公权之一脉，维护其权威和公正无疑是公共利益之所在；另一方面，维护司法的权威和公正又常常在欧洲人权法院的实践中被解释为关涉诉讼当事人的权利，以及要求不损毁法官个人的名誉权，从而与上述第二类私人利益无异。[②] 当然，除了这种"兼有"的情况外，我们还应该看到"共存"的情况，也即一个具体的限制或干涉表达自由的行为，既是为了公共利益的目的，也是为了私人利益的目的，还可

---

① 参见 Council of Europe（ed.），Digest of Strasbourg case-law relating to the European Convention on Human Rights. Vol.3，p.454。

② 参见 Council of Europe（ed.），The exceptions to article 8 to 11 of the European Convention on Human Rights，1997，p.18。

能同时是为了上述兼有性质的目的。①

从实践看，由于欧洲人权公约确立的目的非常广泛，使得被指控者在主张自己的干涉行为的合目的性方面成为比较容易的事。从欧洲人权法院方面看，在其判决中也从来未见有否定的情况，即认为有关限制或干涉不是为了公约第 10 条第二款规定的一个或多个目的。该法院在判决中总是肯定干涉的合目的性。例如，在 Casado Coca 案中，一位西班牙律师因为登广告宣传其业务而受到律师协会的纪律惩戒，那么，这种纪律惩戒所追求的合法目的是什么呢？下面就是欧洲人权法院在判决中所展示的诉讼各方围绕目的问题的对话：

政府和欧洲人权委员会一致认为，禁止律师协会成员登职业广告是为了"保护他人的权利"，特别是公众和律师协会其他成员的权利。政府还指出，广告行为总是被发现与律师业的尊严、协会同行所应受到的尊重和公众利益不相符合。

控告者的看法是，欧洲人权委员会的意见只有在广告具有比较性质或不真实时才能成立，但是，对于仅仅是为了提供业务信息的情况却不适合。对职业广告的禁律使得在独立开业的协会成员和作为雇员、文官或大学教师的协会成员之间进行歧视成为可能。因为对于前者，广告是获得潜在客户的唯一可能的手段，而后者所在的位置则使他们在更大的范围内为人们所知。而且，广告禁律不适用于在国际范围内活动的大型法律咨询行，以及同样提供法律服务的保险公司。因此，广告禁律是一种保护律师业中某些特权成员利益的方法，而根本不是一种保护独立开业者的措施。

法院认为，没有任何理由可以怀疑指控所涉及的协会规则旨在维护公众利益，同时确保对协会成员的尊重。在此，协会成员所从事的职业的特殊性质必须予以考虑；他们作为国内法院的官员，得益于排他的听众权利，以及在法院审理案件的口头陈述中免于法律追究的权利，但是，他们的行为必须

---

① 在欧洲人权法院的判例中，这样的例子很多。例如，在上面提到的 Muller 案中，瑞士当局没收一画家展出的画、并以淫秽出版物为由处以该画家和其他申请者罚款，其所声称并为欧洲人权法院肯定的目的就是"维护公共道德"和"保护他人的权利"。

谨慎、诚实和有尊严。限制律师广告在传统上由于这些特殊的职业属性而被认为是正当的。在被争议的处罚决定中，没有任何证据显示律师协会当时的意图与公认的立法目的不相对应。再者，Casado Coca 先生所指出的因素主要关涉适用被质疑立法的方法问题，因而与评价纪律措施的需要相关。①

2. 欧洲人权法院的"有为"

但是，说欧洲人权法院在判决中总是肯定干涉的合目的性，并不意味着该法院在这方面毫无作为。因为，从上面例子的引述以及阅读该法院的其他判决就会发现，对干涉行为是否具有"合目的性"的审查和阐释，是其判决的一个主要内容，并花费其大量笔墨，而且这项工作还与下面我将论及的有关"合比例性"的判断——也即最终决定是否违反公约——直接相关。同时，我想还应该特别指出以下两点：

其一，尽管欧洲人权法院在判决中总是肯定干涉的合目的性，但对于在一个具体案件中究竟什么是相关的目的，它的认定有时与当事国政府的声称并不相同。典型的例子如 1992 年 10 月 29 日作出的 Open Door and Dublin Well Woman 诉爱尔兰案的判决。在该判决中，欧洲人权法院写道：

法院不能认为有关限制追求的目的是防止犯罪，因为无论是提供有关信息还是在国内管辖权以外的地方做流产，都不涉及任何犯罪的问题。然而，按照爱尔兰法律对未出生人权利所给予的保护，根基于有关生命本质的深刻的道德价值，并反映在 1983 年全民公决中所表达的多数爱尔兰人反对流产的立场。因此，有关限制所追求的是维护作为在爱尔兰保护未出生人权利的一个方面的那种道德的合法目的。按照这一结论，就没有必要决定第 10 条第二款中的"他人"一词是否扩及未出生的人。②

其二，欧洲人权法院在对各种目的的阐述中，往往表达自己的理解或取

---

① CASADO COCA v. SPAIN Judgment, 24/02/1994, A285–A, paras.44, 45, 46. 在该案中，西班牙律师因为登广告宣传其业务而受纪律惩戒。欧洲人权法院的判决是不违反第 10 条。

② OPEN DOOR AND DUBLIN WELL WOMAN v. IRELAND Judgment, 29/10/1992, A246–A, para 63. 在该案中，爱尔兰最高法院于 1988 年 3 月发出禁令，禁止申请者［某咨询机构］向孕妇提供有关国外堕胎设施的信息。欧洲人权法院的判决是违反第 10 条。

舍，这种理解或取舍对于后来的案件具有统一认识的"规范"作用。在这方面，最典型的情况表现在对"维护公共道德"、"维护司法的权威和公正无偏"以及"防止秩序混乱"的理解上。

"维护公共道德"是第 10 条第二款确立的合法目的之一。但是，对于什么是道德，什么是判断道德或不道德的标准，以及由谁来作出这种判断，人们的认识往往会相去甚远。对此，欧洲人权法院在 Handyside 案的判决中有针对性地写道：

尤其是，在各签约国的国内法中不可能发现统一的欧洲道德概念。它们各自法律所采取的有关道德要求的观点也因时、因地而变，特别是在我们这个时代，由于观念的迅速而深远的演变已成为一种特征，就更是如此。考虑到国内机关与各种关键势力的直接而持续的接触，大致说来，在说明什么是道德要求的确切内容，以及什么是为满足这些要求而"需要"的"限制"或"刑罚"方面，它们比国际法官处于更有利的地位。①

"维护司法的权威和公正无偏"也是第 10 条第二款确立的合法目的之一。但是，什么是司法（"judiciary"）？什么是司法的权威（"authority of judiciary"）和公正无偏？维护司法的权威和公正无偏是否意味着法院审理程序的封闭式运作？在这些方面有一系列相关案例，其中最早也最著名的是 The Sunday Times 案。在该案中，英国有关当局基于当时有关藐视法庭的英国法发出司法禁令，禁止发表涉及有关药品和相应诉讼的文章。欧洲人权委员会在其意见书中同意英国政府在目的方面的声称，认为："藐视法庭法所追求的一般目的是公平司法，因而它试图达到的目的与公约第 10 条第二款所确认的维护司法的权威和公正无偏的目的相似。藐视法庭法用于实现其公平司法目的的手段是，将诉讼中的争点归入职能法院排他的管辖范围，从而使任何对案件是非或事实的公众的和先于裁判的讨论，都成为对法院权能的篡夺（'报纸审判'），因此，该手段可以被认为是有利于公平审判的一个因素。"②

①　前引 Handyside 案判决，para.48。

②　参见 Council of Europe（ed.），Digest of Strasbourg case-law relating to the European Convention on Human Rights. Vol.3，pp.498–499。

对此，欧洲人权法院在 1979 年 The Sunday Times 案的判决中写道：

"司法"一词包括司法机制、政府的司法部门和在职法官。"司法的权威"一语具体包括这样的观念，即法院是或者被公众多数认为是确定法律权利和义务、解决相应纠纷的适当场所；进而言之，多数人尊重和相信法院履行其职责的能力。……藐视法庭法所涵盖的各种行为，多数与法官的地位或法院和司法机制的职能相关，因此，"维护司法的权威和公正无偏"是该法的目的之一。①

在本案中，法院赞同委员会多数的意见，即，就藐视法庭法可能有助于保护诉讼当事人的权利而言，该目的已经包含在"维护司法的权威和公正无偏"一语当中：此处受保护的权利是个人作为诉讼当事人、作为卷入司法机制的人的权利，而且，除非给所有卷入或诉诸司法机制的人以保护，该机制的权威就不可能得到维持。因此，没有必要分别考虑这样的问题，即藐视法庭法是否有更进一步的保护"他人权利"的目的。②

法院认为，正如法院在 Handyside 案的判决中所说，表达自由构成民主社会的根基之一，构成每个人的进步和发展的基本条件之一。它受制于第 10 条第二款，不仅适用于人们乐于接受或视为无关紧要的"信息"或"观念"，而且适用于那些冒犯、惊扰国家或任何人群的"信息"或"观念"。这些原则在涉及新闻出版时具有特别意义。它们同样适用于服务社会多数利益并且需要开明公众合作的司法领域。普遍公认的事实是，法院不能在真空中运作。它们是解决纠纷的场所，同时，这并不意味着在其他地方如专业刊物、新闻界或广大公众中间能够没有事先讨论。进而言之，大众传媒不得逾越基于正当司法的利益所设立的界限，但在法院审理的问题上，就像其他公众关心的领域一样，它们有责任传送相关的信息和观念。不仅媒体有义务传输，公众也有权利获得。③

显然，围绕着什么是"维护司法的权威和公正无偏"的问题，欧洲人权

---

① 前引 The Sunday Times 案判决，para.55。
② 前引 The Sunday Times 案判决，para.56。
③ 前引 The Sunday Times 案判决，para.65。

法院在许多方面作出了厘定。尤其是，尽管该法院承认政府方面的目的声称，即基于藐视法庭法而禁止发表涉及有关药品和相应诉讼的文章，追求的是"维护司法的权威和公正无偏"的合法目的，但对该目的的要求的理解并不一样。在该案的最终判决中，多数法官出于不同的理由拒绝政府方面以下论点：报纸发表涉及待决诉讼的得失的文章，造成了有损公平审判的对"报纸审判"的期待；为了维护法院的公信，必须对此予以禁止。其中主要的一种理由是，"维护司法的权威和公正无偏"的措施，保护的是一种可客观决定的利益。①

　　"防止秩序混乱或犯罪"也是第 10 条第二款确认的合法目的之一。实践中发生的争议是如何理解其中"秩序"一词的含义。对此，欧洲人权法院在有关案件中显然作出了自己的取舍或理解。例如，在 Engel and Others 案中，荷兰政府方面认为，对军职人员违反军队纪律发表文章的行为予以纪律惩戒，其目的在于"防止秩序混乱"，控告者对此则持有疑义。对此，欧洲人权法院在判决中写道：

　　　　如同政府和欧洲人权委员会一样，法院首先强调，该条所使用的"秩序"概念不仅指公约第 6 条第一款和第 9 条第二款以及公约第四议定书第 2 条第三款含义中的"公共秩序"，而且还包括在一个特殊的社会群体的范围内必须主导的秩序。例如，军队中的情况就是如此，其中的秩序混乱会影响到整个社会的秩序。因此，如果在一定程度上此案中争议的处罚的目的是为了防止在荷兰军队中的秩序混乱，那么该处罚就具备了该要件。

　　Dona 和 Schul 两位先生均坚持认为，第 10 条第二款只是在与"防止犯罪"相联系的意义上考虑"防止秩序混乱"的问题。法院不赞同此观点。

---

　　① 参见 D.J.Harris, M.O'Boyle, C.Warbrick, Law of the European Convention on Human Rights, London: Butterworths, 1995, p.392. "维护司法的权威和公正无偏"的"客观性"在 WEBER 案中受到政府方面的挑战。参见 WEBER v. SWITZERLAND Judgment, 22/05/1990, A177. 该案的主要情况是，在瑞士因为司法程序秘密进行的需要而导致对记者的定罪，因为该记者在新闻发布会上损害了对正在审理中的诽谤案件的秘密调查。欧洲人权法院的判决是违反第 10 条。

公约的法文文本使用的是连接词"et",同时,英文文本使用的是非连接词"or"。考虑到第 10 条的上下文和一般体系,在这一点上,英文文本提供了更确定的指引。在这些条件下,法院认为没有必要探究对控告者的处理是否除了"防止秩序混乱"的目的之外,还有"防止犯罪"的目的。①

值得一提的是,在一些判例中,"秩序"一词的含义还被确认为包括一些具体领域中的"秩序",如"国际电讯秩序"。"维护国际电讯秩序"同样属于第 10 条第二款中的"防止秩序混乱"。②

### (四)合比例性:"民主社会所必需"

#### 1.意义及审查的一般步骤

欧洲人权法院在 The Sunday Times 案的判决中说:对于证明公权干涉的正当性来说,"说明干涉属于第 10 条二款的例外不够;说明干涉的原因是其对象属于用一般或绝对的术语表达的法律规则的调整范围也不够;还必须使法院相信,基于案件的主要事实和情况,干涉是必需的。"③欧洲人权委员会在有关案件的报告中也指出:对于表达自由的限制是否为民主社会所必需这一问题,不能抽象地回答,而必须参照具体案件以及公约所正视的"民主社会"(即欧洲理事会成员国)的情况加以回答;必须区分法律规定本身的必要性和将规定适用于具体案件的必要性。④

较之于"合法性"和"合目的性"两个要件,干涉的"合比例性",或者说,证明干涉是"为民主社会所必需",显然更为关键。因为正是从这一要件当中,引申出了欧洲人权法院在决定有关干涉行为是否违反欧洲人权公约方面的广泛的裁量权。有研究表明,对表达自由权的干涉与其所欲达到的合法目标的比例问题,已经逐渐在该法院处理表达自由的案件中起主

---

① 前引 Engel and Others 案判决,para.98。

② 前引 Groppera Radio AG 案判决,paras.69,70;Autronic AG 案判决,para.59。

③ 前引 The Sunday Times 案判决,para.65。

④ 参见 Council of Europe(ed.),Digest of Strasbourg case-law relating to the European Convention on Human Rights. Vol.3,pp.466,473。

要作用。①

由于国家方面总是基于第 10 条第二款所确认的一个或多个合法目的为其干涉行为辩护，从欧洲人权法院方面看，审查干涉行为是否合乎比例或者是否"为民主社会所必需"，也就是要"审查这样的辩护是否具有说服力，以确保干涉符合民主社会的真正利益，而不只是伪装了的政治上的便宜行事"②。因此，如果国家方面不能提出证据证明其关于干涉的必要性的主张，就会被认为不合比例行事。具体则大致可以将欧洲人权法院的判决分为两类情况：一类是认为干涉在实际上毫无必要，因而不合比例；另一类是认为限制过宽或者说赋予国家的裁量范围过大，因而不合比例。

欧洲人权法院在审查干涉行为是否合乎比例或"为民主社会所必需"这一职能的过程中，显然已形成自己比较确定的一般解释框架或思路。从该法院判决的叙述方式看，这种解释框架主要由两大部分组成：一是对该法院所持的基本立场以及其审查的主要内容和方式的阐述；二是将原则立场运用于具体个案事实所做的具体审查和判断。前者是在一般意义上对问题的回答，后者则是对问题的具体考量。就前者而言，主要涉及以下一些方面的问题：

（1）民主社会的特性以及表达自由在其中的意义（见前文"二"）；

（2）什么是"为民主社会所必需"；

（3）在判断是否"为民主社会所必需"的问题上，如何处理国内裁量和欧洲监督的关系；

（4）影响欧洲人权法院审查力度和国内裁量权大小的因素。

2."必需"的含义

既然干涉行为具有正当性的第三个要件是证明它"为民主社会所必需"，那么如何确定其中"必需"（necessary）一词的含义就至关重要。"必需"是一个极为普通的用词。如同欧洲人权公约第 10 条第二款中确认的"合法目

---

① 参见 D.J.Harris, M.O'Boyle, C.Warbrick , Law of the European Convention on Human Rights, London: Butterworths, 1995, p.411。

② 参见 Council of Europe（ed.）, The exceptions to article 8 to11 of the European Convention on Human Rights, 1997, p.14。

的"多种多样一样，"为民主社会所必需"的事物在内容和形式上也都不会简单划一。同时，"必需"会有不同的强度和重要程度，这种强度和重要程度还会因时因地而异。因此，要判断干涉行为是否是"为民主社会所必需"，首先对其中"必需"一词的含义要有一个大致的审查和判断路径。从欧洲人权法院的裁判看，这也正是其解释和推理的起点。

在 Handyside 案的判决中，欧洲人权法院写道：

在第 10 条第二款的含义中，"必需"这一限定词与"不可缺少"（同时参见第 2 条二款和第 6 条一款中"绝对需要"、"严格必需"，和第 15 条一款中"在紧急情况所严格要求的意义上"）并非同义，它也不像诸如"可许可的"、"通常的"（第 4 条三款）、"有用的"（法文本第一议定书第一条第一段）、"合理的"（参见第 5 条三款和第 6 条一款）或"可望的"这样一些措辞具有灵活性。尽管如此，"必需"这一概念在此上下文中意味着紧迫的社会需要，其实况要由国内当局作出初始判断。①

上面这段话包含了两个层次的含义：其一，排除在极端严格或极端灵活的意义上理解"必需"一词的含义，认为"必需"意味着"紧迫的社会需要"（pressing social need）。这一认定似乎可以说包含了欧洲人权法院对自己所审理的案件在性质上的一个基本判断，即这些案件一般不可能是明显符合或明显违反欧洲人权公约的案件：如果干涉属于民主社会的"绝对需要"，则有干涉，不会有控告；如果干涉根本不是民主社会的"必需"，则不会有干涉，也不可能有控告。② 这也就是通常人们所说的"疑难案件"的情况。其二，对于是否存在这种"紧迫的社会需要"，国内当局有权作出自己的判断。

3. 国内裁量和欧洲监督的关系

但是，国内当局的判断是"初始"意义上的，而非"终决"意义上的，

---

① 前引 Handyside 案判决，para.48。

② 在谈及欧洲人权法院在裁判中注重比例原则和利弊权衡，以及这种"现实主义态度"如何与法治所要求的法律的可预期性相协调时，H.S.Greve 法官认为：严重违反和明显不违反欧洲人权公约的情况属于两极，告到欧洲人权法院来的案件往往属于两极之间的情况，即使违反也往往是轻微的。因此，权衡是必要的。——交谈

否则个人的控告和欧洲人权法院的审查和裁判就无从谈起。那么，如何处理国内裁量（domestic margin of appreciation）和由该法院所代表的"欧洲监督"（European supervision）之间的关系呢？对此，该法院写道：

然而，第 10 条第二款并没有给予签约国无限的裁量权。法院……被授权作出最后裁决，以决定一种"限制"或"处罚"是否与第 10 条所保护的表达自由相和谐。因此，国内裁量伴随有一种欧洲监督。此监督既涉及被挑战措施的目的，也涉及其"必要性"；它不仅包括基本的立法，而且还包括适用它的决定，甚至是由独立法院作出的判决。

法院的任务绝非要取代堪当此任的国内法院，而是要按照第 10 条审查它们在行使裁量权时所作出的裁决。[1]

这并不意味着，法院的监督限于确定有关国家是否合理、谨慎和诚信地行使其裁量权。即使签约国这样做了，在涉及其行为是否与它所承担的公约责任协调方面仍然要受法院的控制。[2]

4. 不同目的对裁量的影响

从具体情况看，这种关于国内裁量和欧洲监督之间关系的原则性阐述，在某种意义上则表现为一种此消彼长的关系。而影响这种消长关系的因素首先来自欧洲人权公约第 10 条第二款所确认的不同目的。目的的不同可能会导致国内裁量的范围的不同。例如，在论及国内裁量的范围在"维护道德"和"维护司法的权威"两种目的之间的不同时，欧洲人权法院写道：

在涉及第 10 条第二款所列的每一个目的时，国内裁量权的范围并不相同。Handyside 案涉及"维护道德"。法院察觉，各签约国对"道德的要求"所采取的观点"因时、因地而变，特别是在我们这个时代"，因而大致说来，在说明什么是道德要求的确切内容方面，国内当局比国际法官处于更有利的地位。准确地讲，这种情况并不适合于相对而言更客观得多的司法"权威"的概念。各签约国的国内法律和实践都表明，在这一领域，共同的认识依据

---

① 前引 Handyside 案判决，paras.49–50。

② 前引 The Sunday Times 案判决，para.59。

在很高程度的实体意义上存在。这一点体现在包括第 6 条在内的公约的若干规定之中，而就"道德"一词而言，情况却并非如此。因此，在这里，与一种更广泛的欧洲监督相对的是一种范围较小的自由裁量权。①

应该指出的是，虽然欧洲人权法院承认国内决策者在决定何为"道德"的问题上拥有广泛的裁量余地，或者说在此问题的决定上可能特别容易受到地方裁量的影响，但是，对于决定在一个民主社会中何为保护道德所必需，法院却不那么认为。理由是，只有这样才能避免那种对道德内容采取单一观点的地方偏见进而认为：保护道德必需采取严厉的措施。②

5. 不同类型表达的影响

国内裁量和欧洲监督之间的消长关系，也表现在不同类型的表达上。如前所述，欧洲人权法院判例法所确认的表达，从内容性质上大致可以区分为政治表达、艺术表达和商业表达三种类型。三种表达具有不同的重要性，从而在受保护的程度上也有不同。总体说来，从政治表达到艺术表达再到商业表达，呈现为国内裁量范围的递增和欧洲监督力度的递减。

由于政治表达的特殊重要性，它构成了民主社会的一个核心特征，因此，欧洲人权法院高度重视对政治表达的保护，一般说来，对于任何防碍政治表达的公权行为，法院都要求有最充分的理由去证明其正当性。

相对于政治表达，欧洲人权法院并不那么明显地关爱艺术表达。而且，从 Muller 案和其他一些案件的判决看，也许人们可以预见，国家干涉艺术作品生产和展示的权力，较之于处理那些主要为了赢利或娱乐而生产的材料的权力，将受到更充分限制。③

种种迹象表明，商业表达并不像政治甚至艺术表达那样被认为值得保护，一些使得表达在政治领域有价值的考虑，并不以完全相同的方式适用于商业的范围。尤其是在真实性方面，国家可能坚持要求把真实作为商业言论合法正当

---

① 前引 The Sunday Times 案判决，para.59。
② 参见前引 Muller 案判决，paras.40–3；Open Door 案，paras.63，68。
③ 参见 D.J.Harris，M.O'Boyle，C.Warbrick，Law of the European Convention on Human Rights，London: Butterworths，1995，pp.401–402。

性的一个条件，其严格程度为政治言论所无法接受。例如，Markt Intern 一案的判决在商业言论方面具有首要的权威性，该判决为国家管理甚至禁止某些种类的广告留下了充分余地。例如，有关卷烟等个别产品的广告，有关个别主题的广告如政治广告，以及一些凭借特别技术的广告等，都属于这类广告。在 Jacubowski 案和 Casado Coca 案的判决中，欧洲人权法院确认，在以干涉广告者的表达自由的方式管理职业广告方面，国家拥有广泛的裁量余地。①

　　欧洲人权委员会曾明确指出：虽然商业"言论"本身属于第 10 条第一款的保护之列，但对其保护的水准必须低于在最广泛意义上的"政治"观念的表达。内含于欧洲人权公约表达自由概念中的价值，主要与政治表达相关。而且，多数缔约国都有限制商业"观念"自由流传以免消费者被误导或欺骗的立法。有鉴于此，第 10 条第二款中所说的"必需"，在用于针对商业"观念"的限制时应当不那么严格。② 如果说在限制政治言论方面，"迫切的社会需要"使国家负有沉重的负担以表明其行为的必要性，那么，对于广告宣传等商业言论，限制只要不是不合理似乎就属理由充分。

　　6. 其他影响比例裁量的因素

　　欧洲人权法院对于干涉行为是否"为民主社会所必需"的比例考量，除了受干涉的目的和表达的类型这样两类因素的影响外，还会受到其他各种因素的影响。正如该法院和欧洲人权委员会所说：

　　法院必须根据可获得的不同数据，决定国内机构所提出的、用于证明其采取的实际"干涉"措施的理由在第 10 条（2）下是否相关和充分。③

　　对于"必需"这一标准，不能加以绝对地适用，而要估量不同因素。这些因素包括所涉及的权利的性质，干涉的程度即是否与所追求的合法目的成

---

　　① 参见 JACUBOWSKI v. GERMANY Judgment（Merits），23/06/1994，A291-A.（在该案中，德国有关当局对一记者发出禁令，不得他在德国散布包含不利于一新闻机构的评论的信件。欧洲人权法院的判决是不违反第 10 条）；前引 CASADO COCA 案判决，24/02/1994，A285-A。

　　② 参见 Council of Europe （ed.），Digest of Strasbourg case-law relating to the European Convention on Human Rights. Vol.3，p.471。

　　③ 前引 Handyside 案判决，para.50。

比例，公共利益的性质及其在所涉案件情形下要求保护的程度。①

因此，在考量是否"为民主社会所必需"的问题上，试图把欧洲人权法院的裁量过程概括为三言两语是徒劳的。虽然该法院常常诉诸在表达自由和公共利益之间做"平衡"的说法，但它需要考虑广泛范围的因素以决定国家在具体案件中是否越界或超越其裁量范围。过分简单其裁量的法理是不妥当的。

以表达主体的身份为例。在 Handyside 案中，欧洲人权法院认为：不管谁行使表达自由，都承担有公约所规定的"义务和责任"，其范围取决于他的境况和他所使用的技术手段。② 欧洲人权委员会在 Engel 案的报告中则说得更为透彻："考虑是否合比例，必须考虑每个人在行使其表达自由权时所承担的义务和责任。确实，在证明国家干涉的正当性时，只是涉及这种义务和责任是不充分的，这种正当性证明必须在第 10 条（2）中找到具体根据。然而，委员会在评估这些根据时也必须考虑行使表达自由权者的具体情况，以及基于这种考虑他所承担的义务和责任。不同的标准适用于不同类别的人，诸如文官、士兵、警察、出版者、记者、政治家等，他们的义务和责任必须联系他们的社会功能来看待。"③ 当然，从实际情况看，表达主体的身份可能成为国家方面合法限制其表达的一个理由，也可能成为限制而非扩大国家干涉权的一个理由。

此外，对欧洲人权法院的裁量构成影响的还可能有其他许多因素。例如，表达的手段是个人性质的还是新闻媒体的、是新闻出版还是广播电视，表达的对象是成年还是儿童、是一般公众还是特殊群体，等等，所有这些都可能影响对表达的保护程度。

应该指出的是，"平衡"的说法显然在很大程度上掩盖了欧洲人权法院对于表达自由权的特殊关照。

---

① 参见 Council of Europe（ed.），Digest of Strasbourg case-law relating to the European Convention on Human Rights. Vol.3，p.471。

② 前引 Handyside 案判决，para.49。

③ 参见 Council of Europe（ed.），Digest of Strasbourg case-law relating to the European Convention on Human Rights. Vol.3，p.456。

# 第二编
# 法治实践的法理展开

# 第八章　法治释义

## 一、法治释义

### （一）法治的源流

在人类的法律生活中，法治（Rule of law）是一个经典性的概念，古今中外不同时代的思想家对这一概念有过不同的论述，"法治是什么"的问题同"法律是什么"的问题一样，也是法学理论中人们不断追问的问题。如今，法治已经成为全球意识形态的重要内容，"依法治国，建设社会主义法治国家"在我国则被作为基本国策写入宪法。因此，回顾和梳理人类法治思想的流变，系统阐释法治概念的逻辑内涵，具有重要意义。

法治作为一种系统完整的理论，乃是西方近代文明的产物，然而从历史沿革的角度看，它首先是一项历史成就。

在汉语世界，"法治"一词最早见于先秦诸子的文献，如《管子·明法篇》中有"威不两错，政不二门，以法治国则举错而已"，《商君书·任法》中有"法任而国治矣"，《韩非子·心度》中有"治民无常，唯以法治"等①。作为与"礼治"、"德治"以及"人治"等概念相对立的一种治国方略，传统中国

---

① 萧公权：《中国政治思想史》（一），辽宁教育出版社1998年版，第185页。

法家所主张的"法治",强调"不别亲疏,不殊贵贱,一断于法"、"不务德而务法"等,认为"法"是治理国家和管理社会的最基本的手段和工具。应当指出的是,法家的"法治"并不具备近现代法治思想中控制权力、保障权利等价值内涵,其目的同儒家的"礼治"和"德治"一样均是为了维护君主的专制统治,因而根本不同于近现代与民主政治相伴随的法治。①

在西方,早在古希腊时期,依据法律治理城邦就是一个十分重要的观念。在公元前7世纪至6世纪,号称古代希腊七贤之一的毕达库斯就提出过人治不如法治的主张。② 不过他所主张的"法治",主要是严刑峻法,并非对权力的制约。法治概念的明晰确立应当归功于柏拉图和亚里士多德师徒。人们通常认为柏拉图是人治的倡导者,而亚里士多德则提倡法治,理由是柏拉图主张"哲学王"的统治,而亚里士多德则主张"法治应当优于一人之治"。事实上,尽管柏拉图一生都未放弃其"哲学王"统治的理想,但在晚年也坦然承认法治的优良之处。他在《法律篇》中曾写道:"一个国家的法律若居于次要和软弱地位,它离覆亡的日子也就不远了;而在一个法律是官员之主人的国家,我看到了拯救和神及于他的佑护。"③ 亚里士多德的著作中包含了许多经典的法治思想。他在比较法治和人治的意义上论证了前者的优越性,认为法律是没有感情的智慧,是众人的智慧,具有一种为个人所不能做到的"公正性质",是一个中道的权衡,而个人则难免受感情的支配,即使最好的贤人也不能消除兽欲、热忱和私人感情,因而在执政时往往引起偏见和腐败。亚里士多德还提出了对后世影响深远的经典的法治定义,即"法治应包含两重意义:已成立的法律获得普遍的服从,而大家所服从的法律又

---

① 参见张国华:《中国法律思想史新编》,北京大学出版社1998年版,第127页。

② [古希腊]亚里士多德:《政治学》,吴寿彭译,商务印书馆1983年版,第142页。

③ 桑德斯将之翻译成英文则为:"Where the law is subject to some other authority and has none of its own, the collapse of the state, in my view, is not far off; but if law is the master of the government and the government is its salve, then the situation is full of promise and men enjoy all the blessings that the gods shower on a state." 参见 Brian Z. Tamanaha: On the rule of law: history, politics, theory. Cambridge University Press, 2004, p.9.

应该本身是制定得良好的法律。"① 不仅强调了法律在城邦生活中至上的权威性，而且把法治和德性相联系，注重法律的价值。

在柏拉图和亚里士多德之外，古罗马西塞罗的自然法思想中也包含了许多有关法治的论述。他在《为克伦提欧辩护》一文中说："在一个以法律为根基的国度，弃法律于不顾的行径将会是更大的耻辱。因为法律是维系个人在共同体中的利益的纽带，是我们得享自由的基础，是正义的源头……没有法律的国家犹如缺失头脑的人体……执政官司掌法律之执行，法官照看法律之解释。我们遵守法律，是因为法律赋予我们自由。"② 西塞罗的法治思想可贵之处在于他的理性自然法的主张。他强调法的本质是源自人的本性的理性，认为法律应当代表公正，不公正就不能成为法律。

在欧洲中世纪，法治的传统以一种缓慢而独特的方式发展，其中日耳曼的习惯法和英国的大宪章，均被认为是贵族们试图用法律约束王权的努力，③ 而近代资产阶级的法治思想和实践也直接源自这一时期。在观念上，世俗法律家极力主张法治，强调国王遵守法律的重要性，例如 13 世纪中期英国的布莱克顿在他的《论英格兰的法律与习惯》中就主张：国王有义务服从法律，因为国王处在上帝和法律之下；不是国王创制法律而是法律造就国王④。同时，宗教学者则坚持认为，法律是神意的体现，所有尘世权威都应当服从法律。他们还立足于教会至上的立场，主张限制世俗国王的权力，声称国王不受制于人，但受制于上帝和法律。如托马斯·阿奎那就主张："一旦统治者因背叛教义而被开除教籍，他的臣民依据这一事实便可不受他的统治，并解除约束他们的效忠宣誓。"⑤ 而在研究者看来，教会本身就是一

---

① ［古希腊］亚里士多德：《政治学》，吴寿彭译，商务印书馆 1965 年版，第 199 页。

② 转引自［爱尔兰］J.M. 凯利：《西方法律思想简史》，王笑红译，法律出版社 2002 年版，第 67—68 页。

③ Brian Z. Tamanaha. On the rule of law: history，politics，theory. Cambridge University Press，2004，p.15.

④ 参见夏勇：《法治是什么——渊源、规诚与价值》，载《中国社会科学》1999 年第 4 期。

⑤ 转引自［美］卡尔·弗里德里希：《超验正义——宪政的宗教之维》，周勇、王丽芝译，三联书店 1997 版，第 20 页。

个法治国（Rechtsstaat），是一个以法律为基础的国家。对教会权威的限制，尤其是来自世俗政治体的限制，以及教会内部的特殊结构对教皇权威的限制，培育出了某种超越法治国意义的依法而治的东西，这些东西更接近后来英国人所说的"法的统治"（rule of law）①。值得注意的是，中世纪欧洲法律的主要部分是习惯法，而非成文法典。在日耳曼习惯法中，立法某种意义上更是对原有习惯的重述而非创制。在《萨克森明镜》中，法治观念一定程度上发展到包括表达个人所享有的"抵抗国王和法官的非法判决，而且帮助他人去这样做"的明确的权利②，在此意义上，国王不再有任意立法的权力，他被视为习惯法的守护者，要遵循旧有的习惯法，否则就将被认为是非法而遭到抵制。1215 年英国的《大宪章》（The Magna Carta）更是为王权的范围立下了界标，确立了个人应享有的人身权利和民事权利，表明国王也要受法律的约束。与《大宪章》作用相同的还有 1222 年匈牙利的《金玺诏书》。在中世纪，法治的观念既得到盛行的宗教意识形态的支持，也得到当时多元制衡的权威和管辖权结构的支持。③

进入近代，随着资本主义商品经济的发展，自由、平等、人权等思想迅速传播，在启蒙思想家的论述中，建立在社会契约论基础上的国家观念使得法治的内涵更加丰富，并与民主、宪政等思想一起成为资产阶级争取自身权利的重要途径。法治的思想在此时与古典自由主义思潮形成互动，为自由主义大师们所津津乐道。如詹姆斯·哈林顿在其著名的《大洋国》一书中首次明确地将法治界定为有限政府和"共和国家"（Commonealth），指出专制国家是"人的王国，而不是法律的王国"，而法治国家则是"法律的王国，而

---

① 参见［美］哈罗德·J. 伯尔曼：《法律与革命——西方法律传统的形成》，中国大百科全书出版社 1993 年版，第 259 页。

② 参见［美］哈罗德·J. 伯尔曼：《法律与革命——西方法律传统的形成》，中国大百科全书出版社 1993 年版，第 608 页。

③ 英国的令状制度一方面强调了法律的程序意义，另一方面也是对王室司法管辖权的一种界定和限制。用梅特兰的话说："令状的统治即法的统治（the rule of writs is the rule of law）。参见［美］哈罗德·J. 伯尔曼：《法律与革命——西方法律传统的形成》，中国大百科全书出版社 1993 年版，第 553—554 页。

不是人的王国"，通过法律限制和控制政治权力是法治最主要的原则①。这一时期，法治作为治理国家最基本的方式在西方扎根并随着实践的发展而不断地在理论上丰富和完善起来。尽管法治在此后不断地被各种思潮予以新的解释，但法治作为一种治国的基本方略、一种追求良好社会治理秩序的方式已经被人们接受，并日益成为一种新的意识形态而为各国以不同的方式宣扬。

## （二）法治的逻辑形态

法治是一种源远流长的政治法律实践和社会文化现象，尽管这一概念在中西方不同时代有不同的表达方式，如中文里有"法治"、"以法治国"、"依法治国"等，西文中有"rule of law"、"rule by law"、"rechtsstaat"、"government by law"、"government through law"等，但从逻辑角度分析，不同时期的法治观念和实践大致呈现出以下三种不同的形态：

### 1. 作为法秩序的法治

在最为一般的意义上说，法治意味着在国家和社会生活中对法律的特性和作用的强调。法律是一种特殊的社会行为规范，由国家制定或认可，以权利义务为内容，采取允许、命令和禁止的明确规范形式，并为国家强制力所保障实施。在众多的社会调整方式中，与伦理道德、风俗习惯、政令政策等其他社会规范相比，法律更具有普遍、明确、稳定和强制的特性。法律的特性有利于保证国家和社会生活进程所必需的某种程度的一致性、连续性和确定性，从而满足人们对有秩序的社会生活的根本追求。因此，注重法律的权威性，以法律作为治理国家的重要手段，用法律去规范和调整社会生活关系，形成国家和社会生活中的法秩序，可以说是古今中外法治观念和实践的基本内容。任何社会政治体都离不开法律，任何统治者都会把法律视为治国的"利器"，这就使得作为法秩序的法治可以与任何政治或统治形态相

---

① 参见［瑞士］丽狄娅·芭斯塔·弗莱纳：《法治在西方主要法律传统中的历史发展——从中世纪法律至上观念到现代法治观念》，葛明珍译，见夏勇、李林主编《法治与21世纪》，第3—6页。

兼容。①

### 2. 作为"法的统治"的法治

当法律的权威和作用在国家和社会的生活秩序中被强调到极致或"至上"之时，作为"法的统治"的法治形态就脱颖而出。这主要是一种近现代意义上的法治形态，它最大限度地信奉法律的权威和作用，而不是以君王权威、道德教化或神的旨意作为政治统治的圭臬。作为一种秩序建构的原理，一种治道，这种法的统治与神权政治下的宗教统治、专制体制下的人治以及倚重伦理教化的德治是完全不同的②。在实际操作上，作为"法的统治"的法治把"合法性"作为判断社会主体行为的基本准则，努力做到凡事"皆有法式"，凡事"一断于法"。其中又特别强调法律对政府权力的规范和限制，强调任何政府行为都可能经受合法性检验或挑战的重要性。正如哈耶克所言："法治的意思就是指政府在一切行动中都受到事前规定并宣布的规则的约束——这种规则使得一个人有可能十分肯定地预见到当局在某一种情况中会怎么样使用它的强制权力，和根据对此的了解计划他自己的个人事务。"③

### 3. 作为"良法之治"的法治

法治在逻辑上必然包含有法可依和依法办事这样两个有机联系的方面。从前面对法治观念历史演变的描述也可以看到，人类的法治思想从一开始就包含了对作为前提的法律之品质的要求，这也就是亚里士多德所说"本身制定的良好的法律"。法律如何才能算得上良好，在很长一个时期人们的关注点是法律或作为一个制度系统的法律的形式构造上。在此意义上主要强调两个方面：一是在静态意义上要形成一个内容完善、结构严密、内部协调、形式统一的健全的法律体系；二是在动态意义上建立一种包括立法、执法、司

---

① 参见李步云、张志铭：《跨世纪的目标：依法治国，建设社会主义法治国家》，载《中国法学》1997 年第 6 期。

② "治道是秩序所含的内在精神气质，秩序是治道的外在体现形式。"法治作为一种治国方略，在宏观意义上，正是一种治道的体现。参见高鸿钧等：《法治：理念与制度》，中国政法大学出版社 2002 年版，第 94 页。

③ [英]哈耶克：《通往奴役之路》，王明毅等译，中国社会科学出版社 1997 版，第 73 页。

法、守法等诸个环节在内的法律运行机制。这种对法律品质的形式意义的关照，鲜明地表现在作为"法的统治"的法治形态之中。而针对法律品质局限于形式构造和刚性运用这种立场的反思，以及对良好法律在实质意义上的界定，则形成了作为"良法之治"的法治形态。这是一种更为现代的法治形态。因应社会经济发展和国家治理的需要，这种法治形态高度重视法治与实质正义之间的有机联系，其特征是：强调法治不仅仅是依法治国，而且主张以实在法之外的标准如"正义原则"、"道德权利"等来衡量和检验法律；不满足于形式平等，主张从制度上弥补形式平等的缺陷，采取措施缩小实际的不平等；既重视程序正义，也试图超越程序正义的界限，追求实质正义；认为法律不是一个自我封闭的系统，而是始终与道德、经济、社会和文化条件相关联，法律的实质合法性的终极源泉在于法律背后的道义原则、道德权利以及民众的正义感，而不是法律自身。[①]

## （三）法治和法治国家

"法治国家"的概念与"法治"紧密联系。一个国家选择实行法治，就意味着在社会制度安排和治理方式上奉行法治的原则，使法治从一种理论观念转化为一种政治实践，将政治活动纳入法治轨道。无论是作为治国理念，还是制度选择，法治原则与国家制度相结合，就意味着近现代意义的"法治国家"的诞生。

从思想史的角度看，"法治国家"一词最早专指"法治国"（Rechtsstaat），在英文中则被称为"legal state"、"a rule of law nation"或"law-based state"，意指构筑在法律基础之上的国家。与"法治"的起源不同，"法治国"最初是个德国式的概念，它源起于康德、费希特等近代德国思想家的政治学说。康德认为："国家是许多人以法律为根据的联合"。在康德的政治思想中，国家与法律密切联系的关键在于它们都是人类理性的产物。他认为国家不是自然历史发展的结果，而是人类理性的产物。作为规定什么是正确什么是不正

---

① 高鸿钧等:《法治:理念与制度》,中国政法大学出版社 2002 年版,第 765—766 页。

确的标准，法律是超越个人意志的人们公共意志的一种产物①。推言之，作为公共意志的体现，法律服从于立法者的权力意志，而非自然正义。尽管这种思想也认为国家必须依法管理，国家权力的行使应当依照法律的规定，然而这种观点经实证主义法学的演绎，使得法律仅仅被看作是强者的意志，而不顾及法律本身的正义性，由此使法律沦为一种工具。这种思想后来主导了德国近代的宪政运动，并成为大陆法系传统的一个重要组成部分。第二次世界大战时期，这种思想被纳粹所利用，成为掩饰种族灭绝的法律托词。从某种意义上说，"法治国"的思想更多的是指"行政主治"和"依法统治"（government by law）。

作为一种现代意义上的国家治理模式，"法治国家"是指国家依靠正义之法来治理国政与管理社会，从而使权力和权利得到合理配置的社会状态，法治理念得以实现，良好的法秩序得以形成。尽管现实中的法治受到历史和文化特殊性的影响而使得不同国家的法治模式存在着一定的差异，但从根本上看，作为一种政制模式，法治国家蕴含着法治的基本精神和价值关怀，从这个意义上说，法治国家在本质上应更多的具有相似性。

在当代中国，法治应该是一个系统完整的概念，它既应该是一种治国之道，又应该内含着对良好法律制度的追求，它既应该在观念上体现宪法和法律至上权威、制约权力和保障权利以及民主、自由、平等、人权等价值理念，又应该在国家和社会的治理过程中将这些价值理念付诸实施，转化为一种良好的法律秩序。

## 二、法治的基本要求

### （一）法治理念

"理念"是一个重要而古老的哲学概念。古希腊柏拉图认为"人类理

---

① 吴玉章：《法治的层次》，清华大学出版社 2002 年版，第 25—27 页。

性是认识和评价万物的最高准则",他将同类事物的本质定名为"理念"（idea）①，提出理念是"不可见之物"、"内在之形"。在柏拉图的理性主义哲学体系中存在两个世界：一个是"理念的世界"，另一个是现实的"感觉世界"②。他指出，我们感觉所感受的万事万物是运动不息、变幻不定的，而理念世界的理念则是一种绝对的存在，是从具体事物中概括出来的一种最简单的抽象，是从现实中的万事万物中抽象出的共相；"理念"是万事万物追求的目的，也是万事万物的原型，具体事物只是理念不完善不真实的摹本。在18、19 世纪的德国古典哲学中，"理念"也是一个十分重要的概念。黑格尔将理念看作是世界的本质，认为自然和人类社会出现以前有一种作为世界本原的宇宙精神存在，这种宇宙精神就是"绝对理念"。最早明确地将"法"与"理念"联系起来的也是黑格尔，他首次提出"法的理念"这一专门术语，并提出法的理念就是"法的概念及其现实化"③。在我国，许多法学者对法律理念也有所阐述，如史尚宽先生曾认为，法律的理念是法律制定及运用的最高原理，法律之概念谓"法律为何者"，法律之理念谓"法律应如何"④。理念作为对事物本质的一种概括，诉诸于理性认知，蕴含着对一定社会基本价值的追求。法律的理念一方面是对法律的本质及其发展规律的一种宏观的理性认知和把握，源于法律实践，另一方面它又蕴含着法律的内在精神，是理性认识对现实的一种建构，是理性的思想、方法和态度，对现实具有引导作用。

法治理念根植于一定社会的经济、政治、文化等诸方面必然性要求之中，它是法治的灵魂，体现了法治的精神实质和价值追求，所要解决的是为什么实行法治以及如何实现法治的问题。具体而言，法治理念主要包含以下

---

① 在王晓朝翻译的《柏拉图全集》中"idea"一词被翻译成了"相"，"理念论"也被翻译成"相论"。

② 罗素在其《西方哲学史》一书中认为柏拉图哲学中最重要的五个部分是：乌托邦思想、理念论、灵魂不朽、宇宙起源以及将知识看作是回忆。

③ ［德］黑格尔：《法哲学原理》，范扬、张企泰译，商务印书馆 1961 年版，第 1 页。

④ 李双元、蒋新苗、蒋茂凝：《中国法理理念的现代化》，载《法学研究》1996 年第 3 期。

四个方面的内容：

### 1.法律的权威性是法治赖以实现的根本保障

法律的权威性甚至是法律的至上权威是法治内涵的基本理念之一。任何社会形态都存在着权威，以及某种权威等级体系。在神权政治的社会，神的意志就是最高的权威；在君主专制的社会，君主的个人意志就是至高无上的权威；而在法治社会，法律则应当具有极大甚至至上的权威性。在近现代，宪法和法律在政治和社会生活中是否具有最高的权威性，是一个国家是否实现法治的重要标志。现代法治所要求的法律的至上权威意味着任何组织和个人不得凌驾于宪法和法律之上，均要受宪法和法律的约束。尤其是在现代以政党政治为明显特征的国家和社会生活中，政党的活动不能超越宪法和法律的界限，政党的政策不得违反或代替法律。

### 2.限制公权力是法治的基本精神

权力趋向腐败，绝对的权力导致绝对的腐败。对各种权力尤其是政府的公权力予以合法性的考量和制约，防止权力腐败，是近现代法治应有之义。美国法学家博登海默曾认为："法律的进步作用之一乃是约束和限制权力，而不论这种权力是私人权力还是政府权力。在法律统治的地方，权力的自由行使受到了规则的阻碍，这些规则迫使掌权者按一定的行为方式行事。"[①] 以法律限制权力，首先要强调一切国家权力最终皆以宪法和法律为根据，否则权力的存在就不具有正当性；其次要强调任何公共权力的行使最终都必须以宪法和法律为根据，遵循法律规定的正当程序。制约公共权力有各种途径和方式，如权力与权力之间的制约（尤其是对行政权力的司法审查），个人和社会对公共权力的制约，等等，但是在一个现代法治社会中，这些制约最终都可以归结为基于法治的制约。

### 3.公正是法治最普遍的价值表述

法治所要求的法律是本身良好的法律，而所谓本身良好的法律，在最为

---

① ［美］博登海默：《法理学——法律哲学与法律方法》，邓正来译，中国政法大学出版社1999年版，第358页。

一般或普遍的意义上说就是体现公平正义的法律。在法律的价值体系中，自由、平等、安全、效率等皆是其重要内容和表述形式，但是这些不同的内容以及它们在不同时期思想家理论中的不同理解，最终都可以归结为某种公平正义的概念。所谓公平正义，简单地说就是在国家和社会生活中体现"给每个人其所应得"（give each his due）的原理原则①。法律制度在价值正当性的表述上皆以公平正义为依归，法治是公平正义的重要载体，也是保障公平正义的重要机制。

4. 尊重和保障人权是现代法治的价值实质

人权是人之作为人所应当享有的基本权利，是近现代社会中道德和法律对人的主体地位、尊严、自由和利益的最低限度的确认。人的主体地位、尊严、自由和利益之所以被宣布或确认为基本权利，不仅是因为它们经常面临着被侵犯、被否定的危险，需要社会道德的支持和国家强制力量的保护，同时也因为它们是社会文明进步的标尺和动力。现代法治就是保护人权的一种制度性安排。正是人权体现了现代法治所追求的公平正义的精神实质，奠定了现代法治的价值正当性的基础。

## （二）法治原则

法治原则是法治理念的具体化，也是对法治实践的指导和要求。对于法治原则究竟包括哪些内容，存在有不同的概括。例如，新自然法学的代表人物富勒曾提出过法治的八项原则性要求，即法律应当具有一般性，法律应当公布，法律应当适用于将来而非溯及既往，法律应当具有明确性，法律应当避免自相矛盾，法律应当规定合理而非要求做不可能实现的事，法律应当具有稳定性，以及官方行动要遵行法律。富勒认为，这八项原则是法律解释和执行方式方面的"程序自然法"，是法律的"内在道德"，缺乏其中任何一项，并不单纯导致坏的法律制度，而是导致一个根本不宜称

---

① ［美］博登海默：《法理学——法律哲学与法律方法》，邓正来译，中国政法大学出版社 1999 年版，第 264 页。

为法律制度的东西。① 又如，新分析实证主义代表拉兹从法治的字面含义解释法治的原则，也提出八项法治原则：所有法律应该是适用于未来的、公开的和明确的，法律应当相对稳定，各种特别法（尤其是法律命令）应由公开、稳定、明确并服从一般规则的指引，司法独立应当有保证，遵守自然正义的原则并使听证公开、公正、没有偏见，法院应当对法律原则的实施具有审查权，法院应当容易为人所接近，以及不容许执法机构利用自由裁量权而歪曲法律。② 很显然，这里既包含了保证法律成为有效引导行为的标准的内容，也包含了保证执法机关不消解法律指引行为的能力的内容。

综合对法治原则的各种概括，按照法治理念的要求，可以在具体的操作技术上对法的原则作出以下列举：

**1. 法律必须具有一般性**

法律的一般性是指法律是针对社会中的一般人而非特定人设定的行为模式，这些行为模式是将个别、具体的行为概括提升为法律上一般性的权利、义务和责任规则，从而使之具备被普遍和反复适用的特性。因此，法律一般性既包括法律制定内容上的一般性，即针对一般的人和事，而且还包括法律适用上的一般性，法律面前人人平等。

**2. 法律必须具有公开性**

法律从秘密向公开状态的演进是法制文明的重要体现。法律是行为规范，只有公开，才能为人们所了解和遵循，使人们得以按照法律的指引安排生活和处理事务。特别是在公法领域，法律的公开直接为公权力的运作指明方向，由此人们的权利获得保障和救济也就容易得多。不仅法律应当公开，而且作为适用法律结果的法律文书（如裁判文书）也应该公开。

**3. 法律不溯及既往**

法治是使人的行为服从规则指引的事业，法律最基本的作用就是为人们

---

① 沈宗灵：《现代西方法理学》，北京大学出版社 1992 年版，第 58—63 页。

② 沈宗灵：《现代西方法理学》，北京大学出版社 1992 年版，第 214—217 页。

的行为提供合理的预期，因此，在通常情况下，法律只能适用于其颁布生效以前的行为，而不能对此前的行为有溯及力。当然，在这个问题上现代法治也基于人道精神而表现出一定的灵活性，例如，我国刑法基于对犯罪人保护的原则采用了"从旧兼从轻原则"，规定新法不认为是犯罪的或者处罚较轻的要按新法处理。

### 4. 法律必须具有稳定性

法律的规范作用在于指引人们的行为，为此法律就必须具有稳定性，不能频繁变动、朝令夕改，使人们无法明确预见自己行为的结果，也无法合理地安排自己的生活。法律的稳定性不仅使人的生活摆脱偶然性因素的支配，而且也为社会的稳定和发展奠定了基础。社会的稳定和发展很大程度上取决于社会主体对未来的信心和计划，而这种信心和计划又是以对法律稳定性的信念为前提。

### 5. 法律必须具有明确性

人们常以为只有执法者或司法者才会侵犯法治，事实上，立法上的模糊不清、支离破碎对法治的危害更大。法律的明确性不仅要求立法在语言上具有明确性，平实严谨，而且也要求在内容明晰确定。法律不明确，执法者的自由裁量权就会无端扩大，法律的权威和效力就会大打折扣。当然，由于人们对事物认识的局限性，对法律的明确性也不能机械地加以要求，在这个意义上正如富勒有言，一种华而不实的明确性比老老实实的含糊不清或许更加有害于法治。①

### 6. 法律必须具有统一性

在现代社会，法律呈现一种爆炸式发展的趋势，新法不断地出台，使得保持法律的统一性，避免法律之间相互矛盾成为实现法治的基本要求。法律得统一性不仅表现在一个法律内部各项规则之间的和谐统一，而且还表现在法律作为一个系统，在各法律之间上下左右前后的和谐统一，就这方面，一般的处理原则是：后法优于前法，上位法优于下位法，特别法优于一般法

---

① 沈宗灵：《现代西方法理学》，北京大学出版社 1992 年版，第 60 页。

等。法律的统一性除了对法律规则方面的要求外，也表现在法律实施过程中法律的平等适用和一体遵行。

### 7. 司法审判的独立

司法审判的独立，体现了法律治理的理念，是现代法治得以实现的基本保障。司法审判的独立首先表现为裁判行为的独立，即司法审判机关依照法律独立行使审判权，以事实为根据、以法律为准绳，不受任何行政机关、社会团体和个人的干涉。为了保障司法裁判的独立，还要求为裁判者在薪酬、职位等方面提供充分的身份保障，要求裁判组织在内部和外部关系的处理上严格按照现代法治司法的要求。司法审判的独立并不意味着裁判者可以恣意妄为，它要求处理好独立与责任之间关系，并在两者之间求得平衡。

### 8. 诉讼应当合理易行

法治以制约权力、保障权利为重要目的，法律确立的各种权利在其实现过程必然遭遇各种阻碍，从而使针对权利的制度救济至关重要。没有救济就没有权利，而诉诸于法律的救济应该合理可行。诉讼是法律救济最重要的途径，诉讼的迟缓拖沓、费用昂贵必定会使法律及其确立的权利形同虚设。诉讼的合理易行首先要求司法资源向所有的社会成员开放，并为经济困难者提供司法救助，同时也要求诉讼具有效率，避免因怠慢迟缓而导致非正义。

## 三、中国的法治实践

### （一）中国的法治历程

现代法治观念及其实践引入中国乃是晚清时的事情。鸦片战争之后，传统中国逐步陷入一种整体性的社会危机，继而也开始了一个民族复兴和富民强国的历史征程。晚清的洋务运动意图以器物或技术革新的方式御侮图强，但甲午中日战争的失败使人们认识到民族危机的空前严重，以康有为、梁启超为代表的中国知识分子 1300 余人发动"公车上书",认为"使前此而能变法,则可以无今日之祸,使今日而能变法,犹可以免将来之祸。"他们提出"下诏鼓天下之气,迁都定天下之本,练兵强天下之势,变法成天下之治"的主张,其中尤以"变法"为重,认为"非变通旧法。无以为治"①。有研究认为,这实际上是中国民众法治之梦的开篇,是中国启动法治建设的准备。1898 年,一群充满爱国救国热忱的改革精英与富有革新意愿的光绪皇帝共同策划了一场自上而下的改革,这就是"戊戌变法",这场变法力图实现一种全方位的社会变革,其中就包括诸多的法律改革措施。梁启超更是把制定宪法作为变法维新的三要义之一,同时提出制定"民法、民律、商法、市则、舶则、讼则、军律、国际公法"等。尽管戊戌变法仅有百日,却应该视为中国当时谋求法治的朦胧开端。19 世纪末至 20 世纪初,清政府派出官员到欧洲、日本考察法治,同时宣布"预备立宪"。先后制定并颁行了《大清现行刑律》(1910 年)、《法院编制法》(1909 年),起草了《刑事诉讼律草案》、《民事诉讼律草案》、《大清民律草案》,还发布了《钦定宪法大纲》等,其间还翻译了大量的外国法律。修律和预备立宪昭示了封闭性的传统法律开始转型变革。但是,由于清政府已经病入膏肓,缺乏必要的牺牲精神和驾驭全局的能力,使立宪运动延误时机,反过来则加剧了清王朝统治的合法性危机。1911 年辛亥革命的领袖孙中山把法治同民主政治联系在一起,认为"国与天地,必有与立,民主政治赖以维系不敝者,其根本存于法律,而机枢在于国会。必全国有共同遵守之大法,斯政治之举措有常规;必国会能自由行使其职权,斯法律之效力能永固。所谓民治、所谓法治,其大本要旨在此。"②辛亥革命之后,帝制被推翻,民主共和成为一种象征,一种政治信仰,之后的任何政权的合法性都须建立在民主共和之上,由此,中国的国体和政体形式也发生了根本性的转换。但在此后的三十余年中,尽管经历届国民政府的努力,制定了比较完备的法律体系,形成了

---

① 康有为:《上清帝第二书》,见《康有为政论集》,中华书局 1981 年版,第 114—136 页。
② 孙中山:《辞大元帅职临行通电》,见《孙中山全集》第四卷,中华书局 1986 年版,第 480 页。

从宪法到刑法、民法、诉讼法、商法等部门齐全、内容完备的六法全书，在政治体制上，也形成了富有特色的五院制，在法的价值和精神上则标榜孙中山的"三民主义"、"五权宪法"，但由于复杂的历史原因，法治并为成为现实。法律沦为统治的工具，政治上的专制独裁依然如故。正如毛泽东所言："宪法，中国已有过了，曹锟不是颁布过宪法吗？但是民主自由在何处呢？大总统，那就更多，第一个是孙中山，他是好的，但被袁世凯取消了。第二个是袁世凯，第三个是黎元洪，第四个是冯国璋，第五个是徐世昌，可谓多矣，但是他们和专制皇帝有什么分别呢？他们的宪法也好，总统也好，都是假东西。"①

1949 年中国共产党领导建立了中华人民共和国，颁布实施了起临时宪法作用的《中国人民政治协商会议共同纲领》。1950 年第一届全国司法工作会议提出要确立"新民主主义的法治观念和道德观念。"②1953 年中央人民政府委员会第 28 次会议通过《关于政治法律工作的报告》，提出要逐步实行比较完备的人民民主的法制。1954 年颁布实施了中华人民共和国宪法。1956 年中共八大强调，随着革命时期的结束和社会主义建设时期的到来，应着手制定系统完备的法律，健全国家的法制。这一时期的法制建设，一方面主张彻底废除旧法统，另起炉灶地开始建设新中国的法制；另一方面由于受苏联的深刻影响，其法制建设中的各种弊端如法律工具主义、民主与法制脱节等也一并进入中国。同时，这一时期的法制建设受政治运动的影响，出现了以政策代替法律，政策大于法律的现象。之后不久，法治的观念被当作资产阶级的右派言论受到批判，法制建设陷于停顿。1967 年后由于国际（匈牙利事件）国内的复杂原因，"左"的指导思想和对毛泽东的个人崇拜愈演愈烈，十年浩劫使已经取得的法制一些成就荡然无存。

---

① 毛泽东：《新民主主义的宪政》，见《毛泽东选集》第二卷，人民出版社 1991 年版，第 736 页。

② 《人民法院审判工作经告（修正重刊）——最高人民法院吴溉之副院长在第一届全国司法会议的报告》，载《山东政报》1950 年第 12 期。

　　"文化大革命"结束后，中共于 1978 年召开十一届三中全会，进行了拨乱反正。邓小平总结国内外正反两方面的经验教训，在不同的场合、从不同角度反复批判了把一个党、一个国家的稳定和希望"寄托在一两个人的威望上"①的人治思想，强调要"认真建立社会主义的民主制度和社会主义法制"②，要通过政治体制改革，"处理好法治与人治的关系，处理好党和政府的关系"③，以此保证国家的长治久安，防止"文化大革命"悲剧重演。以邓小平为核心的中共第二代领导集体明确提出要发扬社会主义民主，健全社会主义法制，把社会主义民主和法制建设作为我国坚定不移的基本方针。同时，这一时期中国社会经济稳定而高速的发展也证明，只有处理好法治与人治的关系，处理好执政党和国家的关系，实行依法治国，才能保证国家的长治久安和兴旺发达。1996 年江泽民在《依法治国，保障国家长治久安》的讲话中指出："加强社会主义法制，依法治国，是邓小平同志建设有中国特色社会主义理论的重要组成部分，是我们党和政府管理国家事务的重要方针。"1997 年中共十五大报告在分析和反思新中国成立以来法制建设的经验和教训的基础上，明确提出"依法治国，建设社会主义法治国家"的跨世纪目标。"依法治国"作为治理国家的基本方略，随即在九届全国人大二次会议上被载入宪法。

　　对于社会主义法治国家的含义，中共十五大报告中明确指出："依法治国，就是广大人民群众在党的领导下，依照宪法和法律规定，通过各种途径和形式管理国家事务，管理经济文化事业、管理社会事务，保证国家各项工作都依法进行，逐步实现社会主义民主的制度化、法律化，使这种制度和法律不因领导人的改变而改变，不因领导人的看法和注意力的改变而改变。"就基本目标和任务而言则被概括为：(1) 到 2010 年形成有中国特色的社会主义法律体系；(2) 维护宪法和法律的尊严，消除特权，保障公民权，建立责任制；(3) 推进司法改革，追求司法公正，在制度上保证审判权与检察权

---

① 参见《邓小平文选》第二卷，人民出版社 1994 年版，第 333 页。

② 《邓小平文选》第二卷，人民出版社 1994 年版，第 348 页。

③ 《邓小平文选》第三卷，人民出版社 1993 年版，第 177 页。

的独立行使，建立司法责任追究制度；（4）加强执法与司法队伍建设，提高法律职业工作者的政治和业务素质，使其权利能力与行为能力达到统一；（5）增强全民法律意识，采取措施着重提高领导干部的法制观念和依法办事能力。中国十六大则进一步对依法治国，建设社会主义法治国家的具体任务作出了明确阐述。

### （二）当代中国的法治发展：从"法制"到"法治"

中共十一届三中全会以来，"发扬社会主义民主，健全社会主义法制"，以及"有法可依，有法必依，执法必严，违法必究"，一直是指导和推动我国民主法制建设的基本提法。这些提法通俗易懂，言简意赅，如今已成为社会大众的日常话语，因此它们在中国法治化进程中不仅过去和现在意义重大，今后的价值也不容低估。但是社会在巨变，法制建设也在不断地发展。1996 年，基于我国在民主法制建设方面已经取得的巨大成就和今后社会发展的需要，八届全国人大四次会议批准的《国民经济和社会发展"九五"计划和 2010 年远景目标纲要》令人瞩目地提出了"依法治国，建立社会主义法制国家"的奋斗目标和指导方针；而当1997 年中共十五大报告明确提出"依法治国，建设社会主义法治国家"的目标后，人们注意到其中从"法制国家"到"法治国家"的变化，以及这一字之差所包含着的更为深刻理论内涵和实践意义。可以说，这一变化的确反映了中国领导人在法制建设问题上的认识统一和提高。[①] 对此，可以通过对"法制"和"法治"以及与它们各自相关概念的辨析加以阐发。

法制和法治是两个有重大区别的概念。

首先，从约定俗成的意义上说，法制和法治两个概念的用法历来不

---

① 如果我们把党的十一届三中全会以来中国的法治化进程划分为不同阶段，那么可以这样说，"法制国家"的提出，反映了这一进程以不断重视和强化法制在国家和社会生活中的地位和作用为特征的各量变阶段的极限，而"法治国家"的提出，则是在跨越这种量变极限后的质的飞跃。

同。按照通常理解，法制是法律制度的简称，它是相对于政治制度、经济制度、文化制度以及其他各种制度而言的。法治则是与人治相对的一个概念：主张法治意味着否定人治，赞成人治则意味着反对法治。法治和人治被人们在对立的意义上加以使用，在中外历史上已经存在了几千年。如前所述，在古希腊，柏拉图曾提出"贤人政治"的人治主张（晚年改为主张法治），亚里士多德则针对"由最好的一人或由最好的法律统治哪一方面较为有利"这一问题，提出了自己的法治主张，并在西方历史上第一个系统地阐述了法治理论。中国春秋战国时期有儒法之争，儒家主张人治（又称礼治、德治、心治），认为"为政在人"，"其人存则其政举，其人亡则其政息"[①]；法家主张法治，提出"以法治国"[②]，"君臣上下贵贱皆从法"[③]。西方近代资产阶级革命时期的启蒙思想家如洛克、孟德斯鸠、卢梭、潘恩等，针对封建君主专制主义的人治，提出了以"天赋人权"、民主政治为基础的法治思想，并阐述了法律权威至高无上、立法行政司法"三权分立"、法律面前人人平等等一系列基本的政治法律原则。中国在近代资本主义发展演变时期，一些杰出的思想家政治家如黄宗羲、梁启超、孙中山等也倡导以民主政治和法治取代封建专制政治和人治，并有过精辟论述。[④]尤其值得注意的是，在中国共产党的历任领导人中，也同样是在与人治相

---

① 《礼记译注》，上海古籍出版社 2004 年版，第 700 页。

② 《韩非子》，中华书局 2007 年版，第 17 页。

③ 《管子·任法》，转引自萧公权：《中国政治思想史》（一），辽宁教育出版社 1998 年版，第 191 页。

④ 例如，孙中山说，"吾国昔为君主专制国家，应人而治，所谓一正君而天下定。数千年来，只求正君之道，不思长治之方"，因而国家只能长期处于混乱。（《孙中山全集》第四卷，中华书局 1986 年版，第 285 页）基于这一认识，他提出了一系列法治原则，其中包括"凡事都是应该由人民作主"、"用人民来做皇帝"（第九卷第 325 页）的人民主权原则；"只有以人就法，不可以法就人"（第四卷第 444 页）的依法办事原则；宪法和法律是"人民权利之保障书"（第五卷第 319 页）的保障人权原则；人民享有选举、罢免、创制和复决四大权利的"以权利制约权力"原则；"五权分立"的"以权力制约权力"原则，等等。这些也是我们今天进行民主政治和法治国家建设的宝贵思想财富。

对的意义运用法治一词。①

其次，法制和法治两个概念的基本内涵不同。法制的基本内涵是指法律以及与法律的制定和实施相关的各种制度（如立法制度、司法制度等）。法治的基本内涵是与人治不同甚至对立的一种治国理论和治国方略或原则。作为一种治国理论，法治和人治探讨的是一个国家长治久安、兴旺发达的关键所在的问题。"法治论"认为，关键在于要有一套良好的法律制度，并予以充分实施；"人治论"却相反，认为关键在于国家领导人是不是贤明，是不是"哲学王"。主张法治并不意味着否定领导人可以发挥的巨大作用，②而是认为领导人是不是贤明，不应成为决定国家前途命运的关键所在。作为一种治国原则，"法治论"主张法律应有极大甚至无上的权威，不能言出法随，听任个人和组织的权威凌驾于法律之上；"人治论"则相反，它主张或默认组织和个人的权威高于法律的权威，权大于法。

再次，虽然法治与法制具有内在联系，即实行法治首先必须要有法制或法律制度，但我们却不能说有了法制就必定有法治。从人类的政治法律实践看，任何国家在任何时期都有这样或那样的法制，但却不一定是在实行法

---

① 例如，1958年8月在北戴河召开的协作区主任会议上，毛泽东说：法律这东西没有也不行，但我们有我们的一套，还是马青天那一套好，调查研究，就地解决问题；不能靠法律治多数人；民法刑法那么多条谁记得了，宪法是我参加制定的，我也记不得了；我们各种规章制度，百分之九十是司局搞的，我们基本上不靠那些，主要靠决议、开会，一年搞四次，不靠民法、刑法来维护秩序；人民代表大会、国务院开会有他们那一套，我们还是靠我们那一套。刘少奇插话说：到底是人治还是法治？看来实际靠人，法律只能作为办事的参考。（参见全国人大常委会办公厅编著《人民代表大会制度建设四十年》，中国民主法制出版社1991年版，第102页）邓小平在谈到中国政治体制改革需要解决的根本问题时曾提出，要"处理好法治与人治的关系"。（《邓小平文选》第三卷第177页）1989年9月26日，江泽民在中外记者招待会上也郑重宣布："我们绝不能以党代政，也绝不能以党代法。这也是新闻界讲的究竟是人治还是法治问题，我想我们一定要遵循法治的方针。"（《人民日报》1989年9月28日）

② 例如，现今美国被认为是一个法治国家，但总统的权力却很大，以致有人戏称，美国总统除了不能生孩子，什么事情都可以做。事实上，领导人在立法、执法和司法中都起着重要作用，国家政治、经济和文化方面的大量组织工作少不了领导人的聪明才智，法律之外也存在广阔的活动空间。法治只是要求领导人依法行使职权，履行职责，按法定程序办事；反过来说，领导人的个人魅力必须建立在守法的基础上。

治。如希特勒统治的德国和蒋介石统治的中国也有法律制度，但都不是在实行法治。

最后，即使在动态的意义理解"法制"，也与现代"法治"的要求相去甚远。"法制"的动态含义即上面所说四言十六字："有法可依，有法必依，执法必严，违法必究"，简单地说就是有法可依，依法办事。对此，我们可以提出两方面的问题，一是有什么法？"恶法"还是"良法"？二是如何才能保证做到"依法"？"依法"的程度如何？显然，这些都是动态意义上的"法制"概念所不曾也无法加以回答的。与此不同，现代"法治"与民主政治密切相关，它不局限于在形式或逻辑意义上考虑问题，不单纯以"有法"、法律完备为满足，还要求在价值层面上考虑法律是不是良好、是不是尊重和保护人权、体现社会正义？不仅如此，作为现代"法治"的一个鲜明特征，它还强调宪法和法律应该具有至高无上的权威，任何组织和个人都不得凌驾于宪法和法律之上。因此，现代"法治"要求在法律制定和实施的各个环节上贯彻民主原则，实行立法权、司法权和行政权的分离和相互制约，实行司法独立，严格做到法律面前人人平等，体现法律的正当程序原则。

总之，在中国用法治置换法制，明确提出"法治国家"的概念之所以有意义，就在于它意味着与人治的彻底决裂——法制将真正成为法治之下的法制，而不再可能是"人治之下的法制"，意味着在彻底否弃人治的基础上树立起一种新的治国理论和治国方略或原则。倡导法治，反对人治，为解决以下两个始终困扰中国政治体制和民主法制建设的根本问题提供了切实可行的途径：一是长期以来人们总是把国家和社会的治乱兴衰主要寄托在一两个领导人的英明和威望上，因而在指导思想上忽视甚至无视法治的意义；二是权大于法，办事依人不依法，依言不依法。从法制到法治的观念演变，为我们把握当今中国的法制建设和法治进程提供了一条基本的线索。

### （三）新的命题：中国社会主义法治理念

党中央从社会主义现代化建设事业全局出发，以马克思主义法学理论为指导，在认真总结我国法治建设实践经验和借鉴世界法治文明成果的基础上，提出了中国社会主义法治理念的重要命题，标志着执政党对建设中国特色社会主义法治国家的规律有了更加深刻的认识和把握。

中国社会主义法治理念的基本内涵包括为依法治国、执法为民、公平正义、服务大局、党的领导等五个方面。依法治国是社会主义法治的核心内容；执法为民是社会主义法治的本质要求；公平正义是社会主义法治的价值追求；服务大局是社会主义法治的重要使命；党的领导是社会主义法治的根本保证。五个方面相辅相成，体现了党的领导、人民当家作主和依法治国的有机统一。

"中国社会主义法治理念"是"中国的"法治理念，其提出直接关涉法治建设如何切合中国实际的问题，具有明确的现实针对性和深远的理论意义。中国社会已经选择了法治，但与此形成强烈反差的是，这些年人们关于法治的理论、观念和认识，并没有很好地关注中国的国情、社情和民情，关注中国的文化传统。人们习惯谈论的是"现代法治"、"现代法治理念"，追求和强调的是一种普适意义上的现代性，而就内涵而言，这种现代性在很大程度上是依托于域外或西方的法治理论和实践，从而缺少了对中国社会状况的联系和关照。

中国的政制架构，如政党制度、国体和政体等与现代西方法治社会的政制架构有根本的不同。从社会经济发展程度看，中国是一个发展中国家。尽管改革开放近三十年来中国的整体经济规模、综合国力快速增强，但就人均国民生产总值而言，就中国仍有数目可观的贫困人口和地区而言，中国仍然是一个发展中国家。而现代法治的许多原则和要求，都是以发达的经济和社会状况为前提的。从传统文化角度看，中国的风土人情、民风民俗也与外部世界很不一样。中国是一个东方社会，对于东方社会和西方社会，这些年从文化比较的意义上人们已经做了很多的研究，它们是两种不同类型的文化。在法律文化传统方面，中国与西方现代法治社会也有很大的不一样。此外，中国地域辽阔，地貌特征复杂，资源禀赋各地也不同，这些也与许多现代法治国家构成明显差别。由于政制架构、经济社会发展状况、文化传统或法律文化传统以及自然状况等种种不同，就需要我们在理论逻辑上衍生出一种思考和认识，即在中国社会这样一块风格殊异的土地上推行法治事业，一定会有自己的特点，拿来主义、生吞活剥是不行的，简单类比、照搬照套也是不行的。回顾和反思中国已有的法制改革和实践，在很多问题上可以说已经体会到了上述简单化做法所造成的后果。

强调社会主义法治理念，除了引导人们在法治问题上关照中国社会的特点、特色外，在更加宏大的背景上看，则是中国社会在当今世界和平崛起，成为有分量、负责任的政治和经济大国的需要。中国的和平崛起，需要国人在当今世界各种重大而共同的话题上有自己的声音，凸现自己的主体意识。诸如人权、民主、法治等，皆属于当今世界通行的话题，属于全球意识形态的核心内容。对于这些概念和命题，存在着一个如何理解、如何认识意义上的"定义权"问题。而要参与定义的形成，就必须改变消极回避甚至排斥的立场和态度，不能简单地在姓"资"还是姓"社"、"中国的"还是"西方的"意义上做选择和取舍。正如中国在人权问题上从排斥到参与、从一般参与到争取"话语权"一样，在法治问题上中国也要有自己的声音，要立足于自己的国情和实践，为人类法治文明贡献自己的经验。

因此，就正确理解和把握中央提出的"中国社会主义法治理念"这一命题而言，也许更重要的不是这一提法的具体表述和具体含义，而是要看到其中所包含的现实而深刻的针对性，看到它在法治这样一种全球化的意识形态话语里所倡导和提示的一种中国视野，一种中国的主体意识。而这从根本上说是与现代社会整体协调发展的思路和策略相一致的。基于这样的理解来思考和认识"中国社会主义法治理念"这个话题，就应该很好地把握和处理法治理论和实践中所面临的普适性和特殊性的关系，处理好东方和西方、本土和域外、现代和当下的关系问题。同时，对于中国这样一个历史悠久的东方社会来讲，社会主义和法治同样都属于革命性和改造性的概念，是全新的实践，因此除上述几个维度的关系之外，还需要从传统和现实关系的角度来思考问题。

"中国社会主义法治理念"同时也是"社会主义的"法治理念。如何确切地理解"社会主义"和"社会主义法治理念"，最根本的一点就是要立足于中国社会的现实和发展需要。在过去，"社会主义"曾经简单地被当作不同于"资本主义"的意识形态化的概念，忽视了不同社会形态的共性，忽视了人类社会的共性，以及事物本身的规律性。中国近三十年的改革开放，已经对"什么是社会主义"提供了很好的注解。中国不仅是中国的中国，而且是世界的中国——是一个不断放眼世界、融入全球化进程，不断在当今世界"和平崛起"的中国。所以，"社会主义法治理念"应该是一个在传统与现实、固有与开放、普遍与特殊之间折冲和谐的概念，是一个立足于当代中国生存与发展需要的表述。因此，虽然不能说社会主义的法治理念就是中国的法治理念，却可以说中国的法治理念就是社会主义的法治理念。"社会主义"同"法治"一样，是一个更为抽象一般的概念，在什么是社会主义，什么是社会主义性质的问题上，同样需要凸现中国的主体意识，倡导一种中国视野。

社会主义法治理念基本内涵的五个内容不仅具有现实针对性，而且包含有内在关联和逻辑，是一个有机的系统。对于这种内在逻辑，可以运用目的和手段这对范畴加以清楚的概括和揭示。中国要建设社会主义法治国家，就必须在理论和实践上回答两个方面的问题：一是为什么要实行法治，二是如何实行法治。前一个问题是目的性考量问题，是伦理意义上的一种选择，是价值偏好、价值选择的问题；后一个问题是在操作意义上关于方式方法的思考和回答。按照目的和手段这对范畴来分析，在社会主义法治理念的五项内容中，公平正义和执法为民皆属于目的性表述。

法律是关于公平和善良的一种艺术，法律和法治应该以公平正义为依归，这可以说是不同时期不同政治体的较为通行的表述。社会主义国家的法治同样要以追求公平正义为依归，以在全社会实现公平正义为目的。当然，对于什么是公平正义，不同时期不同地方的人们往往有不同的认识。对于像中国这样一个人民当家作主，一切权力属于人民的"人民共和国"来说，公平正义的含义从根本上说还是要立足于人民的利益、立足于人民利益的实现来理解。因此，可以很自然地得出一个结论，即公平正义和执法为民都属于社会主义法治理念中的目的性表述，两者的合理关系是：执法为民是"神"，是实质内容，公平正义是"形"，是外在表现；执法为民是对公平正义的实质界定，公平正义是对执法为民的制度（或技术）保障。只有形神兼备，社会主义法治理念在目的性上才算是圆融自洽，才能真正回答中国社会为什么要实行法治的问题。从法理上分析，执法为民最重要的有两个方面：一个是善待自己，另一个是善待别人。所谓善待自己，就是不能用自己手中掌握的公共权力去谋取私利，而善待别人，则是要尊重别人的人权和法律权利，特别是不能在不告知、不听取的情况下，专横恣意地处分当事人的权益。近现代执法公正或司法公正的理念源自"自然正义"的原则，后者原初的要求也是从对人和对己这两个最基本的维度来表述的。今天讲执法为民，实际上最重要也还是这样两个方面。

相对于执法为民和公平正义，依法治国、服务大局和党的领导这三个理念皆属于方式方法意义上的理念表述，回答的是中国社会如何实行社会主义法治的问题，服务于法治目的即执法为民和公平正义的实现。其中，依法治国是对实行社会主义法治的方式方法的综合要求，服务大局和党的领导则是在提出综合要求同时的特别强调。在中国社会转型的复杂过程中，保持社会的安定平稳是至关重要的。发展是硬道理，而发展的基本前提不是动荡，而是稳定，在这方面基于十年"文化大革命"的惨痛教训，人们应该很容易达成共识。强调服务大局，就是要在社会转型的大背景下，在执法过程中，在纠纷的解决过程中，体现法律和法治所内含的衡平要求。法治是一种程序性的过程和操作，法治也是一种特定的组织构造。党的领导可以说是中国社会主义法治在组织构造方面的鲜明特征，说"党的领导是根本保障"，首先或者最重要的就是指组织上的重要保障。应该辨析的是，党的领导在中国的法治事业中至关重要，是"根本保障"，但是，党的领导本身不是目的，因为共产党是为人民谋幸福的，诚所谓"立党为公、执政为民"，"权为民所用、利为民所谋、情为民所系"。

# 第九章　法律价值解析

## 一、法的价值释义

### （一）价值和法的价值

价值一词常见于人们的日常生活表达，人类作为一种自在自觉的智性存在，恒久不断地就自身的存在、自身的活动以及自身所在的外部世界进行价值分析和价值评价，从而使之成为人类最基本的认识和实践活动。同时，价值也是一个富含学理的概念，承载着人类历史长河中先辈圣哲广泛而深刻的思考，各种观点学说层出不穷。

从学理上分析，对价值概念含义的把握涉及三个方面，即价值主体的价值需求、价值客体的价值属性和作为价值形态的价值目标。价值目标是价值概念含义的直接所在，在这个意义上，价值意指各种值得希求的或美好的事物，如幸福、真知、善良、美感、圣洁、公正等。价值主体的价值需求和价值客体的价值属性则是在相对间接的意义上价值概念的含义所在。就此而言，价值可以指价值主体对各种形态价值目标的需求，也可以指价值客体（各种物质的、精神的或制度的对象）能够满足价值主体需要的一种性能。我们通常所论及的事物的价值或事物有无价值的问题，涉及的就是对事物的价值属性的认识和判断。综合对价值概念三个方面的考察可以得出一个概括性的结论，即价值是价值主体所希求、并借助于价值客体的价值属性而得以满足的各种价值目标的集合。

由上面的分析可以看到，事物的价值实际上存在于一种主体和客体的关系结构之中。这种关系可以称之为价值关系，在这种价值关系中，主体的价值需求直接指向各种形态的价值目标，并赋予或引发事物作为价值客体的属性，从而成为价值生成的原点和价值评价的标准。价值这种现象的一个显著特点是，价值的性质和程度如何，主要取决于价值关系主体的情况，而不是由价值关系的客体所决定。① 价值实际上就是对主客体相互关系的一种主体性描述，它代表着客体主体化过程的性质和程度。② 同时也要看到，在价值关系中，事物所具有的客观属性是主体进行价值评价的必要参照。某种事物是否有价值，具有何种价值，具有多大的价值，这些问题并不是单纯由主体来决定。价值既反映着主体的主观情感和意向，也反映着事物呈现给主体的客观属性。因此，在对事物价值的性质的认识上，在强调主体的价值需求的核心意义的同时，也要看到价值现象在形成和变化过程中主体和客体交互作用、主观和客观相互融合的过程，不能单纯地把事物的价值归结为主体或主观现象，或者客体或客观现象。

至于何为价值主体，何为价值客体，则是一个不断遭遇新的智识挑战、值得深入探讨的问题。尽管前卫的观点认为外在事物如动物、植物等在一定情况下也可以成为价值主体，但主流的观点依然认为，在价值关系中，只有人才是价值主体，而人之外的世界万物只能是价值客体，是人的价值认知和价值实践的对象。人之所以要去认识客观世界以及事物，是为了对客观世界进行改造；而人之所以要对客观世界及其事物进行改造，又以满足人的自身需要为最终目的。人的一切认识和实践活动无不是为了把客观的对象改造成为满足人类自身需要的事物。

法的价值是事物价值的具体形态，除了体现事物价值的一般原理之外，

---

① 参见李德顺：《价值论》，中国人民大学出版社 1987 年版，前言第 3 页。

② 参见李德顺：《价值论》，中国人民大学出版社 1987 年版，第 107—108 页。

也具有法律认知和法律实践领域的特点。在法学理论中，法的价值的含义通常有以下三种不同的理解。

一是指法律在发挥其作用的过程中所能够保护和增进的价值，如自由、平等、公平、秩序、安全、效率等。人类社会之所以需要法律，需要发挥法律调整社会生活关系的作用，目的就是为了保护和增进这些事关人类福祉的价值。这些价值构成了法律所追求的理想和目标，可以称之为法的"目的价值"。

二是指法律所包含的价值评价标准。美国法学家庞德曾指出：在法律调整和安排背后"总有对各种互相冲突和重叠的利益进行评价的某种准则"，"在法律史的各个经典时期，无论在古代或近代世界里，对价值准则的论证、批判或合乎逻辑的适用，都曾是法学家的主要活动。"[①] 在许多法学著作中，法的价值的问题也就是法律评价的标准问题。

三是指法律自身所应当具有的良好品质和属性。此种意义上的法的价值被称之为法的"形式价值"，它与法的"目的价值"不同，并不是指法律所追求的社会目标和社会理想，而仅仅是指法律在形式上应当具备哪些值得肯定的或良好的品质或属性。比如，法律应该逻辑严谨而不应当自相矛盾，应当简洁明了而不应当繁琐隐晦，应当公之于众而不应当神秘莫测，等等。

从价值的一般原理看，在上述关于法的价值的三种理解中，法的目的价值最为根本，应该说是法的价值这一概念含义的直接所在，而法的形式价值则是在延伸意义上对法的价值含义的认识，它实际指称的是法的价值功能和属性，服务于法的目的价值的实现。严格说来，法本身并无价值可言，法的价值主体是人，离开了以人的需要为指向的法的目的价值，法的形式价值也就无从谈起。至于对法的价值含义的第二种理解，即价值评价标准意义上的法价值，则可以作出以下两点分析：其一，任何形态的法价值目标，皆有评价的功能，从而构成法律现象的价值评价标准。在此意义上，对法的价值的

---

① ［美］庞德：《通过法律的社会控制：法律的任务》，沈宗灵、董世忠译，商务印书馆1984 年版，第 55 页。

第二种理解与第一种理解没有不同，应当归并其中；其二，人们通常提及的各种法的价值评价标准，如生产力标准、人道主义标准、现实主义标准、历史主义标准等，皆属解决不同形态法价值之间冲突（如自由与平等、公平与效率等）的准则。虽然这些准则为解决不同的法价值冲突提供了方向性指引，从而属于法的价值研究的题中应有之义，但是它们本身并不属于法的价值形态。基于这样的分析，我们可以在一般意义上对法的价值的概念作如下定义，即法的价值是作为法律价值主体的人所希求、并借助于作为法律价值客体的法律的价值属性而得以满足的各种价值目标的集合。

### （二）法的价值的特性

法的价值作为事物价值的具体形态之一，也具有事物价值的共同属性。法的价值也存在于作为法的价值主体的人和作为法的价值客体的法律的关系结构之中。这种关系可以称之为法的价值关系。在这种价值关系中，人类在法律领域的价值需求直接指向人类法律生活的各种价值目标，并赋予或引发法律作为客体的价值属性，从而成为法的价值生成的原点和法价值评价的标准。法的价值的性质和程度如何，同样主要取决于法价值关系主体在法律领域的认识和实践情况，而不是由法价值关系的客体所决定。因而也可以说，法的价值实际上就是对法的价值主体和法的价值客体之间关系的一种主体性描述，体现了法律在回应人的法律需求这一主体化过程的性质和程度。当然，在法的价值关系中，法律所具有的制度和规范属性则是人类在法律生活领域进行价值评价的必要参照。法律是否有价值，具有何种价值，以及价值的大小，也必然受制于法律现象的规律和属性的影响。法的价值既体现人类在法律生活领域的主观情感和意向，也体现法律在满足人的价值需求，所呈现的客观属性。因此，在对法价值的性质的认识上，在强调人类法价值需求的核心意义的同时，也要看到法价值现象在形成和变化过程中人和法交互作用、人的主观意愿和法的客观属性相互融合的过程。法的价值同任何形态的事物价值一样，也是一种主体和客体交互作用、主观和客观相互融合的现象。

　　法的价值也是一种特殊形态的事物价值，它存在于人类的法律生活领域，体现了人类法律认知和法律实践的特点，从而在内容和形式上表现出不同于其他形态事物价值的特点。具体主要有三：其一，法律存在于人类社会生活领域，作为调整社会生活关系的一种制度或规范现象，它在很大程度上是认为努力或安排的结果，因此，法律服务于人类的法价值需求的价值功能和属性，是人类所赋予的而非固有的，这也体现了现象（或事实）分类中自然现象（或事实）和人为或制度现象（或事实）的不同；其二，法律作为存在于人类社会生活领域的制度现象和制度实践，其满足于人类价值需求的内容有自己的偏重和独到之处。古往今来，法的价值目标在最为普遍和一般的意义上常常被表述为正义或公共幸福；法律是一种致力于公平正义的艺术，法的价值就在于最大限度地促进人类生活的福祉。法的价值在整体偏重上不同于人类科学实践中所追求的真理价值，不同于伦理实践所追求的善良的价值，不同于审美实践中所追求的美感的价值，也不同于宗教生活中所追求的圣洁的价值。其三，法的价值在表达形式上也有自己的特点。比如，人们最为常见地把法的价值目标在整体上表述为正义或公共幸福。不仅如此，法律作为制度规范现象，作为社会主流意识形态的体现，其价值目标在表述上也必然更为规范。

　　法的价值的特性除了表现在它与其他事物价值相区别的意义外，还涉及其自身在不同时空场景下所发生的变化以及所呈现出的多样性问题，从而也表现为普遍性和特殊性的统一。

　　法律是一种社会生活现象，作为人类有目的活动的结果，不仅在形态结构上具有共同的价值功能和属性，而且在满足人类的价值需求上，在实体价值目标上，也具有跨时空的普遍性。比如，当法的价值目标被表述为正义或公共福祉这类观念时，就明显具有跨越时空的普适性。尽管如此，在对法的价值的具体认识和界定上，我们则会发现各种时空因素的影响和制约。在价值认识和实践的背后总是存在各种错综复杂的利益形态和利益关系，法的价值是社会生活中利益和利益关系的体现。不同的时期、不同的地方、不同的个体和人群、不同的国家和民族等，对法的价值会有不同的需求，从而在法的价值目标或形态上表现出不同的选择或权重。例如，有的法律传统和法律制度更加注重秩序或安全的价值，自由和平等的价值则相形逊色，有的社会在一个阶段更加强调自由的核心意义，在另一个阶段则认为平等的价值更值得关注。在承认法的价值在实体内容上的变异性和多样性的同时，也要看到，在任何确定的时空场景下，社会的主流意识形态对于法的价值的形成和发展，总是发挥着支配性或整合性的作用，从而使法的价值不仅在形式上而且还在内容上表现为相对确定的形态。

# 二、法的价值体系

## （一）法的价值系统

事物往往以系统的形态存在。从内在构成的角度看，事物的系统是一个多样性和有机性的概念。说一个事物是一个系统，一方面意味着它包含了不同的部分或单元，另一方面意味着在不同部分之间存在某种有机的联系，从而构成一个完整的整体。系统作为不同部分的有机整合，蕴含了某种内在的逻辑或问题线索，而这恰恰是由事物所具有的功能，所承载的外在使命所决定的。

按照系统的一般原理来分析，法的价值也是一个系统，是由不同的价值成分所构成。具体来说，法价值系统构建的逻辑线索主要围绕两个问题：一是为什么要有法，二是应该有什么样的法。前者是一个目的性的问题，表现为法律在内容上的价值目标；后者是一个结构属性的问题，表现为法律在形态上以价值目标为指向的功能属性。如前所述，在最为普遍的意义上，法律的价值目标被表述为正义或公共福祉，因而其目的性可归结为公正性。比照而言，法律在功能形态上的要求则在于为人类生活提供合理的预期，其价值功能的属性可以归结为确定性。由此可以认为，法的价值系统就是法律的各种价值要素基于法律的公正性和确定性追求而形成的有机整体，具体包括价值目标和价值属性这样两个子系统。

在学理上，法的价值目标往往涉及各种因素的考量，其中最常见的有自由、平等、安全和幸福等。自由是西方近现代政治和法律哲学中最为核心的概念，在许多思想家看来，自由是人生来就享有的不可剥夺的一项权利，是人基于其本性而拥有的唯一的"原始权利"。尽管在技术上法律也需要对人们自由权利的行使作出各种规制，但立足于价值的立场，法律的目的只能是保护和扩大自由，而不是废除和限制自由。法律对自由的制约，从根本上说还是出于自由本身实现的需要。与自由一样，平等也是一个至关重要的概念。在许多近现代思想家眼里，人与人、人群与人群之间的平等同样具有深刻的人性基础。"法律面前人人平等"是近现代法律制度重要的价值准则，近现代法制产生和发展的历史，在很大程度上就是为消除各种不平等而进行的法制变革的过程。安全或秩序也是法律所追求的非常重要的价值目标。在一些政治和法律理论中，在一些社会形态和社会阶段，社会生活的安全或秩序甚至被奉为法律的核心价值，是最为重要的。不过从近现代法制看，相对于自由和平等，相对于生命和财产，安全或秩序的价值大致还是处于派生和从属的地位。法律应当致力于人类社会生活的安全或秩序，但这种安全或秩序的正当性却不能从其自身获得解释。幸福作为法律的价值目标，在人类的法律生活中源远流长。人皆有追求幸福的权利，虽然幸福这一概念用途广泛，并涉及诸多复杂的考量因素，但就近现代法律理论和实践看，它在偏重上更多涉及的是生命和财产方面正当性要求，从而在与自由、平等和安全等价值目标相联系的同时，又有所区别。

应该指出的是，尽管人们常常从自由、平等、安全和幸福的角度对法的价值目标予以考量，但在更为概括的意义上，这种考量又可以被归结为法与正义的关系问题，对此我们接下来将做进一步的阐述。

法的价值属性也涉及法律的方方面面，如法律的权威性、普遍性、稳定性、公开性、协调性、完整性等等。法律只有在形态结构上具备相关的品质，并且贯穿于法律实践的各个环节，才能体现和满足法律价值目标的要求，成为德性之法。

### （二）法与正义

在价值目标的意义上说，法的价值问题往往被概括为法律与正义的关系问题。正义是关于法的价值目标的一种整体概括的表述，在古代思想家那里，法律就曾被刻画为一种"正义之术"，法学则被认为是关于正义和非正义的学问。但是，在阐述法律与正义的关系之前，首先要说明什么是正义。

关于正义概念的含义，古往今来的各种政治和法律理论聚讼纷纭。在对这一问题的探索和回答中，有些理论强调人类社会生活中安全或秩序的极端重要性，认为正义存在于和谐的社会关系之中；有些理论认为社会生活中平等是最为重要的，正义寓于某种平等之中；还有些理论认为自由的价值最为可贵，没有社会成员个体的自由就没有正义可言；更有一些理论将正义与公共福祉相提并论，认为正义的问题最终可以还原为如何在社会生活中实现公共福祉的问题。可见，正义涉及广泛而复杂的考量因素，包含了在社会个体和整体之间不同的立场选择和偏重，不同的时代，不同的社会和人群，甚至于不同的社会个体，往往会有不同的正义观。

尽管如此，在人类的政治和法律理论中，我们也能看到意图在一般意义上对正义概念作出界定的努力。古罗马法学家乌尔比安（Ulpian）曾经提出："正义乃是使每个人获得其应得的东西的永恒不变的意志"。同样的说法也可见于其他许多思想家的言论，如西塞罗把正义刻画为"使每个人获得其应得的东西的人类精神意向"；中世纪神学家圣·托马斯·阿奎那也把正义描述为"一种习惯，依据这种习惯，一个人以一种永恒不变的意愿使每个人获得其应得的东西"。[①]"给每个人他或她所应得"（give each his or her due），这的确是一个充满理论想象力和整合力的表述。按照中国古代思想家的说法，法律的目的在于"定纷止争"、"赏善罚奸"，因此人类法律生活中的正义问题，归根到底是一个公平地分配利益和赏罚的问题。给予每个人所应当得到

---

① 转引自〔美〕博登海默：《法理学——法哲学及其方法》，邓正来、姬敬武译，华夏出版社 1987 年版，第 253—254 页。

的，不给予他或她所不应当得到的，这就是正义作为法的价值目标整体的基本内涵。在得与予的意义上把握正义概念的一般含义，虽然在形态上与平等的概念更多相似，但其内涵更为深刻，外延更加丰富。

正义作为法的整体价值目标，其在现实生活中的运用存在不同的形态。而不同时期的思想家对各种正义形态的阐述，则形成了各种关于正义的理论。例如，古希腊亚里士多德曾经提出其著名的关于分配正义（distributive justice）和校正正义（corrective justice）的理论，对后世影响深远。所谓分配正义，主要涉及的是在制度安排或立法上如何公正地分配权利和义务的问题，而校正正义则适用于当一条分配正义的规范被违反的时候，关注的是在执法和司法中如何公正地分配赏罚的问题。美国的政治哲学家罗尔斯（John Rawls）的"正义论"在当今社会也风靡一时，影响广泛。他对正义含义的理解试图将自由与平等这两种价值相结合，认为正义观念由两项原则要求构成：（1）每个人在人类基本自由的享有上应当拥有平等的权利；（2）社会和经济的不平等应当被安排的对每个人都有利，获取各种地位和职务的机会应当向所有人开放。进一步他还认为，在社会政策和法律的安排中，第一个原则优先于第二个原则；自由只有因自由本身的缘故才能被限制，如果实现社会和经济平等的主张不能使所有人的自由总量得到增加，那么这些主张就必须让位。应该看到的是，不同的正义理论往往包含了不同的问题指向，有的更加偏重原理的阐述，有的更加关注现实问题的解决。

法律是以权利和义务为内容的行为规范，必然涉及人类生活在利益和不利问题上得与予的考量，从而与一般意义上的正义观念发生紧密联系。在事实层面，法律与正义之间的问题，不是有无联系的问题，而是有什么联系的问题，或者说人们应当如何对待两者之间的联系的问题。当我们说法律的价值目标在整体上以正义为依归，实际上也就意味着主张立足法律的合法性要服从立足正义的正当性。在人类的法律理论和实践中，正义这一概念的确在许多情况下扮演了一种高级法（higher law）的角色，并为评论和改造实在法提供了指导。社会正义观的变化，常常是法制改革的前兆。尽管如此，在法律与正义的关系上，我们也会发现一些更加立足于合法性概念的理论。这种理论认为，正义具有非理性的性质，如果要使它有意义，就必须把它置换为合法性的概念。凯尔森说，正义"通过忠实地适用实在秩序以保持其存在"；罗斯也指出，"同专制相反，正义乃是对法律的正确适用"。[①]除此之外，在法律和正义的关系上，还存在着在合法性和正当性之间做调和的言论，例如亚里士多德就曾说过："非正义这一术语，被认为既应适用于违反法律的人，也应适用于获得比他应得的多的东西的人，亦即不正直的人。因而很明显，奉公守法的人和正直的人都是正义的"。[②]

在现代法治社会，如何处理法律与正义、合法性与正当性的关系，的确是一个重要而复杂的问题。法治是法律制度的德性状态，一味强调合法性而无视法律在价值目标上的正当性追求，显然已经被历史证明是极其有害的。与此同时也要看到，法治意味着在社会生活秩序的建构中对法律权威和作用的认同，没有对合法性概念的重视，一味以价值正当性为由对抗或超越法律的权威性，也就没有法治可言。法治的理论和实践需要我们在合法性和正当性之间求得适当的平衡，使两者保持必要的张力。为此，一方面在原理原则上坚持法律对于正义的追求，服从于正当性概念的评论和主导，并在最低限度上坚信整个法制与正义的一致性，另一方面在具体的法律活动中高度重视合法性要求，在最大限度服从法律权威的同时，借助于一定的制度安排和程序设计，形成法律在正当性问题上的反思机制。在这方面，现代法治理论和实践已经积累了相当的经验。

## （三）法与自由

人作为社会生活的主体，必须享有基本的自由。在法的正义追求中，自由构成最为显著而重要的考量因素。自由是人类社会发展进程中一个千古不朽的话题，是人类社会实践中始终追求的一个美好理想。人类向往自由——

---

① 转引自［美］博登海默：《法理学——法哲学及其方法》，邓正来、姬敬武译，华夏出版社 1987 年版，第 259 页。

② 转引自［美］博登海默：《法理学——法哲学及其方法》，邓正来、姬敬武译，华夏出版社 1987 年版，第 257 页。

恺撒有言："任何人生来都渴求自由，痛恨奴役状况"；杰弗逊宣称："自由是人类生来就有的和不可剥夺的一种权利"；康德指出：自由是"每个人据其人性所拥有的一个唯一的和原始的权利"；① 马克思认为："没有一个人反对自由，如果有的话，最多也只是反对别人的自由。可见各种自由向来就是存在的，不过有时表现为特权，有时表现为普遍权利而已"；② 而最为响亮的宣示，莫过于美国独立战争时期亨利的名言"不自由，毋宁死"，以及 19 世纪匈牙利爱国诗人裴多菲的诗句"生命诚可贵，爱情价更高，若为自由故，两者皆可抛"。回顾人类历史，虽然自由曾经是社会上一部分人所享有的特权，"自由民"的称号与外来民、被征服者和奴隶等相对，被当作是特权等级的代名词，但是，自近代资产阶级革命以来，适应商品经济充分发展的要求，以及对人作为平等、自主和自觉的社会主体的认识，人们在自由问题的认识和实践上发生了深刻的变化：自由被宣布为一种普遍的基本的人权，被广泛地认同为社会政治生活中一种重要的价值准则。这无疑表征和推动了人类社会文明的巨大进步。

自由作为社会主体的属性，在一般意义上意味着自觉自主而不受外部约束和控制。它既包括思想和意志的自由，也包括各种行动的自由；它既包括各种要求外部社会力量不予干预的所谓消极意义的自由（be free from），也包括各种要求社会力量予以支持的所谓积极意义上的自由（be free to do）。尽管如此，对于自由是否意味着绝对不受外部限制的问题，以及自由应当受怎样的限制的问题，在认识和实践上却存在复杂的争论和冲突。这些分歧大致可以概括为以下三种形态，即绝对自由说、规律制约说和法律制约说。

绝对自由说把自由看作是社会生活中唯一至上的价值准则，认为它是绝对的、无条件的，它的行使和范围除受自我的约束之外，是不受任何其他外在的、人为的事物和力量限制的。这种自由观在无政府主义和利己主义那里

---

① 转引自［美］博登海默：《法理学——法哲学及其方法》，邓正来、姬敬武译，华夏出版社 1987 年版，第 252—273 页。

② 《马克思恩格斯全集》第 1 卷，人民出版社 1961 年版，第 63 页。

表现得较为突出，在它们看来，人类社会中所存在的一切权威和秩序，都是个人实现自由的障碍，因此都必须加以否定和摧毁。与此不同，规律制约说和法律制约说是自由有限论中的两种主要看法。规律制约说主要是从哲学认识论的高度对自由所作的深刻考察，认为人的行动不能超脱于自然和社会的客观规律，自由是对必然的认识，是按照认识到的必然去控制调节自己的行为，改造外部世界。因此，对客观必然认识的越多就越自由。法律制约说则认为，在现实的社会政治生活中，法律具体地规定了社会成员的权利和义务，并以国家强制力做后盾，保证其贯彻实施，因此自由的含义在这里是非常具体的。自由就是做法律所许可的一切事情的权利，它以法律的许可为界限，违犯了法律规定，就会因受到强制、惩罚而失去一定的自由。因此，自由的存在和状况与政治法律制度的规定密切相关。

在上述三种自由观中，绝对自由观的缺陷在于将自由作为人们追求的唯一价值目标，既非理性也非事实，同时也在自由的实现上混淆了不受限制与不受任意限制、不受限制与不可剥夺的界限。其实，在自由的行使和范围上，基于客观物质生活条件的制约，以及基于他人和社会正当的对等权益的制约，恰恰来自于自由的内在规定性。规律制约说就人类社会的整体及其发展的整个进程来说是正确的，但是，就现实的社会政治生活而言，就具体社会成员的现实人生而言，则未免要求太高、过于抽象而不尽适用。与此形成对比，法律制约说现实而可感，却又无法面对法律背离甚至剥夺自由的各种情况，也即卢梭的感叹：人生而自由却总是处于枷锁之中。有鉴于此，在扬弃绝对自由说的基础上，在反思规律制约说和法律制约说的前提下，有必要立足近现代社会文明发展的要求，形成一种折冲平衡的自由观：既坚持自由的不可剥夺性，又承认自由的有限性；既看到规律对自由的制约提出了从法律上加以具体落实的要求，又强调法律对自由的限定必须符合规律或自由内在规定性的要求，法律则应该是自由的定在，是对客观必然的反映。

在近现代社会，自由常常是人们关于社会正义思考的核心。一种正义的法律制度必须以最大限度地追求和实现自由为依归。洛克有言："法律之目的不是废除或限制自由，而是保护和扩大自由。"① 马克思说过，"法律不是压迫自由的手段"，法典应该"是人民自由的圣经。"② 另一方面，自由也通常也只有通过法律的确认和维护来加以实现。孟德斯鸠认为，在一个法治社会，"自由是做法律所许可的一切事情的权利；如果一个公民能够做法律所禁止的事情，他就不再有自由了，因为其他的人也同样会有这个权利。"③ 自由必须转化为各种法定权利的形态，如言论自由权、出版自由权、集会自由权、结社自由权、迁徙自由权等。法律不仅以设定权利和义务的方式划定自由的合理范围并提供相应的实现方式，固定自由的形态，防止各种对自由的侵害和滥用，而且还在广泛的意义上为自由的存在和充分实现创造有利的制度条件。在此意义上也可以说，哪里没有法律，哪里就没有自由。

### （四）法与平等

自由、平等、博爱（或追求幸福），是近现代人类在反封建等级特权的革命中所提出的最为鲜明而响亮的口号，也成为此后人类社会生活实践的普适性标志。在法的正义追求中，平等和自由一样，也是一个极为显著而重要的考量因素。美国学者卡恩认为："人们对非正义的感觉就是对任何因反复无常的行为而引起的不平等现象的憎恶。"④ 在人类社会生活实践中，为正义而斗争，在许多情形下都是为了消除一种法律上或习惯上的不平等待遇的目的而进行的，因为这些不平等待遇既没有事实根据也缺乏理性。人类对平等价值的追求，同样植根于其内在深刻的自然和社会属性之中。

平等在直白一般的意义上意味着"同样情况同样对待"。它涉及人类社会生活的各个方面，如政治平等、经济平等、社会平等和文化平等等，并表

---

① 转引自［美］博登海默：《法理学——法哲学及其方法》，邓正来、姬敬武译，华夏出版社 1987 年版，第 272 页。

② 《马克思恩格斯全集》第 1 卷，人民出版社 1961 年版，第 71 页。

③ ［法］孟德斯鸠：《论法的精神》上册，张雁深译，商务印书馆 1961 年版，第 154 页。

④ ［美］博登海默：《法理学——法哲学及其方法》，邓正来、姬敬武译，华夏出版社 1987 年版，第 284 页。

现在法律的规定和实施中。平等并不是简单地意指没有差别的均等。由于平等的实现从根本上说涉及如何对待人际间存在的各种差别，以及对应于这种差别所做的利益和不利的分配，也就在人们的认识和实践上引发了一种最为基本分类：形式平等和实质平等。形式平等是无视社会生活主体的自然和社会差别而予以同样对待达致的平等，实质平等则是基于社会生活主体的自然和社会差别而予以不同对待达致的平等。与此相应的提法有机会平等和结果平等，而与关于正义或公正的表述相联系则有亚里士多德的校正正义和分配正义，以及人们常说的程序公正和实质公正、司法正义和立法正义等类似分类。由于人类社会发展水平以及社会主导意识形态的不同，平等尤其是实质平等的观念和实践也呈现出巨大的区别。从人类历史看，在平等问题的具体做法上甚至会出现截然不同的颠覆性景象：在一时一地视为公正平等的做法，时过境迁之后则会被认为是荒唐反动的不公正不平等，诸如身份歧视、性别歧视、种族歧视、民族歧视、国别歧视、职业歧视等，皆属此类。近现代人权观念和实践的繁荣，深刻影响了人类对于平等价值的认识和实践。除去形式平等和实质平等等相关区分外，对于平等还存在其他一些分类，如交换平等和分配平等。

古往今来的法律都是以权利和义务的方式确认和保障一定利益的工具，而利益和不利的分配与人们的平等观念密不可分，因此，无论是立法还是法律实施，都必然为一定的平等观念所主导，并以体现和实现一定的平等价值为依归。在近现代民主法治社会，"法律面前人人平等"是法律制度所追求的正义价值的最为显著的标志。同时，任何人类社会形态的平等要求也需要体现于法律，并通过法律予以实现。

## （五）法与秩序

人是社会动物，社会生活需要基本的秩序，没有秩序，就没有起码的安定或安全。在法的正义追求中，秩序构成重要的考量因素，它不仅内含了人类社会生活的安全需要，而且还构成了自由、平等、效率等其他价值目标实现的必要前提。

秩序意味着事物之间包括物与物之间、人与人之间、人与物之间以及人的身与心之间等的一种相对确定而可预期的状态。自然界有规律有秩序，人类社会生活也同样有规律有秩序。比较说来，后者包含了人为努力的结果。不仅如此，在人类构建社会生活秩序的历史中，存在有不同的认识、方法和实践，从而展现出不同时空社会形态下的各具特色的秩序原理。比如，有注重人际间的等级划分的，也有强调人际间的平等自由关系的，有以社会个体为本位的，也有以社会集体为本位的。奉行不同秩序原理的社会甚至还会发生意识形态的对峙和暴力的对抗，从而形成了人类历史上不同社会秩序形态间纷繁复杂的竞优过程。

法律作为人类社会生活的规范，其重要目的在于"定纷止争"，因此，法律的产生、存在和运作与社会生活中对秩序的需要密不可分。法律不仅促成和维护秩序，而且也表征了秩序。在法对正义价值的追求中，尽管自由和平等常常居于更加显著的地位，而作为集中表征人类生活安全需求的秩序价值则处于从属地位，但是，它们之间互相依存的辩证关系，也导致了在一些思想家的观念和社会制度实践中把秩序置于法律价值的优先地位，其典型如霍布斯就认为，"人的安全是至高无上的法律"。法律以对社会生活秩序的追求为依归，另一方面，社会社会秩序的建立和维护也离不开法律。邓小平"一手抓建设，一手抓法制"的表述为当今中国人所熟悉，其中的"法制"在很大程度上就意指秩序，包含了在"文化大革命"十年动乱后人们对稳定和秩序的向往，也体现了当今中国社会治理的鲜明特征：发展是硬道理，安定和秩序则是一切的前提。

# 三、法的价值冲突及其解决

## （一）法的价值冲突

法的价值冲突及其解决是法的价值研究的重要内容。法的价值实现的过程，不仅是一个价值形态识别和确认的过程，也是一个在各种价值形态之间折冲平衡的过程。法的价值冲突的解决，需要在法律制度上作出相应的安排，明确相关原则，形成有效机制，为此首先要对法的价值冲突的形态和原因有所认识。

法律是一个以设置权利和义务为内容的庞大的规范和制度体系。分析说来，任何一项具体的权利和义务的设置，其背后都蕴含了某种法的价值的指引；任何一项具体的权利和义务，都是法的价值的定在或载体。因此，现实法律生活中在权利享有和义务履行方面所发生的矛盾和冲突，最终都可以归结为法的价值的某种冲突。就此而言，不仅在性别歧视、就业歧视、户籍管理、残疾人保障等社会舆论关注问题上的法律权益之争具有浓烈的价值冲突的味道，而且在财产继承、人身侵害、个人名誉等各种日常问题上的法律权益之争也内含有价值冲突的性质。从法的价值的角度对各种大小不同的法律问题进行分析，具有方法论上的一般意义。

法的价值冲突呈现出丰富而复杂的现象，但从逻辑形态上看大致可以归为两类：一类是不同形态的法律价值之间的冲突，如自由与平等、自由与秩序、自由与幸福、公平（或平等）与效率、平等与秩序等基本价值形态之间的冲突；另一类是不同主体在同一形态法律价值上发生的冲突。人们通常论及法的价值冲突，在形态上基本上讲的都是前一种类型的冲突，而很少把后种情况也视为法的价值冲突的一种形态。此外值得一提的是，人们通常所讲的法的价值冲突是指法的价值目标意义上存在的冲突，而事实上法的不同价值属性之间也可能发生矛盾和冲突，如法律的权威性和公开性、稳定性和妥当性等都有可能在不同的情况下出现矛盾，从而影响到法的价值目标的实现。对此，法的价值研究也应该予以关注。

法的价值目标发生矛盾和冲突的原因已见有大量的理论探讨，各种复杂的原因归纳起来大致还是在于以下两个方面：

1.法的价值在内容形态上的多样性和特殊性。尽管法的价值目标在整体上可以概括为正义，但具体则涉及自由、平等、秩序、幸福、效力等不同的考量维度或因素。这些因素作为法的价值目标的不同形态，具有不同的价值特性，例如，自由的价值关注的是社会个体的自尊、自主，重视个性发挥和个体的自我实现对于社会生活的意义；平等的价值则更加重视社会生活主体因自然或社会禀赋的不同而产生的各种差距的克服，注重社会关系的和谐；而安全或秩序的价值则更加关注社会生活的稳定性和连续性，强调社会生活在最低限度上对权威的依赖。由于法的价值在内容形态上的多样性和不同特性，法的价值实现的过程必然充满矛盾和冲突。

2. 法的价值主体在价值观上的认识差异。对于同一形态价值目标的含义，对于不同形态价值目标的关系，不同的价值主体往往会有认识上的不同，甚至同一价值主体也会出现变化。价值观的不同以及所可能发生的变化，取决于各种主观和客观、微观和宏观的因素。例如，由于个体的需求结构的变化，在衣食无虑、生活安定后会更加注重个性的张扬，从而会更加在意法律的自由和平等的价值，而非安全或秩序的价值；一个社会由于经济发展阶段的不同，可能在一个时期更加注重经济的增长，注重如何"把蛋糕做大"，从而更加注重法律在效率方面的价值，而非一味地强调法律的公平价值，而在情况变化之后，法的价值的钟摆又会由效率回到公平；不同的个体和不同的社会因为法律价值观的不同而发生的矛盾和冲突就更是常见，国际人权法领域在不同权利类型优先性序列上认识的不同就是明证。

### （二）法的价值冲突的解决

法的价值冲突在法律生活中无处不在，如何解决法律冲突，是法的价值研究中最为重要的内容，也是其最终意义所在。解决法的价值冲突，首先需要确立一些指导性的原则或准则，在这方面，相关的法律理论研究和实践已经有了丰富的积累。这里介绍几种比较常见的指导思路或准则：

1. 定义排除原则。在法的价值冲突的解决中，我们常常可以通过对所涉价值形态的含义作出明确限定的方式，对相关的价值主张予以排除。尽管对于自由、平等、安全等不同的价值形态会有不同的认识，但是考虑法律作为社会主流观念形态的体现，这些价值形态在法律上具有比较规范明确的理解，应该说在许多情况下作出这种定义上的排除是可能的。例如，一种关于自由言论的主张可能由于被认为不属于宪法上的言论自由的范围而得不到确认和保护；一种关于平等就业的主张可能由于被认为超出了宪法上的平等范围而归于无效，等等。

2.优先性原则。如前所述，由于法的价值主体的价值观的不同，在不同的价值形态上往往有所偏重，或者更加注重自由的价值，或者更加注重平等的价值，或者更加注重安全的价值，等等，就使得在法的不同价值形态发生冲突时有可能借助于优先性的安排对冲突加以解决。这样一种优先性的观念，也可能存在于同一价值形态不同方面的内容之间，例如，在现代民主社会，人们公认在政治言论上的表达自由的价值要大于商业言论方面的自由的价值，因而就可能据此解决它们之间的价值冲突。

3.比例平衡原则。法的不同价值形态都是法在整体上所追求的正义价值的有机组成部分，都有其存在的合理性，因而从法的价值原理上看，既然确认了一种价值形态，就没有理由在发生价值冲突时绝对地选择一种价值而放弃另一种价值。当两种或两种以上法的价值形态发生冲突，或者当同一价值形态的不同方面的内容要求发生矛盾时，基于个案的情况作出适当的权衡，以便兼顾，就是必要的。在这方面，保护和限制、得和失之间服从于某种比例原则的要求是必要，而与比例原则相关联的则是某种合理补偿的原则。

应该指出的是，在法的价值冲突解决的实践中，上述各种准则往往需要加以综合运用。同时也要看到，相对于各种法的价值冲突解决原则的制定，建立健全的解决冲突的机制也是非常必要的，尤其是考虑到价值问题的特殊性，以及现代民主政治的要求，在冲突解决的程序上引入某种沟通、对话和整合的原理，就更为必要。

# 第十章　法律规范三题 ＊

## 一、法律规范不只是一种社会规范

目前我国大陆的法学词典、法学教材和其他法学著述中，关于法律规范在整个规范系统中的位置，都有这样一个常识性的表述：规范可以分为技术规范和社会规范两大类，技术规范调整人与自然 ① 之间的关系，社会规范调整人与人之间的关系，法律规范调整的是人们相互间的关系，它是社会规范的一种，国家往往把对一些技术规范的遵守确定为法律义务，从而使这些技术规范变成了作为社会规范之一的法律规范。

分析上面的表述可知，它把法律规范（包括规范人与人的关系和人与自然的关系）都归结为社会规范。其立论的根据是，自然万物作为法律关系的客体，它们是完全依附于作为主体的人的利益和需要的，自然万物的价值仅仅在于它们能够满足作为主体的人的需要，因此，人与自然之间的关系在这里实际上是人与人之间的关系。

就"法律规范是一种社会规范"的命题而言，它显然不符合法律规范也调整人与自然之间的关系的事实。在我国现行的法律和法规中，特别是在森

---

＊　原载《中国法学》1990 年第 6 期。

①　广义的自然是指包括人在内的世界万物。本文所说的自然是狭义的，它与人相对应，指人赖以生存和发展的自然环境，自然物质条件。

林法、环境保护法、海洋环境保护法、水污染防治法等法律和法规中，存在着大量调整人与自然关系的法律规范。这是显而易见的。需要指出的是，从法律规范调整人与自然之间关系的具体情况看，主要采取了两种调整方式。一种方式是间接的——将一些现存的技术规范转变为法律规范，即通过义务性法律规范的形式来禁止违反或要求遵守一定的技术规范，从而间接调整人与自然之间的关系。如刑法分则条文在有关交通肇事罪（113条），厂矿重大责任事故罪（114条）、违反危险品管理规定肇事罪（115条）等规定即是。另一种方式是直接的——通过义务性法律规范或授权性法律规范的方式，直接调整人与自然之间的关系。如在宪法第9条，第26条涉及人与自然之间关系的规定中，属于授权性法律规范的内容是：矿藏，水流，森林、山岭、草原，荒地、滩涂等自然资源，其中除法律规定可以属于集体所有的以外，都属于国家即全民所有，属于义务性法律规范的内容有：国家保障自然资源的合理利用，保护珍贵的动物和植物，国家保护和改善生活环境和生态环境，防止污染和其他公害，禁止任何组织或者个人用任何手段侵占或破坏自然资源，等等。这种直接调整的方式，在森林法、环保法等有关调整人与自然之间关系的专门法律法规中更为常见。

"人与自然的关系实际上是人与人的关系"的命题也已远远落后于当今人们在人与自然关系问题上的认识和实践水平。人类在人与自然关系问题上的认识和实践，经历了几个不同的发展阶段。在人类文明的早期阶段，人对自然既恐惧又崇拜。随着人类文明的不断演进，人类逐渐意识到自己才是世界万物的真正统治者。近代工业革命大机器生产的轰鸣声，更使人类确信只有自己才是自然万物的中心和主宰。对此，马克思、恩格斯等思想巨匠曾提出过忠告，要求人们合理地调节人与自然之间的关系，并警惕大自然由于人类的盲目行为而给予的报复。但是，从19世纪初到本世纪40年代为止的人类认识和社会实践来看，人们并没有太多地理会这种忠告。直到今天，当人类具有了能与自然威力相匹敌的强大力量的时候，人们在人与自然之间的关系问题上依然没有从人类中心主义和人主宰自然的偏执中彻底清醒过来。人们自我陶醉的偏见及对自然界不顾一切的开发、改造和索取，造成了人与自然之间的尖锐冲突，引起了自然生态环境的严重危机。这种危机表现在水土流失、土地沙漠化、空气、水源和土壤的污染，森林的消失、大批生物的灭绝、臭氧层的破坏等各个方面，它严重威胁着人类的生存，并迫使人们重新去思考人与自然的关系问题。作为这种思考的重要成果之一就是生态伦理学的产生。生态伦理学一反长期以来人们把道德规范调节范围局限于人与人之间的社会关系的旧识，主张把良心、权利等观念扩展到自然界中去，要求建立起一种新型的、完善的伦理意识。生态伦理学最基本的思想是：应该重新确定人类在自然界中的位置——人类不是自然界的主宰或中心，而是自然界中的一员，不仅要承认人的权利和价值，而且还要肯定自然万物本身所固有的权利和价值[1]。必须重新规范人类对自然生态的行为，以维护生态平衡，改善和保存人类的生存条件。

生态伦理学的上述基本思想，标志着人类在人与自然关系问题的认识和实践上进入了追求和谐的崭新阶段。其中关于"自然万物本身所固有的权利和价值"、"人是自然界中平等的一员"等等新的认识[2]，给我们重新思考许多问题带来启示和旨趣：人类终究是自然界的一部分，人类的根本利益要求维持自然生态的平衡与和谐。历史表明，如果人类以自我为中心，把自然万物仅仅作为实现其利益和需要的物质手段，那么由于一定时期人类所无法避免的局限和对各种眼前狭隘利益的不择手段的追求，就必然导致自然生态环境的破坏，进而最终危及人类的生存，甚至以自我为中心的人类对自然的认识越"深刻"，对自然万物的内在必然性越"尊重"，其破坏的自然生态程度就越大，速度也更快。

自然生态环境的保护问题今天已日益成为一个全球关注并致力于解决的问题。无论是在国际还是国内，人们对法律在解决这一问题的过程中所起的

---

① 按照传统的看法，自然万物如果不能满足作为主体的人的需要，就没有价值，自然万物本身无利益和权利可言。

② 实际上，生态伦理学要求肯定自然万物本身所固有的权利和价值，并不是说人类不能开发利用自然界，而是说这种开发利用应以维持自然生态的平衡为限度。当然，确定这一限度，是一个复杂的操作问题。

作用都期待甚高。为此，在人与自然的关系问题止，更新那些业已陈旧并日益成为实践障碍的法律观念十分必要。

自然万物可以而且应该是作为与法律关系主体的人相对应的法律关系客体，作为人类生存的物质条件，它们也可以而且应该是人的利益和需要的物质载体。但是，那种通过各种财产权制度，将自然万物认定为完全依附于人的利益和需要的物质载体，认定为仅仅存在于人与人之间的法定权利和义务的对象，并进而将法律规范所调整的人与自然之间的关系看作是实际上的人与人之间的关系，则显然反映的还是历史上导致了人与自然尖锐对立的人统治自然、人主宰自然的旧观念；我们应该清醒地认识到这样一个事实：即自然万物（如森林、矿藏、河流、大气、海洋、土壤等）都有其内在的固有属性及与此相适应的一定存在状态，保持这种属性和状态是作为人类根本利益所在的生态平衡的必然要求，但这种要求并不一定就与特定时期的人的利益和需要相切合。也就是说，虽然在终极意义上讲人是自然的一部分，人与自然是一个有机的统一体，因而没有必要单独强调自然万物的固有权利和价值，但就社会发展的具体历史阶段而言，从自然生态平衡和保护人类生存环境的需要出发，就必须肯定并强调自然万物应该有一种不依附于人的相对独立的法律地位，肯定并强调自然万物在法律上也应该具有一种能与特定时期的人的利益和需要相抗衡的、保持自己固有属性和特定存在状态的权利和价值①。我们尽管已经通过法律上的各种财产权制度将人确定为法律关系的主体，确定为作为法律关系客体的自然万物的权利享有者，但我们却还根本无法保证对自然万物享有权利的人能够很好地按照生态平衡的要求去对待它们。而在事实上，特定时期的人的利益和需要除了与生态平衡的要求有相符合的一面外，还经常存在着对立和矛盾的一面。因此，如果在对立和矛盾的情况下，基于生态平衡的考虑，我们作出了放弃特定时期的人的一定利益和需要的抉择，那么就意味着我们在法律上对作为法律关系客体的自然万物有

---

① 当然，这种认识或主张如进入实际操作阶段，则必须作出相应的界定或限制，因为它是从生态平衡和保护人类生存环境的需要出发的，而不是任意的，无条件和无限度的。

了一种新的认识。自然万物作为法律关系的客体，也有其不依附于特定时期的人的利益和需要的权利和价值，它们可以而且应该直接就是人的法定权利和法定义务的对象，而不应该仅仅是存在于人与人之间的法定权利和法定义务的对象，人与自然之间的关系并不能归结为实际上的人与人之间的关系，法律规范对人与自然之间关系的调整，除应考虑特定时期的人的具体利益和需要外，还应考虑自然生态平衡的要求，不仅如此，我们甚至可以说应该优先考虑自然生态平衡的要求，因为这种要求同时也是人类根本利益的体现。

法律规范既调整人与人之间的关系，又调整人与自然之间的关系，因此，它不仅有社会规范的部分，而且还有技术规范的部分，它不只是社会规范的一种，而是规范的一种。应该强调指出的是，法律规范对人与人之间关系的调整和对人与自然之间关系的调整，有着各自不同的特点。在前者，被规范的对象是人与人双方，法定权利和法定义务是相对而言的，在后者，被规范的对象仅仅是作为能动的人的一方，法律规范只应该规定人对自然可以做什么，应该做什么或不应该做什么。

## 二、法律规范结构再认识

关于法律规范的（逻辑）结构，目前在法学理论中占主导地位的看法有两种，一种是传统的"三要素说"[1]，法律规范由假定、处理和制裁三部分组成，另一种是新兴的"两要素说"，即法律规范由"权利和义务的规定"和"法的后果的归结"两部分构成。[2]

笔者认为，对于法律规范的结构，应该从两个方面或角度去分析。其一是从逻辑的角度，即基于法律所担负的特殊的社会功能，分析一个（逻辑上的一个）与此相适应的有效的法律规范在结构上必须具备哪些特定部分或要素才是完整的。通过这种分析，可以使人们在设置法律规范时把握其基本要

---

[1]　参见《中国大百科全书·法学》"法律规范"条；孙国华主编：《法学基础学术理论》，法律出版社 1982 年版，第 26 页。

[2]　参见张文显主编：《法的一般理论》，辽宁大学出版社 1988 年版，第 179—181 页。

求，其二是从实际的角度，即分析法律规范结构的逻辑要素或部分的具体表现形态。现行法学理论中有关法律规范结构的认识，基本上可以看作是从逻辑角度对法律规范所作出的分析①，这显然是不够全面和深刻的。因为法律规范结构的实际表现形态并不是其逻辑要素的简单罗列，它既有合乎逻辑的一面，也有生动灵活的一面。仅仅着眼于逻辑的角度，去揭示法律规范结构的要素，而不同时从实际的角度对法律规范结构的要素的表现形态进行分析，认识不到这一过程的生动性和灵活性，就不可能对实际生活中的法律规范作出充分有效的理论阐释，混淆对法律规范结构的逻辑分析和实际分析，则会使人们对法律规范结构的认识在一些方面变得含混不清。

## （一）法律规范结构的逻辑要素

无论是"三要素说"还是"二要素说"，它们都是力求从逻辑的角度寻找出法律规范的内在构成要素。但是，究竟哪些要素应该成为法律规范的内在构成要素，哪些不应该作为法律规范的内在构成要素呢？作为判定是否是法律规范内在构成要素的根据究竟是什么呢？这是不能不进一步探究的。

判定一个法律规范内在构成要素的根据在于法律规范效力的要求。法律规范的效力是相对于法律规范的实效的一个范畴，它不是指法律规定在实际上得以实施，而是指与法律所担负的特殊的社会功能相适应，法律规范自身所处的一种和谐完善的存在状态。所谓和谐完善的存在状态，包含了两方面的内容：其一，单个法律规范是作为整个法律规范体系的和谐的分子而存在；其二，单个法律规范在自身的内在结构上表现出确定、概括和有效的规范性。就第二个方面而言，又可以区分为两个层次的要求：第一，法律规范是行为规范的一种，对人们的行为具有规范性，可以说是法律规范效力对法律规范结构的最基本的要求；第二，法律规范是各种行为规范中具有特殊功用的一种规范，因此，法律规范效力在法律规范结构上所要求的不只是一般

---

① 但是，由于这种逻辑分析并没有从确定基本的逻辑前提开始，它给人以主观武断的印象。关于这一点，详见下文。

的规范性，而是一种确定、概括和有效的规范性。确定性、概括性和有效性，是法律规范效力对法律规范结构的特定要求。其中，确定性主要是指法律规范在其适用的时间、场合，对象、范围等有关方面是明确肯定的，概括性即所谓法律规范所针对的是抽象的某种人或某类事（至于抽象到什么程度则是确定性的要求），而非具体的某个人或某件事，因而它是可以反复适用的；有效性则专指法律规范是以明确相当的法律后果的形式，来保证自己的规范作用借助于国家强制力而得以实现。

　　基于法律规范效力的上述要求，可以认为，"三要素说"和"二要素说"是各有千秋、相得益彰的。一方面，"二要素说"以"法律后果"取代"三要素说"中片面的"制裁"，这是一个实质性的进步（由于合法行为有效，受法律保护是一条原则，在法律规范结构的实际表现形态中，合法行为的肯定或法律后果经常不必具体写出来）。同时，"二要素说"以"行为模式"或"权利和义务的规定"替换"三要素说"中的"处理"，在概念术语的表达和运用上也更为直接和准确。另一方面，"三要素说"将"规范适用的条件"（即假定，称规范适用的条件更直接、更准确）作为法律规范结构的逻辑要素之一，反映了法律规范效力的要求，"二要素说"否定"规范适用的条件"是法律规范结构的逻辑要素之一，其理由则难以成立。因为，第一，如果说法律规范内在结构上的规范性、概括性的要求主要表现在"行为模式"部分，有效性要求表现在"法律后果"部分，那么，法律规范内在结构上的确定性的各项具体要求，则基本上可以归之于"规范适用的条件"这一要素的范围。对于任何法律规范来说，"规范适用的条件"都具有相对独立、普遍存在的意义。没有这个条件，没有确定性的限制，一个法律规范就会处于一种绝对的、无条件的状态，其结果只会使法律规范失去规范性，并走到自己的反面，成为一种任意性的东西①。因此，"二要素说"在事实上承认"假定"或"规范适用的条件"的存在，继而又否认它是法律规范结构的内在构成要素，

---

　　①　至于一个法律规范应该确定到什么程度，则是由立法视具体情况而定。确定性并不排斥法律规范有时所应有的原则性。

是没有合理性的。

第二，法律规范结构的各个部分紧密相关，但它们各自所要解决的问题是互不相同或各有侧重的。法律规范结构的"行为模式"部分所应考虑解决的问题主要有二：一是规范所针对的抽象的人和事的大致情况，二是行为的特定模式，是可以怎么行为、应该怎么行为，还是禁止怎么行为。"规范的适用条件"所要解决的问题则是行为的时间和场合、行为的确定主体、范围和对象等等。因此，认为"规范适用的条件"虽然存在，但由于已被包含在"权利和义务的规定"中，因而不是一个相对独立的要素，也很难说是充分有理的。

第三，以许多法律规范并无"假定"或"规范适用的条件"部分为理由，否定它是法律规范结构的逻辑要素之一，是混淆了对法律规范结构的逻辑分析和实际分析。因为从逻辑的角度分析法律规范的结构，其目的在于找出设置法律规范时所必须考虑和反映的要素，至于在法律规范的实际设置中是否把"规范适用的条件"单列为一个具体部分，则是法律规范结构的实际表现形态问题。认为许多法律规范没有"规范适用的条件"部分，最多只能说明这些规范的适用条件在规范的实际表现形态中没有被单列出来。

总之，从逻辑的角度分析，一个有效的法律规范在结构上应该包含三个既紧密联系又相对独立的要素或部分，即，规范适用的条件、概括的行为模式和法律后果。其中，行为模式主要有命令、禁止和授权（包括职权）三种①，法律后果则包括对合法行为的肯定和对违法行为的制裁这样两个方面。

## （二）法律规范结构的表现形态

由于现行法律规范结构理论只是从逻辑的角度对法律规范结构进行分析，因此，对法律规范结构的逻辑要素的揭示，就很自然地被人们拿去作为

---

① 这种区分是就特定的主体而言的，如就不同的主体来观察，则一个规范的行为模式可以同时是授权性、禁止性和命令性的。

现实的法律规范结构形态的逻辑模式或标准模式。于是，当现实的法律规范结构形态与这种逻辑模式不甚相符时，人们或者是用这种逻辑模式去生硬地解释现实的法律规范结构形态，或者是毫无区分地一概指责为"缺胳膊短腿"。而事实上却像我们前面所说的那样，法律规范结构的实际形态并不是其逻辑要素的简单罗列，它既有合乎逻辑的一面，同时，由于单个法律规范是整个法律规范体系有机的组成部分，由于立法中法律规范的表述应该简约的要求，它也有生动灵活的一面。具体地说，法律规范结构的逻辑要素表现在实际的法律规范结构形态中，主要有以下几个特点。

第一，"规范适用的条件"的表现方式主要有三种情况。首先，在很多情况下"规范适用的条件"被单列为规范的一个部分，这方面的例子很多，不作列举。其次，在不少情况下"规范适用的条件"被包含于规范的"行为模式"的叙述中。如我国《婚姻法》第18条规定："夫妻有相互继承遗产的权利。"这里就没有单列出"规范适用的条件"部分。但是，我国继承法第2条、第3条的规定，"继承从被继承人死亡时开始"，"遗产是公民死亡时遗留的个人合法财产"。因此，我们可以通过"继承遗产"这一术语，清楚地看到或认定这一规范的适用条件是：夫妻双方的任何一方先亡并留有合法的个人财产。显然，这一规范没有单列出适用条件部分，是因为它存在于一个完整的法律规范体系之中，这样做更合乎法律规范应该简约的要求。最后，在一些情况下，"规范运用的条件"一部分被单列出来，另一部分则包含在规范的"行为模式"的叙述之中。如我国继承法第11条中规定："被继承人的子女先于被继承人死亡的，由被继承人的子女的晚辈直系血亲代位继承。"这里，"被继承人的子女先于被继承人死亡"，是单列出来的规范适用的条件，而"晚辈直系血亲仍然活着而且没有丧失继承权"这部分适用条件，则包含在规范"行为模式"的叙述（即"由被继承人的子女的晚辈直系血亲代位继承"）之中。

第二，合法行为的肯定式法律后果，主要有两种表现方式。其一，在少数情况下采取的是直接表现的形式。如我国刑法第17条、第18条规定，正当防卫和紧急避险的行为不负刑事责任；我国继承法第30条规定："夫妻一方死亡另一方再婚的，有权处分所继承的财产，任何人不得干涉"。其二，在一般情况下采取的是间接表现的方式。即，在法律规范的表现形态中不规定合乎规范行为有什么肯定式法律后果，而只是规定违反规范行为将招致的否定式法律后果。这样，由否定违反推出肯定，则合乎规范的行为意味着受法律保护，意味着行为人不承担相应的法律责任。例如，我国《民法通则》第124条规定："违反国家保护环境防止污染的规定，污染环境造成他人损害的，应当依法承担民事责任。"据此，不做违反有关规定、污染环境损害他人的行为，就是合乎规范的行为，就不承担什么民事责任。又如，我国宪法第二章关于我国公民基本权利的各项规范，也大多是通过对各种侵权行为的否定或制裁来表现对合法行使权利行为的保护或肯定的。此外，对合乎规范行为的肯定式法律后果的实现，法律还提供了程序上的保障措施。

第三，"法律后果"要素本身就具有"行为模式"的含义，它可能是一种授权性行为模式，也可能是一种命令性行为模式或禁止性行为模式。因此，在法律规范结构的实际表现形态中，一个法律规范的"法律后果"，同时又可以是另一个法律规范的"行为模式"。这种情况所采取的表现形式是：将一个规范的"法律后果"表现为另一个规范的"行为模式"；将一个规范的"规范适用的条件"和"行为模式"，糅合于另一个规范的"规范适用的条件"中。例如，我国《刑法》分则中的规范的情况就是如此，任意取第174条为例。该条规定："故意破坏国家保护的珍贵文物、名胜古迹的，处七年以下有期徒刑或者拘役。"从一个方面看，这里"处七年以下有期徒刑或拘役"属于规范的否定式法律后果。这个规范写全了就是：对于国家保护的珍贵文物、名胜古迹（单列出的"规范适用的条件"），任何人不得故意破坏（禁止性行为模式），违者将被处七年以下有期徒刑或者拘役（否定式法律后果）；从另一个方面看，这个条文的前半句是"规范适用的条件"部分，后半句却是"行为模式"部分，即有关国家机关的职权，而"法律后果"部分则可以从《刑法》第188条规定的徇私舞弊罪中求得。这显然又是一个完完整整的法律规范。民事法律规范的情况也是如此，如我国《民法通则》第106条规定："公民、法人违反合同或者不履行其他义务的，应当承担民事责

任", 其中"应当承担民事责任"既是一个"法律后果", 又是一个"命令性
的行为模式", 违反了就会导致相应的否定式法律后果。因此, 看不到"法
律后果"经常又是"行为模式"的一面, 是简单片面的, 它在实际生活中可
能造成的弊端, 就是人们在"法律后果"问题上的任意性。

综合上述三个特点可以发现, 法律规范结构的逻辑要素的最直观、最常
见的表现形态是两种: 规范适用的条件＋行为模式、行为模式。由此可见,
法律规范结构的实际表现形态, 在实质上是合乎逻辑的, 在表面上则是不合
乎逻辑的, 因而也可以说是生动灵活的。

## 三、法律中有关原则、概念、术语和有效日期的 规定的规范性

我国现行法律规范理论的另一个值得商榷的观点是: 法律的主要内容是
法律规范。除了法律规范以外, 法律中还有关于原则、概念、术语和有效
日期等方面的规定, 这些规定是帮助人们准确理解和正确实施法律规范的,
由于它们本身不具备法律规范的逻辑结构, 它们不是法律规范, 不具有规
范性。

我认为, 上述论断否定法律中为数众多的有关原则、概念、术语和有效
日期的规定的规范性, 其正确性是值得怀疑的。

### (一)法律原则的规范性

通过考察实际存在的各种法律原则可以发现, 法律原则除了帮助人们正
确理解和实施各种具体的法律规范以外, 也可以直接就是一种法律规范, 从
而具有规范性。这主要表现在以下几个方面。

第一, 法律中有关法律原则的规定, 采取了法律规范结构的表现形态。
例如, 我国《刑事诉讼法》第 4 条规定, 人民法院、人民检察院和公安机关
进行刑事诉讼, "必须以事实为根据, 以法律为准绳", 这是一个法律原则,
同时又是一个命令性规范的表现形态, "对于一切公民, 在适用法律上一律

平等，在法律面前，不允许有任任何特权"，这个原则则是一个禁止性规范的表现形态。第 8 条中规定："人民法院审判案件，除奉法另有规定的以外，一律公开进行"，这一原则又是一个命令性规范的表现形态。有些法律原则虽然在形式上不具有禁止性或命令性的字眼，但在内容上却是包含了这种意蕴。如《宪法》第 3 条中规定："中华人民共和国的国家机构实行民主集中制的原则"，第 5 条中规定："国家维护社会主义法制的统一和尊严"；《刑事诉讼法》第 7 条规定："人民法院审判案件，实行两审终审制"，这些都可以视为命令性规范的表现形态。

第二，法律原则也直接作为法律规范发挥作用。法律原则所包含的内容一般是国家在各个方面的各项制度。作为制度，它们经常是通过表现为各种具体的法律规范而作用于人们的行为的①。但与此同时，法律原则也作为一种制度性规范，大量和直接地制约着所有国家机关的行为。更具体地说，一方面，虽然执法机关很少直接运用某项法律原则去处理一个具体案件，但包括执法机关在内的所有国家机关，每时每刻都是或应该是遵循着有关的法律原则去完成自己的职责。这一点不言自明。另一方面，各级国家机关是否遵循作为制度性规范的法律原则，经常是宪法和法律规定的各种法律监督的重要目标之一。违反有关的法律原则，必然导致相应的否定式法律后果。这方面的法律规定很多，如，根据我国《宪法》的有关规定，如果全国人大常委会的某个决定违反了宪法的某项原则或全国人大制定的法律的某项基本原则，那么全国人大就有权改变或撤销它；如果国务院制定的某项行政法规、决定或命令违反了宪法或法律中的某项原则，那么全国人大常委会就有权撤销它；如果某个地方性法规或决议违反了宪法、法律或行政法规的某项原则，全国人大常委会也有权撤销之。

第三，法律原则作为法律规范而具有规范性，有直接、明确的宪法根

---

① 由于任何一项法律原则都不可能充分无遗地被具体化为单个的法律规范，因而在理论上就产生了将法律原则直接作为一种制约人们行为的法律规范的必要。但从实际情况看，法律原则填补规范"空白"的作用，一般是通过有关国家机关的法律解释（如司法解释，立法解释）行为而进行的，即通过法律解释将法律原则具体化，进而适用于有关情况。

据。《宪法》第 67 条中规定，全国人大常委会有权在"全国人民代表大会闭会期间，对全国人民代表大会制定的法律进行部分补充和修改，但是不得同该法律的基本原则相抵触"。这是对有关法律原则的规范性的直接肯定。此外，宪法还有其他各种规定，如"国家维护社会主义法制的统一和尊严"；"一切法律、行政法规和地方性法规都不得同宪法相抵触"；"一切违反宪法和法律的行为，必须予以追究"；等等，据此也必须充分肯定作为宪法和法律最重要组成部分的法律原则的规范性。

### （二）法律概念、法律术语和法律有效日期的规范性

法律中有关概念、术语和有效日期的规定，有一个共同的特点，就是这规定本身并不具有法律规范结构的表现形态。它们不是在规范一定的行为，而是在确定某一概念的基本内涵，划定某一专门用语在有关法律文件中所包含的内容的范围，以及宣告一个法律或法规发生效力的时间。因此，就直观的意义而言，认为法律中有关概念、术语和有效日期的规定不是法律规范、不具有规范性，是可以的，这时它们的目的也的确可以说是为了帮助人们正确地理解和实施法律规范。但是，如果我们不停留于直观而稍作深入的分析，则法律中有关概念、术语和有效日期的规定，又可以被看作是一类潜在的法律规范，并具有规范性。

就法律概念而言，它是对事物特有属性的反映。由于人们对事物属性认识的不同，对概念的理解也就不一样，甚至是对于规定于法律之中的法律概念，人们也可以有自己的不同认识。但是，对于一个创制法律的国家机关和一个适用法律的国家机关来说，对于一个正在从事法律事务（如诉讼）的人来说，他们对有关概念的认识（也是一种活动和行为）和运用，是必须符合有关法律（如宪法、刑法、民法通则等）对该概念所作的有关规定的，尽管他们对该概念可能有不同的认识，甚至这种认识较之于法律的有关规定更为正确，也无例外。比如，法院在审判中对被告作出了"故意犯罪"的判决，其关于"故意犯罪"的理解，就必须符合刑法对该概念所作的规定，否则这一判决就会因由此而来的抗诉、上诉等被推翻。又如，假定某个行政法规或

地方性法规在涉及"中华人民共和国公民"的概念时，违反了宪法和国籍法的有关规定，那么全国人大常委会就会撤销它。法律术语的情况与法律概念基本相同。所不同的是，法律文件中对法律术语的规定有一个限制词，即"本法所说"，据此，有关法律术语的规范性只限于在适用对它作出规定的法律文件时。

就法律有效日期的规定而言，其规范性问题比较清楚，因为它规定一个法律或法规自某年某月某日开始生效，一般意味着有关执法机关不得运用该法去追究一个以往的行为（即不溯及既往），意味着人们从此以后的有关行为必须遵循该法。

# 第十一章 法律关系综论

法律关系（legal relationship）是法理学的基本范畴之一，是法律调整范围和调整方式的具体化。在社会现实生活中，只有通过各种法律关系，法律的价值才能实现，法律的秩序才能形成。

## 一、法律关系的概念

法律关系是社会生活关系的法律形式，是法律所确认和调整的社会生活关系，是法律关系主体或法律人格之间基于一定的法律事实而形成的法律上的权利和义务关系。

### （一）法律关系是法律确认和调整社会生活关系的结果，是社会生活关系的法律形式

所谓关系，也即事物或现象之间的联系。社会由人所组成，以人为中心，人是社会生活的主体，因此，社会生活关系说到底就是人在社会生活中相互之间以及与周围环境或事物之间形成的联系。人既具有自然属性，又具有社会属性。作为自然的一部分，人必然与自然界发生各种联系，离开与自然界的物质和能量交换，人就无法生存。同时，人作为社会动物，要过社会生活，从而必然在人与人之间形成各种联系。人类的社会生活关系尽管纷繁复杂，但从内容性质上说则不外乎人与自然的关系和人与人的关系这样两

大类。

社会生活关系是由人与自然的关系和人与人的关系构成的体系。具体地说，人与自然的关系是人在认识和改造自然的生产过程中与自然界发生的关系，也即通常所说的生产力关系。人与人的关系是个人、团体和国家相互间形成的各种联系，它又可以进一步区分为不同的种类，如经济关系，指人们在生产、分配、交换和消费等物质生活领域形成的各种联系；政治关系，即人们在政治生活领域发生的各种联系，如阶级关系、统治关系、党派关系、执政党与国家的关系等；文化关系，指人们在文化生活领域发生的各种联系，如围绕着精神成果的创造和享用而形成的各种关系；以及其他各种在人群中发生的关系，如邻里关系、婚姻家庭关系、同事关系等。

在社会现实生活中，上述各种关系往往相互交织、互相影响，而在此过程中，生产力关系对经济关系、经济关系对其他各种社会生活关系的形成和状况具有决定性的作用。同时，由于在社会历史领域内进行活动的全是有意识、有目的的人，任何社会生活关系都包含有人的意志或意识的因素。就此而言，存在于非物质生活领域的政治关系、文化关系、婚姻家庭关系等是如此，物质生活领域的经济关系也是如此，甚至于人与自然之间形成的生产力关系也同样如此。当然，这样说并不意味着否定社会生活关系必然受到自然规律和社会规律的客观制约。

那么，法律关系在上述社会生活关系的总体构架中处于什么位置呢？或者说，法律关系与各种社会生活关系的关系如何呢？对此，存在有不同的认识。一般认为，社会生活关系是人与人之间的关系，而法律关系则是一种特殊的社会关系，是属于非物质生活领域的社会关系的一种。我认为，这种流行观点值得重新思考。

首先，社会生活关系并不限于人与人之间的关系，而且还必然涉及并包含人与自然的关系。人是自然的一部分，人的生存每时每刻都在与周围的自然界发生物质和能量的交换。没有自然的养育，就不可能有人类的生存以及人类从动物到人的进化，进而也就不可能有人类的社会生活以及人与人之间的社会关系。社会生活在人与人和人与自然的关系中进行，把社会生活关系界定为人与人之间的关系是狭隘的，以人与人的关系遮蔽或取代人与自然的关系是有害的。重新审视人与自然之间的关系，寻求并实现和谐的人与自然的关系，是当今人类面临的重大课题。

其次，从内容性质上说，法律关系不是社会生活关系中独立的一种，而是一种派生的、综合的社会生活关系。法律关系是法律确认和调整社会生活关系的结果，尽管从形式意义上说，法律关系作为社会生活关系的法律"外壳"具有法律性，从而构成一种特殊形式的社会生活关系，但从内容性质上看，法律关系与被法律确认和调整的社会生活关系之间，则是派生和原生的关系，不能相提并论。由于法律不仅确认和调整人与人之间的关系，包括各种经济关系、政治关系和文化关系等，而且还确认和调整人与自然之间的关系，这就决定了法律关系具有派生性、综合性，是一种派生、综合性质的社会生活关系。法律关系是社会生活关系的内容和法律的形式的统一。

法律关系是法律确认和调整社会生活关系的结果，在社会现实生活中，任何法律关系都有与之相对的社会生活关系原型。例如，一般认为，诉讼法律关系是一类比较纯粹的法律关系，其形成是基于法律的创设，并没有相应的社会生活关系原型。其实不然，诉讼法律关系也不可能由法律凭空而设，在各种复杂的诉讼法律关系形成之前，已然存在社会生活主体之间的各种纠纷关系，以及他们诉诸于第三者解决纠纷而衍生出来的各种关系。当然，原生形态的社会生活关系通过法律的确认和调整而形成法律关系的过程，并非没有意义，因为通过这样的过程，原生的社会生活关系将变得条理化、规范化和细密化。法律关系是一种明确的权利义务关系，相对于原生的社会生活关系，派生的法律关系显然更为精致。

## （二）法律关系是由法律所确认和调整的社会生活关系

社会生活千变万化，社会生活关系错综复杂。在复杂多样的社会生活关系中，由法律所确认和调整的只是其中一小部分，还有大部分社会生活关系则由道德、宗教、习俗、纪律等社会规范以及客观存在的自然和社会规律所调整。社会生活秩序的有效形成，有赖于包括法律在内的各种社会规范的协同作用，有赖于人们对客观规律的认识，以及各种社会规范对客观规律的遵循。

法律对社会生活关系的确认和调整不仅在范围上是有限的，而且在程度上也有深浅之别。这种区别取决于社会生活关系的种类。有些社会生活关系如友谊关系可能完全存在于法律调整的范围之外，不受法律约束；有些社会关系如夫妻关系、父母子女关系可能主要部分要由道德、宗教等规范支配，法律在其中则起较小的作用；有些社会生活关系则反过来，或者法律在其中起主导作用，或者基本上由法律所支配。从总体上看，在众多的社会生活关系中，完全由法律调整或不由法律调整的情况属于少数，更多的社会生活关系，都是法律与其他社会规范以及客观规律共同作用的对象。

法律不同于其他社会生活规范，它不仅通过在社会生活主体之间明确界分权利和义务来运作，而且还具有普遍一般的属性，并以国家强制力作后盾。在各种社会生活关系中，哪些适合于法律调整，哪些不适合于法律调整，在适合于法律调整的生活关系中，法律调整的程度如何，这些都是法理学所要着重思考和回答的问题，也即法律调整社会生活关系的范围和程度问题。对于这类问题的回答，不仅取决于人们对社会生活及其目的认识，而且还取决于人们对法律的特性和作用的认识。从迄今为止法律与社会生活的互动情况看，法律对社会生活关系的调整不仅在范围上呈扩大趋势，而且在程度上也越来越高，以至于可以说，我们生活在由法律统治的"帝国"之中。当然，在任何社会中，通过立法确认和调整现实社会生活关系的范围和程度，总是存在应然和实然的差异，尤其是在复杂而迅速变化的现代社会生活中，就更是如此。

### （三）法律关系是受客观因素制约的关系

如上所述，人是社会生活的主体，任何社会生活关系都包含有作为主体的人的意志或意识。法律关系也同样如此。在各种现实具体的法律关系中，法律关系的形成往往包含有法律关系主体的意志。其中，有的法律关系的形成是基于法律关系主体各方的意志，如买卖法律关系的建立除了要有法律的一般规定外，还需要有买卖双方的买卖合意。有的法律关系的形成是基于法律关系主体一方的意志，如张三起诉李四民事侵权而在相互间形成的诉讼法律关系。当然，有的法律关系的形成不是基于法律关系主体自身的意志，而是基于主体以外第三人的有意识行为，如继承法律关系的形成可能是因为被继承人为他人所谋杀。也有许多法律关系的形成，不是基于法律关系主体或主体以外的第三人的有意识的行为，而是由于各种不包含任何人类意识的自然事件，如地震、洪水、火灾等。但是，任何法律关系的实现都必然通过或包含法律关系主体的有意识行为，这一点是确定无疑的。

不仅如此，法律关系是法律确认和调整社会生活关系的结果，而法律本身又是国家意志的体现，因此，相对于其他各种社会生活关系，我们还可以在一种比较绝对和特殊的意义上说，任何法律关系的形成都是人类有意识、有目的活动的结果，其中都包含了法律所体现的国家意志。

法律关系形成和实现离不开人类有意识、有目的的活动，但是这种活动并非主观随意的，它要受到各种客观条件或因素的制约。大致说来，这种客观制约的含义主要有二：一是，法律关系是法律确认和调整社会生活关系的结果，是社会生活关系的法律外壳，因此，任何法律关系必然要受到相应的社会生活关系原型的制约；二是，法律关系总是存在于特定的时空条件之下，特定社会的物质生活条件、政治生活状况、历史文化传统和主导意识形态等各种因素，必然对法律关系的状况构成制约。正是由于这种制约，法律关系才在主体的范围和条件，客体的种类和范围，权利义务的具体内容和配置等各个方面，表现出大小不同的时空差异。这种差异不仅存在于人类社会发展的不同阶段，而且还存在于不同的国家和社会，存在于不同国家和社会的不同时期。

### （四）法律关系是基于一定的要素而构成的关系

法律关系是法律主体或法律人格之间基于一定的法律事实而形成的法律上的权利和义务关系。法律关系虽然错综复杂，但就一般构成要素而言，主要有四，即法律关系主体、法律关系客体、法律关系内容和法律事实。法律关系主体是指法律关系的参加者，即享有法律权利、承担法律义务的自然人或法律人格；法律关系客体是指法律关系主体的权利和义务所指向的对象；法律关系内容是指存在于法律关系主体之间的权利和义务；法律事实是指导致法律关系形成、变更和消除的客观情况。就四者的关系而言，主体是权利义务之所属，客体是权利义务之所附，法律事实是权利义务之所成。

法律关系的主体、客体、内容和法律事实不仅是任何法律关系的构成要件，也是从学理上分析和把握法律关系的要点。

# 二、法律关系的分类

法律关系是法律确认和调整社会生活关系的结果。一个社会的法律关系的数量和种类，从根本上说取决于法律调整社会生活的广度和深度。由于社会生活包含不同的领域，不同领域的社会生活关系往往具有不同的内容，涉及不同的活动主体，从而表现出不同的特点，因此法律关系也表现出种种不同形态。对于各种不同的法律关系，我们也可以按照不同标准，作出具有不同意义的分类。

## （一）私权法律关系、私权—公权法律关系和公权法律关系

按照私权与公权或者说私权主体与公权主体的划分，可以分为私权法律关系、私权—公权法律关系和公权法律关系。

现代社会区别于传统社会的一个根本点，就是明确划分私权和公权。私权与公权相对，大致说来，私权指民间的、私人的权利，公权指国家的、公共的权力。在现代社会生活中，尽管由于私权和公权之间的复杂的互动，导致了两者之间的界限在一定程度上的交错、模糊，但是，它们之间的基本区分以及这种区分对于现代社会生活的意义，仍然一如既往。

私权法律关系是私权和私权之间形成的法律关系。它是一种平等互惠意义上的法律关系。所谓平等互惠，主要有两层含义：一是从总体上说，法律面前人人平等，作为私权主体，没有高低贵贱之分；二是从具体或个别的意

义讲，即使在一些具体的法律关系如雇佣法律关系中，存在主体一方对另一方的服从、"隶属"，这些法律关系的基础也是平等互惠、等价有偿的。私权法律关系的集中表现是民商事法律关系。

私权—公权法律关系是在私权和公权之间形成的法律关系。从根本上说，私权和公权之间的法律关系是一种源与流、主与次的法律关系，它们之间的合理互动是：私权产生公权、制约公权，公权维护私权、保障私权；私权是公权产生和运作的目的，公权是保障私权实现的手段。从具体意义上说，私权—公权法律关系可能表现为主导和被主导、制约和被制约的关系，如选举法律关系、监督法律关系等，但更多的则是表现为服从和管理、隶属和支配的关系，如税务法律关系中的纳税和征税的关系，诉讼法律关系中的被管辖和管辖关系。

公权法律关系是公权和公权之间形成的法律关系。它可以是一种上下级之间的领导与服从的法律关系，如上下级行政机关、上下级检察机关之间的关系等；也可以是不同性质的国家职能部门之间的分工与协作、分权与制衡的关系，例如，在美国等西方国家，立法、行政和司法三机关之间的关系是一种分权与制衡的关系，在我国的法律制度中，公、检、法三机关之间的关系是一种分工与协作的关系。

对于上述三类关系，我们也可以按照私法和公法的划分，把私权法律关系称之为私法关系，把私权—公权法律关系和公权法律关系称之为公法关系。

### （二）双边法律关系和多边法律关系

按照法律关系主体的具体化程度，可以分为双边法律关系和多边法律关系。

任何法律关系都是主体双方之间的法律关系，但是，主体双方并不一定是具体、特定的。按照法律关系主体的具体化或特定化程度，法律关系可以有双边和多边之分。

双边法律关系是主体双方皆为特定主体的法律关系，如张三与李四的买卖关系。多边法律关系是至少主体一方为不特定的多数的法律关系。多边法律关系可能是一与多的关系，如张三基于对某物的所有权而与世人形成的所有权关系，也可能是多与多的关系，如基于法律面前人人平等的宪法规定而在所有公民之间形成的平等法律关系。

应该指出的是，双边法律关系和多边法律关系的划分可能并不那么绝对，因为多边法律关系也可以看作是由一个个的双边法律关系所构成。

### （三）抽象法律关系和现实法律关系

从法律调整实现的角度，可以分为抽象法律关系和现实法律关系。

抽象法律关系是直接基于法律的规定、以法律设定的一般模式的形态存在的法律关系。它不是存在于特定主体之间的实化了的权利义务关系，而是存在于抽象法律主体或法律角色之间的条文上的权利义务关系，如公民之间的关系，公民与税务机关之间的关系，立法机关与法院之间的关系，等等。

现实法律关系是依据法定的法律关系模式、在特定主体之间形成的实化了的权利义务关系。如公民张三与李四的关系，公民张三与其他公民的关系，本届全国人大常委会与本届国务院的关系，等等。

抽象法律关系概括了法律关系的共性、普遍性，现实法律关系体现了法律关系的个性、特殊性；抽象法律关系是现实法律关系的标准形态，现实法律关系是抽象法律关系的个别或实现形态。抽象法律关系和现实法律关系的划分，体现了法律研究中的应然和实然视角。一方面，我们可以以抽象法律关系为标准，判断具体法律关系的合法性和法律效力；另一方面，我们又可以通过现实法律关系来评价抽象法律关系的合理性和实际效力。法律价值和作用实现的过程，法律秩序形成的过程，也就是抽象法律关系转化为现实法律关系的过程。

### （四）调整性法律关系和保护性法律关系

按照法律关系产生的基础是合法行为还是违法行为，可以分为调整性法律关系和保护性法律关系。

法律以规定权利和义务的方式为人们的行为提供指引，使人们在法律调整的社会生活领域中知道可以做什么或不做什么，应当作什么，不应当作什么。不仅如此，法律还以国家强制力作为实施的保障，对于行使权利和履行义务的合法行为予以肯定和支持，对于侵害权利和不履行义务的违法行为予以否定和制裁。由此而使社会生活秩序得以形成，社会生活目标得以实现。

调整性法律关系是法律关系主体在合法行为的基础上形成的法律关系，如各种合法的民事法律关系、行政法律关系等。合法行为包括合法行使权利的行为和合法履行义务的行为，在现实生活中，它是法律作用实现的常态。与此相适应，基于合法行为而形成的调整性法律关系，则是法律关系的常规形式。

保护性法律关系是在调整性法律关系因主体的违法行为而不能正常实现、并由此引发法律制裁时形成的法律关系，如刑事法律关系、民事损害赔偿法律关系等。违法行为是指违反法律义务的行为，包括当为不为和不当为而为。在现实生活中，违法行为相对于合法行为毕竟属于少数，对违法行为的法律制裁更多情况下起的是一种威慑作用，而不可能是法律作用实现的常规方式。因此，基于对违法行为的制裁而形成的法律关系，并非法律关系的常规形式。

调整性法律关系和保护性法律关系往往具有逻辑上的因果关联，但是，形成两者之间因果关联的确切前提是调整性法律关系因主体的违法行为而不能正常实现。在许多情况下，调整性法律关系不能正常实现并不是因为主体的违法行为，而是因为各种不可抗力，这时就可能不会引发保护性法律关系。当然，这里说的是"可能"，因为究竟是不是因为"不可抗力"而导致调整性法律关系不能实现，相关的法律关系主体之间会发生争议，从而引发保护性法律关系如诉讼法律关系。

## （五）按照对法律的不同分类，可以对法律关系作出不同的划分

一个国家的法律总是由不同的法律渊源、数量庞大的法律规范所构成。如何使形式众多、数量庞大的法律规范成为一个上下左右前后和谐、井然有

序的体系，是法律研究和法律实践的一个至关重要的问题。为此，人们往往从不同的角度、依据不同的标准各种不同的法律规范进行体系化的分门别类的作业，从而形成具有不同特性的规范群。对各种法律关系的分类，同样也可以基于人们对法律的不同分类来作出，而且这样一些分类事实上也很常见，并行之有效。这方面的分类主要有：按照公法和私法的划分，区分为公法法律关系和私法法律关系；按照实体法和程序法的划分，区分为实体法律关系和程序法律关系；按照国内法和国际法的划分，区分为国内法律关系和国际法律关系；按照现行对法律部门的划分，区分为宪法法律关系、行政法律关系、民事法律关系、刑事法律关系、诉法律关系讼法律关系、经济法律关系、国际法律关系等。

由于法律包含有不同位阶或效力等级的法律渊源，而且大致说来，位阶高的法律所确认和调整的社会生活关系对于社会来说总是意义更为重大，由此就形成了人们关于基本法律关系和普通法律关系的分类。基本法律关系是基于宪法或基本法律的确认和调整而形成的在社会生活中具有根本性的经济、政治、文化等法律关系，普通法律关系则是除基本法律关系以外的各种法律关系。基本法律关系表现了一个国家和社会的根本性质，是各种普通法律关系的基础；普通法律关系则各种基本法律关系的具体展现。当然，由于法律位阶的多层次，相对于位阶低的法律，位阶高的法律所确认和调整的社会生活关系总是具有更基本的特性，由此说来，基本法律关系和普通法律关系的划分也是相对而言的。

# 三、法律关系的主体

## （一）法律关系主体的概念、特性和种类

从一般意义上说，主体相对于客体而言，主体是一种自在、自为的存在，任何事物要成为主体，就必须具有自在、自为的属性。自在是指主体具有不依赖于外在事物的独立价值；自为是指主体具有能动的属性，即认识和

实现自己价值的能力。当然，一个事物究竟在什么意义上、什么程度上才能被称之为具有独立的价值？判断事物是否具有能动属性的标准是什么？对此，人们会有不同的看法。从人类社会的历史发展看，在不同的阶段和时期，人们对于主体的认识也的确存在程度不同的差异。这种差异也表现于人们对法律关系主体的认识。

法律关系的主体，又称权利主体、权义主体，指参加法律关系而享有法律权利和承担法律义务的人。

法律关系的主体具有法律性和社会性。法律性是指在社会生活中何者可以成为法律关系的主体以及成为何种法律关系的主体是由法律规定或确认的，没有法律的规定或确认，就不能成为法律关系的主体。例如，按照我国宪法规定，享有选举权和被选举权的年龄是 18 周岁，低于此年龄的公民尽管可以成为其他法律关系的主体，但不能成为选举法律关系的主体。从人类法律制度演进的历史看，法律对法律关系主体资格的规定或确认是应时而变的，这种变化从总体上说取决于一定阶段的人类对人与人、人与自然的关系的认识状况。

社会性是指法律对法律关系主体的规定或确认不是任意的，而是由社会的经济、政治和文化生活状况所决定或影响的。社会生活状况不同，法律对法律关系主体的范围、种类、资格要求等规定也会有不同，从而形成各种时空差异。空间差异是不同地域之间的差异，它可能表现在社会制度相同和不同的国家之间，也可能存在于同一国家的不同区域之间。例如，我国婚姻法规定的法定婚龄是，男不得小于 22 周岁，女不得小于 20 周岁，因此未达法定婚龄就不能成为婚姻法律关系的主体。但是，世界各国关于法定婚龄的规定并不相同，而且即使在中国国内，民族自治地方也可以依法作出变通规定。时间差异是一种历史性差异，指法律对法律关系主体的规定或确认在不同的历史阶段、历史时期所存在的不同。这种差异可能存在于人类社会发展的不同阶段，如奴隶制社会、封建社会、资本主义社会和社会主义社会，也可能存在于同一国家和地区的不同阶段或时期。

法律关系的主体主要有以下两大类：

1. 自然人。自然人指有血肉之躯的人类个体。在我国，自然人包括公民和非公民。公民是指具有我国国籍的人，非公民是指在我国境内的外国人和无国籍人。公民在国家的政治、经济、文化和社会生活中享有或承担各种权利和义务，是最广泛的法律关系的主体。非公民在我国也可以成为某些法律关系的主体，其权利能力的范围取决于我国法律及我国签订或加入的双边和多边国际协定的规定。

在现实生活中，还存在两个或两个以上的自然人为了某种目的而合作从事法律活动的情况，由于这种合作仍然以自然人个体分别享有权利和承担义务（包括责任）为基础，因而只是自然人的简单组合，可以归入自然人一类。例如，民事活动中的个人合伙就可以视为自然人的简单组合。

2. 法人。此处所说的法人，泛指除自然人以外，各种通过法律拟制而具有法律人格的社会生活团体。人是社会动物。为了实现共同生活或达到各种具体目的，人类基于其自然倾向和人为旨趣而形成和设立了各种社会生活团体，如国际社会、国家、省市县乡村、民族，以及其他各种社会组织和团体。这些团体与自然人一样，构成各种社会生活关系的主体，可以享有权利和承担义务，从而在法律上被设定为具有一定的权利能力或法律人格。

法人形态各式各样，大致可以区分为公法人和私法人两大类。公法人和私法人的区分标准主要在于其设立是以公益为目的，还是以营利为目的。公法人以公益为目的，如国家和国家机关，以及各种从事文化、艺术、宗教、慈善等方面的公益活动的社团或财团等；私法人以营利为目的，如各种企业、公司等。应该指出的是，公法人和私法人皆有可能成为公法法律关系的主体和私法法律关系的主体。

## （二）权利能力、行为能力和责任能力

法律上所说的能力，是指在法律关系中充当主体并从事主体活动的资格和条件。这种资格和条件是由法律确定的，它包含三种能力，即法律关系主

体的权利能力、行为能力和责任能力。权利能力是法律关系主体的"静的"能力，行为能力和责任能力是关于法律关系主体活动的"动的"能力。没有权利能力，不能成为法律关系的主体，有权利能力而无行为能力或责任能力，则不能成为许多法律关系的主体。

法律关系的主体必须具有权利能力。所谓权利能力，是指法律关系主体参与法律关系而享受权利和承担义务的法定资格。法律关系多种多样，不同的法律关系对主体权利能力的要求也可能会有不同。例如，在现代社会，只要在国籍法上被确认为一国的公民，就具备成为绝大多数法律关系的主体的资格，但是，在有些法律关系中，除了公民身份以外，还必须具备法律在年龄、居住年限等方面的一些特殊要求，例如，在上面所说的婚姻法律关系和选举法律关系中，就包含了法律对主体的特殊年龄要求。因此，对于法律关系主体的权利能力，可以区分为基本的权利能力和特殊的权利能力。基本的权利能力是指所有法律关系主体都必须具备的权利能力。在绝大多数法律关系中，基本的权利能力是构成主体的充分必要条件。在一些特殊的法律关系中，基本的权利能力是构成主体的必要条件。特殊的权利能力是指除基本的权利能力以外，在一些特殊的法律关系中对主体资格的附加要求。

法律关系主体要独立地享受权利和承担义务，必须具有行为能力。行为能力是指法律关系主体以自己的行为享有权利和承担义务的能力。行为能力从属于权利能力，没有权利能力，行为能力就无从产生。那么，有权利能力是不是必然具有行为能力呢？对此，在法人和自然人并不相同。在法人身上，权利能力和行为能力是一致、对称的，两者同时产生，同时消失，因而回答是肯定的。但是，在自然人身上却不能一概而论。在一些法律关系，尤其是具有人身不可替代性的法律关系（如婚姻法律关系）中，自然人的权利能力和行为能力是不可分的，因而回答是肯定的；在其他各种法律关系中，自然人的权利能力和行为能力却可能也可以发生不同程度的分离，有权利能力不一定就有充分的行为能力，因而回答是否定的。

自然人拥有行为能力，意味着他能够理解并从事享有权利和承担义务的行为。由于在不同的法律关系中，是否具有行为能力往往取决于年龄、体能和智力等方面的因素，各国法律一般据此将自然人的行为能力区分为三，即完全行为能力、限制行为能力和无行为能力。在法律上，具有完全行为能力、可以不依赖于他人而独立从事法律行为的人，被称为"完全行为能力人"；只有部分行为能力、只能从事某些与其年龄和智力相适应的法律活动的人，被称为"限制行为能力人"；不具有行为能力、不能独立从事法律活动的人，被称为"无行为能力人"。例如，我国《民法通则》第11、12和13条规定：18周岁以上的公民，以及以自己的劳动收入为主要生活来源的16周岁以上不满18周岁的公民，是完全民事行为能力人，可以独立进行民事活动；10周岁以上的未成年人、不能完全辨认自己行为的精神病人，是限制民事行为能力人，前者可以进行与他的年龄、智力相适应的民事活动，后者可以进行与他的精神健康状况相适应的民事活动；不满10周岁的未成年人、不能辨认自己行为的精神病人，是无行为能力人，应该由他们的法定代理人代理民事活动。

行为能力的概念可以有狭义和广义之分。狭义的行为能力是指从事合法行为的能力，即依法行使权利和履行义务的能力；广义的行为能力则除了从事合法行为的能力外，还包括从事非法行为的能力。例如，从我国《民法通则》第二章第一节对自然人的民事行为能力的规定看，显然采用的是狭义行为能力的概念。

责任能力是法律关系的主体因违法或没有履行法定义务而承担否定性法律后果的能力。责任能力和行为能力是两个既有联系又有区别的概念。没有行为能力，就谈不上责任能力，但是，有行为能力却不一定有责任能力，即有从事违法行为的能力，不一定有承担由此引起的否定性法律后果的能力。在责任能力作为行为能力的一种特殊形式，往往表现在保护性法律关系之中。法律设定责任能力的目的在于，通过对主体的违法行为追究法律责任，促使主体依法行使权利和履行义务，以及保护他人和社会的合法利益。责任能力通常区分为刑事责任能力、民事责任能力、行政责任能力和违宪责任能力等类型。

# 四、法律关系的客体

## （一）概念、构成条件和基本特性

法律关系客体一语，可以有两层含义：一指法律关系作用的对象，即法律所确认和调整的社会生活关系；二指法律关系的"现实根据"或法律关系据以建立的事物，即作为法律关系内容的权利和义务所指向的对象。此所谓法律关系客体，系后一层含义。至于第一层含义所说的社会生活关系，则被作为法律关系的原型或实质内容，具体已如前述，此不赘言。

客体相对于主体，是主体的认识或活动所指向的对象。法律关系的客体相对于法律关系的主体。法律关系是主体之间的权利义务关系，主体是权利义务的主体，是权利义务之所属，客体则是权利义务的客体，是权利义务之所附。法律关系的客体，是法律关系主体的权利和义务所指向的对象或标的，故而又可称之为权义客体。

法律关系客体是法律关系主体之间发生权利和义务联系的中介或纽结。任何法律上的权利和义务，都是基于对社会生活主体的利益的确认和界分而形成。利益并非虚幻的存在，它必然有自己的载体，必然表现在各种有形或无形的事物之上。不同主体之间的利益之争，不过是针对同一事物或标的提出了不同的利益主张而已。因此，法律上的权利和义务的形成过程，或者说法律关系形成的过程，实际上就是对不同主体在同一事物上的不同利益从法律上予以确认和界分的过程。在各种法律关系中，主体之间的权利和义务之所以在对应的意义上存在，其现实根据就在于它们是指向共同的对象或标的。

任何事物要成为法律关系的客体，必须具备两个基本条件。

其一，有价性，即对主体具有价值，能够满足主体的需要。一切事物只有对主体具有现实的和潜在的价值，才有可能在不同的主体之间发生利益之争，才需要在法律上明确其所属，作出权利和义务的界分。

其二，法律性，即为法律所规定和调控。并非一切能够满足主体需要、对主体具有价值的事物，都自然能成为法律关系的客体。要成为法律关系的客体，除了要具备满足主体需要的价值以外，还必须被纳入法律调控的范围。有价性是一切社会生活关系客体的共同的构成条件，法律性则是构成法律关系客体的特殊条件。

法律关系客体与法律关系主体一样，具有法律性和社会性这样两个基本特性。法律性已如上述，它是法律关系客体区别于非法律关系客体的特殊属性。

社会性是指法律关系客体在范围、种类、性质等方面所存在的时空差异。法律关系客体的范围和种类并不是一成不变的。客体是主体认识和活动所指向的对象，由于人们在不同的时期、不同的地域对自我和外界的认识不同，对作为利益载体的事物的范围、种类、性质等认识的不同，以及对法律在社会生活中的作用认识不同，在法律关系客体的各个方面也必然表现出各种历时性的和共时性的差异。这种差异不仅可能表现为法律关系客体在总体范围上的伸缩变化，在种类上的增加减少，而且还可能表现为法律关系客体在性质上的变化——即在一定的时空条件下可以成为某种法律关系客体的事物，在另一时空条件下则可能被法律禁止作为该种法律关系的客体。

## （二）种类

从理论上说，一切可以作为利益载体或利益的表现形式的事物，都有可能成为法律关系的客体。法律关系的客体多种多样，概括说来，主要有以下一些种类：

1. 行为。包括作为和不作为。

2. 物。包括自然物、人造物和财富的一般表现形式——货币及其他有价证券如支票、汇票、存折、股票、债券等。物可以是有形物，也可以是无形物，前者如森林、矿产、草原、河流、房屋等，后者如电力、煤气、天然气等。

3. 精神产品。包括各种智力成果，如科学发明、技术成果、商标设计、学术著作、文艺作品等，以及与人身相联系的各种非物质财富如姓名、肖像、名誉、尊严等。

4.信息。包括一切具有价值的情报或资讯，如商务信息、法律咨询、技术咨询等。信息成为越来越多的法律关系的客体，是人类迈向信息社会、知识经济时代的必然结果。

5.自然人的人身、人格。法律关系的客体既是权利的客体，也是义务的客体。自然人的人身和人格可以成为义务的客体，也可以在绝大多数法律关系中成为权利的客体，包括成为自己权利的客体，以及成为他人权利的客体。

6.法人。各种公、私法人作为一个整体，都可能成为一定的法律关系的客体。例如，国家可以在国际法律关系中成为客体，也可以在许多国内的公、私法律关系中成为客体；企业法人作为一个整体，也可能在许多公、私法律关系中成为客体。

应该指出的是，法律关系客体的范围和种类不可能有固定不变的边界。从总体上看，法律关系客体的范围和种类与人类科技和认识发展的水平是成正比关系的：科技和认识水平越高，对人类社会生活具有价值、能满足人类需要的事物的范围和种类也越大、越多。法律关系客体的范围和种类不仅是开放的，而且呈不断扩大、增多的趋势。

# 五、法律关系的内容：权利和义务

## （一）权利和义务是法律关系的内容

法律关系是社会生活主体之间在法律上的权利和义务关系，所谓法律关系的内容，也就是指法律关系主体所享有的权利和所承担的义务。例如，在人身权法律关系中，一方是权利主体，另一方是由权利人以外的一切人构成的义务主体。权利人享有自己的各种人身权利，义务人负有不得非法剥夺或限制权利人人身权的义务，在这里，权利人的人身权利和义务人所负有的不得非法剥夺或限制权利人人身权的义务，构成了人身权法律关系的内容。又如，在买卖法律关系中，买卖双方都既是权利主体又是义务主体。买方所享有的权利是要求对方交付商品，所负的义务是向卖方支付价款；卖方所享有的权利是要求买方支付价款，所负的义务是向买方交付商品。在这里，买卖双方交付商品和支付价款的对等的权利和义务，就构成了买卖法律关系的内容。

### （二）法律上的权利和义务的含义

对于法律权利的含义，学理上有众多的阐说。"资格说"认为，法律权利是法律所赋予的作为和不作为的资格；"主张说"认为，法律权利是正当而具有法律效力的主张；"自由说"认为，法律权利是法律所允许的免于干扰的自由；"利益说"认为，法律权利是法律所确认和保护的利益；"法力说"认为，法律权利是法律赋予权利主体实现其利益的一种手段；"可能说"认为，法律权利是权利人作出或不作出一定行为，或者要求他人作出或不作出一定行为的可能性，以及请求国家强制力予以保障的可能性；"规范说"认为，法律权利是法律所保障或允许的能够作出或不作出一定行为的尺度；"选择说"认为，法律权利意味着一个人的选择或意志在法律上优先于他人的选择或意志。就解说法律权利这一现象而言，上列诸说各有其独到之处，且相得益彰，但是，就解说实在法领域的权利现象而言，19世纪德国法学家梅克尔（Merkel 1836—1896）所创的"法力说"似乎更有解说力，因为它把利益以及法律对利益的确认和保障有机地结合起来，从而不仅兼顾了法律权利的内容和形式，而且还准确地揭示了法律权利的内容和形式。

法律权利和法律义务是一对相互关联、相辅相成的概念。对于法律上各式各样的权利和义务，我们可以在总体上依据不同的标准作出不同的分类，诸如，按照公法和私法的划分，分公权利和私权利、公法上的义务和私法上的义务；按照权利义务存在范围的不同，分对世权和对人权、对世义务和对人义务；按照权利义务是不是独立存在，分原权利和救济权利、主义务和从义务;按照权利义务是否可以转移,分专属权和可转移权、专属义务和可转移义务;按照权利义务实现方式的不同,分行动权和接受权、积极义务和消极义务。同时,我们也可以从总体上对形形色色的法律权利和法律义务的含义作出如下把握:法律权利相对于义务人的法律义务,是法律赋予权利人实现其利益的一种力量。这种力量具体表现为权利人可以作出或不作出一定的行为,或者要求他人作出或不作出一定的行为。法律义务相对于权利人的法律权利,是法律基于权利而给人以负担的一种约束。这种约束具体表现为义务人基于权利人的权利而必须从事一定的行为和不行为。

在日常生活中,除了法律上的权利和义务之外,权利和义务还可能在各种非法律的意义上存在,如道德上的权利和义务、宗教上的权利和义务、习惯上的权利和义务、各种非国家的社会组织中成员的权利和义务。法律上的权利和义务尽管与这些不同类型的权利和义务具有共同点,而且在内容上常常会与后者发生重合(尤其是在法律与道德之间),但它从总体上区别后者的一个最显著的特点就是其所具有的法律性。法律上的权利和义务是为国家的法律所确认和保证落实的权利和义务,由于法律具有一般、明确、强制等不同于其他社会规范的特征,法律上的权利和义务显然也不同于其他类型的权利和义务。当然,对于法律上的权利和义务的特点,我们还可以在更具体的比较——如与道德上的权利和义务的比较——中予以详尽的展示。

应该指出的是,以上所说的法律上的权利和义务是笼统和广泛的意义上的。实际上,对于法律关系中的权利和义务可以作出更为细致的区分。按照美国法学家霍菲尔(W.N.Hohfeld,1878—1918)的分析,在实际的法律活动中,权利—义务可细分为以下四种不同情况:(1)要求权和义务(Claim-right-Duty),指权利人要求义务人作为或不作为,如张三要求李四还钱。(2)自由权和无要求权(Liberty-right-No-right),指权利人不受义务人干预的作为或不作为。例如,地主可以自由地在自己的土地上散步。(3)权力和责任(Power-Liability),指权利人通过一定的作为或不作为而改变某种法律关系的能力。例如,财产所有人有权制作遗嘱改变相关的财产继承法律关系,他人有责任服从这种改变。(4)豁免权和无能力(Immunity- right-Disability),

指权利人享有不受义务人作为或不作为的影响而改变某一既定法律关系的自由。例如，议员在议会辩论中的言论即使内容构成诽谤，也有不受追究的特权，被诽谤人则成为"无能力"的人。霍氏的精湛分析，显然有助于我们更准确地认识和运用法律关系中的权利和义务概念。

### （三）法律上的权利和义务的关系

权利和义务是法律关系内容的两个构成部分，任何法律关系都是权利和义务的有机统一体。尽管权利和义务的含义不同，但它们之间密切关联、相反相成，具有高度的统一性。从总体上说，没有无义务的权利，也没有无权利的义务。具体地说，法律上的权利和义务的统一性表现如下：

1.法律关系中的权利和义务以共同客体为指向，客体的同一性是权利义务统一性的重要表现；

2.权利和义务是一种相互对应的关系，权利的实现以义务的履行为前提，义务的履行则是权利实现的保证；

3.从权利和义务本身看，权利以不滥用权利为界限，不超出法律允许的范围是权利人的义务；义务的履行也以法律限定的范围为界限，法不限制即自由；

4.在现代民主社会中，从总体上说，不存在绝对的权利主体和义务主体（奴隶不是主体），任何法律主体都是权利和义务的统一体。

当然，从具体法律关系的情况看，在有些法律关系如买卖法律关系中，主体同时是权利主体和义务主体；在另一些法律关系中，则主体或者是权利主体，或者是义务主体。例如，在所有权关系中，如果张三对其财产拥有所有权，那么他就是权利主体，其他所有人则是义务主体，负有不侵害其所有权的义务。另外，即使在主体同时是权利主体和义务主体的情况下，在一般情况下也必须严格区别权利和义务：是权利就不是义务，是义务就不是权利。当然，这里说的是一般情况，因为在现实生活中也存在权利和义务一体的情况，例如，我国公民具有受教育的权利和义务，官员的权力既是其职权也是职责。

# 五、法律关系的运行：法律事实

## （一）法律关系的运行与法律事实

任何法律关系都有一个动态运行的过程，即法律关系的形成、变更和消除。"形成"指主体之间在法律上的权利和义务关系的产生；"变更"指法律关系在主体、客体和内容等方面的改变；"消除"指主体之间在法律上的权利和义务关系的终止。法律关系的形成、变更和消除都是基于一定的法律事实。所谓法律事实，是指能够导致法律关系形成、变更和消除的客观现象。例如，合同签订，导致合同法律关系产生；情势变更，可能导致法律关系在内容等方面的相应变化；合同履行，导致合同法律关系的终结或解除。在这里，合同签订、情势变更和合同履行，就是导致合同法律关系形成、变更和消除的法律事实。

从人类的角度看，客观现象与主观现象相对，指人的主观意识以外的任何现象。客观现象包罗甚广，在人类社会生活中，它既包括各种社会现象，也包括各种与人类生活相关联的自然现象。但是，在众多的客观现象中，只有那些能够导致法律关系形成、变更和消除的客观现象，才具有法律意义，而任何客观现象是不是具有法律意义，则取决于法律的规定。

法律事实是法律关系形成、变更和消除的原因，它不同于其他各种可能影响法律关系实际运行的因素或条件。从法律关系的实际运行情况看，可能会有各种因素在其中发生作用，这些因素在总体上构成了法律关系实际运行的条件。法律事实当然也属于这种影响法律关系运行的条件。但是，与其他各种条件因素不同，法律事实对法律关系实际运行的影响是因果联系意义上的，而不是一般意义上的。对于法律关系的形成、变更和消除来说，法律事实不是一般意义上起作用的条件，而是作为原因起作用的条件。例如，在各种具体法律关系如买卖关系中，具备主体资格（即具有权利能力、行为能力或责任能力）、符合相应的法律规定、具有权利和义务的载体等，是各种具体法律关系形成的共同的先决条件，但是，具备这些条件因素并不能导致具体法律关系的产生，法律关系的产生有待于一定的法律事实，如签订买卖合同或达成口头的买卖合意。

应该说明的是，前面我们曾从法律调整实现的角度，把法律关系划分为抽象法律关系和现实法律关系。由于抽象法律关系是直接基于法律的规定、以法律设定的一般模式的形态存在的法律关系，在抽象法律关系中，法律规定本身具有引起法律关系产生的意义，属于法律事实。在现实法律关系中，法律规定作为依据是现实法律关系产生的条件。

## （二）种类

法律事实包容范围广泛，概括说来，一切具有法律意义从而能够导致法律关系形成、变更和消除的客观现象，都属于法律事实。对于法律事实，可以依据不同的标准作出不同的分类。例如，按照法律关系的形成、变更和消除是否要求存在某种法律现象，可以区分为肯定的法律事实和否定的法律事实；按照导致法律关系形成、变更和消除的法律现象存在时间的长短，可以区分为即时的法律事实和持续的法律事实（即状态）。这些分类各有其意义，但是，比较常见、也更有意义的分类是立足于法律关系主体所作的区分。

### 1.主体行为

法律关系是法律关系主体之间的权利和义务关系。从法律关系主体的角度分析，各种现实法律关系的形成、变更和消除不外乎两类情况：一类是由法律关系主体自身的行为所引起；另一类是由法律关系主体以外的因素所引起。同时，就前者而言，又有两种可能，或者是法律关系主体一方的有意识行为，或者是主体双方的有意识行为。有鉴于此，按照引起现实法律关系形成、变更和消除的法律事实是否包含法律关系主体自身的有意识行为，可以把各种法律事实区分为主体行为和事件两大类。

主体行为是指能够引起主体自身与其他主体之间法律关系形成、变更和消除的主体自身的有意识行为。这里需要说明两点。

其一，此所谓"主体行为"，仅限于以主体自身为一方的法律关系，是主体自身的行为。因为能够引起这种法律关系形成、变更和消除的法律事实，也可能是主体双方之外的非主体（包括自然人和法人）的行为。在现实法律关系中，有一类并不存在主体与非主体的区分，如在所有权法律关系中，法律关系主体双方就包容了一切社会生活主体。但是。另一类则存在这种区分，如在现实的买卖法律关系中，除买卖双方外，还存在其他社会生活主体，即此处所说的"非主体"——潜在的法律关系主体。

其二，此所谓"有意识"是法律意义上的，而非心理学或日常生活意义上的。在法律意义上说，无行为能力的未成年人的行为，精神病人的行为，人在昏迷或熟睡状态下的行为，人在遭受不可抗力强迫下的行为，等等，都不能视为"有意识"的行为或主体行为。尽管这些"行为"有可能引起其他主体之间法律关系的形成、变更和消除，例如，因被监护人造成的损害而在监护人和受害人之间形成的损害赔偿法律关系。但是，它们一般不可能引起以主体自身为一方的法律关系的形成、变更和消除，例如，被监护人的行为并不会影响他与监护人的法定监护关系。

对于主体行为，可以依据不同的标准作出不同层次、具有不同意义的分类。例如，按照主体行为的法律性质，可以分合法行为、违法行为和无过错行为。合法行为导致肯定的法律后果，后两者导致否定的法律后果。合法行为按照行为方式的不同，又可以区分为合法的作为和合法的不作为，前者包括行使权利的行为和履行积极义务的行为，后者指履行消极义务的行为。违法行为按照主体行为的主观过错状况，可以区分为故意的违法行为和过失的违法行为。无过错行为与无过错责任相联系，它主要存在于民事和行政法律领域，指行为人虽然没有主观过错，但依法必须对行为结果承当责任的情况。

2. 事件

各种现实的法律关系除了因法律关系主体自身的有意识行为而发生实际运转之外，在许多情况下也可能因其他各种法律事实而导致实际运转。这里所说的其他各种法律事实，可以概括地称之为事件，即除主体行为以外，一切能够引起法律关系形成、变更和消除的客观情况。

对于各种具有法律意义、构成法律事实的事件，从总体上可以基于人与自然的两分、按照是否包含人的行为或活动，区分为社会事件和自然事件两大类。社会事件指一切具有法律意义、不以法律关系主体的意志为转移的人的行为或活动；自然事件是指一切具有法律意义、不以法律关系主体的意志为转移也不包含人的行为或活动的自然现象。

自然事件比较容易理解，它包括地震、旱灾、水灾、火灾等自然界发生的现象。自然事件导致法律关系形成、变更和消除的情况是很常见的，例如，如果某人遇灾害身亡，那么就有可能导致相关的人身保险、继承等法律关系的形成，导致婚姻法律关系的解除，等等。当然，自然事件形形色色，只有那些能够引起法律关系形成、变更和消除的自然事件，才具有法律意义。

社会事件比较复杂，它包罗甚广，涉及除主体行为以外的一切非主体的行为和活动。对于非主体行为，可以作出以下一些不同的区分：

（1）有意识的行为和无意识的行为。应该注意的是，虽然主体行为包括有意识的行为和无意识的行为，但就现实法律关系的形成、变更和消除而言，无意识的行为只能属于非主体的行为，即，它只能引起其他主体之间法律关系的形成、变更和消除；

（2）合法行为和违法行为；

（3）积极的作为和消极的不作为；

（4）故意行为、过失行为和无过错行为；

（5）自然人的行为和法人的行为。其中，法人的行为包括私法人的行为和公法人的行为，后者又可分为国家和国家机关的行为，如立法机关的立法行为、司法机关的司法行为和行政机关的行政行为以及其他公法人的行为；

（6）主体明确的行为和主体不明确的行为。前者指确定主体（如确定的自然人和法人）的行为；后者指不确定主体的行为，如战争、骚乱等。

最后要说明的是，在现实法律生活中，主体行为和非主体行为往往相互交织、互相转换的，一种法律关系中的主体行为，同时可以成为另一种法律关系的非主体行为。例如，就盗窃行为而言，它可能引起盗窃者与受害人之间的民事侵害赔偿法律关系，或者与有关国家机关之间的刑事法律关系，此时它是主体行为；也可能引起投保人和保险公司之间的财产保险法律关系，此时它就成了非主体行为。

# 第十二章　法律现代化概论

## 一、现代化和法制现代化

### （一）现代化的概念和分类

1. 现代化的概念

历史研究表明，15世纪末的世界地理大发现开启了人类社会现代化的进程。1500年以来，一些国家陆续登上世界历史的舞台，相继扮演了世界霸主和领袖的角色，通观这些世界性大国崛起的过程，无不经历了一个现代化的过程。可以说，社会现代化是近几个世纪来世界历史的主旋律。现代化的大潮从西方席卷至东方并绵延至今，直到20世纪，中国才真正参与其中，与时俱进。

现代化是一个具有复杂实践、包含丰富理论想象力的概念。检索各种有关社会现代化问题研究的文献，无不以"传统社会—现代社会"的两分框架作为考察和分析现代化问题的基本视角。但是，具体到什么是现代化，在理论的立场和观点上则存在重大差异。一种颇为经典的现代化定义是"全盘西化"意义上的现代化，认为，现代化就是产生于西方的制度和价值观念向世界其他地区的传播过程。从历史看，现代化进程发端于西欧，17世纪后传播到欧洲其他地区和北美，20世纪亚非拉国家开始现代化进程。这种以西方世界为中心的现代化概念直到今天仍然有极大影响。它的特点是将传统性和现代性两极对立，只注重现代化过程中的共性，认为现代化就是不发达国家通过社会变革取得发达的现代工业国家的特征。与此不同，晚近一些时候则出现了一种以强调传统和现代互动为特征的现代化定义，这就是美国学者布莱克提出的观点，认为"现代化的过程是一个传统性不断削弱和现代性不断增强的过程。每个社会的传统性内部都有发展出现代性的可能，因此，现代化是传统的制度和价值观念在功能上对现代性的要求不断适应的过程"①。

在有关社会现代化问题的研究中，"现代性"显然是一个最为核心的概念，如何把握现代性，如何认识现代性与传统性之间的关系，则引发了各种现代化理论的分歧和争论。事实上，现代性是一个系统而复杂的概念，不同的研究视角会给出不同的回答。经济学研究认为，现代性是指工业和服务业在社会中占有绝对优势并起主导作用，可以用人均国民生产总值来衡量，也可用三个产业在国民总收入中所占比重来衡量。政治学研究主要从政治结构的分化和政治参与的扩大来解释现代性，如亨廷顿提出政治现代化包括两个关键领域：一是政治权力的分配具有革新政策的能力；二是具备能成功地把现代化所产生的社会力量吸收进政治系统的能力。心理学研究认为，社会行动者性格结构中的某些变化是社会系统现代化的关键因素，如麦克勒兰德的"成就动力论"认为，儿童培养方式是促进还是阻碍成就动力值形成的关键因素，与导致经济发展的企业家能力具有内在联系；英克尔斯的"现代人"理论认为：如果一个国家的人民缺乏能够赋予先进制度以生命力的广泛的现代心理基础，那么失败和畸形发展就不可避免；人是现代化进程中的基本因素，现代人的基本心理特征是参与性（从而拥有广泛知识）、自信、独立自主性和开放性，这些特性构成"现代性精神"；这种精神是经济增长和社会发展的必要前提，不发达和落后是一种心理状态。社会学研究尤其是结构—功能主义理论则把社会作为一个系统加以分析，认为现代社会与传统社会的

---

① ［美］西里尔·E.布莱克编：《比较现代化》，杨豫、陈祖洲译，上海译文出版社1996年版，第18页。

根本差别在于社会分层和整合的程度，现代化是从"泛能化的"传统农业社会向"功能专门化的"现代社会的转变过程。

尽管存在视角和观点上的分歧，我们依然可以依照"传统—现代"的分析框架，对于现代化的概念作出如下概括：现代化是传统社会向现代社会的整体性结构变迁，是传统的价值观念和制度形态在功能上对基于科技进步、知识增长、生产力提高而引发的现代性要求的不断适应的过程。现代化的主要特征是：

第一，从社会形态看，现代化是人类社会从前现代社会向现代社会，从农业社会向工业社会的转变过程。所谓前现代社会，一般是指以采狩和农耕为特征的农业社会，而现代社会则是以工业和资本为特征的工商业社会。

第二，从涉及领域看，现代化是一种从传统到现代的整体社会变迁，涉及社会生活的各个领域，包括经济领域表现的市场化和工业化，政治领域的民主化和法治化，社会领域的城市化和商业化，价值观念领域的理性化和世俗化，等等。世俗化是指人们从宗教神学、传统家族文化或某种专制意识形态中解放出来，投身于自主、自尊、自立的现实生活。

第三，从具体过程看，现代化是一个传统性不断削弱和现代性不断增强的过程，每个社会的传统性内部都有发展出现代性的可能，现代化是传统的制度和价值观念在功能上对现代性的要求不断适应的过程。现代化成功的关键是一个社会是否能产生出建立和维持现代化和社会稳定之间的调适关系的能力。

2. 现代化的分类

不同国家和社会的现代化实践可以依据不同的标准从理论上进行分类，这些分类有利于我们加深对现代化问题的认识。

最为经典的一种理论分类是，基于现代性和传统性的互动关系把不同社会的现代化可以分为内生型现代化、应激型现代化和混合型现代化。内生型现代化是指一个国家主要依靠自身内部不断生长出有利于现代化的因素而发生的现代化，在这类社会中，传统特性与现代要求往往具有较强的兼容性，如英国、美国和法国等。应激型现代化是指一个国家在一些现代化进程已经展开的国家的刺激或压力下所开始的现代化，这类社会内部的传统性与现代性的兼容性往往较弱，因而其自身无法生长出推动现代化的强大因素，如德国、日本、俄国等。混合型现代化则是指一些国家的现代化进程兼有内生和外发的因素，在内部已经生发出一些有利于现代化的因素的情况下遭遇外部刺激和压力才开始的现代化进程，如中国的现代化大致可以归入这种形态。

除上述分类以外，其他一些理论分类有：依据现代化起步时间的先后可以分为早生的现代化和后发的现代化；依据现代化的主要推动力量的不同可以分为社会推动型现代化和政府推动型现代化；依据地域或国别的特点可以分为英国式现代化、美国式现代化、欧洲大陆式现代化、日本式现代化和新加坡式现代化等等。

## （二）法制现代化

### 1. 法制现代化的概念和特征

法制现代化是社会现代化的有机组成部分，是社会经济、政治和文化等各个领域现代化的深刻体现。对于法制现代化的含义，国内一些研究者曾从理论上作出过不同的概括。例如，有研究者认为："历史角度来看，法制现代化是人类法律文明的成长与跃进过程；从基本性质来看，是一个从传统型的人治社会向现代型的法治社会的历史创造性的变革过程，是从人治型的价值——规范体系向法治型的价值——规范体系的转换过程。因此，法制现代化是规范与价值统一的法制创新过程；从内涵特征来看，是一个包含了人类法律思想、行为及其实践各个领域的多方面进程，其核心是人的现代化。"[①]也有研究者提出："法制现代化乃指一个国家或地区从法的精神到法的制度的整个法律体系逐渐反映、适应和推动现代文明发展趋向的历史过程。从总体上看，法制现代化包括法律精神现代化、法律制度现代化以及法律技术手段和物质设施的现代化，而其中法律精神的现代化，又是整个法律体系现代

---

① 公丕祥主编：《中国法制现代化的进程》上，中国人民公安大学出版社1991年版，第59页。

化的关键。"① 还有研究者认为："法制现代化是指一个国家和社会伴随着社会的转型而相应地由传统型法制向现代型法制转化的历史过程。在这一过程中，该国家和社会的法律制度以及法制运转机制都将发生重大的质的变化，其标志是法制更加适应发展着的和变化了的各种社会实践需要，并且能够充分体现现代社会的各种价值目标和价值需求。"②

上述关于法制现代化的界定，都鲜明地体现了在宏观意义上以系统的观点以及法制与社会互动的观点看问题的特征。借重于它们以及其他相关研究，可以认为，法制现代化是一个国家伴随着其社会现代化而出现的由传统法制向现代法制转变的过程，这种转变意味着全方位多层次的法制变革和发展，涉及法律的组织构造、制度规范、运作程序以及深层次的法律观念等各个方面。法制现代化的特征大致有如下几点。

第一，从背景看，法制现代化伴随着社会现代化而发生，是社会现代化的有机组成部分。没有社会经济、政治和文化等领域的现代化就没有法制现代化，社会现代化是法制现代化的质的规定性，法制现代化则在制度规范和秩序重建的意义上为社会现代化提供了确认和保障。

第二，从过程看，法制现代化是指一个国家的法制从传统型向现代型的转变过程，因而必然表现在法制领域的一系列变革和创新。

第三，从内容看，法制现代化是一个全方位多层次的法制发展过程，涉及法制系统从组织构造、运作程序到观念价值等各个方面。

第四，从目标看，法制现代化的目的在于适应社会经济、政治和文化等领域的现代化发展需要，并与现代市场经济、民主政治和理性文化相呼应，构建现代法治秩序。

2. 法制现代化的具体标准

对于一个社会的法制现代化及其程度，还可以按照对法制现代化的总体理解，设定一些具体的标准予以判别，并由此将传统法制和现代法制转化为

① 吕世伦、姚建宗：《略论法制现代化的概念、模式和类型》，见南京师范大学法制现代化中心编：《法制现代化研究》第一卷，南京师范大学出版社1995年版，第5页。
② 刘作翔：《法制现代化概念、释义和实现目标》，载《宁夏社会科学》1993年第3期。

一定的理论形态或模型加以描述和把握。在这方面，已有一些理论成果可资借鉴。

美国学者诺内特和塞尔兹尼克运用一种社会科学的策略，通过十个方面变量的设定和组合，将法制发展概括为三种理论形态。十个方面的变量依次为法律的目的、正当性标准、法律规则、法律推理、自由裁量权、强制手段、道德、政治权力、对服从的期望和法律参与，按照在这些方面的不同特征，不同时空下存在的法律秩序大致可以区分为三种类型，即压制型法、自治型法和回应型法。压制型法在上述十个方面的特征是：法律的目的仅仅在于维护社会的秩序；正当性标准则来自于社会防卫和以国家利益为名的理由；法律规则粗糙而繁琐，对规则制订者没有太大的约束力；法律推理特殊而便宜；自由裁量权普遍存在，具有机会主义的特征；强制手段广泛运用且不受太多限制；法律中包含诸多公共道德的要求，法律道德主义盛行；法律从属于政治权力，法律机构容易直接受到政治权力的影响；对法律的服从是无条件的，不服从在本质上被作为蔑视体制加以惩罚；缺少参与，人们只能谦恭地依从于政府，批评被视为不忠诚。与法律在总体上表现为压制性权力工具的压制型法不同，自治型法则是法律能够控制压制权力并维护自己的完整性的法律秩序，其十个方面的特征是：法律的目的在于使政治统治合法化；合法性来自于程序公正，程序被认为是法律的中心；法律规则精细，统治者和被统治者同样受其约束；法律推理严格遵行法定权威，甚至被认为是形式主义和法条主义的特征；自由裁量权受法律限定，范围狭小；强制手段的运用受到各种法定约束；推崇对道德问题的职业判断，重视法律过程的完整性；法律独立于政治，分权得以确立；背离规则的行为如被依法证明为正当则不受制裁，对规则的正当性和有效性予以审查；按照既定程序从事法律参与、甚至对法律进行批判。[①] 回应型法则是在反思自治型法的基础上逐步形成的法律秩序形态，在这里法律在总体上尤为注重对一个多元社会各种需

---

① ［美］ P. 诺内特、P. 塞尔兹尼克：《转变中的法律与社会：迈向回应型法》，张志铭译，中国政法大学出版社 2004 年版，第 18 页。

要和愿望的呼应，并据此构筑自己的正当性基础。按照两位学者的观点，传统的法律秩序比较接近于压制型法，现代的法律秩序则比较接近于自治型法，而回应型法则大致是后现代法律秩序的写照。

法制现代化是从传统法制向近现代法制的转变过程，基于法律制度内在和外在的不同方面对这一过程予以具体的理解和把握，有助于我们深化对法制现代化问题的认识。

## （三）法制现代化与社会现代化的关系

### 1. 社会现代化是法制现代化的前提和基础

社会现代化是法制现代化的前提，法制现代化是社会现代化的有机组成部分，实现法治是社会现代化的一个重要目标。

现代化涉及社会生活的经济、政治、文化等不同领域，法制现代化以社会现代化为前提，是社会现代化的体现，正如马克思在论及《拿破仑法典》与现代资本主义社会的关系时所言："现在我手里拿着的这本《拿破仑法典》并没有创立现代的资产阶级社会。相反地，产生于18世纪并在19世纪继续发展的资产阶级社会，只是在这本法典中找到了它的法律的表现。这一法典一旦不再适应社会关系，它就会变成一叠不值钱的废纸。"①

经济基础决定上层建筑，人类经济生活领域的现代化发展是其他领域包括法律生活领域现代化的基础。现代社会的经济形态是市场经济，其整个经济运行方式和资源配置方式皆以市场为基础。与传统的自然经济以及后来的计划经济相比，市场经济具有自主、平等、竞争、诚信和统一的属性，其正常运行和健康发展，必然需要建立一个以普遍、明确、稳定和强制为特性的现代法律体系。众多市场主体的资格需要法律加以确认，多元市场主体的自主平等地位需要法律加以保障，复杂竞争的市场行为需要法律加以规范，公平的市场秩序、统一市场的形成需要法律加以疏通和维持，克服市场经济运行自发盲目的弊端所需要的宏观政策调控的客观性、科学性需要法律加以保

---

① 《马克思恩格斯全集》第6卷，人民出版社1961年版，第292页。

证，市场经济顺利发展所必需的社会保障体系需要通过法律加以建立和完善。现代市场经济发达国家的实践经验表明，市场经济生长、发育和成熟的过程，也是法律在社会经济生活中作用不断扩大、法治化程度愈益提高的过程。从这个意义上说，现代市场经济就是法治经济。

现代民主政治是与市场经济相伴而来的一种法治形态。它是一种主权在民、民意至上的政治，是一种以人的权利和自由的实现为依归的政治，是一种以发达的程序设置为实现形式的政治。民主政治与法治具有天然的联系，因为，民意只有上升为国家的宪法和法律，并且使宪法和法律具有至上权威的情况下，才能实现其在国家和社会生活中的主宰地位；民权只有用宪法和法律加以确认、界定和保障，才能从一种应然的形态转变为一种实然的形态；民主程序只有以宪法和法律程序的形式表现出来，才不至于因为可能被人们认为束手束脚而随意加以逾越或废止。因此，现代民主政治只能是一种高度倚重宪法和法律作用发挥的法治政治。

现代文化是理性、人文、人本的文化。随着现代经济和政治生活因素在传统社会的生成和引入，现代生活意识也得以萌发和传播。欧洲中世纪末发生的著名的"三R运动"即罗马法复兴、宗教改革和文艺复兴，使得理性、人文和人本现代精神启蒙于世，社会风气为之一新。伏尔泰、卢梭、孟德斯鸠、狄德罗等启蒙思想家的学说借助于轰轰烈烈的法国大革命，使自由、平等、人权的观念深入人心、风行天下。现代文化蕴育出现代法律意识和法治精神，并在法律结构和功能的理性建构和伦理追求方面得以具体体现。没有现代文化就不会有现代法律意识和法治精神，而现代文化的要求也真是借重于现代法制的框架，才得以汇聚成现代社会的主导意识形态。

2. 法制改革推动了社会现代化

现代化是一种从传统社会到现代社会的整体性变迁，从各国现代化的历史实践看，现代化都表现为一种"变法改制"的过程。法制现代化与社会现代化之间的关系是一种互动关系，一方面如上所述，社会现代化是法制现代化的前提和基础，法制现代化体现了社会现代化的要求；另一方面，法制现代化所包含的各种法制改革也推动了整个社会的现代化进程，并在确认社会现代化成就的意义上成为社会现代化的基本标志。

西欧社会是现代化的发源地，其现代化进程在初始阶段就伴随着罗马法复兴运动这一重大历史事件。罗马法是古代罗马帝国法律制度的总称，其集中而系统的表现是东罗马帝国皇帝查士丁尼一世下令编纂的国法大全（Corpus Iuris Civilis）。恩格斯认为，罗马法是"商品生产者社会第一个世界性法律"，它不仅是现代资本主义社会前"商品生产的完善的法"，而且也"包含着资本主义时期的大多数法律关系"。① 罗马法复兴运动促成了西欧各国的法律统一，以及崭新的"法学世界观"的形成，而这不仅回应而且也促进了近现代市场经济发展以及强大而统一的民族国家的建立，满足了近现代社会生活整体建构的要求。

顺着"法学世界观"的指引，各个国家在经济、政治等社会生活各领域的现代化发展都表现出高度重视法律作用的特点，充分运用法律手段，确认和推进现代变革。尤其是在社会的政制建构方面，就更是表现出法治政治的浓重色彩。例如，英国在 18、19 世纪成为世界头号强国，与它在现代化进程中最早确立君主立宪制、议会内阁制的政治制度是分不开的。而正是 1215 年的《大宪章》，约定了国王和贵族的权利和义务，限制了国王的权力，尤其是不得随意征税，从而开启了其政治现代化的进程。1679 年的《人身保护法》和 1689 年的《权利法案》则赋予社会大众广泛的自由权利，1701 年的《王位继承法》则规定国王只是国家的象征，只能委托下议院多数党的领袖组织内阁来治理国家，国王的权威也要满足合法性的要求。这一系列借重宪法和法律的改革，理顺了英国国内错综复杂的社会关系，缓和了社会矛盾，促进了现代化的进程。

从一些后发现代化国家的情况看，无论是日本还是中国，也同样表现出"变法改制"的特点。制定宪法，确立国家和社会的基本架构，编纂新法，规范国家和社会生活的各种关系，都成为现代化运动的推动者的基本思路和主要活动内容。

---

① 《马克思恩格斯全集》第 4 卷，人民出版社 1961 年版，第 248、36、164 页。

# 二、中国的现代化和法制发展

## （一）中国现代化的进程和特点

### 1.中国现代化的进程

在过去近两个世纪里，中国社会发生了翻天覆地的变化。这种变化的主题如果要用一个词加以概括的话，那就是"现代化"。从过去到现在所发生的种种社会事件，无论是革命和战争、工业化和城市化、破旧立新的"新文化运动"和由大乱而大治的"文化大革命"，还是今天的改革开放，都是围绕着现代化的主题来展开。在中国，实现现代化是无数仁人志士梦寐以求的理想，也是今天每一个人需要面对的问题。同时，由于中国在近代真正开启现代化进程之时处于一个特殊的世界格局之中，也由于中国悠久而沉重的历史传统以及中国现代化极其曲折的过程，中国的现代化问题在理论和实践上都格外复杂。

中国是在那些已经完成现代化转变并且国力强盛的"西方列强"的侵略下真正开始自己的现代化进程的，因而自始就带有很大的被动色彩。满清统治者以"天朝上国"自居，认为中国是世界的中心，视域外诸邦为"蛮夷"。当社会有识之士如魏源、郭嵩焘等主张"睁眼看世界"，向西方先进文明学习时，曾遭到顽固派等传统势力的强烈反对，并以"汉奸"、"有辱天朝威仪"的罪名加以贬黜。第二次鸦片战争和太平天国运动之后，清朝统治集团迫于内忧外患，开始学习西方的工业技术，发起了旨在"师夷长技以制夷"的洋务运动，但是，在指导思想上仍然坚持"中学为体，西学为用"，认为我皇皇华夏在制度和文化的优越性上还是西方列强所无法企及的，只是"器物"不如人而已。中国在与日本的甲午海战中的惨败，装备在当时极为精良的北洋水师的覆灭，宣告了洋务运动的失败。

中国比日本开始现代化的进程要早，成果却远不如日本。甲午海战的惨败使中国的"士大夫"们认识到单靠学习西方的兵工技术是远远不够的，必须全方位地进行国家和社会制度的现代变革，才能实现民族振兴，富国强兵。于是有了"戊戌变法"和清末的法制变革。但是，由于清朝统治者的顽固保守，终究还是丧失了"君主立宪"和社会改革的有利时间，清朝统治在孙中山领导的辛亥革命的大潮下土崩瓦解。辛亥革命推翻满清王朝的统治之后，通过南京临时政府、北洋政府和南京国民政府的努力，中国在国家和社会生活的体制架构层面建立了现代化的政权，拥有了现代化的政治、经济和法律架构，但是，在中国的底层尤其是广大的农村，仍然还是世代相传的小农经济和乡绅政治秩序。

中国共产党通过土地革命动员起了亿万农民群众，解放了农村的生产力，并通过社会革命争取了民族独立，建立了强有力的中央政权，开始了社会现代化的新的进程。但是，从 1949 年新中国建立以后所走过的历程看，现代化的道路也不是一帆风顺，尤其是"反右"、"文化大革命"等政治运动，导致了中国现代化进程的中断甚至倒退。1978 年中国共产党十一届三中全会实现了拨乱反正，中国社会在改革开放的总体思路下，又逐渐开始了新一轮的社会现代化的历程。

2. 中国现代化的特点

纵观中国的现代化进程，其轨迹清晰可辨，从最初以技术革命为特征的洋务运动，到强调制度变革的体制改良，到针对深层观念传统的文化革命，再到今天注重经济、政治、文化甚至社会等全方位现代化的社会转型，这是一个不断地由表面到深层，由局部到整体的展开过程。在这个过程中，围绕着体用的问题，围绕着现代化是不是"全盘西化"的问题，围绕着如何对待传统文化和中国国情的问题，形成了纷繁复杂的理论和实践。从理论上看，中国的现代化进程大致呈现出以下特点。

第一，中国现代化进程兼有内生型和应急型现代化的特征，属于混合型现代化模式。中国社会自身就孕育着社会现代化的动力，对国家富强和社会发展之道的探索古已有之，而且历史研究表明，在明清之际，中国社会已见有资本主义生产方式的萌芽；在思想领域，也出现了以顾炎武、黄宗羲、王夫之等为代表的反对封建专制的民主启蒙思想，认为专制君主是"天下之大害”，维护专制君主利益的法律是“一家之法”，主张“以天下为主，君为客”，以“天下之法”取代君主“一家之法”，反对重农抑商，主张工商皆本。当然，只是在西方列强入侵之后，中国社会才真正开始了曾经是极为被动的现代化进程。

第二，激进的革命式和渐进的改良式并存。由于专制传统和保守势力根深蒂固，变革之路曲折多舛，为了推进了现代化的进程，中国曾几次通过暴力革命和战争来解放生产力。然而，在和平的建设时期，则是通过渐进的改革来解放和发展生产力，推进现代化进程。革命时疾风骤雨，迅速地摧毁阻碍社会前进的保守势力，改革时则奉行“急不得也猛不得”的原则，从容处理错综复杂的社会矛盾。

第三，政府推动型现代化，用政府推动来克服传统性和现代性兼容力较弱的问题。中国的现代化属于后发式现代化模式，与其他后发现代化国家一样，中国的现代化也明显表现出政府推动的特征。尤其是在中国这样一个历史悠久、民族众多、地域广阔、人口众多的国家，政府在现代化过程中的推动作用就更显突出。现代化是一个社会分化和整合的过程，社会分化不能及时有效地予以整合，就会导致社会的动荡，从历史的经验教训看，在推进社会的现代化发展中，如何实现社会整合，协调改革、稳定和发展的关系过程中，历来是中国政府面临的严峻考验。

## （二）中国的法制现代化

### 1. 中国现代化进程中的“变法改制”

法制现代化是社会现代化的有机组成部分。中国社会的现代化不仅在一般意义上包含有法制现代化的内容，而且还由于其后发性质和很大程度上的应急型特点，使得它清晰地表现为一个“变法改制”的过程，在这里，社会现代化与法制的现代化改革密切关联，并以此作为自己最鲜明的表现形态。

1840年鸦片战争后，中国社会逐渐由封建专制社会演变为半封建半殖民地社会，并在内忧外困的情况下开始了从传统社会向近现代社会艰难而痛苦的转变过程。如前所述，围绕着传统与现代、固有与外来、中学与西学的关系，中国社会的现代化在认识和实践上也由外在而内在、由"器物"层面到制度、观念层面不断深入地展开。1895 年甲午海战中国失败后发生的由光绪皇帝、康有为、梁启超等领导的"戊戌变法"，意图通过政治体制的变革走君主立宪之路，标志着中国社会的现代化改革已经进入国家和社会制度层面；而现代化改革聚焦于法律制度方面，则是在 20 世纪初的"清末修律"之时。清末的变法和由沈家本主持的修律活动，不仅在法律编纂形式上改变了中国传统"诸法合体"、"民刑不分"的状况，并效法西方现代化国家区分公法和私法、实体法与程序法的做法，分别制定和颁布了宪法、刑法、民法、商法、诉讼制度、法院组织等方面的法典或法规，从而首次在中国构建了近代法律体系；而且还在法律的实体价值方面引入了各种新的原理和原则，如君主立宪、司法独立、律师辩护、罪行法定等。尽管由于清朝统治的覆灭使得清末修律的成果没有可能付诸实践，但是中国传统法制的解体、现代法制的生成则由此全面展开。

承继清末修律的成就，中国法制的现代化随着社会变革的深入展开，在外在形态上不断健全，在内在价值上不断告别君主专制的传统，取向民主共和的现代法治要求。

1911 年孙中山领导的辛亥革命结束了在中国存续两千多年的封建专制统治，开启了以现代政制架构为基础的民国时代。在中华民国先后存在的三种政权中，以孙中山为首的革命党人领导的中华民国南京临时政府尽管存在仅一年有余，却在很短的时间内进行了一系列立法活动，包括制定作为宪法的《中华民国临时约法》，初步奠定中华民国时期的法制基础。1912 年袁世凯夺权建立了中华民国北京政府（又称北洋政府），尽管这是一种借民国之名行军阀独裁的政权，但这一时期也进行了大量的立法活动，使得法制较南京临时政府时期更为系统和完备，从而为中国法制的现代化积累了有利的条件。从 1927 年到 1949 年，是由蒋介石领导的国民党掌权的中华民国南京国民政府时期。这一时期颁布了大量的法律、法令和解释条例，并以大陆法系国家为样板形成了由宪法、刑法、民法、商法、刑事诉讼法和民事诉讼法等构成的"六法体系",从而在立法层面基本完成了现代法律制度的构建过程。值得注意的是,立法技术的提高和立法的完备并非法制现代化的全部,与此相伴随的还有现代法治精神和法律价值的树立。在这方面,南京国民政可以说抛却了孙中山极力倡导的"拥护亿兆国民之自由权"的进步观点而代之以国家与社会本位的法律原则,强调国家至上,并且对传统的宗族主义有所保留。①

中国共产党领导的新民主主义革命和社会主义革命,在现代化的主题下展示了法制现代化的新的图景。在 1949 年中华人民共和国建立之前,共产党领导的革命根据地政权就进行了创建新型法制的各种活动,为新中国成立后的法制建设积累了诸多的经验和教训。新中国成立后,人民政府继续采取"废除国民党六法全书"、"废除伪法统"的基本政策,并在苏联法制和法学的影响下开始了建立新法制的进程。这是一个有辉煌也有挫折和失败的过程,并在民主与法制、政策与法律、传统与现代、外来与本土等方面积累了经验,留下了惨痛的教训。1978 年后中国社会开始了改革开放、社会转型的发展历程,与社会现代化发展相适应,法制现代化改革也成效卓然。尽管目前仍然处于发展过程之中,一些重要的观念和体制问题还有待解决,但在法制建设各个方面所取得的前所未有的成就,预示了中国社会现代化总体图画中法制现代化的亮丽景色。

2. 中国法制现代化的特点

中国的法制现代化同样是一个由传统法制向现代法制转变的过程,因此从理论上说,对传统法制特点的概括和认识,是我们理解中国法制现代化的前提。中国传统法制源远流长,架构内容宏大精深。作为人类古代法制文明的有机组成部分,中国传统法制在法律与政治、道德等其他社会现象的关系上,在法律的结构形态、表现形式和运作机制等方面都存在着传统法制的一些共性特征,如法律作为统治工具所表现出的压制性质,道德法律化或法律道德主义的盛行,法律从属于政治权力,法

---

①  详见公丕祥:《二十世纪中国的三次法律革命》,载《中外法学》1999 年第 3 期。

律适用中广泛的随机考量，等等。同时，作为中国古代社会制度文明的写照，中国传统法制也蕴含了中华民族独特的法律认知和法律实践，具有自己的鲜明特点。

对于中国传统法制的特点，理论上有不同的概括，而更为综合和系统的一项研究认为，中国传统法制的基本特点可以从形式意义和实体价值两个方面加以把握，"从形式意义上看，它表现为诸法合体的法律分化程度较低的法律结构体系，从实体价值上看，它则表现为宗法为本位的熔法律与道德于一炉的伦理法律价值体系"①。法律的伦理化是中国传统法律在内在价值取向方面的最大特色，这种以宗法伦理理性为核心的法律系统，体现了儒家伦理精神对法律生活的深刻影响，它以"天人合一"的观念系统为基本原理，以"内圣外王"为操作方式，具体包含了礼治、德治和人治这样三个相互联系的独特品格。②

中国法制的现代化必然表现为针对中国传统法制而进行的一系列改革的过程，诸如变"诸法合体"为公法私法相区分、民刑分立，变"礼法结合"、"德主刑辅"为强调法律自治和独立的品质，变君王之法、法律对政治权力的趋从为信奉法律的至上权威，并以法律保障民权和制约公权，等等。实现从混合法到分类法、从伦理法到理性法、从王法到约法的转变。因此，中国法制现代化的特征首先表现在它以变革和发展中国传统法制为对象。

中国法制现代化的特点还表现在其他许多方面。在发生的原因上兼有自然演变和外来刺激的因素；在推进的过程上表现出特别的曲折和反复，不仅有现代对传统的批判和否定，而且还有不同现代形态法制模式之间的博弈，甚至同一种政权形态下的自我批判和重起炉灶；在组织方式上表现为政府自上而下的动员和推动、系统的立法和部署的"变法改制"的形态。此外，与

①　公丕祥主编：《中国法制现代化的进程》上卷，中国人民公安大学出版社1991年版，第119页。

②　参见公丕祥：《法制现代化》，见张文显主编：《法理学》，高等教育出版社2003年版，第217页。

中国地域广阔、民族众多、经济和社会发展不平衡相对应，中国法制现代化的实际状况在不同的区域和民族之间也存在差异。

对于中国法制现代化特点的认识和深入研究，不仅具有理论描述和解释的意义，更具有评价和指导具体的法制发展实践的价值。

# 第十三章　法律解释概念探微 *

　　从理论上说，有法律，就有对法律的理解和解释活动。法律解释的历史同法律存在和发展的历史同样久远。① 因此，对于什么是法律解释这一问题，首先可以选择历史的视角，考察人类自古迄今对法律解释的认识和实践——不仅考察法律解释自身 ②（内在的视角），而且考察人类社会在不同阶段对法律需求的特点、人们在一般意义上对"解释"活动特征的认识 ③ 及其对

　　*　原载《法学研究》1998 年第 5 期，由作者重新整理补充。

　　①　另一种说法是：法律解释以成文法律为对象，因此法律的成文化和公开化是法律解释的必要前提。罗马法解释学的发源与公元前 5 世纪制定公布的十二铜表法密切相关。由于"十二表法法文难懂，且古代法实行严格形式主义，如果对法律条文之理解错误及所采形式不当，必将招致重大损害。故有神官团非公开讲授法律知识。公元前 254 年，平民出身的大神官康勒卡瓦士开始在公开场合讲解法规、法文的解释及法发现的方法。这被认为是法解释学的开端。"参见梁慧星：《民法解释学》，中国政法大学出版社 1995 年版，第 4—5、200 页。

　　②　关于西方法律解释史的比较系统的情况，参见梁慧星《民法解释学》第一编"民法解释学的沿革"。关于中国古代法律解释的情况，也许可以从"律学"的角度予以把握。

　　③　由于哲学解释学（hermeneutics）思想在最近二三十年里广泛传播，"解释"（interpretation）问题与对人类语言问题的研究相联系，在各个研究领域（包括法学领域）获得高度重视。人们通过历史溯源而知，围绕着如何描述解释活动的特征这一问题所引起的争论与困惑，实际上在中西方经过了数千年的漫长历史。按照德国哲学家海德格尔的考察，解释学"hermeneutics"一词最早出现在古希腊，其基本意思是"解释、翻译"。哲学解释学的初始形态主要是在中世纪后期出现的文献学和神学解释学。文献学以考证古代典籍（如《圣经》经文、罗马法大全和亚里士多德的著作等）、澄清语词和语义为主要目的；神学解释学是神学家为了研究《圣经》而发展起来的，它以确立"上帝之言"的意义为目的。由于文艺复兴和宗教改革要求

法律解释的影响（外在的视角），通过描述和概括来把握法律解释的概念。与此不同，本文对这一问题的研究将着重于对现实法律解释现象的逻辑分析，通过区分法律解释现象的不同侧面，以及对这些不同侧面的分析研究，包括对他人认识的考察、评论，把握法律解释的基本含义和特性。

# 一、法律解释的界定

对于法律解释这一现象，研究者往往会有不同的理解，这些不同理解集中表现在对概念的不同界定上。下面我们按照出版物的时间先后，就国内学者在不同时期对法律解释概念的理解或界定列举九种以资分析。需要指出的是，尽管作出这样的列举主要是为了导向本文对法律解释现象的分析，使这种分析具有更强的指向性，但它同时也是对国内学界在这方面的认识发展过程的一个回顾。还须说明的是，尽管这是一种按时序的列举，但并不意味着它们不可能同时并存，也不意味着在某一个时期只有一种理解或定义居于主导或"霸权"地位。

第一种（1955年）："阐明法律或国家政权的其他文件的意义与内容，即称为解释。在将法律或其他文件适用到具体的、实际的、需要根据法权进行

重新认识传统的需要，文献学和神学解释学统一而成一种狭义的文本解释方法论，一种关于正确理解的技术。19世纪，德国的施尔马赫和狄尔泰进一步把传统的解释学引入哲学领域，他们侧重于对解释本身（而非解释文本）的系统化研究，从而使它成为一种普遍的方法论；在狄尔泰那里，"解释学"作为关于理解艺术的科学，甚至被认为是理解人类精神创造物、探讨整个"精神科学"或"人文科学"的基础。与这种方法论解释学不同，20世纪又发展出以德国的海德格尔和伽德默为代表的本体论解释学，同时，方法论解释学则表现为各种当代形态（其代表如意大利的贝蒂，美国的赫希等），而且还出现了试图在结合本体论、认识论和方法论的基础上建立解释学的努力（如法国的利科）。主要参见梁慧星《民法解释学》第七章"一般解释学"；刘放桐等编著：《现代西方哲学》（修订本），人民出版社1997年版。中国古代有"用语言解释语言"的训诂学，自西汉以来则有了绵延不断的经书注释学，成果蔚为大观。参见董洪利：《古籍的阐释》，辽宁教育出版社1993年版。

判决的案件时，就应该对这一法律或其他文件进行解释。"①

第二种（1982 年）："法律的解释是科学地阐明法律规定的内容与涵义，确切地理解法律规范中所体现的统治阶级的意志，从而保证法律规范的准确适用。"②

第三种（1984 年）："法律解释同法律的实施、执行和适用有着密切的联系。""按照通常的理解，所谓法律解释，就是根据统治阶级的政策、立法意图和法律意识对法律规定的具体内容和含义作必要的说明。"③

第四种（1984 年）：法律解释是"对法律规范的含义以及所使用概念、术语、定义等所作的说明。"④

第五种（1988 年）：法律解释实际上包含三方面内容：一指确定法律规范内容，探求立法意图（包括立法者立法时的主观意图和法律本身反映出的客观的立法目的与意图），说明法律规范的一种行为和过程；二指规定法律解释的主体、权限、程序、方式和效力等问题的独立解释制度；三指法律解释过程中作为技术所运用的一系列规则和方式。"法律解释是动态（行为与

---

① 苏联科学院法学所编：《马克思列宁主义关于国家与法权理论教程》，中国人民大学出版社 1955 年版，第 505 页。这里我们同时可引证当代西方学者的一种理解："法院以某种观点把制定法适用于具体案件，以便为纠纷提供权威而有约束力的判决。在此过程中，法官对可适用于案件的制定法的适当含义（meaning）形成某种观点。如果法官公开表达这种关于制定法应该加以理解的方式的观点，那就可视为一种解释活动。在作出判决过程中，公开陈述的解释是证明案件判决正当性的一个有机组成部分，也就是说，判决是法律的适用，而按照适当的解释适用法律则是在法律上对判决正当性的证明。""在判决制定过程中对法律规范的司法解释，可称之为操作解释（operative interpretation）。"参见 Z. Bankowski, D. N. MacCormick, R. S. Summers and J. Wroblewski："On Method and Methodology", see D.N. MacCormick and R. S. Summers ed., Interpreting Statutes: A Comparative Study, Aldershot, Dartmouth, 1991, pp.11–12。把法律解释与具体个案中的法律适用和司法裁判相联系，是国外学者对法律解释概念的一种普遍理解。

② 孙国华：《法学基础理论》，法律出版社 1982 年版，第 296 页。

③ 北京大学法律系法学理论教研室编：《法学基础理论》，北京大学出版社 1984 年版，第 428 页。

④ 《中国大百科全书·法学》，中国大百科出版社 1984 年版，第 81 页。

过程)、静态(法律解释制度)和技术三者构成的统一整体。"①

第六种（1994 年）："法律解释是指对特定法律规定意义的说明。"从广义讲，法律解释包括对宪法、法律和法规的解释，从狭义讲则不包括对宪法的解释。"法律解释既是实施法律的一个前提，也是发展法律的一个方式。"②

第七种（1995 年）："法律解释乃是法适用之不可欠缺的前提"，"为了解决具体的案件，必须获得作为大前提的法律规范。这种获得作为判决大前提的法律规范的作业，亦即广义的法律解释"。具体说来，广义的法律解释包括三项内容：其一是在有可适用的法律规范情况下确定法律规范意义内容的作业，即狭义的法律解释；其二是在没有可适用的法律规范情况下的漏洞补充；其三是在法律规定因过于抽象一般而不确定情况下的价值补充。③

第八种(1997 年)："司法中所说的法律解释并不限于对法律文本的解释，甚至主要不是对法律文本的解释。尽管哲学阐释学意义上的解释存在于任何人类活动之中，因此必然存在于任何案件审理之中，但是司法上所说的法律解释往往仅出现在疑难案件中，这时法官或学者往往将这整个适用法律的过程或法律推理过程概括为'法律解释'，其中包括类比推理、'空隙立法'、剪裁事实、重新界定概念术语乃至'造法'。""法律文本的解释是狭义上的法律解释。"④

第九种(1997 年)："有两种最基本的'法律解释'模式：一种可以称为'法律开示'模式 (discovery of law)，即把法律视为既存的、不容违背的'客观'规则，解释者只能尽力去发现其真实含义，并将之揭示出来，适用于具体个

---

① 孙国华、郭华成：《法律解释新论》，载《政治与法律》1988 年第 5 期。

② 沈宗灵主编：《法理学》，高等教育出版社 1994 年版，第 420—421 页。

③ 梁慧星：《民法解释学》，中国政法大学出版社 1995 年版，第 192—193 页。

④ 苏力：《解释的难题：对几种法律文本解释方法的追问》，载《中国社会科学》1997 年第 4 期。这里可参照波斯纳对法律解释的理解："解释可以是对交流的译解，可以是理解、翻译、扩展、补充、变形、甚至转换。具体说来，这一术语的正确意味就是眼睛里要看到有个文本，这个文本是权威性的，以及一个决定必须以某种方式同这个文本相联系。""'解释'是一条变色龙。"要"超越解释"。参见 [美] 波斯纳：《法理学问题》，苏力译，中国政法大学出版社 1994 年版，第 378、344—345 页。

案；另一种是'法律阐释'模式（interpretation of law），法律条文只提供了一种供解释者在其中进行解释活动的结构，法律的含义最终取决于解释行动者与结构之间的互动以及解释者之间的交流与共识。"①

以上九种关于法律解释概念的理解或定义从总体上反映了国内学者的认识发展和现状。对此首先需要说明两点。

其一，第一种定义来自新中国成立初被作为大学法律教材引进的苏联教科书，作为在法律解释认识上的"苏联模式"，其影响显然延续至今。这样说并非紧跟着就要进行批判和清算，而是要肯定其合理性。细分析起来，这一定义的要点有三：一是把法律解释与对具体个案的司法裁判、法律适用结合起来；二是认为法律解释的对象是司法判决中适用的法律或其他规范性文件（因而不限于法律文本本身）；三是认为法律解释是对规范性文件的意义和内容的阐明。就这三点内容而言，如今并不过时，甚至可以说，它们至今仍是人们研究和思考法律解释问题的基础（尽管人们最终的结论可能会不同）。事实上，其后的八种理解或定义，从总体上看都是对这三点内容的取舍，或者在取舍基础上的发挥。

其二，最后三种对法律解释概念的理解或界定是近几年出现的，尽管它们并不一定代表目前国内学界的主流看法，但由于以下三个有机联系的特点，它们显得格外引人注目：一是把法律解释与对具体个案的裁判和法律适用联系起来；二是在法律解释中引进了"造法"、"补缺"等因素，而不限于对"法律规定"或"法律规范"的意义和内容的说明；三是它们包含了对流行法律解释概念（如法律解释的客观性观念、抽象法律解释概念等）的反思和批判。这三个特点也可以说是目前国外法律解释理论中对法律解释概念认识的主要特点。当然，在这三种理解或界定之间，也包含着很大的差异。

此外，从上述九种理解或界定看，它们一般都把法律解释理解为对"法

---

① 郑戈：《法律解释的社会构造》，见梁治平主编：《法律解释问题》，法律出版社1998年版，第65—86页。

律规定"或"法律规范"的意义内容的阐明或说明。有鉴于此，为了对什么是法律解释这一问题进行系统的分析，我们想先提出一个关于法律解释的操作性定义，即法律解释是对法律文本的意思的理解和说明。其中用词的基本含义是："法律"主要指制定法；"法律文本"指"法律条文"；"意思"也即通常所说的"含义"、"意义"，包括内涵和外延，或者说"涵义"和"指称"；"理解"指解释者对法律文本意思的内心把握；"说明"指对理解结果的外在展示。简单地说，法律解释就是解释者将自己对法律文本意思的理解通过某种方式展示出来。

下面从五个方面对什么是法律解释这一问题所涉及的内容进行探讨。这五个方面是：法律解释的场合，法律解释的主体，法律解释的对象，法律解释的目标和目的，以及法律解释的一般模式或认知结构。它们所要直接回答的问题分别是何时、何地解释，谁解释，解释什么，为什么解释，以及如何解释。

## 二、法律解释的场合

法律解释的场合问题也就是在什么领域、什么时候需要或存在法律解释的问题。这个问题看似简单，实际上却比较复杂。从国内的认识情况看，这里主要涉及两个方面的问题：其一，如果把法律实践区分为立法和实施两个领域，那么法律解释是否只存在于法律实施领域，而不存在于立法领域；其二，如果法律解释只存在于法律实施领域，那么它是存在于整个法律实施领域，还是只存在于其中的某个或某些环节。对此人们在认识上存在分歧，这种分歧从前面关于法律解释概念的各种界定中也能看出。

就前一个问题而言，它包含了关于"事前解释"和"事后解释"的争论。通常人们认为，立法机关对法律的解释（即"立法解释"）可以区分为"事前解释"和"事后解释"：前者指立法机关为预防在法律适用时发生疑问而预先在法律中所作的解释，如法律中的解释性条款；后者指法律适用发生疑问后由立法机关所作的解释，如立法机关针对法律实施中提出的问题所作出的专门决定或决议。① 一种观点认为，"事前解释"属于法律解释，因为法律解释存在于法律活动的所有领域，它不仅存在于法律实施领域，而且也存在于立法领域。另一种比较普遍的观点则认为，法律解释与法律实施密不可分，它只存在于法律实施领域；法律解释可以包括立法机关的"事后解释"，却不能包括"事前解释"，因为"事后解释"属于法律实施范畴，"事前解释"属于立法范畴。

在后一个问题中，包含了关于"具体解释"和"抽象解释"的分歧。"具体解释"是指在具体个案的司法裁判中与法律适用相联系的法律解释活动，它是把法律适用于个案事实的"大前提"。"抽象解释"与"具体解释"不同，它是指法定国家机关，如中国的全国人大常委会、最高法院、最高检察院等，在法律实施过程中就法律所作的一般的解释性规定，它具有普遍的法律效力。② 从国内目前的情况看，尽管人们在认识上普遍把法律解释与法律实施相联系，但就具体的联系方式而言，却存在"两张皮"现象：一是在制度和实践层面，一般把法律解释限于"抽象解释"，不承认"具体解释"；二是在理论研究层面，近年来出版的一些著作都把法律解释视为"具体解释"，无视"抽象解释"的存在（潜在的看法显然是把"抽象解释"视为法律创制，而非法律解释），从而表现出与国际学术的"接轨"和对话。

对于上述两个问题上的分歧，我想可以从以下两个方面来分析和认识。

第一，法律解释作为一种解释现象，其存在场合可以也应该有最广泛的理解，简单地认为法律解释现象存在于什么场合或不存在于什么场合，并不妥当。理由主要有二。

---

① 参见沈宗灵主编：《法理学》，高等教育出版社 1994 年版，第 432 页；沈宗灵主编：《法理学研究》，上海人民出版社 1990 年版，第 227 页。对于什么是"事前解释"、"事后解释"，可能又会有分歧，例如，法律中的解释条款属于"事前解释"无疑，但法律的实施细则是属于"事前解释"，还是"事后解释"，就不那么清楚了。

② "具体解释"和"抽象解释"之间的分歧，实际上涉及的不只是法律解释的场合问题，即法律解释是不是与裁判中的法律适用相联系的一种活动，它还涉及下一节和第六章要讨论的法律解释主体和法律解释权的问题。事实上，在对法律解释的场合和主体的认识之间，具有密切联系。

其一，如果不囿于某种成见，那么就会发现，"解释"活动本身是人类社会生活中一个普遍存在的现象。按照本体论解释学的观点，"解释"具有本体论上的意义，它并不是、至少不单纯是认识论和方法论上的研究对象：解释植根于理解，是理解的发展和实现，而理解又是人的基本构件之一，是人的存在方式——有人的存在，就有人的理解和解释；有人的活动，就有人的理解和解释活动。由此看来，所有的法律活动，包括立法、执法、司法、法律监督、法律研究和教学、法律服务、法律宣传，等等，在广泛的意义上说都属于人的理解和解释活动，反之则至少可以说，理解和解释现象存在于上述所有的法律活动之中。就立法而言，尽管通常人们把立法视为立法者在"无"和"有"之间的一种法律创制活动，是要对社会生活中的各种具体现象进行类型化的作业，然后针对不同类型的情况作出一般规定，但是，这种创制同样要本着立法者对自我[①]和外在对象、本着对外在世界的规律或所谓的"自然法"的理解和解释来进行。同时，如果我们认为解释法律首先要有法律，然后才谈得上解释法律，那么这种先与后的关系在立法时就已经存在。立法是一个前后相继的过程，法律应该是一个上下、前后、左右有机联系的体系，正因为此，立法领域中才存在各种明显的解释现象，如立法中的各种解释条款，法律的各种实施细则，甚至还有直接规制法律解释活动的解释法（Interpretation act 或 Interpretation statute）[②]，等等。立法活动如此，各种法律实施活动更是自不待言。因此，法律解释现象在法律实践中是一种普遍的存在，在法律解释现象客观存在的场合和人们于日常谈论、研究中所涉及的法律解释的有限场合之间，应该有所区分。

其二，在现代社会中，立法和法律实施两分的传统格局已经打破，出现了两者交汇、兼有立法和实施性质的活动，从而大致形成一种三分格局——

---

　　① 作为认识主体的"自我"，其内心并非一块"白板"。人总是一种历史的存在，他对事物的认识不能不基于他的历史条件，基于他的历史"视界"。立法是立法者的活动，立法者同样是在一定的历史条件下进行立法活动。这就是我们为什么强调要注重提高立法者的素质的原因。

　　② 如加拿大、北爱尔兰、尼泊尔等都有这种解释法。

姑且称之为立法活动、实施活动和交叉活动。在这种情况下，如果我们继续按照传统的思路，那么时常就会难以分清什么是立法领域的法律解释，什么是法律实施领域的法律解释。在传统意义上，立法和法律实施构成法律实践的两个不同性质的领域：前者产生法律规范，后者在社会生活中具体运用或实现法律规范。同时它们大致对应于立法者和法律实施者的区分：立法是立法者的活动范围，法律实施是行政机关、司法机关等实施者的活动范围。如今，由于社会生活的复杂需要，立法出现了多层次、多主体的局面，不仅不同层次的立法者立法，而且法律实施者也承担相应的立法职能。就后者而言，最典型的就是行政立法。现代行政管理所涉及的已经不是一个具体行政行为的概念，它大量地涉及"抽象行政行为"，即通过制定和实施行政法规来进行行政管理，实现管理目标。不仅如此，行政机关还基于法律规定或立法者的专门授权，大量从事原属立法者权限范围内的立法工作，从而使传统立法和行政的范围更加模糊。在中国的制度背景下，就更是如此。一方面，由于在制度和观念上人们并不把法律实施作为与立法机关（即权力机关）没有直接关系的领域，① 就出现了立法机关以各种方式（如法律监督、立法解释等）进入法律实施领域的普遍现象，这样一来，即使把法律解释限定在法律实施领域，也无法排除立法机关作为法律实施中的法律解释主体。另一方面，行政、军事、司法等法律实施机关也以不同的方式从事立法或立法性质的活动，例如，国务院制定行政法规，或者依据立法机关的授权大量进行"二次立法"（secondary legislation，其中的再授权则进一步导致国务院主管部门的"三次立法"），国务院各职能部门、地方各级政府及其主管部门制定各种行政规章或具有立法性质的各种规定；最高军事机关制定军事法规；最高法院和最高检察院制作抽象的、具有普遍司法效力的法律解释文件（与抽象行政行为相对，我们可称之为抽象司法行为），等等。由于在传统的立法和法律实施之间出现了这种交错，以至于人们在日常表达和行文中常常感到

---

① 目前对国家权力机关法律监督职能的高度强调，甚至有可能使立法机关成为法律实施的活跃主体。从中国政治和法律体制的构造原理（如"议行合一"的学说）及其宪法体现看，权力机关深入法律实施领域也是必然的。详见第八章的分析。

有必要对"立法"、"立法权"、"立法机关"等用语作出特别界定。①

第二，承认法律解释作为一种解释现象普遍存在于不同场合的法律活动之中，并不妨碍对不同场合下的法律解释活动作出区分，也不影响在研究和言谈中把法律解释限定于某种场合。不仅如此，由于不同场合下的法律解释具有不同的目的和特性，为了不使对法律解释的认识陷于泛泛而导致混乱，还必须作出区分和限定。

就"抽象法律解释"和"具体法律解释"而言，一方面，在认识上我们不应该把法律解释单纯归结为抽象法律解释，或者归结为具体法律解释；另一方面也不能混淆两者在性质和目的上的差别。具体解释是指在具体个案的司法裁判中②与法律适用相联系的一种活动，其目的是通过解释把法律适用于具体的个案事实。③ 与具体解释不同，抽象解释是法定国家机关——不论是立法机关还是行政、司法、检察等实施机关——的一种专门的法律活动，其目的是通过解释形成具有普遍法律效力的一般解释性规定。尽管抽象解释往往"针对法律实施中提出的问题"，或者与具体的个案事实或问题相联系，或者由它们所引起，但是，由于抽象解释不同于具体解释的目的，它对具体事实或问题所进行的只能是"类型化"的作业，从而必然表现出立法的性质。

说抽象解释具有立法的性质，意味着不能把它简单地归结为法律实施，

---

① 参见张志铭：《当代中国的法律解释问题研究》，载《中国社会科学》1996 年第 5 期。当然，我们也可以在坚持"两分法"的前提下，对立法和法律实施作出与传统不同的划分，即可以不再以法律活动的主体和主体活动的性质作为区分立法和法律实施的标准，而是单纯从活动的性质上来区分立法和法律实施，使两者的界限凸显出来。具体地说，按照法律活动的不同性质，我们可以把一切以制作具有普遍效力的一般法律规则为目的的立法活动或立法性质的活动，划入立法的范畴，而把其他法律活动，尤其是在具体个案的场合中理解和适用法律的活动，统称为法律实施。

② 这是对"具体法律解释"的一种约定俗成的理解，其实具体法律解释并不限于司法裁判的场合，它同样也存在于行政执法等场合。

③ 法律解释对具体案件的关联性包括三层意思：（1）法律解释往往由待处理的案件所引起；（2）解释的任务在于确定法律规定对特定案件事实是否有意义；（3）法律规定应相对于一个待处理事实加以阐释并具体化。参见梁慧星：《民法解释学》，中国政法大学出版社 1995 年版，第 202 页。

即法律在具体个案中的适用，同时，也意味着不能把它归结为立法。按照上面对法律实践活动的"三分法"，抽象解释大致可以归入立法和法律实施的交叉领域，它兼有立法和法律实施的双重属性。抽象解释的目的在于通过解释形成具有普遍法律效力的一般解释性规定，这一点使它类似于一般立法而不同于法律的具体解释和适用。但是，抽象解释也有类似于具体解释而不同于一般立法的地方。如上所述，按照本体论解释学对"解释"现象的理解，立法本身就是一种"解释"，而且其中也明显包含各种解释现象，如立法中的各种解释条款，法律的各种实施细则，以及直接规制法律解释活动的解释法，等等。但是，在立法中，立法者与法律之间的关系是一种创制和被创制、规定和被规定的关系，即使是立法中各种明显的解释现象，其目的也在于给对象注入、限定或选定某种含义，因此，在这种关系中，立法者处于比较自由的状态，只需在法律的位阶关系中满足"不抵触"的要求。与立法不同，在抽象解释中，解释者与解释对象之间有一种紧张关系——解释氛围，尽管解释者可能是具有立法权能的立法机关和行政机关，但解释者与法律文本的关系应该是一种服从和被服从、描述和被描述的关系，它应该遵从作为解释对象的法律文本的权威，受解释对象的制约，负有忠实于解释对象的责任。就此而言，抽象解释与具体解释大致相同。当然，在抽象解释的情况下，由于解释者可能对法律文本拥有立法权，或者拥有补充和修改权，或者拥有法定的或基于授权的二次立法权、三次立法权，同时也由于解释活动并不以特定的个案事实或问题为指向，就使得解释者很容易以法律创制者的眼光看问题，从而使它在主观和客观上都不太会囿于法律文本的约束。① 因为在解释者的权威高于解释对象的地方，往往可能丧失解释的氛围。

① 在具体法律解释中也存在超越法律的问题，因为解释者对法律文本的解释要想在制度环境中得到承认，要想具有正当性，就必须在忠实于法律文本的同时，兼顾解释结果的妥当性。但是，这种超越是局部的，谨小慎微的，甚至隐蔽的。事实上，全世界的法官都希望被看成是"适用"而不是创造（哪怕是拾遗补阙式的创造）法律。韦伯说："那些在客观上是最具'创造性'的法官也会感到他们仅仅是法律规范的喉舌，因为他们只是解释和适用法律规范，而不是创造它们。"参见［德］K.茨威格特、H.克茨：《比较法总论》，潘汉典等译，贵州人民出版社1992年版，第233—234页。

总之，法律解释作为一种解释现象，存在于人类法律活动的各个领域。但是，不同领域的法律解释具有不同的目的和特性。如果我们研究法律解释，那么首先要说明法律解释所在的场合。同时也要强调指出，在人类社会尤其是现代社会的法律实践中，作为一种具有普适性的理解，法律解释一般是指在具体个案的司法裁判中与法律适用相联系的一种活动，也即我们所说的具体法律解释。尽管这种对法律解释场合的认识与国内的制度实践不同，但却得到国内研究者越来越多的认同。

## 三、法律解释主体和法律解释权

法律解释主体的范围取决于对法律解释场合的认识。例如，如果把法律解释的场合限定于具体个案的司法裁判和法律适用，那么就可能认为法律解释的主体是法官、学者和当事人。如果把法律解释限定于行使法定解释权的抽象解释的场合，那么就会把法律解释的主体限定于少数拥有解释权的立法机关、司法机关和行政机关。[①] 反之，如果对法律解释存在的场合没有限定，而是认为它存在于法律活动的各个领域，那么作为在这些领域活动的所有主体也必然成为法律解释的主体。不仅如此，由于现代社会生活的各个领域几乎都不同程度地涉及法律和法律调整，法律解释的主体甚至可以与现实生活的主体相提并论。团体和国家机构解释法律，个人也解释法律；法律职业者在自己的职业活动中解释法律，非法律职业者在自己的日常生活和工作中也可能会解释法律。

法律解释主体的范围尽管广泛，但不同主体解释法律的效力并不相同。按照法律解释的主体和效力的不同，国内学界通常认为法律解释可分为法定解释和学理解释。法定解释又称有权解释，它是指拥有法定解释权的国家机关（如全国人大常委会、国务院及其职能部门、最高法院、最高检察院等）对法律作出的具有普遍适用效力的解释，其中按照作出解释的国家机关

---

① 参见张志铭：《当代中国的法律解释问题研究》，载《中国社会科学》1996 年第 5 期。

的不同，又可以分为立法解释、行政解释和司法解释三大类。学理解释是指没有法定解释权的个人或团体对法律作出的不具有法律效力的解释，其中尤以法律学者在教义和著述中的解释影响为大。① 也有些研究者认为，法律解释可区分为裁判解释、学说解释和当事人解释三种，其中第一种具有法律效力。②

这里我们想具体谈谈与法律解释主体密切相关的法律解释权问题。

把解释法律作为一种权力，并把这种权力归诸于少数法定的主体，实际上反映了一种对法律解释活动的垄断或控制观念。这样一种做法，在中外历史上都有很长的渊源。中国古代商鞅变法，为贯彻其"壹刑"思想，树立法律权威，首创官方释律制度。在这种制度下，要求"以吏为师"，主张"法无二解"，严禁私家注律。此后各朝各代，私家注律或得到统治者的承认和鼓励而兴盛，或受到统治者的压制而归于衰落。在西方，设立法律解释权主要是大陆法系传统的一种实践。公元1世纪前后，罗马皇帝奥古斯都鉴于罗马共和政体后期法律解释的自由发展导致法律适用的混乱，损害法律的安定性，首创了法律解答权制度。他授予一些业绩优异的法学者解答法律问题的资格，从而使法学者的解释活动与国家权力联系起来。③ 公元6世纪，罗马帝国皇帝查士丁尼依靠法学家的帮助成功地完成了《国法大全》的编纂，在《国法大全》颁布的同时，他立即禁止在裁判中参考任何法学家的著作，并

---

① 准确地说，法律学者的解释在法律实践中并非没有法律效力，只是不具有当然的法律效力而已。如果从历史的角度看问题，那么我们还会发现法律学者的解释具有当然法律效力的情况。例如，西方最早在古罗马时出现的法律解释权制度就是与法学家相结合的。

② 参见张志铭：《当代中国的法律解释问题研究》，载《中国社会科学》1996年第5期。在法律解释的分类方面，除了以解释主体和效力作为区分标准外，国内学界通常还以解释方法作为区分标准，例如，有的把法律解释分为文法解释、逻辑解释、系统解释和历史解释四种，有的分为字面解释、限制解释和扩充解释三种。新近的变化是突出了法律解释方法的重要性，把法律解释的分类与法律解释的方法区分开来，前者仅指按解释主体和效力不同所作的划分，原来按解释方法不同所作的划分皆被作为后者的专门内容。其实，强化法律解释技术或方法的研究固然必需，但这并不妨碍把法律解释方法作为法律解释的一种分类标准。

③ 参见梁慧星：《民法解释学》，中国政法大学出版社1995年版，第9页。

禁止对《国法大全》作任何评注，意图借此维护自己和法典的绝对权威。①
18 世纪末，法国在大革命期间曾通过法律（1790 年），规定"当法院认为有
必要解释一项法律或制定一项新法时必须请求立法会议"，还通过立法创立
附属于立法机关的"上诉法庭"（Tribunal de Cassation），负责监督各类法院，
以防司法偏离法律条文，侵犯立法权。②1794 年，在近代启蒙运动和理性法
观念的影响下，③ 弗里德里希·威廉二世主持编纂了包含多达 17000 个具有
决疑效用的琐细条款的《普鲁士邦法》，在该法典的颁行敕令中，他明确禁
止法官出于任何理由对法律规定自作解释，在有疑问的情况下，要求法官向
专门设立的"立法委员会"提出咨询。④ 这里还可再以拿破仑为例，看看大
陆法系传统中统治者对待法律解释的心态。拿破仑同样是在法学家的帮助下
完成了《拿破仑法典》的编纂，尽管他没有禁止对民法典进行评注，但希望
评注不要公开发表，以致传说当他得知第一本评注出版时，惊呼"我的民法
典完了"！⑤

　　从上述历史事实可以看出，一方面，有法律就必然有对法律的解释需
求，对法律的解释和研究导致了法学的繁荣，促进了法律的发达，而且历代

---

① 他甚至焚毁主持《国法大全》编纂的大臣特里波里所收集的一些法学家的著作手稿，
以此来强化他的禁令。（这与中国古代的"焚书坑儒"实为异曲同工）但查士丁尼的禁令收效
甚微，在其在世时就遭到了蔑视。参见［美］J. 梅利曼：《大陆法系》，顾培东、禄正平译，法
律出版社 2004 年版，第 6—13 页。

② 参见［德］K. 茨威格特、H. 克茨：《比较法总论》，潘汉典等译，贵州人民出版社
1992 年版，第 167、224 页。

③ 这种支配近代法典编纂法典的理性法观念认为：一种理性的社会生活秩序的基础，可
以有目的地通过一种全新的法律秩序来建立；历史上流传的那些庞杂零乱、难以把握的法律，
应通过有意识的计划，合理清晰地构造和由国家执行的全面立法所取代；通过成功的法典编
纂，可以收取法官发展法律的权力，使他们成为机械的法律适用者。参见［德］K. 茨威格特、
H. 克茨：《比较法总论》，潘汉典等译，贵州人民出版社 1992 年版，第 161、291、166 页。

④ 参见［德］K. 茨威格特、H. 克茨：《比较法总论》，潘汉典等译，贵州人民出版社
1992 年版，第 166 页；［美］J. 梅利曼：《大陆法系》，顾培东、禄正平译，法律出版社 2004 年
版，第 39 页。

⑤ 参见［美］J. 梅利曼：《大陆法系》，顾培东、禄正平译，法律出版社 2004 年版，第
61 页。

统治者都不得不借助于法学家的努力完成自己定规立制、编纂法律的任务；另一方面，由于对法律的自由解释，尤其是法学家对法律的不同解释，会导致在法律理解和适用上的混乱，削弱法律的权威，就使得统治者对法律解释活动往往采取戒备或控制的态度。就控制的思路和做法而言，主要是推行宏大的法典编纂计划，并建立官方的法律解释权制度，在这同时，或者对民间尤其是法学家的法律解释活动采取否定态度（往往不能成功），或者采取积极利用的态度。

此外，从近代以来大陆法系传统中法律解释权的产生和演变情况看，有四点值得注意。

第一，它的目的并不是要排除民间尤其是学者对法律的解释，而是为了体现严格的分权原则，防止法官借解释之名行立法之实，以免司法专横。因此，它是在法律解释主体泛化的前提下对法律解释活动的一种针对性控制。

第二，它最初是设立附属于立法机关的专门机构，如法国的"上诉法庭"，普鲁士的"立法委员会"等，并要求法院把法律解释的疑难问题提交这种机构解答，但是，随着最初对司法机构通过法律解释发展法律的不信任的消失，这种"立法性法院"逐渐演变成为法院的一部分，如法国的"上诉法庭"演变为刑民事方面的最高法院（Cour de Cassation），其任务是撤销下级法院错误适用法律的判决，并有权作出正确的解释。[①] 其他一些国家如德国的最高法院甚至还能作出改判。

第三，这种法律解释权自产生起就不脱离具体个案的裁判背景，随着"立法性法院"融入普通法院系统，它也与具体个案的裁判程序融为一体。

第四，1912年生效的《瑞士民法典》在第一条规定中明确承认现实法律的缺漏（gap），并将填补工作委诸于法官，同时提供了工作标准。法国法学家Geny说："也许这是现代立法者第一次以一般规定正式承认法官在

---

① 尽管原则上法国最高法院只回答法律问题，但实际上由于法律问题和事实问题很难区分，最高法院在决定其活动范围上就有了主动性。在法律发展情形尚不明了时，最高法院会借口它属于事实问题而由下级法院作决定。参见 [德] K.茨威格特、H.克茨：《比较法总论》，潘汉典等译，贵州人民出版社1992年版，第226页。

立法上的不可缺少的作用。"该法典的做法代表了大陆法系国家今后的立法走向。①

与其他国家相比，当代中国的法律解释权制度显然极具本土特色，对此我有过专门论述。②

# 四、法律解释对象和法律解释目标

按照意大利哲学家贝蒂的观点，人们展示自己和理解他人总是要通过各种外在的"表达式"，包括口头言谈和书面文件、有声物和无声物、符号语言和形体语言、抽象文字和艺术象征，等等。尽管表达式多种多样，但它们都有一个共同点，即有意义。为此，他把它们统称为"有意义的形式"。他还认为，解释活动包含三个基本要素，除有意义的形式外，还有解释者，以及对象化于有意义的形式中的精神；在解释活动中，有意义的形式是一种"中介"，解释者通过这种"中介"而理解其制作者的内在精神。因此，它既是解释的前提条件，也是解释结果客观性的保证。③ 显然，贝蒂关于解释"客观性"和解释目标的理解，遵循的还是以施拉依马赫和狄尔泰为代表的传统方法论解释学的思考轨迹，其妥当与否，人们会有不同评说。但是，他

---

① 《瑞士民法典》第1条第二、三款规定：如本法没有可为适用之规定，法官应依据习惯法，习惯法也无规定时，法官应根据其作为法官阐发的规则判案，在此，他要遵循业已公认的学说和传统。应该作出的是，1811年《奥地利民法典》第7条就已经赋予法官填补法律漏洞的权力：倘若一诉讼案件不能依法律的既有文字规定也不能依法律的自然含义予以判决，法官须参照法律就类似案件规定的解决办法和其他适用法的根据来处理，如仍无法判决，则应按照自然的法律原则予以裁断。因此，《瑞士民法典》的规定可能并无新意。它之所以引人注目，就在于它在清晰的位置、以鲜明出色的语言表达了自概念法学衰微以来人们普遍承认的一个事实：法律存在缺漏，需要法官通过创制活动予以填补。参见[德]K.茨威格特、H.克茨：《比较法总论》，潘汉典等译，贵州人民出版社1992年版，第300、320—321页。

② 参见张志铭：《关于当代中国法律解释体制的思考》，载《中国社会科学》1997年第2期。

③ 参见张汝伦：《意义的探究——当代西方释义学》，辽宁人民出版社1987年版，第74—75页。

关于"有意义的形式"和"意义"的区分，对于我们认识和区分法律解释的对象和目标，是富有启发意义的。

台湾学者黄茂荣认为，法律解释的对象或标的和法律解释的目标是两个不同概念。法律解释的对象是作为法律意旨表达方式的法律文本（Text），包括法律规范的条文，立法文献如立法理由书、草案、审议记录等，以及立法当时的社会、经济、政治、技术等附随情况。法律解释的目标是解释者通过对法律文本的解释所要探明的法律规范的法律意旨。① 这种对法律解释的对象和目标的区分，与贝蒂在一般意义上对"有意义的形式"和"意义"的区分思路相像，而且与人们通常所说的形式和内容的区分也大致相当。我认为，这种区分的基本思路是合理可取的，不过，在一些细致的方面还是可以提出以下几点或许是不同的看法。

其一，在法律解释的对象上应该区分法律文本和语境材料。"文本"是哲学解释学中广泛使用的一个术语，按照法国哲学家利科广为接受的界定，"文本就是任何由书写所固定下来的话语"，它是语言实现的合理形式之一，是与言谈的话语相对应的书写的话语。② 法律文本同样是一种"书写的话语"。因此，如果认为法律解释的对象是法律文本，同时又认为其范围包括法律规范的条文，立法文献如立法理由书、草案、审议记录等，以及立法当时的社会、经济、政治、技术等附随情况，那么就会有不对称的问题，因为各种"附随情况"可能会以非文本的形式出现。由这种不对称所引出的问题是，如何更确切地认识法律解释的对象？对此，我想应该从两个方面来考虑：一方面要看到，在实际的法律解释过程中，法律解释的对象往往会涉及广泛的解释材料（详见第三章第四节，其实也可以恰当地用法律解释材料的概念置换法律解释对象的概念），这些材料尽管可能在更多的情况下是以文本或书面的形式出现，但也可能以非文本的形式出现，比如，在解释中，可

---

① 参见黄茂荣：《法学方法与现代民法》（增订 3 版），1993 年自印，第 292—293 页；梁慧星：《民法解释学》，中国政法大学出版社 1995 年版，第 205 页。

② 参见 [法] 利科：《解释学与人文科学》，陶远华等译，河北人民出版社 1987 年版，第 41 页。

能会涉及各种众所周知的社会事实，涉及法律所指向对象如公园、家庭、银行等的规范性质，等等；另一方面也要指出，对于法律解释对象所涉及的各种解释材料，不能等量齐观，应该有所区别。这种区别除了可以按照对法律解释活动影响力的大小作出外(如有的属于权威材料，有的属于非权威材料；有的属于具有绝对约束力的材料，有的属于具有相对约束力的材料)，还可以大致按照法律解释直接针对的对象和间接涉及的对象来作出。具体地说，可以把"法律文本"限定于法律解释直接针对的对象，即需要解释和适用的特定法律条文，而把解释特定法律文本所要涉及的其他各种解释材料，包括文本形式的材料和非文本形式的材料，视为语境材料。也可以这样说，法律解释所直接针对的法律文本或法律条文（即法律条文的用语）是狭义的法律解释对象，而法律文本或法律条文与各种相关的语境材料则构成广义的法律解释对象。

其二，与上述对法律解释对象的直接—间接或狭义—广义的区分相对应，在法律解释的目标上也可以并应该区分最终目标和阶段目标。实际的法律解释活动往往是一个复杂的过程，包含多个环节，不同层面。经常性的情况是，需要解释和适用的法律文本或法律条文的意思，取决于对各种相关语境材料的理解，因此，如果说法律解释的最终目标是要探明需要适用的法律文本或法律条文的意思，那么法律解释所可能包含的阶段目标则是要探明各种相关的语境材料的意思。

其三，应该区分法律条文和法律规范。如果我们所说的法律解释中的"法律"是指成文的制定法，那么准确地说，法律解释的对象应该是法律条文，而非法律条文所体现的法律规范。从前面关于法律解释概念的各种定义看，人们普遍对法律条文与法律规范不加区分。① 其实，它们之间还是有区别的：法律条文是法律规范的载体，法律规范则是法律条文的内容。法律条文（Legal text）和法律文本是同义词，后者作为法律解释的直接对象，所指

---

① 这里还涉及"法律规定"一词，尽管人们往往把它与"法律规范"相提并论，但实际上它与"法律条文"一词更为亲和，用法大致相当。

的就是以书面法律语言的形式存在、并包含法律规范内容的法律条文。法律规范属于法律解释的目标。法律解释所探求的"法律意旨"，所指的就是法律条文所包含的规范含义或内容。因此，对法律条文与法律规范不加区分，就会使法律解释的对象与目标之间的界限处于模糊状态。

其四，在区分法律解释的对象和目标的同时要注意它们的关联。尽管法律解释的对象和目标是两个不同概念，前者要回答的问题是"解释什么"，后者要回答的问题是"为什么解释"，但是，对后者的不同认识往往会影响对前者的认识。例如，如果解释者奉行的是"主观说"（即下面所说的历史原意说），认为法律解释的目标是探求立法者在制定法律时的主观意图，那么他就会把包括立法准备材料在内的各种反映立法者意图的历史材料归入法律解释对象的范围。反之，如果解释者奉行"客观说"（即下面所说的语义原意说），认为法律解释的目标是探寻体现在法律文本中的客观的规范含义，那么他就不会把这些材料归入解释对象的范围。此外，解释者在法律解释目标上的偏重，也会导致他在解释材料认识和运用上的偏重。

其五，分辨法律解释的目标和目的。从通常意义上说，目标和目的是同一个意思，它们都相对于方法、手段或路径而言。但是，在对法律解释问题的研究中，我们需要将这两个词作一小的区分。具体地说，法律解释的目标是指解释者在法律解释活动中所要理解和说明的法律文本的意思；法律解释的目的则是指法律解释活动及其结果所起的作用，例如，"具体法律解释"的作用或目的是适用法律，"抽象法律解释"的作用或目的是形成具有普遍法律效力的一般解释性规定。当然，这可能纯粹是一种理论上的区分。实际上，法律解释的目标和目的关系非常密切，它们甚至可以恰当地视为对同一解释活动的两个观察角度，是一个硬币的两面，因为它们都是相对于法律解释的对象而更进一步的东西，所指向的问题都是"为什么解释法律"，只不过一个强调的是弄清法律文本的意思〔以便适用法律条文或者形成一般的解释规定〕，另一个凸显的是为了适用法律或者形成一般的解释规定〔而需要弄清法律文本的意思〕罢了。

其六，分辨和把握法律文本解释的两种基本路径。法律解释的直接对象是法律文本或法律条文，但在具体个案的司法裁判和法律适用过程中，对法律文本或法律条文的解释可以有两种不同的进路，即文本解释和事实剪裁。所谓文本解释，就是直接就所适用的法律文本或条文进行解释，然后将解释的结果与个案事实相连接；而所谓剪裁事实，就是不直接就所适用的法律文本或条文作出解释，而是就有关的个案事实进行区分、剪裁，然后将事实与法律文本或条文相连接。在前者，解释者是用法律涵摄事实；在后者，解释者是将事实归摄于法律。由于法律解释可以以变相或间接的剪裁事实的方式进行，在一些国家如法国的法律制度和实践中才得以认为司法裁判是将法律适用于具体事实的过程，而无须解释法律；中国的情况大致也是如此。当然，在实际的法律解释过程中，文本解释和事实剪裁往往会同时并用。① 另外，这里所说的剪裁事实并没有贬义，因为在任何个案的司法裁判中，都涉及对事实的认定，也即对事实的法律性质作出评价；② 剪裁事实并不一定意味着对事实采取任意取舍的态度，也不一定意味着对法律采取"普洛克路斯忒斯之床"③ 的态度。

---

① 虽然直观地看，司法裁判中对制定法条文的解释似乎遵循的是一种三段论的推理模式，大前提由某项制定法规则所提供，法官的任务就是找出一个适当的大前提，但在实际上这种看法却给人以误导。因为不仅法律语词经常性的模糊和歧义需要法官从事阐明大前提的工作，而且在疑难情况下，要区分大、小前提的作用是很困难的。寻找事实和寻找前提往往交织在一起：法官审理证据并决定事实，而且任何关于制定法条文的范围和可适用性的疑问，都很有可能由来自于事实的看法来解决。参见 R.W.M.Dias: Jurisprudence, London, Butterworths, 1985, p.168. 德国学者拉伦茨说："法律条文对解释者构成疑难时，他藉着解释这一媒介活动来了解该条文的意旨；而一个法律条文的疑难则在被考虑到它对某一特定法律事实的适用性时发生。"参见黄茂荣：《法学方法与现代民法》（增订 3 版），1993 年自印，第 279 页；比克斯认为：法律解释上的困难看似语词方面的困难，实际上却是法律规则是否可适用于具体案件事实的困难。法律规则的语词只有在规则适用中才产生问题。参见 Brian Bix: Law, Language, and legal Determinacy, Oxford, Clarendon Press, 1993, p.5.

② 在援引判例进行类比推理时，需要对案件在事实上的相同点和不同点作出分辨，并对这种相同点和不同点在法律上的重要程度作出判断。在适用规则进行演绎推理时，也需要对事实的不同方面在法律构成上的重要程度作出判断。参见 Steven J. Burton: Law and Legal Reasoning, 2nd, ed., Little, Brown and Company, 1995.

③ 普洛克路斯忒斯是希腊神话中开黑店的强盗，他把劫来的人绑在他的铁床上，强使他们与铁床相齐，短的拉长，长的截短。中国成语中也有"削足适履"的典故。

其七，应该注意研究法律文本不同于其他文本的特性。对此，我们可以从两个方面来分析：一方面，法律文本是文本的一种，它与其他非法律文本一样，都具有文本的共同特性。法国哲学家利科认为，文本作为以书写方式固定下来的"话语"，相对于以言谈方式出现的"话语"来说有三个不同特点：[①] 首先，在言谈的说—听关系中，说话者的意向和说出的话的意义一般是重合的，说话者总是要说他想说的东西，听话者则是要把握说话者的话意，并可以通过问答的方式与说话者直接交流。而在文本的写—读关系中，作者的当下性没有了，文本成为独立的东西，因此，读者只能通过文本去了解作者的意思，重点落到了文本和它的意义上。其次，言谈一般面对的是确定的听者，而文本面对的是潜在的任何读者，这就使得文本面临无限多样的阅读。第三，文本不受直接指称的限制。按照德国哲学家弗雷格的区分，意义可分主观意义和客观意义两个方面，前者指说话者或作者想说的意思，后者指言语本身的意思；客观意义又可进一步区分为含义（Sense）和指称（Reference），它们大致相当于通常所说的内涵（intention 或 connotation）和外延（extension 或 denotation）的区分。[②] 在言谈中，说话者说的行为与想的过程同步，他可以通过手势、表情、指示词等方式进行直接、实在的指称，而在文本中，由于没有了言谈的当下性，直接指称被悬置了起来。文本的指称只是一种可能性，它在解释的过程中展开。以上三个基本特点显然为包括法律文本在内的任何文本所共有，它们从一个侧面、从一般意义上向我们展示了文本解释的特性。

另一方面，也应该注意研究法律文本的特性。尽管对法律文本特性的完整阐述，是一个需要专门探讨而迄今仍为研究者所忽视的非常有意义的问题，但是，我们还是可以感到法律文本与其他各种文本有明显的不同。法律是一种关于人们权利和义务的规范体系，法律文本与文学作品等各种

---

① 参见刘放桐等编著：《现代西方哲学》（修订本）（下册），人民出版社 1997 年版，第781—784 页。

② 参见刘放桐等编著：《现代西方哲学》（修订本）（上册），人民出版社 1997 年版，第381—387 页。

非规范性文本的根本不同，就在于法律文本的规范性和权威性。法律文本是一种规范化的文本，这表现在它是立法制度或程序运作的产物（尽管我们不能把这种制度和程序的运转比作生产流水线式的作业），而非个人的自由创作；它必须运用规范的立法语言，追求表意上的平实、直接、严谨和准确，而不能运用比喻、夸张、拟人等修辞手法，不能运用感叹号、问号、引号、省略号等标点符号，不能追求个别化的独特语言风格；它所针对的是法律主体的外部行为，而不能在内心刻画、感情描述上比高低；它的形成不可能无拘无束，而必然要受到人们关于立法活动的各种"预设"的制约，如立法者应该使用规范的普通语词或专门语词，应该遵行宪法，应该避免荒谬或明显不公的结果出现，应该不使立法具有溯及既往的效力，等等。同时，法律文本是一种权威性的文本，在司法裁判的法律适用过程中，解释者对法律文本的解释必须以对法律文本权威的承认为前提，必须服从制度和程序的制约，而且，强调这种制约并不需要担心被指责为"专制主义"。① 所以，波斯纳说："法律文本与文学文本之间有巨大的差别。"②

## 五、如何决定法律文本的意思：立法者、法律文本、解释者

法律解释是解释者对法律文本的意思的理解和说明，但是，什么是"法律文本的意思"呢？应该从什么角度、以什么为标准来理解和把握法律文本的意思呢？对此在理论和实践上都存在复杂的争论。从总体上看，这种争论主要涉及三者之间的复杂关系，即法律文本的作者、法律文本，以及法律文

---

① 在文学领域，认为确立文学文本的意义乃文学批评与文学研究的合法目的的观点受到非常严厉的批评。那种企图限制意义生成的语境范围或者企图使作品意义生成那无休无止、不断推演的不确定过程停止下来的做法，被指责为"专制主义"。参见［法］艾柯等：《诠释与过度诠释》，柯里尼编，王宇根译，三联书店1997年版，第9—10页。

② 参见［美］波斯纳：《法理学问题》，苏力译，中国政法大学出版社1994年版，第336页。

本的解释者。由于相应的观点多种多样，犬牙交错，甚至常常会在同一论者身上发现不同甚至相反的观点，要想作出整齐划一的分类似乎是不现实的。以下我将从逻辑的角度把实际存在的多数主张或观点大致概括为三种理想形态，即原意决定说、文本决定说和解释主体决定说，并同时开列它们各自所面临的主要否定理由①。在这基础上，我将从总体上作出进一步的分析。

## （一）原意说及其否定理由

原意说立足于原立法者，认为法律解释的目标在于探求立法原意，即立法者在制定法律时的意图和目的。由于这里的"意图和目的"是心理分析意义上的东西，原意说在根本看带有浓厚的主观色彩。原意说的根据是自然而普遍的，即法律文本与其他任何文本一样，都是作者或立法者有意识、有目的活动的产物，是作者内在思维活动、价值取向的外化；解释者按照作为民意体现的立法原意解释和适用法律，无论从认知角度还是从近代社会的政治哲学原理的角度看，都具有实质意义上的正当性。美国的霍姆斯法官说："在成文法的情况下……可以说就像与主权的命令交涉一样，唯一要做的事就是了解主权者想要的是什么。"②

原意说的关键在于如何寻找立法原意。由于在探寻立法原意的合理路径上存在认识上的分歧，原意说表现为不同的形态。这里，我们可以把原意说的主要形态大致概括为以下三种：

---

① 这方面的文献很多，比较系统的研究请参见波斯纳：《法理学问题》，苏力译，中国政法大学出版社 1994 年版，第 130—135、332—382 页；Cass R.Sunstein, "Interpreting Statutes In The Regulatory State", Harvard Law Review, 1989, 103 (2), pp.414—441；R.W.M.Dias: Jurisprudence, London, Butterworths, 1985, p.168。

② 转引自〔美〕波斯纳：《法理学问题》，苏力译，中国政法大学出版社 1994 年版，第 336 页。在中国古代，关于古籍的注释也大都以追求原意、"求契作者之初心"为目的。仇兆鳌《杜诗详注》序中说："是故注杜者必反复沉潜，求其归宿所在，又从而句字比之，庶几得作者苦心于千百年之上，恍然如身历其世，面接其人，而慨乎有余悲，悄乎有余思也。"参见董洪利：《古籍的阐释》，辽宁教育出版社 1993 年版，第 42 页。

## 1. 语义原意说

语义形态的原意说认为，立法者的原意与法律语词本身的明确含义是一致的，解释者应该从法律所运用的语词本身寻找立法原意，而不应该诉诸于立法史材料或任何其他外在的材料来确定立法原意。这种原意说盛行于英国的司法实践，在那里，运用立法史材料包括立法准备材料来确定法律语词的意思是不允许的。

语义原意说通常被称之为客观原意说或客观的立法意图概念，而下面所说的历史原意说则对应地被称之为主观原意说或主观的立法意图概念，但是，这种区分实际上只是一种在寻求立法者原意的途径上的差别。立法者原意本身是一个心理学意义上的主观色彩的概念，称语义原意说为客观原意说，仅仅意味着在探寻立法原意的途径上对解释者所可能有的自由度的更严格限定——即不能超出法律条文的语义范围——而已。

## 2. 历史原意说

这种形态的原意说认为，探寻立法原意不能局限于法律语词本身，而必须借助各种立法史材料，尤其是立法准备材料。通过对立法史材料的研究，解释者就能了解法律制定时的一般舆论情况，了解使法律得以通过的一般社会状况（如不同社会利益的冲突与权衡），以及立法者意图通过法律予以救济的对象或解决的问题，从而把握存在于法律背后的政治、社会和经济的目的。因此，立法史材料对于确定立法原意具有重要意义。如上所述，历史原意说又被称之为主观原意说或主观的立法意图概念。较之于语义原意说，历史原意说更为普遍，尤其是在瑞典等国家的司法实践中，主观立法意图的概念甚至占有绝对优势。

## 3. 理性原意说

与上述两种诉诸于法律语词或立法史材料的原意说不同，还存在一种诉诸于理性立法者假设的原意说，这种原意说的典型表现就是广为流行的"想象重构理论"（imaginative reconstruction）。所谓"想象重构"，就是解释者基于立法者是以合理手段追求合理目的的理性立法者的假设，想立法者之所想，以重构立法者意图的方式解释法律，弥补法律所可能存在的缺漏。按照波斯纳法官的考察①，"想象重构"的观点具有漫长的历史，最早可以追溯到亚里士多德②，其后的代表相继有普洛登③、维科、施拉依马赫等，现代则有哈特和萨克斯。哈特和萨克斯说："法院应当努力通过想象将自己放在采取这些步骤的立法者的位子上……除非出现了毋庸置疑的相反事实，法院应假设立法机关是由合理地追求合理目的的人制定的。"④ 关于理性立法者的假设中还包括一些固定的内容，例如，立法者懂得国语并据此使用普通语词或

① 参见〔美〕波斯纳：《法理学问题》，苏力译，中国政法大学出版社 1994 年版，第 133 页。

② 亚里士多德在 *Nicomachean Ethics* 一书中说："所有的法律都是普遍的，但对有些事物来说是不可能提出正确的普遍断言的。在那些有必要从普遍意义上来谈论，但无法正确地这样做的案件中，法律注意常见案件，尽管法律并非不了解错误的可能性。然而这仍然是正确的；因为这错误不在于法律也不在于立法者，而是在于事物的本性之中……〔因此〕当立法者由于过于简单化而犯错误并使我们失望时，那么，说出立法者如果在场可能说的话或可能制定为法律的话，以纠正这种错误，就是正确的。"参见〔美〕波斯纳：《法理学问题》，苏力译，中国政法大学出版社 1994 年版，第 133 页。

③ 英国法官 E.Plowden 对"想象重构"的过程进行了具体的描述，他在 1573 年说："为了在一条法规的字面含义按照衡平法可有伸缩之时作出一个正确的判断，可以采取这样一种好方法，即当你仔细察看法规时，你假定立法者在场，并假定你向他提出了你想知道的有关该公平原则的问题，然后，如同你想象如果他在场他所会作出的回答那样，你必须给你自己作出一个这种回答……如果立法者会遵循该公平原则，那么你可以不考虑该法规的语词……就效仿该立法者去采纳这一公平原则，这样做是安全的，因为你的所作所为只不过是立法者会采取的做法，所以你的做法并不与法律相背离，而是与法律相符合的。"参见〔美〕E. 博登海默：《法理学——法哲学及其方法》，邓正来、姬敬武译，华夏出版社 1987 年版，第 517 页。

④ 参见〔美〕波斯纳：《法理学问题》，苏力译，中国政法大学出版社 1994 年版，第 133 页注 4。"想象重构"的观点在法律实践中广泛存在，这里我们还可以引证法国最高法院院长巴洛—博普雷的一段话以资证明。博普雷在 1904 年法国民法典颁布一百年纪念会的著名演讲中说："当条文以命令形式，清楚明确，毫无模棱两可时，法官必须服从并遵守……但当条文有些含糊时，当它的意义与范围存在疑点时，当同另一条文对比，在一定程度上内容或者有矛盾，或者受限制，或者相反有所扩展时，我认为这时法官可有最广泛的解释权；他不必致力于无休止地探讨百年以前的法典作者制定某条文时是怎样想的；他应问问自己假如今天这些作者制定这同一条文，他们的思想会是怎样的，他应想到面对着一个世纪以来法国在思想、风俗习惯、法制、社会与经济情况各方面所发生的一切变化，正义与理智迫使我们慷慨地、合乎人情地使法律条文适应现代生活的现实与要求。"〔法〕勒内·达维德：《当代主要法律体系》，漆竹生译，上海译文出版社 1984 年版，第 112 页。

专门语词，立法者意图使自己制定的法律合乎宪法，立法者不想有荒谬或明显不公的结果出现，立法者不想使法律有溯及既往的效力，所有的刑事处罚都要求被处罚者有"犯意"（mens re'a），等等。

显然，基于理性立法者假设的原意说与语义形态的原意说有很大的不同，因为后者往往包含着对法律充分自足的确信，而前者对法律所可能有的局限或缺漏则予以坦率的承认。当然，"想象重构理论"同时也使得"立法者原意"成为一个广泛弥散、应时而变的概念。

原意说所面临的质疑或否定理由主要有五个方面：

1. 立法过程涉及不同的主体，交织着不同主张和观点的争论和妥协，法律往往最终是通过使用可以包容不同意见甚至不同宗旨的模糊语言才得以通过，因此，人们无法确定谁的意图在最终意义上是相关的，也难以说清什么意图是复数的立法者共同分享的意图。

2. 即使立法者是一个人，并且拥有一个完整的意图，他也不可能完整无误地通过法律语言将其意图表述出来，因为人们对语言的研究表明，语言并非精密的表意工具，只要涉及书面表达，就必然存在"书不尽言，言不尽意"的问题。[①] 同时，即使立法者的原意在法律文本中得到充分准确的表达，法律文本一旦与立法者脱离，其用语在解释者的理解中也会出现立法者意想不到的意思，即由于语境的变化而使法律语词表达的意义范围超出立法者想要表达的原意，出现所谓的"言外之意"。

3. 即使存在并找到了明确的立法意图，解释者对意图的理解也可能"仁者见仁，智者见智"。这一点甚至可以从作者本人的角度来分析。一般说来，作者本人在创作（相当于立法者在立法）时是了解他自己的意图的，但是，如果在作品出来之后，间隔相当长的时间作者再读自己的作品，他时常也会有另一个人的感觉。因此，即使立法者还活着，解释者也可以询问立法者什

---

① 美国法学家博登海默说：从普遍的经验可知，一条法规的语词往往不能完整地或准确地反映该法规制定者的意图与目的。当立法者试图用简洁但却普通的术语表达其思想时，就不得不采取省略的形式。参见〔美〕E. 博登海默：《法理学——法哲学及其方法》，邓正来、姬敬武译，华夏出版社 1987 年版，第 514 页。

么是立法原意，这样做也不妥当。①

4.即使存在立法者的意图，而且这种意图可以通过查阅各种立法史材料得以辨明，它也不应该具有法律效力。因为立法者通过和颁布的是法律本身，在一个法治国家里，人们应该考虑和遵循的仅仅是立法者表现在法律文字中的客观意思，而不应该是立法者的主观意思。不仅如此，"一些能力超群的观察家曾经指出，如果试图通过使用当时的立法准备材料来探究立法目的，那么在这种努力过程中会充满着陷阱与圈套"。②

5.想象重构理论试图跨越立法者和解释者之间的距离，将两者合一，这不过是一种浪漫的想法，是一种"碰运气"的事，其结果只能属于推测的范围。因为在相关问题上，立法者和解释者可能并没有共同的实践，而且即使有共同的问题和实践，立法者和解释者的认识或价值判断也可能相去甚远。③ 同时，想象重构理论允许解释者超出制定法和立法史材料的范围去构建（而非探寻）立法者原意，这就引发一个实际的问题，即，在现代法治社会，人们在多大程度上希望和允许解释者如法院这样做，如果不加限制，这

---

① 在美国加利福尼亚州，法官可以传唤立法者作为证人来为制定法的预期目的作证。波斯纳认为，这种做法的危险在于某个立法者也许会提出一种新解释来改变该制定法，而这种解释可能在最初立法已经或者会被多数立法者所否定；这种解释也可能迎合立法机关目前的偏好。参见［美］波斯纳：《法理学问题》，苏力译，中国政法大学出版社1994年版，第132、343页。

② 参见［美］E.博登海默：《法理学——法哲学及其方法》，邓正来、姬敬武译，华夏出版社1987年版，第515—516页。

③ 参见［美］波斯纳：《法理学问题》，苏力译，中国政法大学出版社1994年版，第132—135页；［美］E.博登海默：《法理学——法哲学及其方法》，邓正来、姬敬武译，华夏出版社1987年版，第517—518页。比如，美国宪法制定已有两百多年，波斯纳法官说："要让现代法官站在宪法制定者的位置上以想象出他们是否会否决禁止人工流产、鸡奸性行为、反企业兼并法规、积极补偿行为、特别检察官法或者授权对学生报纸或淫秽录像进行审查的法律，是枉费心机的。我们同宪法制定者没有相关的共同实践。他们没有我们所具有的经验，他们不了解我们所了解的（他们所了解的，我们也已经忘记了许多），此外对于他们会如何从他们的价值来判断我们的经验我们一点提示也没有。即使由近来的立法机构和将进行法律解释的法官组成的解释共同体也完全不像一个单独的人、一对结婚多年的夫妇或一伙在午饭间交谈的朋友。"

样做会不会使人们面临解释和适用法律者专横武断的危险。①

### （二）法律文本要素：文本说

文本说立足于法律文本本身。它认为，法律解释的目标在于探求法律文本本身的合理意思。法治原则所要求的是法律本身的统治，而不是法律制定者的统治；法律一经制定，便与立法者分离而成为一种独立的存在，立法者于立法时的意图或目的并不具有约束力，具有约束力的是存在于法律文本内部的合理意义。② 同样是美国的霍姆斯法官说："我们所问的不是〔作者〕想说的，而是在使用这些词的环境中、在一个普通说英语者的口中这些词将会具有的含义。""如果我的同胞想下地狱，我的工作就是帮助他们到达那里。"③

文本说与上面所说的语义原意说从外形上看几乎一般无二，研究者也往往将它们相提并论，但实际上它们还是有着根本的不同：文本说是一种与原意说决裂的形态，而语义原意说则不过是把对立法者原意的探寻限于法律文本的范围而已，因此，它们在法律解释正当性渊源的认识上是完全不同的。文本论在现实中的典型形态可以称之为平义（plain meaning）文本论，它要求解释者或法官按照同一语言共同体中普通成员所理解的法律条文的意思去解释法律，追求的是一种共识意义上的形式正当性。

对文本说提出质疑或否定的理由主要有：

1. 法律文本的用语常常会有语义不清的情况。英国的哈特认为，任何

---

① 尼采说："人最后在事物中找出的东西，只不过是他自己曾经塞入事物的东西……"。[德] 尼采：《权力意志》，见洪谦主编：《现代西方哲学论著选辑》，商务印书馆 1993 年版，第 12 页。

② 利科说："文本表明的东西不再与作者意味的东西一致；因此，文本的意志与心理的意义具有不同的命运。"参见 [法] 利科：《解释学与人文科学》，陶远华等译，河北人民出版社 1987 年版，第 115 页。

③ 前一句话参见 [美] 波斯纳：《法理学问题》，苏力译，中国政法大学出版社 1994 年版，第 333 页；后一句话参见 Cass R.Sunstein: "Interpreting Statutes In The Regulatory State", Harvard Law Review, 1989, 103 (2), p.407.

语言包括法律语言都不是精密的表意工具，都具有一种"空缺结构"（open texture）①：每一个字、词组和命题在其"核心范围"内具有明确无疑的意思，但随着由核心向边缘的扩展，语言会变得越来越不确定，在一些"边缘地带"，语言则根本是不确定的。因此，在法律语言不确定的地方，对法律条文的解释和适用也不存在绝对或唯一正确的答案，解释者或法官拥有自由裁量权，需要在多种可能的解释和推理结论中作出选择，甚至可以扮演创建新规范的角色。② 美国的波斯纳认为，法律文本存在着"内部含糊"和"外部含糊"：前者是指由于法律用语本身的歧义、模糊、评价特性等而产生的模糊，后者是指由于语境因素的变化而使得原本清楚的法律用语变得模糊。③ 国内学者苏力认为，语言的意义是人赋予的，语义会发生流变，既有"历时

---

① "空缺性"这一概念在西方法学理论中被广泛地用于分析法律的确定性和解释问题。随着英国学者 H.L.A. 哈特的著作《法律的概念》被翻译为中文，这一概念如今已为中国学者所熟知和运用。哈特借助于对"空缺性"概念的分析，为自己在形式主义和规则怀疑主义之间选择一种中间立场奠定了基础。"空缺性"概念因哈特的出色运用而流行，但从渊源上讲，这一概念出自弗里德里希·魏斯曼（Friedrich Waismann）的著作，而后者又可能取自维特根斯坦在 20 世纪 30 年代早期提出的建构主义语言观点。参见 Brian Bix: Law, Language, and legal Determinac, Oxford, Clarendon Press, 1993, p.7 ; Zenon Bankowski and D.Neil MacCormick: "Statutory Interpretation in the United Kingdom", see D.N. MacCormick and R. S. Summers ed., Interpreting Statutes: A Comparative Study, Aldershot, Dartmouth, 1991, p.360.

② 参见［英］哈特：《法律的概念》，张文显等译，中国大百科全书出版社 1996 年版，第 124—135 页。哈特认为："有时，对于一种表达方式来说，明确的标准情况或范例与那些成问题的情况相比，两者间的差别仅仅是程度不同而已。"为此，他举了一个形象而有趣的例子：一个男士，其头亮而光，他显然属于秃头之列；另一位头发蓬乱，则他显然不是秃头；但问题在于第三个人只是在头顶的周边有些稀稀拉拉的头发，如果他是否算秃头被认为是重要的或者有任何实际结果取决于此的话，那么这个问题就可能无限期地争论下去，参见［英］哈特：《法律的概念》，张文显等译，中国大百科全书出版社 1996 年版，第 4—5 页。

③ 参见［美］波斯纳：《法理学问题》，苏力译，中国政法大学出版社 1994 年版，第 334—335 页。内部含糊的例子：一个法律禁止进口植物果实，不禁止进口蔬菜，有人进口番茄，于是发生了番茄是植物果实还是蔬菜的问题。[Nix v. Hedden, 149U.S.304（1893）] 外部含糊的例子：美国宪法规定，国会有权建立陆军和海军，而没有提空军，但法律实践中都把这一条款理解为有权建立包括空军和其他必需的武装力量；美国宪法第一修正案中的"新闻界"一词原来仅指报业，后来出现了广播、电台，其外延也随之扩大。这些变化都不是法律用语本身发生了变化，而是人们对这些用语的理解发生了变化。

性流变"，即同一语词在一个历史时期中被普遍认可的意义在另一个时期会消失或变更，也有"共时性流变"，即同一社会中的不同语言共同体对同一语词有时会有不同的理解，从而难以确定语词的"平义"或普通含义。①

2.法律并非逻辑自足、没有缺漏。文本论与在近代西方法典编纂中盛行的概念法学相联系，它所体现的是概念法学的严格决定论的法治模式，以对全知全能的理性立法者的假定和对形式逻辑完备性的信仰为基础。按照韦伯的分析，这种近代西方的法治模式意图凭借"一般化"（generalization）和"体系化"（systematization）来构筑一个法律的世界。这个世界基于五个基本设定（postulates）：第一，每一项具体的法律决定都是某一抽象的法律命题对某一具体"事实情景"的适用；第二，在每一具体案件中，都必定有可能通过逻辑的方法从抽象的法律命题导出判决；第三，法律必须实际上是一个由法律命题构成的"无空隙"（gapless）的体系，至少也要如此被看待；第四，所有不能用法律术语合理分析的东西都是与法律无关的；第五，人类的所有社会行为都必须构成或者是对法律命题的"适用"或"执行"，或者是对它的"违反"，因为法律体系的"无空隙性"必然导致对所有社会行为的无空隙的"法律排序"（legal ordering）。② 但是，事实证明，这种认为制定法完整无缺、法律和事实严格对应、法官如同"自动售货机"的法治观念，不过是一种幻想，一种"法律神话"（legal myth，弗兰克语）。1912 年《瑞士民法典》对法律缺漏以及法官补缺作用的明确承认，则是对这种支撑文本论的法治观念的彻底否认。

3.法律文本的意思受制于解释者的理解。法律的语词和语义只能给解释者提供一个大致范围的指引，它给解释者提供的只是一种文本的"视界"（horizon），而解释者却不可能超出自己的历史"视界"，他们总是要基于自

---

① 参见 ［美］波斯纳：《法理学问题》，苏力译，中国政法大学出版社 1994 年版。

② 参见 Max Weber：Economy and Society: An Outline of Interpretive Sociology, Guenther Roth & Claus Wittich ed., Second Printing, Berkeley, University of California Press, 1978, pp.657–658；郑戈：《法律解释的社会构造》，见梁治平主编：《法律解释问题》，法律出版社 1998 年版，第 65—86 页。

己的认识和经验，基于自己在一定的制度和文化背景下对价值评介、政策因素和利益权衡等因素的考虑来解释法律。正如海德格尔所说："把某某东西作为某某东西加以解释，这在本质上是通过先有、先见、先知来起作用的。解释从来不是对先行给定的东西所作的无前提的把握。"① 由于法律一经制定就脱离了制定时的语境而成为一种独立的存在，它就要面向不同时期的不同解释者；而由于不同的解释者往往具有不相重复的个体差异，他们对法律文本的解释也会有不同。

### （三）解释者要素：主体说

这是一种立足于法律解释主体的观点。它认为，法律文本的意思取决于解释者的理解，实际上也就是解释者所理解的意思。霍德利主教说："正是那些有绝对权力去解释任何成文的或口述的法律的人，而不是首先写就或口述法律的人，才是法律之意图和目的的给予者。"DEVLIN 勋爵说："法律就是法官说是法律的东西"。② 同样还是霍姆斯法官说："法律的意思就是对法院事实上将做什么的预测，而不是什么空话。"③

解释主体说与上面所讲的理性原意说有很大的相似之处，因为它们都强调解释者在解释法律、特别是在弥补法律缺漏方面的能动作用。不同的是，

---

① ［德］海德格尔：《存在与时间》，陈嘉映等译，三联书店1987年版，第184页。海氏认为，传统认识论所追求的主客体分裂基础上——把人的历史性作为阻碍获得客观真理的东西——的客观知识是不存在的，先有（Vorhabe）、先见（Vorsicht）和先知（Vorgriff）构成了作为理解和解释的先决条件的"前理解"。它们的意思分别是：先有——解释者在开始理解和解释之前，不是处于虚无状态，而是已经存在于某种历史和文化之中，历史和文化自始就已经占有并影响着他；先见——指理解和解释的角度、方式、切入口，是解释者所看准的"某种可以解释的状态"；先知——指理解和解释前已经具有的某种预设，是推知未知的参照系。

② 前一句话参见［英］哈特：《法律的概念》，张文显等译，中国大百科全书出版社1996年版，第140页；后一句话参见 R. W. M. Dias: Jurisprudence, London, Butterworths, 1985, p.166.

③ 从法律解释者和适用者的角度界定法律，是美国以霍姆斯、J.C.格雷、K.N.卢埃林和J.N.弗兰克等为代表的现实主义法学（legal realism）的典型视角。这种视角在很大程度上是经验指向的，正如霍姆斯所说："法律的生命不是逻辑而是经验。"参见沈宗灵：《现代西方法理学》，第18—19章，北京大学出版社1992版；［美］E.博登海默：《法理学——法哲学及其方法》，邓正来、姬敬武译，华夏出版社1987年版，第31—32页。

理性原意说通过回归"立法者原意"对这种能动作用进行传统的合法性或正当性包装，它仍然坚持解释者或法官作为立法者的"代理人"（agent）的立场；而解释主体说则不假借立法者原意的外形，将这种能动作用以"赤裸裸"的方式展示出来。

原意说和文本说的正当性及其强度，取决于立法者和法律文本各自所具有的正当性资源的丰富程度，同样，解释主体说是否具有正当性，以及在多大程度上具有正当性，则取决于解释者所拥有的正当性资源的丰富程度。在英美等普通法系国家，这种比较极端的解释主体说也许是一种自然产生的结果，可能不会在心理上给人们造成太大的刺激，因为在普通法传统中，法院或法官本身就拥有丰富的正当性资源，"法官造法"是这种传统的基本特征之一，而不是对传统的反动。但是，在法国等大陆法系国家，这样一种不假借立法者和法律文本名义的观点则难有容身之地。近代欧洲大陆的法治观念和传统的建立，包含了对以往司法专横——往往以法律解释的形式表现出来——的否定，包含了对司法的不信任和遏制态度；在严格的分权原则中，法官解释和适用法律的正当性取决于是否遵循立法原意、是否符合法律条文的语义，因此，法官的"造法"功能尽管在事实上甚至在法律上最终获得承认，但它毕竟是对传统的否定，因而不便以"赤裸"的形式出现，或者说，它无法从法院或法官所拥有的正当性资源中获得足够的支撑，而必须以立法者或法律文本的权威加以合法而合理的包装。①

——————————

①　从法国的情况看，19 世纪上半期，法官偏向于语义解释和发生学解释；19 世纪后半期，面对新的社会现实，法官不得不引入功能解释（即目的解释），但语义解释和发生学解释仍然具有影响力，尤其是对于新近颁布的法律，更是强调立法者的意志；19 世纪末，Francois Geny 倡导对社会需要进行"自由的科学探讨"（free scientific research），认为制定法的"含义"有别于字面含义和立法者的意图。但是，Geny 的看法主要影响的是学者，而不是法官。法国法官喜爱引用的是 Saleilles 的妥协性格言："beyond the civil code，but by the civil code"（"超越民法典，依靠民法典"）。意指法官在解释时可以超越民法典的立法原意，探寻其合理目的，但必须从法典语词中寻得支持。法国法院极少公开无视法律语义和立法者的意图，除非导致明显荒谬的含义，否则那样做将被视为滥用权力，参见 M. Troper, C. Grzegorczyk and J. Gardies, "Statutory Interpretation in France", see D.Neil MacCormick and Robert S.Summers: Interpreting Statutes: A Comparative Study, Aldershot, Dartmouth, 1991, pp.189–193.

不过，尽管在拥有正当性资源的程度上，普通法传统中的法院或法官要远远高于大陆法传统中的同行，他们所拥有的正当性资源在程度上毕竟无法与立法者和法律文本所具有的正当性资源相抗衡。制定法不仅在大陆法国家一直是占绝对支配地位的法律形式，而且在当今普通法国家的法律制度中也越来越居于核心地位——这样说或许在质的意义还会有疑义，但在量的意义上则确定无疑。① 普通法传统中法院或法官对制定法的不信任甚至敌视态度（judicial skepticism or antagonism）也早已有了根本改变。② 因此，在现代民主政治和法治观念中，人们更多强调的是民主色彩更浓的立法机关的权威 ③，强调法律的权威和规则之治。就法律解释而言，原意说和文本说构成旗鼓相当的对峙，它们在很大程度上分享了现代社会与民主政治和法治相联系的正当性资源。在这种情况下，与原意说和文本说对峙的解释主体说首先就会面临正当性上的严峻挑战：法官在脱离立法者原意和法律语词本身的情况下解释和适用法律，将被指责为"篡权者"（usurper）；这样做的结果将彻底破坏法律的确定性和可预期性，使法治的价值丧失殆尽。

① See D.Neil MacCormick and Robert S. Summer: Interpreting Statutes: A Comparative Study, Aldershot, Dartmouth, 1991, pp.10–11.

② 在传统上，普通法法官常常把制定法视为利益集团的无原则的交易（unprincipled deals），认为它会破坏自然形成的普通法的完整与和谐。参见 Cass R.Sunstein 前引文，第408—411 页。R.庞德在 1908 年发表的"Common law and legislation"一文中认为，普通法国家的法院对制定法带来的法律变革可能采取四种做法：(1) 将其完全纳入法体，并由于它直接表达了普遍意志而认为它比法官造法具有更高的权威、具有优先性；(2) 将其完全纳入法体，但与法官造法一视同仁，具有同等权威；(3) 拒绝将其完全纳入法体，不把它作为可类推的依据，但予以自由解释、直接实施；(4) 对它采取严格的狭义解释，只把它适用于它明确包括的情形。同时，他明确地预言："我们已经跨入的法律发展进程，一定会使我们采纳第二种方法，而最终会使我们采纳第一种假设的方法。"参见［美］E.博登海默：《法理学——法哲学及其方法》，邓正来、姬敬武译，华夏出版社 1987 年版，第 506、514 页。

③ 从《联邦党人文集》可知，美国宪法制定者意图在总统、国会和最高法院的"三权分立和制衡"体制中融会君主制、民主制和贵族制的优点。美国最高法院的九人之治，具有浓厚的贵族制色彩。

# 第三编
# 20 世纪的中国律师业

# 导　言<sup>*</sup>

现代社会是在摧毁或弱化神权和君权的基础上，按照民有、民治、民享原则构筑而成的法治社会。在这样的社会中，尊重、保护和实现民权成了国家政治和社会生活最基本的价值准则之一，同时，社会奉行法治（rule of law）原则，为实现民权，人们通过法律途径建立了由一整套制度构成的民权保障机制，其中就包括现代律师制度。

现代社会也是生活领域空前广泛、社会关系错综复杂的法治社会。如果说与现代律师制度的始创与在司法审判领域确认与国家追诉权相抗衡的被告辩护权密切相关，那么这一制度的充分发达，律师业作为内部分工细致、高度自治自律的专门职业的形成，则首先是在一个法律关系极其广泛而复杂的现代法治社会中维护和实现民权 ① 的需要。通观当今各发达社会，无一不具有健全的律师制度和同样发达的律师业，从而与许多不发达和发展中社会的情况形成鲜明对比。

---

　　* 　本文在我已发表的论文《当代中国的律师业——以民权保障为尺度》的基础上，由我的义弟张志越博士和我合作增改而成。

　　① 　如果把现代社会视为一种宏大的构造，那么贯穿其始终的基本设计思想，则是维护和实现民权。从这个意义上说，现代社会中的一切制度构建设计，在根本上都可以、也应该以民权为基本衡量尺度。应该强调的是，民权以自由、平等为精髓，以民众个体的权利为显著表现形态，因此，就具体实现过程而言，它不仅要防止由于公共权力的专横和滥用而产生的侵害，而且由于其极易因民众的盲动、权力的滥用而变质甚至丧失，它也必须有必要的"防腐"装置。有鉴于此，律师业在民权保障中的作用是双向的。

　　中国的律师制度，是清末修律运动中效仿西方典章制度的一个产物，其后虽经北洋政府和国民党政府时期的实践并取得相当的成就（尤其是在立法上），但从根本上说，将其归结为一种现代标识最为适宜。对于这一命题，可以从以下两个方面加以阐释：

　　其一，律师制度见之于中国社会，其形式意义要远多于实质意义。在近代西方，律师制度是司法民主的重要体现，而司法民主又是在整个社会倡导民权，以民权作为各种政治法律制度的基础的结果。律师制度与民权的结合，不仅是私权平等意义上的结合，而且更是私权与国家公权相互制约意义上的结合。相形之下，中国社会始建律师制度之时，自由平等之风未行，专制特权之制仍在，作为法律改良一部分而引进律师制度的直接动因，乃是为了消除列强的治外法权以重整治权。因此，如果说与民权结合的律师制度是民主精神的一种外化的话，那么从治权出发的律师制度则是一种有待于民主精神滋润的现代标识。

　　其二，律师制度所内含的自由平等精神，与中国固有的以宗法等级为基调的法律文化传统是异质的，而在形式上，律师却极易被混同为社会所不屑、从而不可能有道德和法律上的正当性的"讼师"、"讼棍"一类，由此就使律师制度面临双重危险：一是与中国传统法律文化格格不入而遭排拒；二是丧失现代精神而发生实际蜕变。

　　中华人民共和国于1949年10月成立以后，以批判西方资本主义制度的新的姿态，开始了建立"新的律师制度"的尝试。新律师制度以当时的苏联为效仿对象，其主要特点是把律师纳入国家公职范围，统一领导，统一工作。但是，即使为律师在政治和组织上添加了"安全系数"，律师制度也难逃厄运。1957年"反右派"运动，使众多的律师成为"右派"，并因此丧失"政治生命"甚至人身自由，律师制度随即也告夭折。这一悲剧的发生，就直接而显著的原因讲，是当时特殊的政治气候和新的大一统社会格局所必然滋生的权力滥用的结果，而就深层原因讲，则是由于律师制度在丧失了作为一种超越本土文明的现代标识而具有的形式正当性之后，遭到在新的社会格局中得以复辟并以优越姿态出现的传统法律文化排拒的结果。

时隔二十多年，中国的律师制度又于20世纪70年代末恢复重建。此后，随着中国社会不断改革开放而出现的现代化运动，律师业也表现出持续而强劲的发展势头。

在数量规模上，律师人数大幅上升，截至1997年年底，中国已有8584个律师事务所，其中不占国家编制和经费的有2865个，占总数的34.2%，律师总数达10万余人。[①] 按照司法部1993年12月《关于深化律师工作改革的方案》的规划，到20世纪末，中国律师队伍将发展到15万人，其中专职律师10万人。[②] 如此规模的律师业加之既存的数量更为庞大的其他法律服务组织和服务人员，对于中国这样一个东方社会来说，无疑反映了一种无声息却划时代的社会巨变，同时，随意感叹中国律师数量的不足已难免失之武断，我们不能不以认真的态度，考虑律师的数量、法律服务体系和对法律服务的需求等一系列问题。

在质的方面，中国律师制度的改革和律师业的发展，已全面超出1980年8月26日五届人大常委会一次会议通过和颁布的《中华人民共和国律师暂行条例》所设定的框架，其设计和实践体现了与国际通行制度和做法"接轨"的精神。律师的性质已逐渐按照业已形成的公职律师和非公职律师分流的思想，实现由原先单纯的国家法律工作者的转变，其中非公职律师终将构成律师业的主体，他们是面向社会提供法律服务的法律专业工作者，其执业形式是通过合伙和合作等途径设立的自律性律师事务所；作为国家事业单位的法律顾问处或律师事务所已呈消亡之势。律师管理体制也开始实现由司法行政机关单纯的行政管理向司法行政管理与律师协会行业管理相结合的模式转变，并将最终过渡到"司法行政机关宏观管理下的律师协会行业管理体制"。作为律师制度改革和律师业发展成就的体现，《中华人民共和国律师法》已于1996年5月15日由八届全国人大常委会第19次会议通过，并于1997年1月1日起施行。

---

① 秋天：《改革、开拓、前进——全国律协第三届理事会第二次全体会议采访记》，载《中国律师》1998年第1期，第6—7页。

② 《司法部关于深化律师工作改革的方案》，载《中国律师》1994年第2期。

中国律师业在社会现代化的总体背景下所呈现的发展运动及其趋势，可以说是在更高层次上发生的一种超越本土法律文化传统——从而使这种传统不得不再次回归于一种潜在状态——的运动。这种运动以律师业回归社会并在社会中形成与其职业使命和专业化要求相适应的自治自律机制为基本内容，因此它在总体上表现为一个完整的社会化进程，具体则可以将其概括为前后相继、互相依存的两部分内容：一是在律师业与国家（相对于社会）的关系上发生的以律师业逐渐脱离对国家经费和编制的依赖为主要特征的社会化运动；二是在律师业与社会（包含国家）的关系上发生的以形成律师业自治自律的管理机制为目的的行业化运动。对于这种势必重塑中国律师业并使之与国际"接轨"的社会化进程，我们可以作出以下两点判断：

其一，世界各国尽管国情不同，但要建立现代的民主法治社会，就应该了解和重视这种社会在制度构造上的规律性和合理性。现代律师业作为现代法治社会一种基本构件，其基本属性就是社会化和行业化。社会化是相对于把律师业纳入国家公职范围或作为"国家的法律工作者"而言的。律师业社会化的必要性可以从两个方面加以肯定：一方面，律师业是专门从事法律服务的职业，而按照现代法治社会中国家和社会的二元构造，[①] 国家没有必要也很难把提供一切法律服务作为自己的职责；另一方面，现代社会是在尊奉民权的基础上构筑的法治社会，从民权保护和满足社会需要的角度看，一个不属于国家公权（特别是行政权力）系统而且有权专门从事法律活动的独立的律师业，更适宜于监督和对抗公权的滥用，也更能现实有效地防止私权自身因滥用而变质和丧失。[②] 与其他许多职业一样，律师业的行业化是分散运

---

① 从国家一统到国家和社会的二元构造，反映了当代中国社会改革和发展的轨迹。由于国家职能从许多社会领域的退出，而社会自身的机制又尚未形成或健全，暂时的无序或混乱是必然的。使律师业归于社会，显然是形成或健全社会自身机制不可缺少的一环。

② 这当然只是一种设想，要转变为现实，需要进行具体的设计。强调律师应忠实维护当事人利益而独立于国家和其他社会力量的"自由辩护观念"，与强调律师应立足于实现社会公正而独立于当事人利益的"公共职任观念"，是两种相反相成的主张，它们之间的争论，有助于将上述设想推向具体的设计。参见 [美] 罗伯特·戈登：《律师独立论》，周潞嘉等译，中国政法大学出版社 1989 年版。

作的律师业为加强职业内部的联系和交流、形成一种整体的力量以强化自身对社会的交涉力和影响力而表现出的一种自我整合过程。所不同的是，由于律师的职业活动在复杂的现代法治社会中的高度专业化，以及律师对当事人、对法律制度的完善和对社会所应负的责任，使得律师业在自身的组织和管理上具有高度的自治性和自律性。这也可以视为社会与律师业之间所达成的一种"交易"，即社会承认律师业自治自律的"特权"，以便律师业能实现其职业使命，造福于社会。

其二，中国律师业的社会化和行业化，意味着在广泛的社会结构范围内、而非原先的国家权力结构范围内重塑律师制度和律师业，因而不仅需要各种阶段性设计，而且还要有一种系统的构想。当中国律师业最终从国家公职范围中脱离出来从而彻底割断与国家权力相连的"脐带"后，失去国家权力背景或依托的这一职业能获得足够的资源去实现自己维护民权、促进法治和实现社会正义的职业使命吗？中国律师业能在现有状况的基础上取得行业化的较理想状态吗？社会是一个有机联系的整体，重塑律师制度和律师业，需要与其密切相关的一些环境因素有什么对应的变化呢？这些方面的问题都是应该通盘考虑的。从许多现代发达国家的情况看，律师制度自始就是其制度构架的一个有机部分，律师业通过与周围社会环境的长期磨合，已转化为一种获得广泛的社会认同并包含律师业在各方面活动的现实合理性的职业传统。相比之下，中国律师制度和律师业的重塑，面对的是社会制度构架的既成格局，而且还有历史传统方面的诸多障碍。因此，改革和发展中国的律师制度和律师业，首先必须从立法上对律师业作出与其职业使命相适合的定位，并提供必要的保障，同时，还要考虑律师业发展的现状及其自我拓展的能力。在这里，单纯的法律眼光显然是不够的，还要有一种广泛的社会视野。

在此世纪交替之际，本章拟以中国社会的现代化运动为背景，回顾中国律师业在 20 世纪的产生和演变过程——特别是在最近 20 年的改革和发展进程，并将以律师业的社会化和行业化为基本思路，思考当代中国律师制度和律师业的重塑问题。全章除导言外分三个部分：第一部分从纵向角度刻画本世纪中国律师业的发展轨迹，揭示其中所包含的基本的矛盾点和线索；第二部分从横向角度分五个方面对当代中国律师业的现状作一个概括的描述和评论；第三部分则是就中国律师业今后发展所面临的五个基本问题所作的专门分析。

# 第十四章　中国律师业发展百年轨迹

## 一、律师制度的引入

现代律师制度和律师业在中国的出现，包含了一场由外向内、用西方现代意义上的"律师"重塑和更新中国本土"讼师"内涵的变法活动。虽然中国古代也曾使用"律师"一词，而且也有在功能上与现代律师相似的职业形态"讼师"，但它们的含义毕竟与后者有根本的不同。① 现代意义上的"律师"，是指近代资产阶级革命胜利后出现的，以维护人权、体现司法民主为特征的律师。

外国律师的进入刺激了中国律师业的产生，拉开了中国引入现代律师制度的序幕。这一过程最初是从租界开始的。1843年上海开埠，标志着中国近代租界史的开端。1845年，英国首任驻沪领事巴尔福依据《中英南京条约》，胁迫上海道台宫慕久签订了《上海土地章程》，在华设立了第一个租界。随后英、美等国殖民主义者在租界内逐步建立几乎具有国家机器全部职能的统治机构，甚至还设有监狱、法院。法院的建立势必要采用租界国的审判方式，这为外国律师进入租界创造了条件。外国律师通过租界进入所在城市其

---

① "律师"原是佛教中的一种称谓，指善于背诵、讲解佛教典籍的僧人。我们所知道的书法家怀素就被尊称为律师。参见任继愈：《宗教词典》，上海辞书出版社1981年版，第792页。

他地区，其影响的扩大则是借助"会审公廨"。

"会审公廨"是租界内由中外双方共同管理的领事法庭（实际完全由租界国管理），其前身是 1864 年设立的"洋泾浜北首理事衙门"。起初它只审理发生在租界内的本国侨民的民刑事案件，后来发展为对发生在租界内的他国侨民和中国公民的案件也享有管辖权。1866 年就有外国律师在"洋泾浜北首理事衙门"出庭的记载。1869 年 4 月生效的《洋泾浜设官会审章程》规定对于会审案件的审理，要逐渐引进律师辩护制度。[1] 至 19 世纪 70 年代，会审公廨在审理中外国民混合案件时，已明确涉诉当事人，无论原告或被告，无论是中国国民或外国国民，都可以聘请律师出庭参与诉讼。[2] 1927 年以后，经过民众推举具有租界国留学背景的中国律师也可以代理租界工部局、巡捕房的诉讼。例如，1933 年 3 月 20 日在公共租界被捕的陈赓，就是由中国律师吴凯声担任其出庭受审时的辩护人。

会审公廨在名义上属中国衙门，但实际运行中却一步一步地变成了完全由外国领事主审的针对租界内中国居民的"领事法庭"。会审公廨的设立为外国律师在中国的活动提供了充分的空间，治外法权又为他们的恣意妄为提供了法律保护，于是一些外国律师适时适地来到中国办所开业。据统计，1915 年仅上海一地在会审公廨登录的外国律师就有 37 人，涉及 10 个国家和地区，到 1923 年时已近 70 人，其中以英美两国居多，基本左右了租界内的讼案。[3] 对此，当时有这样的评论："该两国（英美）律师在公堂之势力，也颇有惊人之慨。盖在英美律师出庭时得直接询问当事人。中国会审官在外人势力支配下，也时受外国律师蒙蔽及愚弄。外国会审领事也以国籍关系，并其法律知识薄弱之故，也多采纳外国律师意见。职是之故，外国律师之于法庭，直有左右裁判官之优越势力，几驾裁判官而上之。此种特殊情况，实开世界未有之恶例。而毫无凭借之华人，无力委任外国律师者，其所受之苦

① 《文史资料选辑》第 9 期，中国人民政治协商会议上海市委员会编印，1960 年，第 5 页。
② 费成康：《中国租界史》，上海社会科学出版社 1994 年版，第 146 页。
③ 参见《华洋诉讼案例汇编》，商务印书馆 1915 年版，第 790 页；法政讨论委员会编：《司法考察记》，1924 年。

更深矣。"①

外国律师的进入和中国的被迫接纳是西方殖民主义者攫取领事裁判权和在租界内设立审判机关的直接结果。虽然外国律师作为殖民主义者司法侵略的一部分和帮凶的基本事实不容否认,但是,在一个传统的封建帝国里出现了一种专门为他人提供法律服务、维护个人权益的行业,这或多或少动摇了专制制度下独裁审判所固有的"平衡",为经历了几千年封建制度的中国,提供了一种有律师参与的全新的审判方式,加速了司法制度除旧布新的步伐。

自近代中国受辱于外部列强以来,富国强兵、实现现代化②以图重新雄踞于世界民族之林,一直是中国无数仁人志士魂牵梦系的情结。为此,中国人不仅在器物层面上学习西方的科学技术,而且在事实上,中国人也不得不在各个层面的典章制度上参酌效仿西方人的设计。外国律师的进入,使中国人从形和实两个方面加深了对律师这一现象的认识,由此开始了中国现代律师制度和律师业确立和发展的曲折历程。

中国出现的第一部"律师法"是1900年在台湾产生的《辩护士规则》。③甲午战争后,台湾沦为日本殖民地,为了强化殖民统治,占领者在岛内大肆进行"制度"输出。1900年,由日本人担任的台湾总督以法律形式颁行了《辩护士规则》,直接将其本国的律师制度移植到台湾。这是现代律师业在中国得以正式确立的最早例证,它开启了中国律师制度立法的先河,并直接影响到大陆地区清王朝的政治统治。

律师业在租界内外的兴起,社会各界对改革封建纠问式审判的强烈呼声,很大程度上源于治外法权,消除治外法权是晚清变法、引进律师制度的直接动因之一。律师参与诉讼,打破了传统纠问式审判固有的平衡,动摇了专制统治的神圣基础。从外部因素看,统治者要巩固自己的统治,就必须

---

① 《法政杂志》1924年第53期。

② 就西方人而言则是近代化。

③ 王泰升:《台湾日治时期的司法改革》上,载《台大法学论丛》(台湾)第二十四卷第2期。

消除治外法权，而欲求达致消后者，又务必要变法制以适应"西方文明"。
1902 年清政府与英国续订的通商航海条约规定："中国深欲整顿本国律例，
以期与各国律例，改同一律，英国允愿尽力协助，以成此举。一俟查悉中国
律例情形，及其审判办法，及一切相关事宜，皆臻妥善，英国即允弃其治外
法权。"这是为废除治外法权首次宣布准备建立新的法律制度。于是，清政
府开始派人出国考察，开办法律学堂，积极为变法作准备工作。① 自 1905
年开始，清政府多次派人出访欧洲，考察政治法律制度。例如，1910 年，
朝廷委派京师高等检察厅检察长徐谦、奉天高等审判厅厅丞许世英等前往欧
洲专门考察司法审判制度。考察回国后，他们撰写了《考察司法制度报告
书》，其中就引入律师制度的必要性做了特别说明："盖世界法理日精，诉讼
法之手续尤繁，断非常人所能周知。故以律师辩护，而后司法官不能以法律
欺两造之无知。或谓我国讼师刁健，法律所禁。不知律师受教育与司法官同
一毕业于法律。其申辩时，凡业经证明事实，即不准妄为矫辩。是有律师，
则一切狡供及妇女、废疾之紊乱法庭秩序在我国视为难处者，彼皆无之。因
律师之辩护而司法官非有学术及行公平之裁判，不足以折服，是固有利无弊
者也。"②

　　1906 年（光绪三十二年），清末修律大臣沈家本、伍廷芳主持拟定了
《刑事民事诉讼法》，共五章二百六十条，其中第四章"刑事民事通用规则"
中专列"律师"一节，共九条，规定了律师资格、注册、登记、违纪处分、
外国律师在通商口岸的公堂办案等内容。由于当时以湖广总督张之洞为首
的各地督抚大臣认为，该法"惟于现在民情风俗，间有扞格难行之处"，因
而未获颁布。1909 年和 1910 年，清政府颁布《各级审判厅试办章程》和《法
院编制法》，首次从法律上确认了律师活动的合法性，给律师以"存在"的
权利，使律师的法庭活动有了法律保证。1911 年，修订法律馆重新编纂了
《刑事诉讼律草案》和《民事诉讼律草案》，有关律师的规定仍是主要内容

---

　　① 廖与人：《中华民国现行司法制度》上册，黎明文化事业公司（台湾）1982 年版，第
15—16 页。

　　② 《两广官报·辛亥闰六月第八期》，宣统三年六月。

之一。但是，因辛亥革命爆发，各种有关律师制度的法规（除台湾地区的《辩护士规则》外）最终均未及实施甚至没有颁布就被束之高阁。当然，这些法规中关于律师制度的设想，以及在此期间，租界地城市中已出现的一定数量的中外律师，为民国时期律师制度的正式确立，创造了良好的社会氛围。

中华民国南京临时政府虽然仅存三个月，但以孙中山为首的执政者认为："司法独立，为法治国公权精神所系，而尤不可无律师辅助"，"律师制度不施行，则人民之对于司法官厅不免生种种之恶感，致生诉讼上无穷之障碍，是非设置律师制度不可"。① 基于这种认识，临时政府进行了一系列司法改革活动，有针对性地开展了一些立法工作，如草拟了《中央裁判所职令草案》、《律师法草案》等法令。1912 年元月，上海率先出现了我国历史上第一个由律师自发组成的自治性社会团体——上海律师公会，该会秉承的宗旨是"调和学说，保障人权，以宣扬法律精神，巩固民国之精神，巩固民国之始基（法治）"。② 1912 年 3 月 22 日，孙中山在关于《律师法草案》的饬令中提出："律师制度与司法制度相辅为用，夙为文明各国所通行。"他主张尽快审议《律师法》，以建立中华民国律师制度。③ 时任司法总长的伍廷芳，一方面主张效仿西方，全面建立新的法律体系，包括建立律师制度，另一方面还利用司法总长的身份，在有关律师立法尚未出台、律师制度尚未正式建立的情况下，在具体审判活动中率先推行律师辩护制度。④

从 19 世纪末到中华民国南京临时政府结束，可以视为现代律师制度和律师业在中国的引入阶段。尽管这一阶段有关律师制度的立法和认识实践为此后律师制度的正式确立和发展奠定了基础，但大致说来，这一阶段所引入的律师制度，在实践中仅仅具有作为现代文明的一种标识的意义。对此，可

---

① 王申：《中国近代律师制度与律师》，上海社会科学院出版社 1996 年版，第 39 页。

② 《法政杂志》1912 年第 2 卷第 2 号。

③ 《国父全集》卷三，《公牍》，1973 年 6 月。

④ 《伍廷芳集·复陈其美书（1912 年 3 月 2 日）》，中华书局，第 502 页。

以从下面两个方面加以阐明：

第一，律师制度在中国的引入，其形式意义要远多于实质意义。在现代西方，律师制度是作为司法民主的一个重要表现确立起来的，而司法民主也不简单地就是确认与国家追诉权相抗衡的被告辩护权这样一种诉讼体制的转变，而是在整个社会倡导民权，把保障和实现民权作为各种政治法律设计的基础的结果。律师制度与民权的结合，不仅是私权平等意义上的结合，而且更是私权与国家公权相互制约意义上的结合。相形之下，中国社会在律师制度始建之时，自由平等之风未行，专制特权之制仍在。统治者之所以要推行法律改良，把律师制度、陪审制度等作为"各国通例而我国亟应取法者"来引进，直接动因乃是为了消除列强在中国的治外法权以重整治权，也即所谓的"参酌各国法律，悉心考订，妥为拟议，务期中外通行，有裨治理"。① 整个法律的精神，仍如张之洞所言："盖法律之设，所以纳民于轨物之中。"② 因此，如果说与民权结合的律师制度是民主精神的一种外化的话，那么从治权出发的律师制度则是一种有待于民主精神滋润的现代标识。这实际上也是后发展社会迈向现代化过程中的一个普遍现象：先有现代标识，后求现代精神（尽管极其缓慢而艰难！）。

第二，律师制度所内含的精神与中国已有的法律文化传统，是异质的，而在形式上，律师却极易被混同于为中国传统社会所不屑的"讼师"、"讼棍"一类。对此，我们很容易从清末修律这段历史中获取线索。当沈家本、伍廷芳就拟定的《刑事民事诉讼法》奏请清帝核准试行时，清帝所下谕旨中虑及的问题是："法律关系重要，该大臣所纂各条，究竟于现在民情风俗，能否通行？"③ 张之洞在反对该法的奏折中则直言："法律本原，实与经术相表里，其最著者为亲亲之义，男女之别"，"本法所纂，……坏中国名教之防，启男女平等之风，悖圣贤修齐之教，纲沦法斁，隐患实深"；④ 在中国实行律师制

---

① 《光绪朝东华录》卷五，第48页。
② 李贵连：《沈家本年谱长编》，第166页。
③ 李贵连：《沈家本年谱长编》，第165页。
④ 李贵连：《沈家本年谱长编》，第166页。

度会使"讼师奸谋得其尝试"。① 上述言词虽然拿进步与保守、改革与守旧的尺度衡量只能得到否定的价值评价，但变换以法律移植与本土文化关系的学理角度去分析，则由于其客观性和启示意义而应获得肯定的回应。现代律师制度所由产生的法律文化，立足的是自由平等，它强调个人利益和权利的正当性并通过民主规则和法治原则去实现社会整合。与此不同，中国的法律文化传统立足于宗法等级，它强调的是家国的利益和要求，并通过"重义轻利"的道德教化及刑罚"惩恶于后"的辅助使用以求达到社会和谐。在这里，轻讼、贱讼实属必然，而专以舞文弄法、帮闲助讼为能的讼师一类，则注定为社会所不屑而无法求得道德和法律上的正当性。② 但是，尽管讼师和律师有精神实质的不同，在形式上也有放任于社会和规制于法律之别，两者由于在职能上的相通之处也极易导致人们认识和实践中的混淆。而如果说人们不可避免地要立足于自己的文化传统去对待某种事物(尤其是相似之物）的话，那么律师制度这样一种现代标识在中国就面临双重危险：一是与中国传统法律文化格格不入而遭排拒，二是丧失现代精神而发生实际蜕变，也即所谓的"讼师奸谋得其尝试。"

## 二、中国律师制度和律师业的形成和发展

辛亥革命推翻清王朝、开创了民主共和的历史，从 1912 年到 1949 年，中华民国先后经历了南京临时政府、北洋政府和南京国民政府三个时期。就后两个时期而言，虽连年战乱、内外交困，但由于受西方文化和思想观念的影响日甚，中国社会在制度层面也开始了大的转变，在原有基础上，正式颁布施行的有关律师制度的法律趋于完备，律师业也初具规模。

1912 年 9 月 16 日，北洋政府在中国历史上颁布实施了第一个关于律师制度和律师业的单行法规——《律师暂行章程》，它延续了清末关于律师制

---

① 参见张国华编著：《中国法律思想史新编》，北京大学出版社 1990 年版，第 371 页。
② 参见梁治平：《法意与人情》，海天出版社 1992 年版，第 172—185 页。

度构建的基本思路，标志着中国律师制度的正式建立。这一时期律师制度建设上的成就主要表现在以下几个方面：

第一，以《律师暂行章程》为中心，有关律师制度和律师业的立法初成体系。1912 年的《律师暂行章程》共 38 条，包括"律师资格"、"律师证书"、"律师名薄"、"律师职务"、"律师义务"、"律师公会"、"惩戒"和"附则"等八个部分。在此之后，北洋政府除对《律师暂行章程》进行七次修订外，还陆续颁行了《律师登录暂行章程》、《律师甄别章程》、《律师考试令》、《律师应守义务》、《律师考试规则》、《律师惩戒会暂行规则》、《甄拔律师委员会章程》、《复审查律师惩戒会审查细则》以及有条件承认外国人担任中国律师的《无领事裁判权国律师出庭暂行章程》等一系列相关法律规章，初步建立了包括资格、条件、考试、甄拔、职责、义务、惩戒及外国律师等多方面内容的律师法律体系。

第二，确立了律师资格考试制度。辛亥革命前后，中国境内虽有律师存在，却不是自己授予的，因此不能说中国有了自己的律师业。《律师暂行章程》确立了律师资格授予制度，奠定了近代中国律师业发展的基础，使中国从此有了自己本土的律师。根据《章程》规定，律师资格可以通过考试和考核两种方式授予，《章程》第三条还明确律师资格考试应具有法政学教育背景的条件。1912 年年底，第一次全国考试举行，经考试合格由司法部颁发律师证书者共有 297 人，1913 年则猛增到 2716 人。① 到 1914 年，根据时任司法总长梁启超《呈大总统改良司法文》"今部中所发证书已逾数千"② 可以看出，律师人数增长很快。实行资格考试，提高律师素质是律师业发展的基本条件。在借鉴外来经验的基础上，采取通过考试授予资格的办法，不仅使中国律师业的确立有了良好的开端，而且还使其发展进入了良性循环的轨道。

第三，设置律师名簿，建立律师登录、甄拔制度。凡取得律师资格者，

---

① 流水长：《中国律师史话》，改革出版社 1996 年版，第 29 页。
② 载《法政杂志》1914 年 3 卷第 10 号。

必须要列入相应级别审判厅的名簿之内，首先进行登录审核。各级审判厅收到律师登录申请后须对申请人的资格取得、执业条件和任职障碍进行调查，并将结果逐级呈报司法总长。登录既是律师执业所必须履行的登记、注册手续，又是法院对律师进行监督的有效方式。《章程》第三章和后来颁行的《律师登录暂行章程》详细规定它的具体内容。甄拔是对已登录的律师进行定期检核，即我们现在所说的年检。它包括资格复验、品行经验检验和学识考核三项内容。只有三项内容甄拔全部通过，执业律师才能继续履行职务。

第四，建立律师公会，确立了自治型的律师业管理模式。行业自治是律师作为自由职业者的必然要求。《章程》体现了这一要求，规定在地方审判厅所在地设立律师公会，律师只有加入公会组织才能执行职务。第 28 条规定，律师公会有选举会长、副会长和常任评议员的权利；有维持律师道德的权利；有规定公费及谢金之最高额的权利；有确定总会常任评议员之会议方法的权利，并且还可以就这些事项制定处理会务所必要之方法。1921 年，各地律师公会为便于同各国律师组织建立联系，组织成立了全国性律师组织——"中华民国律师协会"。

如果我们把北洋政府看作律师制度的确立时期，那么南京国民政府时期则是律师制度和律师业在中国持续稳定的发展时期。一方面，南京国民政府继承和沿袭了北洋政府时期所确立和实施的律师制度，保持了律师制度的连续性，另一方面也应时而变，对已有的制度作出了补充和发展。具体可以概括为以下几个方面：

一是律师业的模式基本定型。中国律师制度在确立和发展过程中，在比较的基础上兼收并蓄了各发达国家律师制度的一些特点，最终形成了具有欧洲大陆法系国家和日本律师制度风格的民国时期的中国律师制度。

二是法律体系更趋成熟、完善。这一体系以《律师法》（1941 年）为中心，以《律师法实施细则》（1941 年）、《律师检核办法》（1945 年）、《公设辩护人条例》（1939 年）、《律师登录规则》（1941 年）、《军事审判登录规则》（1957 年）、《律师惩戒规则》（1941 年）为补充，它严密完整，融合了中西法律文化特色。

三是律师准入条件渐趋严格。中国律师业兴起之初，由于缺少法律专门教育，使律师质量无法保证，曾一度造成人员失控，影响了律师业的发展。因此提升考试条件，注重品行修养一直是律师立法的重点。具体做法是缩小甄拔考核的范围，实行法律职业教育的专门化，同时，加大考试难度和广度，增加了考试门数，以控制律师数量。据统计，上海在 1930—1934 四年间，律师数量仅增加 500 多人。

四是律师自由职业者的性质得以巩固。所谓自由职业者，是指律师执业，无论对国家或当事人都只服从法律，基于自己对法律的理解，围绕受委托法律事务，为当事人的利益而开展业务，除此之外不受任何机关团体或个人的干涉。从沈家本关于建立中国律师制度和律师业的思想形成开始，到《律师暂行章程》颁布，对律师是"自由职业者"的看法，大致如一，这为律师制度和律师业的发展奠定了良好的基础。1941 年，在立法院审议律师法时，有人曾主张废除律师的"自由职业制度"，实行"国家制度"，变律师为国家公职人员。经过多次审议辩论，这种主张最终还是因遭到大多数人的反对而未能获得通过。虽然律师法中没有明文规定律师的身份，但对律师是提供法律服务的自由职业者的看法，此后则基本没有疑义。①

当然，律师的自由职业者性质与律师业的自治紧密相连，并且要以后者为基础。中国自律师制度确立以来，律师的行业自治一直是困扰律师发展的重大障碍。虽然《律师暂行章程》和《律师法》都规定可以设立律师公会，但从资格考试、授予、检核，公会活动等方面看，都对律师公会的作用予以诸多限制。1941 年的《律师法》第十条规定："律师公会受所在地法院首席检察官之直接监督。"1945 年修订后的《律师法》不但没有减少限制，反而增加约束，规定："律师公会之主管官署，在中央为社会部，在地方，为省、市、县社会行政主管机关。但其目的事业应受司法行政部及所在地地方法院首席检察官之指挥、监督。"监督、指挥的范围涉及公会章程的订立，律师

---

① 曾宪义：《台湾律师制度》，法律出版社 1993 年版，第 26 页。

公会组织机构及人选，律师公会的会员大会以及各种日常会议。对律师的惩戒申请、评判与实施，在民国初年，采用诉讼程序，完全由司法机关控制，以后虽然做了修改，但仍主要由司法机关以及司法行政机关行使。律师公会自己不能直接进行惩戒，必须通过检察官向有关机关提出。甚至律师公会的重要会议没有首席检察官的参加，会议所作出的决议就不能生效。因此，中国律师业虽然自始就较好地解决了律师业的性质问题，给律师以比较准确的定位，却没能给律师业以应有的自治权。这极大地阻碍了中国律师业的健康发展。

顺带提一下，1949年国民党败退台湾后，基本沿袭了大陆统治时期的律师制度。这段历史，大致可分为三个时期，即律师制度的恢复时期（1949—1952年）、律师制度修正完善时期（1952—1987年）和律师制度重新调整进一步发展时期（1987年迄今）。1992年，台湾地区对"律师法"又做了最新一次修订，在基本框架保持不变的情况下，进一步扩大了律师自治权。

## 三、当代中国律师制度和律师业的发展轨迹

### （一）律师制度的改造和夭折

从清末变法到中华民国的各个时期，中国在律师制度的立法和实践上效仿的是西方资本主义国家，尤其是日本和德国的律师制度模式，1949年中华人民共和国成立后，则以"蔑视和批判六法全书及国民党其他一切反动的法律、法令的精神，以蔑视和批判欧美日本资本主义国家一切反人民法律、法令的精神"，[①] 进行了建立"新的律师制度"的尝试。

1950年，中央人民政府司法部草拟了《京、津、沪三市辩护人制度试

---

① 《中共中央关于废除国民党的六法全书与确定解放区的司法原则的指示》，见《中国法制史资料选编》（下），群众出版社1988年版，第1187页。

行办法（草案）》，并发出《关于取缔黑律师及讼棍事件的通报》，由此开始了律师制度的除旧立新。1952年，中国开展司法改革运动，进一步取缔遗留在社会上的挑词架讼、敲诈勒索的黑律师。1953年，上海市人民法院设立"公设辩护人室"，帮助刑事被告辩护；次年又改为"公设律师室，"①职能扩大到为离婚妇女提供法律帮助。1954年7月，司法部发出《关于试验法院组织制度几个问题的通知》，指定北京、上海、天津、重庆、武汉、沈阳等大城市试办法律顾问处，开展律师工作。同年9月，中国颁布的宪法和人民法院组织法都规定了被告人的辩护权和律师辩护制度，使新的律师制度开始在中国各大中城市及部分县、市推行。1956年3月，司法部召开第一次全国律师工作座谈会，讨论了《律师章程》和《律师收费暂行办法》两个草案；同年7月，国务院批转司法部《关于建立律师工作的请示报告》（该报告规定了律师的性质、组织、任务等），并颁布了《律师收费暂行办法》。②到1957年6月，中国已有19个省、自治区、直辖市建立了律师协会（更可信的说法是筹备会），建立法律顾问处800多个，有专职律师2500多人，兼职律师300多人；③律师业务包括刑事辩护和民事代理、担任法律顾问、代写法律文书、解答法律询问等。

　　新的律师制度事实上是以当时的社会主义"老大哥"苏联为仿效对象的，其主要特点就是把律师纳入国家公职范围，律师统一在法律顾问处内任职，而非私人或合伙开业。但即使如此，它还是遭到众多的非难指责，如认为律师制度是资本主义所专有，律师的刑事辩护是丧失阶级立场、替坏人说话等。1957年反"右派"运动中，许多律师成了"右派"，有的还被判刑劳改，律师制度因此而夭折。

---

　　①　《关于律师工作中若干问题的请示的批复》，见茅彭年、李必达主编：《中国律师制度研究资料汇编》，法律出版社1992年版，第16页。

　　②　参见熊先觉：《中国司法制度》，中国政法大学出版社1986年版，第315—317页；茅彭年、李必达主编：《中国律师制度研究》，法律出版社1992年版，第38—40页。

　　③　李运昌：《关于〈中华人民共和国律师暂行条例〉的几点说明》，见茅彭年、李必达主编：《中国律师制度研究资料汇编》，法律出版社1992年版，第5页。

律师制度在中国是注定要夭折的，它即使在 1957 年的"反右派"运动中不夭折，也必然要在此后"文化大革命"的"群众专政"中与"公、检、法"一道被"砸烂"。律师制度先遭厄运，无非说明它较之于其他一些制度设计，更不容于中国社会。对此，我们可以从三个方面加以阐明：

第一，如前所述，律师制度是作为一种现代标识自清末开始在中国确立起来的。尽管它从本质上讲与中国社会固有的法律文化传统完全不同，从而有待于自由平等的民主精神的滋润，但作为一种现代文明的标识，其本身就是一种存在的价值。在学习和效仿西方现代国家的时代，它是一面超越本土文明的旗帜，是现代文明的表现，是自信心受挫的中国人不得不淡忘或藏匿自己的习性而加以接受的事物。然而，1949 年中华人民共和国的建立，使中国人一扫百余年的屈辱，从此站了起来。尽管经济发展水平上与西方发达资本主义国家的差距仍是不容否认的事实，但在政治法律制度的设计和意识形态的优劣上，中国人则有了"蔑视和批判"旧中国及欧美日的绝对的自信。因此，律师制度作为一种现代标识而具有的形式正当性，就不仅不再是其存在的一种强有力的根据，而且还会由于这种标识的西方"血统"而在一个对立的新社会中招致否定。

第二，中国社会的发展没有经历过一个完整的资本主义社会形态，当人们以对立于欧、美、日（在经济上则叫"赶英超美"）的姿态构造一个新社会时，强调的是个人利益服从集体利益、局部利益服从国家利益，强调的是个人服从领导、下级服从上级，[①] 与现代律师制度所凭靠的自由平等、个人权利的正当性和法治原则等有所不同。因此，从深层意义上说，律师制度在中国的夭折是其在丧失形式正当性后又遭本土法律文化传统排拒的结果；没有法律文化传统的改造，没有培育新法律文化的社会演进，现代律师制度就不可能在中国社会生根、发展。

第三，现代社会是按照国家和社会的二元构造来建立和运转的，而

---

① 对传统的回归当然不会是一种简单形式的回归，它会采取适合于新的社会环境的形式、语言或情调，如宗法观念的"亲亲"，可以变成对革命同志亲、对领导亲、对党亲、对领袖亲。

中国社会则在公有制的基础上实行了国家和社会的高度一元化，国家权力极度强大，国家职能涉足一切领域，国家利益统摄一切其他利益。在这样一种大一统的社会中，律师工作被纳入国家职能范围，律师职业成为国家公职，实属必然。但即使如此，由于律师必须立足于维护当事人的合法权益以促进法律的正确实施，就使其职责有可能与国家权力处于对抗之中，如在刑事辩护中就常发生这种对抗。这种对抗就独立于国家职能系统的律师业来说，是社会对国家权力的制约，而就属于国家职能系统的律师业来说，则有赖于国家权力的自律。从已有的政治实践看，权力因滥用而腐败是一种必然趋势（而且作为一条政治学法则，绝对的权力必然趋于绝对的腐败），要克制权力滥用，不仅需要强有力的社会制约机制，而且还要有一整套权力内部的自律机制，如分权、正当程序原则等。这一切在极具理想色彩的大一统的中国社会中，都是不具备或被认为没有必要具备的。尤其是当时奉行阶级斗争学说，又绝对不承认无罪推定原则的合理性，受到国家公诉者就等于是罪犯或阶级异己，在这样的情况下律师还充当辩护人角色对抗公诉，那还不是丧失政治立场吗?! 因此，律师制度在中国的夭折，也可以说是在特殊的政治气候下权力滥用的结果。

### （二）国办所、自收自支、合作制和合伙制：律师业的社会化

中国的律师制度在 1957 年的"反右派"运动中夭折后，间隔二十多年，又于 1978 年 12 月中共十一届三中全会后恢复重建。1979 年 4 月，全国人大常委会法制委员会成立负责起草律师条例的专门小组；7 月，中国刑诉法颁布，该法专列辩护一章，标志着律师制度在立法上的重新确立；9 月，司法部重建，具体承担了律师条例的起草工作，并开始在各地（通过组织、人事部门的调配）组建律师人员和机构以展开工作。1980 年 8 月 26 日，五届人大常委会等十五次会议通过和颁布了《中华人民共和国律师暂行条例》，该条例是当代中国第一部有关律师制度的"基本法"，它规定了律师的性质、任务、职责和权利、资格条件及工作机构，并规定于 1982 年 1 月 1 日起施

行。①1986 年 7 月 5 日至 7 日，第一次全国律师大会在北京举行，通过《中华全国律师协会章程》并正式成立中华全国律师协会。②

重建的律师制度基本上是对 20 世纪 50 年代末及系统立法的律师制度的恢复，这与此时中国社会整个处于拨乱反正状态是一致的。在性质上，"律师是国家的法律工作者"，"律师执行职务的工作机构是法律顾问处"，因此律师不是私人开业和自由职业者；法律顾问处是非营利性质的国家"事业单位"，经费和编制由国家统包，在组织和业务上则服从国家行政机关的领导。在业务活动方面，律师的任务是为国家、集体和公民个人"提供法律帮助，必维护法律的正确实施，维护国家、集体的利益和公民的合法权益"；③ 律师的具体业务包括法律顾问、民事和刑事代理、刑事辩护、非诉讼代理以及法律咨询和代书等；律师业务活动的原则是，"以事实为根据，以法律为准绳，忠实于社会主义事业和人民的利益"。④ 在资格条件上，采取的是考核批准制度，即取得律师资格和证书，"须经省、自治区、直辖市司法厅（局）考核批准，并报中华人民共和国司法部备案"。

恢复 20 世纪 50 年代的律师制度设计，把律师业纳入国家公职范围，说

---

① 这种迟缓施行说明，律师制度的重建在当时尚缺乏足够的社会认同，同时也从一个侧面说明，把律师业纳入国家公职范围，在当时的社会状况下，是政治和策略上的明智选择。事实上，中国的律师业自《条例》颁布后已迅速发展起来，到 1981 年年底，中国已有法律顾问处 1465 个，律师工作人员 5500 人（此数据引自茅彭年、李必达主编：《中国律师制度研究》，法律出版社 1992 年版，第 41 页）。

② 中华全国律师协会是经中共中央书记处"原则同意"成立的。参见《司法部关于加强和改革律师工作给国务院的报告》，茅彭年、李必达主编：《中国律师制度研究资料汇编》，法律出版社 1992 年版，第 225 页。在全国律协成立前，各直辖市、省、自治区已成立地方律协；律协应该是社会团体，但与司法厅存在两个牌子、一套干部的情况。见 1981 年 3 月 16 日《司法部关于健全律师工作组织机构问题的批复》，同上书，第 98 页。

③ "国家、集体的利益和公民个人的合法权益"，这种表达上的差别是很有趣的，它反映了中国社会所具有的深刻的传统观念：个人权益有正当和不正当、合法和不合法之分，而国家和集体的利益则天然正当、合法，因而也就毋容置疑。

④ 这里强调了律师的政治立场及维护法律正确实施的工作出发点。它否定了律师和当事人之间构成雇佣关系。参见李运昌：《关于〈中华人民共和国律师暂行条例〉的几点说明》，茅彭年、李必达主编：《中国律师制度研究资料汇编》，法律出版社 1992 年版，第 6 页。

明此时的中国社会仍然是国家和社会高度一元化的大一统社会：国家公权极度发达，民间私权依附或归并于国家公权。同时，建立清一色的"国办所"（先是"法律顾问处"，后叫"律师事务所"），也是提高律师的社会政治地位、使其具有正统性的一个明智选择。律师负有特殊的职业使命，而要不辱使命就必须拥有足够的资源。在一个开放的、实行民主政治和法治的现代社会中，这种资源来自于广泛的社会认同（因为律师制度与民权息息相关）和充分的法治状态（法律因而有了至上的权威），来自于律师业自治的传统、法律家共同体的存在以及律师所掌握的为高度分工的社会生活所必需的专业知识和实践技能。而律师制度重建之时的中国社会，仍然是国家一统、社会关系简单的封闭式社会；"发扬社会主义民主，加强社会主义法制"的战略决策刚刚作出，"改革、开放、搞活"的进程尚未启动。虽然对于任何处于初创阶段的律师业来说，诸如律师业自治、法律家共同体和高度的专业化之类的话题，都是无从谈起的，但是对于重建时的中国律师业来说，由于缺乏社会认同①以及法律在社会现实生活中还没有具备足够的权威，它也不可能从这些方面获取自己所需要的资源。不仅如此，它还要克服由于20世纪50年代所受挫折而在心理上留下的后遗症，还要面对公、检、法之间在法律上形成的"分工负责，互相配合，互相制约"②的既成格局。在这种情况下，进入国家公职范围，从国家司法行政权中获取资源，就成了重建时的中国律师

---

① 参见1986年3月14日国务院办公厅转发司法部《关于加强和改革律师工作的报告》，见茅彭年、李必达：《中国律师制度研究资料汇编》，法律出版社1992年版，第222—226页。在此报告列举的加强律师制度建设所需解决的"当前"问题中，第一个就是"加强对律师制度的宣传，使各条战线、各个方面充分重视和积极支持律师的工作。"其中披露："有些地区和部门的同志庬把聘请律师当顾问看成是'自找麻烦'、'束缚手脚'；少数负责同志和政法干部还把律师执行辩护制度说成是'丧失立场'、'替坏人说话'，有的甚至刁难、辱骂、捆绑和非法监禁律师。"此报告还指出："律师是国家的法律工作者，在政治上应与政法干部一视同仁。"

② 这是中国《宪法》第135条所规定的一项刑事案件处理原则。事实上，这一原则在现实生活中的变形，使刑事案件的处理相对于刑事辩护而言，或多或少成了一个封闭的体系。《律师暂行条例》颁布实施后，最高法院、最高检察院、公安部、司法部曾先后联合或分别就律师参加刑事诉讼活动的具体环节和问题作出规定和要求，这一事实本身也说明，在律师活动进入一种既成的格局以后，需要进行方方面面的协调，以免遭排拒。

业一个别无选择的选择。

但是，把律师业纳入国家公职范围，建立清一色的作为国家事业单位的法律顾问处，这只是当代中国律师制度建设和律师业发展的一个适时的起点。改革开放十多年，中国社会已经有了巨大的变化：国家一统的局面已经打破，国家和社会的二元格局逐渐形成；对外封闭的时代已经结束，参与国际社会的生活和竞争、与国际通行观念和做法"接轨"已势成必然。具体一点说，在经济领域，中国从计划经济体制开始，经过计划为主和市场为辅、有计划的商品经济以及社会主义商品经济等认识和实践的演进，走上了建立社会主义市场经济体制的道路；新的经济主体、经济行为和经济关系可谓层出不穷，新的经济运行规则也逐步建立。在政治法律领域，中国已经从发扬社会主义民主、健全社会主义法制，使民主制度化、法律化这样一个侧重于量的积累的民主法制建设阶段，逐渐演进到建立社会主义民主政治和实行法治这样一个具有深刻质变意义的阶段；法律体系的建立和日趋完备，行政诉讼法的颁布施行，权利和人权意识的加强以及民众通过法律途径实现自身权益的意识的形成，① 等等，使法律的精神有了深刻变化，法律的权威和作用不断增大。在社会生活方面，国家利益、集体利益和个人利益已有分化，在这种分化过程中，国家利益统摄其他一切利益的局面已经打破，国家利益和集体利益天然正当、合法的思维定势已代之以一种更客观的包含有批判精神的态度。② 显然，中国社会已经从一种逐渐演进的态势进入到一个整体转型

---

① 例如，"厌讼"或"无讼"一直是中国民众对待诉讼的一种基本态度，但这种态度现在已发生了很大变化：在我们对中国 6 省市 18 个市郊农村 5461 个样本的"公民权利和义务调查"中，有一个问项是"如果您与亲戚、朋友、邻居或同事发生纠纷到法院打官司，您会觉得（怎样）？"对于这个问题，在 5461 个有效回答中，选答"比较丢脸"和"很丢脸"两项的共 1931 个，占 35.4%，选答"不光彩也不丢脸"、"比较光彩"和"很光彩"三项的占其余 64.6%。

② 例如，在上注所说的调查中，针对"为了国家利益，政府在任何情况下都可以没收私人财产"这一提法，在 5455 个有效回答中，选答"反对"和"强烈反对"两项的有 3675 个，占 67.4%，选答"说不清"的有 877 个，占 16.2%，其余选答"同意"和"十分同意"；针对"私有财产也是神圣不可侵犯的"这一提法，在 5455 个有效回答中，选答"同意"和"十分同意"

的阶段。与这种演进和转型相呼应，从律师业与国家和社会的关系看，中国
的律师制度设计和律师业的发展也呈现出一种不断社会化的改革进程。

对于中国律师业至今为止的社会化进程，我们可以顺着律师业逐渐脱离
对国家编制和经费依赖的线索来加以描述。

1983 年 3 月，司法部召开六市一县律师工作体制改革座谈会，探索律
师体制改革并指定到会单位进行承包责任制试点。推行承包责任制虽说只是
一项内部"搞活"、调动积极性的改革，但也表明律师工作体制存在有弊端。

1984 年 10 月 8 日，司法部在《关于加强和改革律师工作的意见》（以
下称《意见》）① 中提出：各地司法行政机关应积极争取用地方事业编制发展
专职律师，并可征得当地劳动人事部门同意，用法律顾问处业务收入的留用
部分招聘专职律师（他们显然是不占国家编制的）；可以从机关、团体、企
事业单位中选择适合做律师工作的人员，经考核合格后批准为兼职律师；可
以从离退休的政法干部、教师、国家机关工作人员、经济管理和科技等各类
人员以及军队离退干部中，聘请符合律师条件的人员为特邀律师；省、自治
区、直辖市司法厅（局）还可以批准建立不要国家编制和经费的以特邀律师
为主、有兼职律师参加并从社会上招聘一部分合同工做辅助性工作的法律顾
问处或律师事务所。② 该《意见》还就法律顾问处的经费管理办法作出改革，
提出：法律顾问处收入大于支出的，可以实行"自收自支，结余留用或分成"
的办法（其中规定，法律顾问处在编干部的公费医疗开支以及离退休后的费

---

两项的有 4264 个，占 78.2%，其余选答"反对""强烈反对"和"说不清"；针对"个人与集
体打官司，判决时应该照顾集体"的提法，在 5449 个有效回答中，选答"反对"和"强烈反对"
两项的有 4170 个，占 76.5%，其余选答"说不清"、"同意"和"十分同意"。

①　茅彭年、李必达主编：《中国律师制度研究资料汇编》，法律出版社 1992 年版，第
217—221 页。

②　1983 年 7 月 1 日成立的深圳市蛇口律师事务所，是中国最早称为"律师事务所"的
律师工作机构。此后，中国出现了法律顾问处和律师事务所（也有称"法律事务所"的）两
种名称混合使用的局面，直到 1989 年后，法律顾问处的名称才基本消失。

1990 年 7 月 6 日，司法部在《关于对律师队伍和律师管理工作进行整顿的通知》中规定：
"今后不再批准成立完全由特邀人员或兼职人员组成的律师事务所。"

用和基建投资可不包括在经费开支内，仍由国家财政负担）；① 法律顾问处的支出大于收入的，仍实行"全额管理，差额补助，超收提成"。此外，《意见》要求法律顾问处在全面实行岗位责任制的基础上搞内部承包责任制，要求实行顾问处收支的单独核算。可以说，此《意见》已开始改变完全靠国家下达事业编制和经费来发展律师业的做法，从而把中国的律师业推向了社会化的进程。

1988 年 6 月 3 日，司法部下发《合作制律师事务所试点方案》，由此迈出了"改变国家包办律师事务的重要一步"。② 合作制律师事务所是"事业法人组织"，它由 3 名以上的专职律师按照自愿组合的原则并经国家主管机关的审批而组成；它完全不占国家编制、不要国家经费，人员实行合同制，财务实行独立核算、自负盈亏；在实践中，除年度预决算要报主管司法行政机关审批外，它在管理上拥有人、财、物的充分自主权。合作制律师事务所这种组织形式显然已全面超出《中华人民共和国律师暂行条例》所设定的律师制度框架，它至少说明，中国律师业已逐步有了不靠国家求发展的潜力，而中国社会的演进则为这种独立发展提供了需要和可能。③ 值得一提的是，在法律和政策上，合作制律师事务所与西方的合伙制律师事务所存在种种区别：④ 前者是民办集体所有制性质的事业法人组织，后者是私人开业性质而不具法人资格；前者在律师人员中实行效益浮动工资，后者实行合伙人分红

① 但从 1988 年开始，许多地方都擅自改为由律师事务所自己负担，参见茅彭年、李必达主编：《中国法律制度研究》，法律出版社 1992 年版，第 524—525 页。

② 茅彭年、李必达主编：《中国律师制度研究资料汇编》，法律出版社 1992 年版，第 245—250 页。

③ 这是在总体意义上所作的一个判断。由于中国各地经济和社会发展的不平衡，律师业的发展程度也有较大差异，如，据司法部统计，在中国 1840 多个县中，到 1986 年 3 月，尚有 160 多个县未成立法律服务机构（参见茅彭年、李必达主编：《中国律师制度研究资料汇编》，法律出版社 1992 年版，第 224 页）；到 1992 年 8 月，尚有 120 多个县的律师事务所连一名具有律师资格的人员都没有。参见《中国律师》1992 年第 4 期，第 5 页。

④ 参见《合作制律师事务所的现状与发展前景：司法部蔡诚部长谈合作制律师事务所》，载《中国律师》1992 年第 1 期；沈白露：《合作制律师事务所试点工作中的几个问题》，载《中国律师》1992 年第 2 期。

制；前者实行民主集中制的管理方式，律师大会为所内最高权力机构，后者由合伙人说了算，存在合伙人与其他律师之间的雇佣关系；前者遇成员退出和解体时，除了保险金、福利基金和储备基金可以按规定分给个人外，固定资产和其他财产要上缴主管机关管理，后者则合伙人可分割财产。但是，合作制与合伙制事实上是根本相通的；上述种种区别是人为造成的区别，它们说明，人们可以接受"律师不一定是国家法律工作者"的事实，却难以承认"律师可以是社会上合伙或个人开业的自由职业者"的命题；人们可以超越国有制去看待律师业，却不愿超越公有制去设计律师业。显然，合作制律师事务所的试点工作，使中国律师业的社会化进程面临了最尖锐的问题和最艰难的抉择。

1992 年 8 月 4 日，司法部在《关于律师工作进一步改革的意见》① 中提出：要加快建立以国办所为主体，国办所与合作所并存和共同发展的律师体制；对经费上已经实现自收自支的律师事务所，要积极引入合作所的管理办法；要适当扩大合作所的试点范围和规模；允许实行"一所两制"，招聘有律师资格尚未从事律师工作者担任合同制专职律师。

1993 年，随着中共十四大明确提出中国经济体制改革的目标是建立社会主义市场经济体制，中国律师工作的改革也迈出了最艰难的一步。6 月 26 日至 29 日，司法部在京召开全国司法厅（局）长座谈会，讨论了司法部《关于进一步深化律师改革的方案（讨论稿）》；12 月 26 日，"国务院原则同意《司法部关于深化律师工作改革的方案（送审稿）》"，批准司法部"组织试行"。② 该方案的主旨，可以用司法部肖扬部长在 1994 年 1 月召开的全国司法厅（局）长会议上所作报告中的"四个转变"加以概括，即：从用生产资料所有制模式划分律师事务所的性质转变为自愿组合、自收自支、自我发展、自我约束和不占国家编制、不要国家经费的自律性的律师事务所；从用行政官员、行政级别的概念来界定律师的属性逐步转变为面向社会、为社会服务的法律工

---

① 《中国律师》1992 年第 5 期。

② 《国务院〈关于深化律师工作改革的方案〉的批复》，载《中国律师》1994 年第 2 期，第 7 页。

作者；律师执业机构从单一模式转变为多种组织形式；对律师管理从以司法行政机关管理为主向司法行政机关管理和协会行业管理相结合的模式转变，并创造条件最终过渡到司法行政机关指导下的律师协会行业管理。① 至此，中国律师业的社会化进程，可以说已经没有政策障碍。

从 1993 年 6 月以来的实践看，中国律师业的社会化呈现出三种显著景象：第一，不占国家编制和经费的律师事务所（或称"两不四自"所）作为律师业发展的方向呈不断上升之势，其数目在许多城市（如北京、深圳、烟台等）已超过"国办所"。② 1995 年年底全国共有律师事务所 7200 多家，其中合作所、合伙所已有 1700 多家，占总数的 24%。第二，合作制律师事务所随着产权关系的明确（如北京市在全国率先明确合作制所对其全部固定资产和积累拥有所有权），有可能自然过渡到合伙制律师事务所的形式。第三，除了原有的国办所、合作制所外，在一些城市又新出现了股份制所（如在四川省的成都、重庆）、合伙制所和个人命名所。③

1996 年 5 月 15 日，《中华人民共和国律师法》颁布并于 1997 年 1 月 1 日起实施。该法全面确认了 1993 年司法部《关于深化律师工作改革的方案》的基本内容，以及此后的改革成果。按照该法第 16—18 条的规定，中国的律师事务所有国办所、合作制所和合伙制所三种形式。国办所由国家出资设立，合作制所由律师自组申请设立，两者的共同点是"以该律师事务所的全部资产对其债务承担责任"；合伙制所与合作制所一样由律师自组申请设立，但"合伙人对该律师事务所的债务承担无限责任和连带责任"。

从理论上讲，把中国的律师业推向社会，使其脱离对国家编制和经费的依赖从而实现与国家权力的"断脐"，这只是一个完整的社会化进程的前

---

① 具体的阐释可参见方向《律师工作改革的重大突破：全国司法厅（局）长座谈会纪实》，载《中国律师》1993 年第 8 期以及《中国律师报》自 1994 年 3 月 1 日开始发表的系列评论。

② 例如，到 1994 年 6 月底，北京市 163 家律师事务所中已有 88 家"两不四自"所。参见《中国律师报》1994 年 8 月 30 日。

③ 如，北京市司法局于 1994 年 4 月批准成立了京城第一家由律师个人名字命名的律师事务所——"张涌涛律师事务所"。参见《中国律师报》1994 年 4 月 26 日。

一段。社会化进程的后一段则是使律师业在社会中拥有自我发展、自我约束的资源和能力。为此，国家权力（特别是司法行政权）应该通过政策和法律的运作，继续为律师业提供尽可能多的扶持和资源，因为"断脐"毕竟不是"断奶"和自立于社会。同时，律师业要"苦练内功"（包括实现高度的专业化，形成职业共同体精神及职业自治自律的机制），并通过广泛的社会参与，求得社会的高度认同；概括地说，这也就是中国律师业的行业化问题。

### （三）从自在到自为：律师业的行业化

1987 年，浙江省温州市第一律师事务所赵坚主任倡议召开了中国首届"全国部分城市律师协作大会"，继此之后，这一会议又先后分别在太原、成都、上海、呼和浩特、哈尔滨举办。在此基础上，由四川省重庆市第二律师事务所担任东道主的"中华全国 100 城市律师协作大会"，于 1993 年 4 月 6 日在重庆市开幕（11 日在湖北省武汉市闭幕）。参加这次大会的有中国 30 个省、市、自治区 150 多个城市、200 多个律师事务所的 300 多名代表；四川省司法厅和重庆市党政主要部门的领导到会祝贺，中华全国律协也派员参加了会议。此次大会的宗旨是建立发展友谊，加强横向联系，交流工作经验，协作律师业务；会议内容是总结律师业务协作的情况和经验，修改协作章程，交流研讨律师体制改革和有关律师业务的情况和经验。在大会闭幕日，律师代表发言说："这次大会是律师团结、力量的象征。过去封闭的经济格局已打破，这就需要我们律师提供全新的服务，律师将携手共进，顺应这一历史规律。"此次大会还宣布，下一届协作大会将于 1994 年 8 月在甘肃省兰州市举行。①

我们用那么多的文字去介绍一次律师自发的民间聚会，原因在于这种会议反映出当代中国律师业一种新的运动趋势，这就是律师业从自在到自为的行业化运动。如果我们提示这样一个事实，即如今早已是美国整个律师界代

---

① 参见陈秋兰：《全国 100 城市律师协作大会采访录》，载《中国律师》1993 年第 6 期。

言人的美国律师协会（ABA），是在 1878 年由不到 100 名律师创建的，① 那么人们是否有理由提出这样的问题：假如中国不是已经有了主管律师业的机关和经中央批准成立、以全国律师为会员的"中华全国律师协会"，那么这样一次由律师自发举行的极具组织导向的协作大会，就不会形成一个全国性的律师组织吗?! 难道不能把它看作是对中国现行律师管理体制及其功能的一种积极的批判吗?! 显然，司法部在《关于深化律师工作改革的方案》中提出"司法行政机关宏观管理下的律师协会行业管理体制"的目标，以及要求律师协会"由执业律师组成，领导成员由执业律师中选举产生"，是对迅猛发展的律师业所出现的行业化运动的积极反映。

律师业的行业化是在律师业与其周围社会环境互动过程中形成的；它是分散运作的律师业基于共同的职业使命和属性，为加强职业内部的联系和交流，形成整体力量以强化自身对社会的交涉力和影响力而表现出的一种自我整合过程。就存在的基本形态而言，律师业的行业化就是形成一种律师业自治、自律的管理机制，也即形成（而且最初往往是自发地）一个能够真正代表律师业整体在社会上发挥作用的职业共同体组织或协会，并借之实现律师业的自我管理，包括制定职业道德准则和执业守则以规范律师行为、使其忠于职责，有效地或"行式"地管理从业以保证从业者具有良好的心理生理素质和道德品格、并具备必要的专业知识和业务技能，以及对律师的违法行为进行惩戒以保证律师业的纯洁，维护其职业形象。

律师业自治、自律的管理机制的形成，显然是律师业作为职业共同体的意识的表现。而与这种共同体意识密切相关的另外两个基本动因，则是律师业的专业化和在法治社会中律师业所担负的独特使命。律师业的专业化使得政府很难在律师的职业范围内行使直接的管理职能，只有律师业自身才能"内行"地对律师的职业要求作出合理评估，从而有效地管理律师的职业行为。由律师业的独特使命所产生出来的自治自律要求，则可以看作是法治社

---

① R.L.Abel, American Lawyers, Oxford University Press, 1989, p.45.

会中的一种设计或"交易"(bargain)，① 即，律师业被赋予自治自律的特权，而社会大众则因此而获益。道理很简单，如果律师业担负起维护当事人合法权益、促进法律制度完善和实现社会正义的使命，那么它对于现实生活中的各种权力滥用来说就是一种危险的存在；而为了使律师业克服因履行职业使命所招致的各种外来压力和干预，就有必要实行职业自治。同时，律师业的自治又必须以其自我约束或自律为前提条件。

中国的律师业是在国家司法行政机关的扶持和管理下发展起来的，虽然中华全国律师协会经中央书记处"原则同意"而于 1986 年成立，各省、自治区和直辖市也分别设立了各自的律师协会，但在国务院 1993 年 12 月 26 日批准试行的《司法部关于深化律师工作改革的方案》出台以前，它们基本上不具有管理律师的权能。② 因此，中国律师业的行业化必然会在自己特定的基础上形成特殊的"轨迹"。首先，这种行业化是以律师业脱离于对国家编制和经费的依赖的社会化为前导。律师业的社会化不仅使其有了自主发展的可能，而且还使其行业化成为一种必需。因为，当律师业走向社会从而失去了作为自己最重要的正当性资源的国家权力的支撑后，行业化的运动就成了律师业重组和重建自己的资源系统的最基本的途径。从这个意义上也可以说，中国律师业的社会化将以其行业化为终结。其次，这种行业化在总体上的表现是：主管律师业的司法行政机关将不断地"放权"，而代表律师业的律师协会则将全方位地循名责实，以求名符其实。

从行业化的进程来看，中国律师业所取得的进展可以从三个方面加以概括：

第一，律师业的专业化进程和律师业共同体意识的萌发。专业化和职业

---

① 这是西方学者在谈及律师业自治、甚至法律自治时常用的一个术语。这一术语对于我们理解法治社会中的很多现象（如司法独立）是非常有益的。

② 理论上讲，律师协会是在同级司法行政机关"指导"下工作（参见《中华全国律师协会章程》第二条），但事实上，这种"指导"与领导无异，有时还事无巨细。举一个例子来说，在1980年1月30日《司法部关于律师协会、法律顾问处、公证处印章制作的通知》中规定："人民律师协会的印章，由省、自治区、直辖市司法厅（局）制发。"

共同体意识是律师业行业化的两个先决条件。关于中国律师业的专业化进程，我们可以记录以下一些主要的事实：

1.1986 年 4 月 12 日，司法部发出《关于全国律师资格统一考试的通知》，决定从该年起实行全国律师资格统一考试制度，这种资格统考从 1993 年起由每两年举行一次改为每一年举行一次，参加资格统考者须具有法律大专毕业或者其他专业大学本科毕业以上学历。这就彻底改变了由省、自治区和直辖市司法厅（局）考核授予律师资格的行政管理做法。①

2.1987 年 10 月 22 日，中央职称改革工作领导小组发出《关于转发司法部〈律师职务试行条例〉等文件的通知》②，从而使律师职务形成了一个具有专业意味的系列。

3.1992 年 8 月 4 日，司法部在《关于律师工作进一步改革的意见》中针对律师业务素质不能适应形势发展需要的情况，规定了提高律师专业水平的一系列措施，包括律师事务所要逐步实行专业化分工，每名律师都要侧重于一个专业，吸收社会上从事外经外贸、专利代理、知识产权、海商海事、金融税收和涉外保险等专业工作者经特批从事律师工作，等等。

4.1993 年 1 月 12 日，司法部和中国证券监督管理委员会共同发布了《关于从事证券法律业务律师及律师事务所资格确认的暂行规定》，并于 3 月公布了首批 35 家经审核确认可以从事证券法律业务的律师事务所。③ 这从一个侧面反映了律师业的专业化进程。

5. 在 1993 年 12 月国务院批准试行的《司法部关于深化律师工作改革的方案》中，确认了"律师是为社会服务的专业法律工作者"，要求"'八五'

---

① 早在 1984 年 10 月 8 日司法部《关于加强和改革律师工作的意见》中就已提出："要改革律师的考核审批办法，在有条件的省、自治区、直辖市，对申请律师资格的人员试行区域内的统考，在取得经验后，实行全国范围内的统考。"参见茅彭年、李必达主编：《中国律师制度的研究资料汇编》，法律出版社 1992 年版，第 220 页。从那时起，江西、北京、山西、河北、陕西和江苏等地区就开始了区域性统考试点。

② 茅彭年、李必达主编：《中国律师制度研究资料汇编》，法律出版社 1992 年版，第 227 页。

③ 参见《中国律师》1993 年第 5 期。

期间，三分之一的律师事务所要有专业定向。20 世纪末，懂法律、懂经济、懂外语、懂科技的律师要在现有基础上翻两番"，并提出"逐步建立以专业培训为主的律师培训制度"。

就律师业共同体意识的萌发而言，本节开篇所记述的"中华全国 100 城市律师协作大会"，可以说是一个很好的标志。

第二，律师业自治、自律的管理机制已开始形成。这当然是从发展趋势说的，严格地讲则是官方在这方面已经有了某种程度的积极认识，并开始了相应的实践。作为这方面的显著标志，我们可以在 1993 年 12 月司法部的律师工作改革方案中看到这样两点内容：其一，首次确认"律师事务所是由执业律师组成的具有法人地位的自律性机构"；其二，首次提出律师管理体制要实现由司法行政机关单纯的行政管理向司法行政管理与律师协会行业管理相结合的体制转变，并逐步过渡到司法行政机关宏观管理下的律师协会行业管理体制，同时提出，律师协会"应由执业律师组成，领导成员由执业律师中选举产生"。在实践中，有的地区的改革步子似乎还要快一点，如北京市司法局在 1994 年年初就决定立即实施两项改革措施[1]：一项是将主要的业务管理职能移交给律师协会，从 1994 年起，律师的业务指导、培训、进修和考核以及律师的职业道德教育和纪律检查、年检注册[2]等管理任务将交由律师协会负责；另一项是，从 1994 年北京市律师协会换届开始，协会领导将全部由律师代表选举执业律师担任。

第三，制定了一些主要的行业规范，如 1990 年 2 月 15 日颁布施行的《律师业务收费管理办》和《律师业务收费标准》，[3]1992 年 10 月 22 日司法部发布并于 1993 年 3 月 1 日起施行的《律师惩戒规则》，以及 1993 年 12 月 27 日司法部发布施行的《律师职业道德和执业纪律规范》等。当然，从行业化

---

① 参见《中国律师报》1994 年 1 月 4 日。

② 此项职能在司法部的改革方案中属司法行政机关对律师工作实行宏观管理的职责之一。

③ 此收费管理办法和收费标准虽然取代了 1981 年的《律师收费试行办法》，但在实践中仍然失去了效力，为此司法部正在制定新的律师收费办法，以便体现市场经济规律。

的角度看，这些适用于律师业管理的行业规范，在形式的正当性以及内容的合理性、准确细密程度、可操作性和稳定效力等方面，都是有值得完善和改进之处的。

中国律师业的行业化显然不可能一蹴而就。从目前的情况看，我们有把握作出判断的只是中国律师业所呈现的行业化趋势。

# 第十五章　中国律师业发展现状述评

## 一、律师数量和法律服务体系

按照《中华人民共和国律师法》第 2 条的规定，律师"是指依法取得律师执业证书，为社会提供法律服务的执业人员"。尽管这一规定在规范意义上对"律师"一词的含义作出了比较明确的界定，但这一界定的形成绝非朝夕之功。当代中国的律师制度自 20 世纪 70 年代末恢复重建，至今已有了二十年的演变发展，这种发展也表现在对"律师"一词的含义从模糊到明确的界定过程上。在我们开始分析中国的律师数量之前，有必要首先清理和介绍以下一些术语：

专职律师。又称专职律师工作人员，按照司法部 1984 年 3 月 29 日的一个批复，[①] 它"包括律师、实习律师和律师工作者"。这里有必要特别说明的是实习律师和律师工作者，因为正是这两者，特别是后者，导致了律师数量统计上的混乱。按照《律师暂行条例》第 11 条规定：高等院校法律专业毕业生或者经过法律专业训练的人员，经省、自治区、直辖市司法厅（局）考核批准，可以担任实习律师；实习律师的实习期为两年，实习期满经考核批

---

① 《司法部关于可以吸收符合律师条件的离、退休人员为特邀律师的批复》，见茅彭年、李必达主编：《中国律师制度研究资料汇编》，法律出版社 1992 年版，第 119 页。

准，被授予律师资格并成为律师。而按照 1987 年 10 月 10 日《律师职务试行条例》规定：律师职务设一级律师、二级律师、三级律师、四级律师和律师助理，其中前两级为高级职务，第三级为中级职务，后两级为初级职务；律师助理的任职条件是高等院校（系）法律专科毕业生和中等法律学校毕业生见习 1 年期满，并经考核合格；四级律师的任职条件是获法学硕士学位，获第二学士学位，获研究生班结业证书，高等院校（系）法律本科毕业见习 1 年期满或法律专科毕业从事律师助理工作 2 年以上，经全国律师资格统考合格并取得律师资格。显然，从前的"实习律师"在此已演化为由律师助理和四级律师构成的"初级律师"。但是，在 1993 年 12 月司法部的律改方案中又有这样的规定，即在国内外取得法学硕士以上学位并在国内律师事务所工作满一年的，可以不经全国律师统考而由司法行政机关考核授予律师资格，这里的"一年工作期"似乎可以理解为一种特殊的实习期。按照 1996 年颁布的《律师法》第 8 条的规定，申请领取律师执业证书的三个条件是"具有律师资格；在律师事务所实习满一年；品行良好"。由于《律师法》第 14 条规定"没有取得律师执业证书的人员，不得以律师名义执业"，"实习律师"一词今后将不复为用。就"律师工作者"而言，按照 1981 年 2 月 17 日司法部的一个通知，① 它指的是"自 1979 年以来经组织、人事部门批准调入法律顾问处担任律师工作"，但还未经审核被授予律师资格者。从后来的情况看，这个术语所指的对象显然已有了变化（比如把"辅助工作人员"当作"律师工作者"等）并且导致了混乱，所以 1990 年 7 月 6 日《司法部关于对律师队伍和律师管理工作进行整顿的通知》中明确规定："取消'律师工作者'和'兼职律师工作者'的称谓"。

兼职律师。按《律师暂行条例》第 10 条规定：除公、检、法现职人员外，其他取得律师资格的人员不能脱离本职的，可担任兼职律师。1992 年 8 月 4 日司法部关于律师工作改革的意见中曾提出"逐步取消特邀律师和兼职律师"

---

① 《司法部关于目前审批律师资格工作中的若干问题的通知》，见茅彭年、李必达主编：《中国律师制度研究资料汇编》，法律出版社 1992 年版，第 95—97 页。

的措施，而 1993 年 12 月司法部的律改方案又提出"适当吸收政法院校、社会团体、企事业单位中具有律师资格，符合律师条件的人员从事兼职律师工作"，同时规定："现职的国家公务员、政法干警不得担任兼职律师，但已取得律师资格的，可以保留资格。"1996 年《律师法》第 13 条的规定是："国家机关的现职工作人员不得兼任执业律师"；"律师担任各级人民代表大会常务委员会组成人员期间，不得执业"。

特邀律师。其存在依据最早可见于上面提及的 1984 年 3 月 29 日的批复，随后又在 1984 年 10 月司法部制定的《兼职律师和特邀律师管理办法（试行)》和《关于加强和改革律师工作的意见》中获得进一步确认。1993 年 12 月司法部的律改方案规定："原从事政法和法律专业工作的离退休人员，离退休一定期间后，经考核符合条件的，律师事务所可以聘请其到所内从事律师工作。"值得一提的是，特邀律师经常被当作专职律师的一部分，如 1987 年 8 月 1 日《司法部关于聘用离退休人员从事律师工作的意见》有言："鉴于全国范围内专职律师在数量上尚不能满足社会需求"，在今后一段时间内可有限制地聘用部分符合条件的离退休人员从事律师工作。1996 年《律师法》第 13 条关于"国家机关的现职工作人员不得兼任执业律师"的规定，暗含了对"特邀律师"的许可。从明确的实践中，"特邀律师"依然存在。

律师工作人员。尽管这一术语在字面上与"法律工作者"极易混淆，但在现实中它却是专职律师（包括律师、实习律师和 1990 年整顿前的律师工作者)、兼职律师和特邀律师的总称，也即广义上的"律师"。[①]

律师资格和律师职务。在 1986 年实行全国律师资格统考前，中国实行的是考核授予律师资格的做法，取得资格也就可以担任律师职务；具体程序可见《律师暂行条例》第二章规定。1986 年后，实行了律师资格和律师职务的分离，只有具有律师资格，并经主管的司法行政机关批准发给律师工作执照，才能担任律师职务。在律师资格的授予上，1993 年 12 月的司法部律

---

①　把专职律师、兼职律师和特邀律师统称为"律师"，可参见《司法部关于可以吸收符合律师条件的离、退休人员为特邀律师的批复》，茅彭年、李必达主编：《中国律师制度研究资料汇编》，法律出版社 1992 年版，第 119 页。

改方案进一步确认了全国律师资格统考与考核授予律师资格相结合的制度。考核授予律师资格的做法简单地说就是，对具有法学方面高级专业职称或同等专业水平而申请律师执业的人员，司法行政机关可考核授予律师资格。1996 年《律师法》确认了这种考试与考核相结合的律师资格授予制度。

在做了上述清理介绍工作后，我们就可以制表分析中国律师的数量问题了。

表3　1985—1998 年中国律师数量和律师统考情况一览表

| 年份 | 律师工作人员数（人） | | | | | 律师统一考试（人） | |
| --- | --- | --- | --- | --- | --- | --- | --- |
| | 总数 | 专职律师 | 兼职律师 | 特邀律师 | 实习律师 | 报名数 | 合格数 |
| 1985 | 20629 | 12000 | 4900 | | | | |
| 1986 | 21546 | 14500 | 7046 | 601 | 2727 | 15425 | 3707 |
| 1987 | 27280 | 18308 | 8972 | 855 | 1704 | | |
| 1988 | 31410 | 21051 | 10359 | 1002 | 1433 | 92322 | 15523 |
| 1989 | 43533 | 23766 | 19767 | 2409 | 1275 | | |
| 1990 | 38769 | 23599 | 15170 | 2614 | 861 | 79435 | 11396 |
| 1991 | 46850 | 18878 | 10662 | 3901 | | | |
| 1992 | 45666 | 22124 | 12391 | 3975 | | 89000 | 6138 |
| 1993 | 68834 | 30401 | 16793 | 10166 | | 88120 | 10646 |
| 1994 | 83619 | 40730 | 20171 | 9637 | | 116378 | 11600 |
| 1995 | 90602 | 45094 | 17994 | 11696 | | 113000 | 13350 |
| 1996 | 100200 | 47829 | 20243 | 15376 | | 127111 | 10148 |
| 1997 | 79161 | 47574 | 18695 | 12892 | | 114636 | 14192 |
| 1998 | | | | | | 142000 | |

资料来源：律师工作人员 1985 年数来自 1986 年 3 月 14 日《司法部关于加强和改革律师工作给国务院的报告》，1986—1997 年的数据来自 1987—1998 年的《中国法律年鉴》。律师统考人数来自司法部全国律师资格考试中心。

说明：1.1985 年总数中包括 1200 人的"辅助工作人员"。

2.1990 年律师数少于 1989 年，这与 1990 年 8 月至 1991 年 2 月司法部对律师业的整顿有关，

具体可参见 1990 年 7 月 6 日《司法部关于对律师队伍和律师管理工作进行整顿的通知》。

3.1992 年以前律师资格考试每隔一年举行一次，此后一年一次。

4.1991 后实习律师被取消。

5.1997 年的律师总数是指具有律师执照并通过当年年检的人数。

从上表看，在 1986 年至 1990 年这一段，律师工作人员是由专职律师和兼职律师两部分构成（两部分之和等于律师工作人员总数），也就是说，专职律师除了具有律师资格、持有专职律师工作执照的严格意义上的"律师"外，还包括特邀律师、实习律师和律师工作者（至于"律师工作者"与"辅助工作人员"在实践中是否有明确划分，是否像 1985 年那样把后者排除在专职之外，则很难说清）。而在 1991 年以后，则可以认为专职律师仅指严格意义上的"律师"。由此表明，"律师"一词在当代中国有了三个层次的含义：一是严格意义上的律师，也即 1991 年后的"专职律师"；二是狭义上的律师，其要件是具有律师资格并持有律师工作执照，包括专职律师（严格意义上的）、兼职律师和特邀律师；三是广义上的律师，也即"律师工作人员"。1996 年颁布的《律师法》中所说的"律师"，与狭义上的律师含义相当。

到 1993 年，中国已有约 7 万名律师工作人员。按照 1993 年 12 月司法部的律改方案所确定的数量目标，"八五"期间（1995 年为最后一年）和 20 世纪末，中国的律师队伍将分别发展到 7.5 万人（专职律师 5 万人）和 15 万人（专职律师 10 万人）；而按照官方的说法，中国应该有 30 万律师。这里我们还可以介绍一下山东省司法厅在 1994 年 8 月发布的《关于律师工作改革意见的报告》中所作的该省律师业发展规划：在"八五"期间，该省的执业律师要由现在的 3617 名发展到 5500 名；预计到 2000 年，律师机构则要由 291 个发展到 1000 个，执业律师达到 11000 名。[①] 显然，在 1996 年《律

---

① 参见《中国律师报》1994 年 8 月 23 日。中国现今在许多发展规划的数量指标上都盛行用"翻番"的思路，从上面的律师业发展的数量规划看，这种思路显然也在起作用，从 7.5 万到 15 万和从 5500 到 11000 是翻一番，从 7.5 万到 30 万则是顺口的"翻两番"。这种各行各业齐翻番的规划模式，是否太缺乏具体的调查研究和客观分析了呢?!

师法》颁布之前，中国已经出现了一种急切要增加律师数量的愿望。而且，如果从律师统一考试庞大的报名数和合格数看，从 1993 年以来，律师工作人员总数逐年骤增的势头看，这种愿望所驱动的实际发展，似乎还使上述律师发展规划显得过于保守。①

截至 1993 年年底，中国有 17 万多的检察人员，有 25 万多法院干警（其中审判人员 15.6 万人），相形之下，业务范围要广泛得多的律师业的从业人数就极不成比例了，而从中国约 12 亿的庞大人口数量以及市场经济和民主政治建设所产生的巨大法律需求看，现在的律师业人数就简直是少得可怜了。因此，我们可以深入考察在中国这样一个特殊的东方社会中律师需求的客观状况及其形成机制，以便使一种宏观的规划能在落实过程中有一种合理的节奏，但在总体上却不应该怀疑甚至否定中国律师业在规模上有大幅扩展的必要。

这里要特别指出的是，在分析中国的律师数量时，是不能把律师业与整个法律服务业等而言之的。律师是为社会提供法律服务的，但是，在中国具有这一属性的还有公证人员和基层法律工作者（且不说企业内部的法律顾问以及由各主管部门管理的专利代理人、注册会计师和执业审计师），律师只是众多法律服务主体中的一种（尽管它具有不可比拟的发展潜力）。中国到 1992 年年底公证人员的数量是 16204 人，② 如果说这个数字并不能改变人们基于律师数量而对中国法律服务业从业人数作出消极判断的话，那么我们还可以提及基层法律工作者的情况。据统计，到 1993 年年底，中国有乡镇街道法律服务所 33652 个，有工作人员 107398 人；就服务范围看，他们涉及了除刑事辩护以外的全部律师业务③（并承担了基层法制宣传的重任），而且数量之大，远非律师所能比拟（参见下表）。

---

① 当然，片面追求数量增长的愿望和倾向，在 1996 年后有了明显转变。
② 《中国法律年鉴（1993）》，中国法律年鉴社 1993 年版，第 955 页。
③ 参见《中国律师报》1994 年 7 月 26 日。当然，基层法律工作者的素质是不能与律师相比的。所以，按中国现实标准，称律师为"专业人员"是不过分的。比如，在 1993 年的数字中，具有大专以上学历者为 19969 人，高中、中专文化程度者 64152 人。

表4　1992年中国乡镇(街道)法律服务与律师业务对照表

| 项目 | 机构 | 工作人员 | 担任法律顾问 | 诉讼及代理 | 非诉讼代理 | 法律咨询 | 代书 |
|---|---|---|---|---|---|---|---|
| 单位 | 个 | 人 | 万处 | 万件 | 万件 | 万件 | 万件 |
| 乡镇（街道）法律服务 | 32750 | 103848 | 29.18 | 138.11 | 473.5 | 514.25 | 86.57 |
| 律师 | 4176 | 45666 | 1.51 | 63.21 | 27.7 | 277.53 | 61 |

资料来源：根据1993年《中国法律年鉴》的有关统计表整理而成。

说明：1. 基层法律工作者担任的是乡镇企业法律顾问；

　　　2. "诉讼及代理"一项，基层数字由民事诉讼代理和调解纠纷（114.45万件）两部分数字构成，

　　　　律师数字由民事经济、刑事和行政诉讼及代理三部分数字构成；

　　　3. "非诉讼代理"一项，基层数字中包括"协办公证"382.83万件。

因此，当我们按律师在人口中所占的比例来进行中外律师数量的比较时（比较的结果往往是自叹不如！），我们必须考虑同样数量单位的人（比如说一万人）是否会产生大致相同的法律服务需求量，以及同样的法律服务需求量是否会转化为大致相同的律师服务需求量，而这么说来，我们的视野就远不能局限于法律服务主体的范围了。正如日本学者棚濑孝雄所言："社会的整体结构以及律师在其中的位置从根本上规定着人们对律师需要进行定义的社会过程。"[①]

## 二、律师业务和对律师服务的需求

谈及律师业务，自然就要涉及律师业务垄断问题，对此我们将在第三部分中加以探讨，这里所论及的是中国律师的业务范围和业务开展情况，以及对律师服务的需求问题。

---

　　① ［日］棚濑孝雄：《纠纷的解决与审判制度》，王亚新译，中国政法大学出版社1994年版，第328页。

对于律师的业务范围,1980 年《律师暂行条例》第二条虽作了简要列举,但并没有什么禁止性规定。因此,律师业务随着中国社会的发展和律师业的不断成长壮大而必然出现的业务拓展,尽管会超出《律师暂行条例》的名文列举(如行政诉讼代理、申诉代理、不服治安管理处罚而提起刑事自诉的代理等),甚至在法律上被认为是于法无据(如不断扩展的非诉讼法律事务的代理),但从法理上讲,并不因此就构成非法性。而且从各国的实践看,律师的业务范围都有不断拓展的趋势,很少预先加以人为的限制,这也是律师的职业使命和律师业务的服务性质所决定的。

从发展至今的实践看,中国律师的业务范围已相当广泛,对此,1996年《律师法》第 25 条作了详尽列举。概而言之,它主要包括以下几个方面:

(1)刑事诉讼方面。可分为刑事辩护和刑事诉讼代理两类:前者在 1996年以前主要指审判阶段的刑事辩护,而按照刑事诉讼法和律师法的规定,则包括接受刑事案件犯罪嫌疑人的聘请,为其提供法律咨询,代理申诉、控告,申请取保候审,以及接受犯罪嫌疑人、被告人的委托或者人民法院的指定,当然辩护人;后者包括担任刑事自诉案件的自诉人、刑事附带民事诉讼当事人或者公诉案件受害人及其近亲属的代理人。

(2)民事诉讼和经济诉讼代理。可分为三类:民事诉讼当事人的代理人;经济诉讼当事人的代理人;民事特别程序、督促程序、公示催告程序以及破产还债程序申请人的代理人。

(3)行政诉讼代理。

(4)申诉代理。这方面的业务也可分属上面的诉讼业务。

(5)非诉讼法律事务代理。可分为有争议的非诉讼法律事务代理和无争议的非诉讼法律事务代理两大类:前者包括代理参加调解、进行和解、申请或参加仲裁、申请或参加行政复议以及代理行政申诉等;后者的范围极为广泛,包括代理贸易、投资、知识产权、证券、金融、税务、房地产、海商海事及其他民商事活动中的法律事务。从某种意义上讲,律师业务的拓展,主要是在非诉讼法律事务(尤其是无争议的非诉讼法律事务)方面。

(6)担任法律顾问。但实践中也有取消常年法律顾问而改为客户制服务方式的。①

（7）代写法律文书。

（8）提供法律咨询。

（9）其他法律事务。律师的业务范围应该是开放式的，即使有限制，也应该是自然形成的限制。

下面，我们对 1985 年以来中国律师业务开展的主要情况，通过表格作一总体介绍。

表 5　1985—1997 年中国律师主要业务开展情况一览表

| 年份 | 常年法律顾问（万个） | 代写法律文书（万件） | 法律咨询（万件） | 非诉讼法律事务（万件） | 刑事诉讼及代理 | | | 民事、经济诉讼代理 | | 行政诉讼代理 | |
|---|---|---|---|---|---|---|---|---|---|---|---|
| | | | | | 总数（万件） | 法院指定辩护（万件） | 被告委托辩护（万件） | 总数（万件） | 经济案（万件） | 总数（万件） | 代理原告（万件） |
| 1985 | 3.94 | 31.64 | 163.55 | 4.55 | 10.7 | 0.76 | 9.94 | 10.82 | | | |
| 1986 | 4.32 | 32.89 | 159.02 | 4.57 | 13.7 | 0.99 | 12.71 | 16.3 | 6.81 | | |
| 1987 | 5.95 | 41.59 | 190.38 | 6.04 | 15.45 | 1.22 | 14.23 | 20.86 | 9.62 | | |
| 1988 | 8.81 | 53.49 | 241.14 | 8 | 17.02 | 1.29 | 15.58 | 26.53 | 11.19 | | |
| 1989 | 10.88 | 56.84 | 262.58 | 14.78 | 23.24 | 1.76 | 21.48 | 32.93 | 21.13 | | |
| 1990 | 11.06 | 52.4 | 274.14 | 11.95 | 25.75 | 缺 | 缺 | 33.35 | 12.8 | | |
| 1991 | 12.89 | 275.11 | 244.19 | 23.67 | 23.1 | 19.5 | 9.7 | 22.69 | 1.73 | 1.43 | 0.53 |
| 1992 | 15.15 | 61.01 | 277.53 | 27.7 | 21.97 | 1.44 | 18.03 | 39.63 | 18.2 | 1.61 | 1.02 |
| 1993 | 18.57 | 60.02 | 241.48 | 35.04 | 19.17 | 1.29 | 15.5 | 48.33 | 23.71 | 1.53 | 0.99 |
| 1994 | 20.33 | 52.81 | 290.72 | 40.35 | 20.88 | 1.45 | 16.74 | 54.16 | 27.67 | 1.63 | 1.04 |

---

① 参见《中国律师》1993 年第 5 期，第 37 页。

续表

| 年份 | 常年法律顾问（万个） | 代写法律文书（万件） | 法律咨询（万件） | 非诉讼法律事务（万件） | 刑事诉讼及代理 | | | 民事、经济诉讼代理 | | 行政诉讼代理 | |
|---|---|---|---|---|---|---|---|---|---|---|---|
| | | | | | 总数（万件） | 法院指定辩护（万件） | 被告委托辩护（万件） | 总数（万件） | 经济案（万件） | 总数（万件） | 代理原告（万件） |
| 1995 | 23.45 | 54.38 | 196 | 45.2 | 20.44 | 1.5 | 15.64 | 64.12 | 32.49 | 1.8 | 1.09 |
| 1996 | 22.3 | 52.29 | 186.46 | 43.55 | 24.59 | 2.03 | 18.19 | 71.41 | 36.02 | 1.94 | 1.1 |
| 1997 | 23.24 | 95.87 | 42.52 | 122.22 | 27.52 | 2.27 | 14.78 | 85.76 | 40.33 | 2.96 | 1.75 |

资料来源：根据 1987—1998 年《中国法律年鉴》有关统计数字整理而成。

说明：1. 数字采取四舍五入原则，取小数点后两位数；

2. 1985 年"刑事诉讼及代理"的总数，1987 年《中国法律年鉴》写的是 10684 件，估计是掉了一个零，应为 100684 件；1991 年的"法院指定辩护"数与"被告委托辩护"数显然是倒了，"经济案"数 1.73 万件也很难解释；1997 年"法律咨询"数和"非诉讼法律事务"数似乎也搞反了；类似的错误还有 1990 年《中国法律年鉴》把 1988 年的"民事、经济诉讼代理"总数写入 1989 年的栏目；

3. 1989 年 4 月 4 日正式通过的《中华人民共和国行政诉讼法》是自 1990 年 10 月 1 日起正式施行的，因此相关的数字从 1991 年始；

4.《中国法律年鉴》1990 年前的统计是分列"非诉讼案件"和"涉外法律事务"两项，本表合并为"非诉讼法律事务"。

根据上表中的数字，我们可以对中国律师的业务开展情况从总体上作出以下几点评估：

首先，从绝对数上讲，各类业务都有了程度不同的增长。以 1993 年为例，各类律师业务量较之于 1985 年，其增幅依次是：非诉讼法律事务 670.1%，常年法律顾问 371.3%，民事、经济诉讼代理 346.7%，代写法律文书 89.7%，刑事诉讼及代理 79.2%，法律咨询 47.6%。各种业务的平均增幅是 267.4%，此外还新辟了行政诉讼代理业务。当然，1993 年律师总数是 68834 人，较之于 1985 年的 18000 人，增幅为 282.4%，与业务平均增幅大致相当。

其次，在 1985—1989 年这一段，各类业务都呈逐年上升趋势，而从 1990 年往后，除民事、经济诉讼代理业务、行政诉讼代理业务、非诉讼法律事务基本处于不断攀升的势头外，其他各项业务则有升有降，趋于平稳。值得注意的是 1997 年的数字，除"法律咨询"和"非诉讼法律事务"两项数字可以存疑外，其他各项均有程度不同的上升。

再次，刑事辩护业务的起伏徘徊与民事、经济诉讼代理业务的迅猛增长形成强烈反差。尽管刑事辩护业务在 1991—1993 年连跌三年后，于 1994 年开始回升，并于 1997 年达到历史最高点 27.52 万件，但是，与此前最高的 1990 年的 25.75 万件比，增加仅 6.87%。而 1997 年民事、经济诉讼代理业务，比 1990 年增加 155.29%；与 6.87% 的增幅相比，1997 年律师人数（79161人）比 1990 年律师人数（51200 人）却增加 54.61%——由于 1997 年律师人数是当年通过年检的数字，如果以 1996 年律师人数（100200 人）来比，则比 1990 年增加 95.7%。从律师业发达国家的情况看，上述反差虽说都是一种普遍现象——刑事诉讼已日益成为律师业务兴盛的一块旧有的"基地"，但是，在它们那里出现的刑事诉讼业务萎缩都是在此业务充分发达之后，而且在很大程度上是相对于其他律师业务而言的。相形之下，在中国律师业还处于一个不高的发展水平时就出现了刑事诉讼业务的萎缩现象，显然是值得注意的。①

进一步，我们来分析一下社会对律师服务的需求问题。很显然，律师业务在绝对数上的不同程度增长与对律师服务需求的满足毕竟不是一回事。如果说中国是一个不断迈向市场经济、民主政治和法治的社会的话，那么我们完全有理由断言，实际生活中律师服务需求量的增加要比律师业务的增长幅度大得多。在刑事案件、无财产内容或诉讼标的小的民事案件中普遍存在的找律师难问题，虽然能从这些类案可获得的成就感较差、收费少等原因加以解释，但是在客观上也确实存在太多的法律服务需求可供律师"择优"选

---

① 有许多人（包括一些律师业管理人员）还根本不承认这一问题的存在。

择、挑肥拣瘦。

那么，在客观上对律师服务的需求量究竟有多大呢？在律师已有的业务量与这种需求之间到底有多大差距呢？要回答诸如此类的问题，显然要有一个综合的衡量和评介尺度。这里，我们打算从诉讼的角度，就1986年至1993年法院各类案件一审收案数、检察机关批捕或公诉人数与律师相应业务的开展数量通过表格作一比较，以便从一个重要的方面说明上述问题。当然，我们并不是说当事人所有的诉讼事务都要由律师来代理（何况中国法律也没有这样的垄断要求），而只是表明在客观上存在着那么一些潜在需求。

表6　1986—1993年律师诉讼业务需求分析

| 年份 | 刑事诉讼 | | | 民事、经济诉讼 | | 行政诉讼 | |
|---|---|---|---|---|---|---|---|
| | 法院一审收案（万件） | 检察机关批捕、公诉（万人） | 律师辩护及代理（万件） | 法院一审收案（万件） | 律师代理（万件） | 法院一审收案（万件） | 律师代理原告（万件） |
| 1986 | 29.97 | 35.56 | 13.7 | 131.16 | 16.3 | | |
| 1987 | 28.96 | 35.71 | 15.45 | 158.04 | 20.86 | | |
| 1988 | 31.33 | 42.21 | 17.02 | 196.87 | 26.53 | 0.86 | |
| 1989 | 39.26 | 58 | 23.24 | 251.1 | 32.93 | 0.99 | |
| 1990 | 45.97 | 63.66 | 25.75 | 244.41 | 33.35 | 1.3 | |
| 1991 | 42.78 | 55.05 | 23.1 | 244.82 | 22.69 | 2.57 | |
| 1992 | 42.3 | 52.04 | 21.97 | 260.1 | 39.63 | 2.71 | 1.02 |
| 1993 | 40.33 | 50.57 | 19.17 | 298.55 | 48.33 | 2.79 | 0.99 |
| 合计 | 300.9 | 392.8 | 159.4 | 1785.05 | 240.62 | 11.22 | 2.01 |

资料来源：根据1987—1994年《中国法律年鉴》有关统计数字整理而成。

说　　明：检察机关批捕或公诉一栏中，1989年以前为批准决定逮捕人数，以后为公诉人数，事实上，逮捕人数与公诉人数相差无几。

对于上表的数字，我们可以略作分析。先看刑事诉讼一栏。法院一审所收案子由公诉和刑事自诉（1990—1993 年分别为 7.38 万件、8.01 万件、9.24 万件和 8.59 万件）两部分构成，同时，收案数与当事人数也不是一回事，即使以一案双方两个当事人计算，后者也应该高于前者；而就律师辩护及代理来说，基本为一个当事人构成一件。因此，我们在列举了法院一审收案数的同时，列上了检察机关批准逮捕或公诉的人数。表中所列的律师辩护及代理数是一个总数，假定只把它们看作是刑事一审的辩护及代理数，那么平均算来，它们是历年检察机关批准决定逮捕或公诉人数的 40.6%，是历年法院一审收案数的 52.97%。由此也可以推测，实际上的刑事辩护率要远远低于这个百分比。就民事、经济诉讼而言，如果按照一案双方两代理的计算方法，那么律师代理民事、经济诉讼当事人的比率平均起来是 6.74% 左右。行政诉讼中律师代理原告的比率平均是 17.91%。考虑到律师代理民事、经济诉讼数和行政诉讼数也是一个总数，实际上的代理率也必然远比 6.74% 和 17.91% 为低。

这里，我们还可以揭示一下公安机关和检察机关的刑事立案数。例如，1992 年和 1993 年中国公安机关的刑事立案数是 158.27 万件和 161.69 万件，检察机关自侦立案是 7.85 万件和 7.29 万件。假如考虑到律师业务在刑事侦查阶段的开展情况，那么人们对现实生活中潜在的律师服务需求又将何感想呢？

对客观存在的或潜在的律师需求的评估和预测，应该是律师业发展规划的最基本的依据。在作了上述分析之后，我们至少可以说，即使把中国社会上其他的法律服务主体考虑在内，中国到 20 世纪末有了 15 万律师，也不会出现供过于求的情况。而且，民众届时肯定会比现在得到更多的律师服务，现行律师业务中所存在的经济效益和社会效益的尖锐矛盾，客观上也将缓和下来。

## 三、组织形式和管理体制

关于中国律师执业的组织形式和律师业的管理体制，我们在第一部分有关中国律师业的社会化和行业化的论述中已作了大量探讨。这里仅着重于现状，结合有关数字，作一点补充。

如前所述，中国目前律师执业的组织形式主要有国办所、合作制所和合伙制所等。按照 1993 年司法部律师工作改革方案提出的向"两不四自"的自律性律师事务所转变的方向，上述执业形式又可以分为"占国家编制和经费的律师事务所"和"不占国家编制和经费的律师事务所"。同时要指出，在 1993 年以前，不占国家编制和经费的律师事务所指的就是合作制所。

表 7　1991—1997 年中国律师事务所情况一览表

| 年份 | 1991 | 1992 | 1993 | 1994 | 1995 | 1996 | 1997 |
|---|---|---|---|---|---|---|---|
| 律师事务所总数 | 3727 | 4176 | 5129 | 6619 | 7247 | 8265 | 8384 |
| 占国家编制和经费的律师事务所 | 3633 | 3978 | 4624 | 5426 | 5622 | 5610 | 5519 |
| 不占国家编制和经费的律师事务所 | 73 | 198 | 505 | 1193 | 1625 | 2655 | 2866 |

资料来源：根据 1992—1998 年《中国法律年鉴》有关统计数字整理而成。

从上表看，1991 年至 1997 年，不占国家编制和经费的律师事务所在律师事务所总数中的比例依次是 1.96%、4.74%、9.85%、18.02%、22.42%、32.12% 和 34.18%。从逐年的增减幅度看，总数上逐年增幅依次为 12.05%、22.82%、29.05%、9.49%、14.05% 和 1.44%；不占国家编制和经费的律师事务所逐年增幅依次为 171.23%、155.05%、136.24%、36.21%、63.38% 和 7.95%；占国家编制和经费的律师事务所逐年的增减幅度依次为 9.5%、16.24%、17.34%、3.61%、−0.21% 和 −1.62%。

根据以上几组数字分析，我们可以对中国律师执业的组织形式的现状从总体上作出以下两个基本判断：

第一，不占国家编制和经费的律师事务所在律师事务所总数中所占比例不断增大，而且其自身增幅远高于"国办所"。

第二，尽管"国办所"从 1996 年起出现负增长，而且负增长幅度加大，但是，在迄今为止的历年律师事务所的总数中，"国办所"的比例均占优势，因此，"国办所"仍是中国律师执业的主要组织形式，估计在很长时期里，其作为主导形式的局面将难以改变。

事实上，"两不四自"的律师事务所目前从总体说来还属于一个"应然性"的目标。就律师个人而言，到底是"国办所"好，还是"两不四自"所更有利，是不能一概而论的。虽然在经济发达、律师业务开展较好的一些城市，如北京、深圳、烟台等，"两不四自"所的数目已超过了占编所，但在许多地方，律师事务所连自收自支的条件都不具备而不得不继续靠国家财政补助差额，要想迅速转向"两不四自"所的方向，无疑是困难的。另外，从中国实际看，放弃国家编制对绝大多数编内人员说，都不会是一种轻而易举的抉择，而且年龄越长就越是如此。早在 1992 年 8 月《司法部关于律师工作进一步改革的意见》中，就提出了"对经费上已经实现自收自支的律师事务所，积极引入合作所的管理办法"①，而新近的政策精神似乎又更为放宽些。我们可以设想，如果一个律师或律师事务所能够在保持占编的同时，获取自己期待中的"两不四自"所在分配、经费使用等方面的好处（当然其数值大小是完全个别化的），那又何必要在各种政策还不配套的情况下，去冒丢掉编制的风险呢？在一种"双轨"的体制中，作为人们一种正常的心理态度和行为模式，都是要尽可能地从两种体制中获得益处，同时最大限度地避开它们各自的不利。迄今中国律师执业的组织形式可以说仍然处在一种"双轨"状态。

就中国律师管理体制而言，1993 年 12 月司法部的律改方案已经提出了目前和今后的发展方向，即建立司法行政管理与律师协会行业管理相结合的体制，并最终过渡到司法行政机关宏观管理下的律师协会行业管理体制。1996 年颁布的《律师法》对上述方案内容予以确认。在实践中，各地的改革进度快慢不一，但大同小异。这里，我们要提出的看法有以下两点：

其一，如果说律师事务所是整个律师业的"细胞"，那么在"两不四自"的自律性律师事务所还是整个律师业的一小部分的情况下，要实现律师业的

---

① 《中国律师》1992 年第 4 期。

自治自律是不可能也是不自然的。行业管理体制是律师业自治自律的表现，"从我国的国情和律师工作的实际出发"，行业管理体制的建立，只能是一个渐进的过程。同时，实行行业管理首先还要有一个能够胜任的、具有正当性的行业管理组织。

其二，什么叫司法行政机关的"宏观管理"？按照司法部律改方案的解释，它包括以下几方面内容：（1）制定律师行业发展规划，起草和制定有关律师工作的法律草案、法规草案和规章制度；（2）批准律师事务所及其分支机构的设立；（3）负责律师资格的授予和撤销；（4）负责执业律师的年检注册登记；（5）加强律师机构的组织建设和思想政治工作（这一项看似很虚，却可以有极具体的落实，如对律师惩戒工作的领导）。那么，与"宏观管理"相对应的"行业管理"又包括哪些方面的内容呢？对此，司法部律改方案也列举了五项：（1）总结律师工作经验，指导律师开展业务工作；（2）组织律师的专业培训；（3）维护律师的合法权益；①（4）开展律师的职业道德教育，对律师遵守执业纪律的状况进行监督检查；（5）按照国家有关规定，组织与外国、境外律师民间团体的交流活动。如果把上面有关"宏观管理"和"行业管理"的各项内容作为最终要建立的"司法行政机关宏观管理下的律师协会行业管理体制"的具体指标，那么可以认为，那样的律师管理体制，仍然是一种行政管理体制或以行政为主导的管理体制。换言之，规划中的"行业管理体制"与具体的实施指标是脱节的。

说到律师业的行业管理体制，自然使人想到与国际通行的制度和惯例接轨的问题。在中共十四大明确把建立社会主义市场经济体制作为中国经济体制改革的目标以后，现实中的许多领域都提出了按照市场经济规律，实现与国际通行做法接轨的要求。律师工作改革方面也不例外，如《中国律师报》在一篇阐释司法部1993年12月律改方案的评论文章中就提出，要"实事求是地探索出符合我国国情、符合市场经济发展要求、符合民主与法制建设需

---

① 即使最终建立了规划中的司法行政机关宏观管理下的律师协会行业管理体制，律师协会又有什么能力或资源去做到这一点呢？

要、符合律师业发展规律的具有中国特色、又能逐步与国际通行制度接轨的律师事业发展的新路子"。① 但是，什么是国际通行制度？如何又能在加上了"中国特色"的限定词后仍不失通行性呢？这或许也是在"行业管理体制"前加上"宏观管理"的限定词时同样要考虑的问题。

## 四、政治参与和律师权利："资源贫乏"及其克服

律师业肩负着维护公民合法权益、促进法律制度完善和实现社会正义的使命，为此就必须拥有与其"产出"相当的资源。律师业实现其使命的活动也可以理解为一种不断交涉的过程，因而也就应该具有相应的交涉力或讨价还价的能力。那么，中国的律师业在当代中国社会中究竟具有多大的交涉力呢？

回答上述问题需要一套综合的测定指标。我们在这里仅从政治参与程度的角度作一概要分析，其理论假定是：政治参与程度反映了通过合法有效的政治渠道② 影响社会决策或社会生活进程的可能性的大小；一个阶层或行业的政治参与程度高，那么在总体上其社会认同程度也高，交涉力也强。

就中国律师业的政治参与程度而言，我们首先可以引用一组数据。据统计，自律师业重建到 1990 年十年来，中国律师中"当选为各级人民代表大会代表的有 342 人，当选为各级政协委员的有 418 人"；③ 到 1991 年年底，当选为各级人大代表的有 400 余人，担任各级政协委员的有 500 余人。④ 另据了解，在中国八届人大近三千人的代表当中，仅有 4 名大陆的专职律师，而在中共十四届中央委员会中，只有一名候补委员仍在律师界担任职务（即中共抚顺市委书记、市律师协会名誉会长刘振华），成了中国律师界的唯一

① 《中国律师报》1994 年 3 月 1 日，第 1 版。
② 这里是排除政治反叛的，因为当我们谈及律师业时，通篇是以合法性为前提的。
③ 参见 1990 年 7 月 6 日《司法部关于对律师队伍和律师管理工作进行整顿的通知》，茅彭年、李必达主编：《中国律师制度研究资料汇编》，法律出版社 1992 年版，第 204 页。
④ 引自茅彭年、李必达主编：《中国律师制度研究》，法律出版社 1992 年版，第 523 页。

"光荣"。①

进一步，我们还可以引用对中国6省市18个市郊农村5461个样本的"公民权利和义务调查"的一组数据，来说明与政治参与问题相关的律师与民众实际生活之间的距离问题。针对"您曾就法律问题与律师打过交道吗？"这一问题，在5459个有效回答中，选答"没有打过交道"的有5031个，占92.16%；选答"有过一、二次"的有354个，占6.48%；选答"有过三次以上"的有74个，占1.36%；后两种回答合计为7.84%。如果再分析一下6省市各自的情况，则后两种回答的比例数大小依次为广东9.8%，北京9.1%，河南8.7%，吉林7.4%，贵州6%，甘肃5.6%。这恰好与经济和社会发展程度上存在的沿海和内地、南与北的差异相吻合。

以上两组数据提示了律师业政治参与问题上的一种内在的逻辑关系，即，社会和经济发展水平越高，律师业与民众实际生活的关系就越密切，距离也越近；而律师业与民众的距离越近，其政治参与的程度在总体上也越高，随之而来的是社会地位的提高和实际交涉力的加强。

从发展的眼光看，中国律师业的政治参与是从无到有、从少到多，而从现状看，特别是较之于律师业发达国家的情况，② 我们却不应该有过高的估计。换言之，中国律师业与民众实际生活还有很大的距离，其政治参与程度和社会交涉力在总体上也极为有限。

写到这里，我们自然联想起现实中的一连串现象：刑事案子（特别是一些疑难案子）请律师辩护难；许多律师尽管不擅长非诉讼法律事务，一般也不愿多接刑事案子和代理原告方的行政诉讼案子；不少律师处理一些社会关

---

① 参见《中国律师》1993年第7期，封二版"照片说明"。

② 比如在美国，40多任总统中有20多位曾经是执业律师，从事律师业似乎成了众多国会议员和政治家的一种基本的训练，众多的重大社会进程都留下了律师作用的"烙印"。法国国民议会的议员中，照一句流行的说法，一半是市长，一半是律师。当然，那只是西方社会的情况，即使我们考虑到中国律师业今后所能有的发展，也不会幼稚到想要与人攀比的程度。对于中国律师业的政治参与，也许我们只能建立一种"中国式"的标准。我们也许能够要求中国的政治领导具有更多的法治意识，却无法要求他们中有越来越多的法律家；这样的判断至少也可以几十年不变。

系比较复杂的案子，经常不得不采用各种非法律的（不能一概说是非法的）手段，如基于有关人员对舆论曝光的恐惧，花钱请报社记者一同外出办案，到庭旁听以实施"舆论监督"；① 不断见诸于报端的律师因执行职务而遭刁难、辱骂、甚至人身摧残（如捆绑和非法监禁等）的恶性事例，② 以及律师依法执行职务而得不到配合的现象；一些地方开展"维护律师合法权益月"活动，以号召社会各界尊重律师职业，维护律师权益，等等。这些现象不管属于反面还是正面，都使我们感到与律师业所担负的使命成强烈反差的"资源贫乏"③ 问题。

　　如果说律师为当事人争取权利的同时自身的合法权利却遭到侵害是"资源贫乏"的一种极端表现的活，那么，其另一种极端表现则是时下中国律师界直言不讳的"打官司就是打关系"。当作为一名律师所拥有的各种正当资源因贫乏而不足为用时，我们就很难指望他不凭借自己的"个人魅力"，营造和利用自己的"关系网"。结果是，谁有背景、有后台，或者与法院关系"过得硬"，谁就成了"好"律师。这样一种由于"资源贫乏"而引发的资源的个别化、非正当化，也许能够使当事人的权利在个别意义上获得一种圆满的救济，却根本无法保证同样的权利在一般意义上获

---

　　① 这样一种有偿的"舆论监督"即使促成了社会公正的实现，其正当性也是成问题的。但是从当事人的角度看，花钱买公道是值得的，同时，这样一种方法经常也能达到交易成本的最低化。

　　② 例如，1993 年 5 月 8 日至 9 日，在北京市朝阳公安分局香河园派出所，就发生了贵州省遵义县公安局对正在执行代理业务的北京华联经济律师事务所兼职律师、中国政法大学教师李强先生非法采取限制人身自由的行政强制措施，并进行人身伤害的恶性案件。详见《中国律师报》1994 年 8 月 23 日。

　　③ 在诺内特和塞尔兹尼克合著的《转变中的法律与社会》（张志铭译，中国政法大学出版社 1994 年版）中，著者曾运用"资源贫乏"（poverty of resources）一语来阐释"压制型法"中"压制"的成因。同样，我们也可用这个术语去解释中国律师执业过程中的许多现象。

　　关于中国律师业的"资源贫乏"问题，我们可以引用一位担任八届全国人大代表的专职律师在接受记者采访时所谈的感受来从一个侧面加以说明。他认为：目前在诉讼领域，存在着以言代法、以权压法、以情藐法、以钱枉法等现象，一些地方，决定诉讼成败的关键不是案内的是非，而是案外的"言"、"权"、"情"、"钱"。在这种情况下，律师充其量是天平上一颗小砝码，"言"、"权"、"情"、"钱"都比这颗砝码重。参见《中国律师》1993 年第 5 期，第 4 页。

得同样充分的救济，甚至还会因为给这种救济附加了新的条件而使原本正当的权利特权化。同时，由此而造成的其他各种弊端，也败坏了律师业的形象。①

这里自然提出了律师的职业道德和执业纪律问题，但是，在分析这一问题之前，我们要从正面探讨一下如何强化律师权利的问题。就克服律师业存在的"资源贫乏"的困难而言，通过立法尽可能地强化律师权利，可以说是提高律师业整体交涉力的最直接有效的办法。

从《律师暂行条例》的规定看，有关律师权利的条文是极其粗略原则的。如条例第三条第二款规定："律师依法执行职务，受国家法律保护，任何单位、个人不得干涉。"这里的"依法执行职务"就极为笼统，一旦在现实中碰到同样合法的权利或权力行为，它马上就会处于不确定状态，很难转化为一种具体有效的权利主张；而"国家法律保护"则几乎是一个套语，因为它并没有落实到什么具体的救济。又如第六条第二款规定："律师认为被告人没有如实陈述案情，有权拒绝担任辩护人。"这一条与其说是律师的权利，还不如说是律师的义务，即必须忠实于社会主义事业和人民的利益。再如第七条关于律师查阅本案材料、调查、同在押被告人会见和通信等权利的规定，其中的调查权的行使，直到如今还由于缺乏具体的救济措施而困难重重。②

因此，强化律师的权利至少应该包括两个方面的内容：其一，按照国际通行做法，使律师应享有的权利明细化，特别是对于一些在实践中极易受到阻碍和侵害的权利，要采取明文列举式的规定。例如，在第八届联合

---

① 在中国社会上已流行有不少讥讽律师业的话语，如把与色情服务相联系的"三陪"一词借用过来，嘲讽一些律师在业务中对主办或主管人员实行"三陪"（陪吃、陪歌、陪舞），其他一些嘲讽律师在当事人和主办或主管人员之间扮演不光彩角色的说法有"掮客"、"二传手"、"中间人"，还有的说法则完全不堪入耳。这对于新兴的中国律师业来说，真是一个令人痛心、忧虑的问题！

② 其他诸项权利，由于在《律师暂行条例》颁布后，司法部和最高法院、最高检察院、公安部联合作出了一些较具体的规定，落实得比较好（但也不是没有问题，如现实中存在看守人员对律师会见被告进行监听、监视的情况）。

国预防犯罪和罪犯待遇大会于 1990 年 9 月 7 日通过的《关于律师作用的基本原则》中有这样的规定："不得由于律师履行其职责而将其等同于其委托人或委托人的诉因"；"凡是律师辩护权在其面前得到确认的任何法院或行政当局不得拒绝承认一名合格律师代表其委托人出庭的权利"；律师的刑事辩护言论或作为职责任务出现于有关当局所发表的有关言论，"应享有刑事和民事豁免权"；"主管当局有义务确保律师能有充分的时间查阅当局所拥有或管理的有关资料、档案和文件"；"各国政府应确认和尊重律师及其委托人之间在其专业关系内所有联络和磋商均属保密性的"（与此相关的是，除法律特别规定，律师有权拒绝出庭作证以免违背保密原则）。① 中国是这一国际性法律文件的签署国之一，因此，诸如上述这些规定，可以说都是在考虑中国律师的权利内容时，需要给予积极回应的。② 其二，在律师权利受阻碍或受侵害时，法律上要有明确有效的救济。例如，上面提到的律师调查取证权在现实中就经常受到阻碍，而一旦受阻碍，律师是否可以申请人民法院授权调查或自行调查，法院则必须作出积极的回应并加以监督呢？

在律师的权利和义务方面，1996 年颁布的《律师法》的规定虽然比《律师暂行条例》要详尽些，但是与国际通行标准相比，还有很大差距。

当然，社会赋予律师的权利越多，越要求律师业严格自律，越要强化律师的职业道德和执业纪律以及加强律师惩戒工作。从中国律师业的现状看，这同样是不能偏废的一面。

# 五、律师惩戒和职业规范

我们曾向律师主管部门了解有关律师惩戒的情况，结果被婉言拒绝，其

---

① 参见茅彭年、李必达主编：《中国律师制度研究资料汇编》，法律出版社 1992 年版，第 439 页。

② 据了解，在中国的《律师法》草案中，有关律师权利的规定，已吸取了较多的国际通行做法，但吸取的程度并不相同。

理由是，将这方面的情况公之于众，不利于维护和塑造中国律师的形象。既然有这样的解释，人们自然也就无法从官方逐年提供的有关律师业的统计数字中获取这方面的任何信息。

较之于发达国家的律师业或者拿国际通行标准来衡量，中国律师业确实还是社会上相当稚嫩的一种职业，[①] 而且存在着与其所负使命适成强烈反差的"资源贫乏"问题。但是，它是不是那么脆弱，以至于我们只能用一种赞赏的口吻去谈论它呢？同时，如果没有完备的职业规范和严格的纪律惩戒，社会又怎么能赋予律师业充分的职业特权，并保证它将这些职业特权用之于维护民权、完善法制和实现社会正义的使命呢？

事实上，由于国内长期以来都是按照国家工作人员的一般标准要求作为"国家法律工作者"的律师工作人员，而没有注意切合律师业职业特点的职业规范（包括职业道德和执业纪律）建设，使得律师的执业行为在很大程度上处于一种无规范状态，各种流弊由此而生。

这里我们先引用两组已经公之于众的有关律师惩戒的统计数字。一组是全国性的：据统计，从1985年到1991年年底，司法部批准取消律师资格63人，其中因贪污、受贿、盗窃等问题的有24人，占38.1%，因嫖娼或与当事人及其亲属发生不正常关系等"流氓犯罪"的有21人，占33.3%，因违反律师职业道德的有18人，占28.6%；另外，在1990年律师注册中，因各种问题不予注册或缓予注册的有140人。[②]（但是，"不予注册或缓予注册"是一种什么惩戒呢？"各种问题"具体指的又是什么呢？不得而知。）另一组是广东省的[③]：自律师制度恢复重建15年来，广东共惩戒违法违纪律师31人，其中有22人被取消律师资格，9人被停止执业；从惩戒事由看，

---

① 尽管一些沿海发达地区，不少律师事务所的办公设施与发达国家的情况相比已毫不逊色，但仅此还远远当不起律师界常引以为荣的外来称赞，即你们"用了十几年的时间走完了欧美律师几百年来走过的路！"如果有哪一位律师对这样的评语信以为真，那只能说明他对律师业缺乏一种基本的认识。

② 参见茅彭年、李必达主编：《中国律师制度研究》，法律出版社1992年版，第494页。

③ 应该说广东省是中国律师业最发达的地区之一。

索贿、受贿和贪污的占 6%，私自收案、收费和领取额外报酬的占 22%，私自开业的占 6%，利用假证明骗取出国护照和律师资格、在法庭上作虚假陈述的占 19%，藐视法庭、语言攻击对方诉讼参加人的占 6%，违法乱纪、道德败坏和嫖娼狎妓的占 31%；除受到职业惩戒外，其中有 7 人被开除了中共党籍，9 人被开除公职，3 人被党纪、政纪警告，1 人被判处有期徒刑。①

　　从以上两组数字看，可以说在以往十几年中律师受惩戒的数量是相当少的，而且这种惩戒大多是因为违反法律以及党纪、政纪，② 因而基本上不属于因违反执业纪律而引发的纪律惩戒。实际上，在 1990 年 11 月 12 日司法部制定印发《律师十要十不准》③ 以前，除了一些地方在 1989 年前后制定了专门的（同时也是极粗糙的）职业规范和奖惩规定 ④ 以外，并不存在适用于律师业全体的系统的职业规范；而拿完备性和可操作性的标准衡量，《律师十要十不准》只是此后进行系统的律师职业规范建设的前奏。因此，尖锐一点说，中国律师业有相当长的一段时期基本上是没有什么职业规范可言的。⑤ 正因为此，各种反常而又曾极为普遍的现象才会不可避免。例如，离职司法人员从事律师业而可以没有什么规避和约束；利用各种手段进行不正当竞争——如用支付介绍费（而且已成"明码标价"之势，即收费的 10%—15%）、"咨询"费、"顾问"费、回扣、提成等手段承接律师业务、发展顾问单位，在各种宣传品中大肆渲染律师事务所及其人员"不同寻常"

---

　　① 参见《中国律师报》1994 年 3 月 1 日。
　　② 《律师暂行条例》第 12 条规定："律师严重不称职的，得经省、自治区、直辖市司法厅（局）决定，报司法部批准，取消其律师资格。"这里的"严重不称职"，可以说在很长时期里指的就是违法犯罪和违反党纪、政纪。
　　③ 茅彭年、李必达主编：《中国律师制度研究资料汇编》，法律出版社 1992 年版，第 212 页。
　　④ 如 1989 年 7 月《福建省司法厅律师奖惩暂行规定》，1989 年 8 月《吉林省律师职业道德规范》，1989 年 11 月《浙江省律师从业清廉暂行办法》等。
　　⑤ 关于律师业务收费方面的规定，是职业规范的重要组成部分，但是，中国已有的这方面的规定，太缺乏职业特色，以致在实践中很难起规范作用。

的背景、后台和履历，① 等等；利用各种手段（包括行贿，行话为"活动费"、"打点、打点"）对司法人员或有关主管人员施加不正当影响，遂使"三陪"、"二传手"、"中间人"、"捐客"一类的恶语在社会上也与律师结缘；在与委托人的关系方面，则更是混乱不堪，挥霍钱财者有之，收受或索要不正当报酬者有之，曲意迎合委托人不正当要求者有之，恶意串通损害委托人利益者有之，可谓不一而足、五花八门。如果不看主流，没有一点发展眼光，说不定我们还真是要对清末张之洞的预言——即，中国引入律师制度，会使"讼师奸谋得其尝试"——击节称赞呢！

终于，中国有了适用于全体律师业的专门且较系统的职业规范，并建立了相应的律师惩戒组织——三级"律师惩戒委员会"。

1992 年 10 月 22 日，司法部制定并发布了《律师惩戒规则》。该规则于 1993 年 3 月 1 日起施行，其主要内容包括：规定了适用于律师的五种惩戒方式，即警告、停止执业三至六个月、停止执业六至十二个月、停止执业二年和取消律师资格，以及它们各自适用的行为范围；规定了适用于律师事务所的三种惩戒方式，即警告、停业整顿和撤销；规定了三级律师惩戒委员会的组成、权限、任期和运行规则。

1993 年 12 月 27 日，司法部又制定和发布了《律师职业道德和执业纪律规范》，并于发布之日起施行。从该规范的具体内容看，它不仅对于中国律师业在职业道德和执业纪律方面存在的各种问题作出了大量针对性的规

---

① 例如，手边的一本名为《中国律师事务所简介》（第一辑）（中国政法大学出版社 1989 年版）的书中，就有不少律师事务所对自己的"不同寻常"之处极尽宣扬之能事，随意撷取一则，以窥一斑。某事务所的简介中有言："本所是以长期从事法律工作的最高人民检察院部分离休老干部为主，吸收最高人民法院、中国人民解放军军事检察机关离休的老干部和高等院校的教授、法学教师组成。在从事律师业务的人员中，原在最高人民检察院、最高人民法院担任过厅（庭）级的检察员、审判员占百分之七十"；该所有顾问两名，一是"五十年代中央司法部副部长、原最高人民检察院副检察长"，另一是"原最高人民检察院法律政策研究室主任"。面对众多事务所都有极"可畏"的背景，一些苦于自己"天生不足"的事务所就只好在简介上写上自己的工作人员"仗义执言，刚直不阿"、"为人和善，工作勤恳"，自己的事务所是"先进集体和文明单位"等一类话语了。

定，而且体现了司法部新近律改方案的精神，并在较大程度上借鉴和吸取了律师业发达国家的经验和做法。例如，在执业纪律问题上，该规范就从律师受理案件和业务收费、律师代理参与诉讼和仲裁活动、律师处理与委托人和对方当事人的关系、律师处理与其他律师的关系以及律师应执行的其他执业纪律等五个方面，作了当代中国迄今为止最为详尽、也最为合理的规定。同时，该规范还规定在各级律师惩戒委员会建立当事人对律师的投诉制度，并确立了律师因违反执业纪律给当事人造成损失的责任赔偿制度。

当然，如果从存在问题的方面加以分析，我们则可以指出以下三个方面：

第一，《律师惩戒规则》与《律师职业道德和执业纪律规范》没有充分衔接。从逻辑上讲，应该先有职业规范的具体要求，之后才谈得上对违反职业规范行为的惩戒。由于中国的《律师惩戒规则》是制定在先，加之此后律师业的情况发生了一种"巨变"，因而虽然《律师职业道德和执业纪律规范》的发布实施只是紧接《律师惩戒规则》发布实施而来的事，但后者所规定的各种惩戒及其适用事项，已无法与前者比较详尽且背景认识也比较新近的规定充分衔接。具体说来有两方面：其一，违反职业道德和纪律的各种行为大多不能与具体的惩戒方式形成对应关系，而没有严格的对应关系，实际上就会无法操作或陷于任意操作。这方面的问题，如果对照两个规范文件，将是显而易见的。其二，《律师惩戒规则》所列举的惩戒事项与后来的职业道德和纪律规范有不切合之处。例如，《律师惩戒规则》第 7 条第三、四项分别规定："无正当理由不完成规定职务工作量的"，以及"无正当理由不到律师事务所工作，累计旷工满十日或连续旷工满六日的"，要"予以停止执业三至六个月的处分"。这样的规定就无法与《律师职业道德和执业纪律规范》第 16 条第一项的规定——即律师"不得违反本律师事务所的工作纪律和各项规章制度"——相契合。另外，《律师惩戒规则》第 10 条规定"予以取消律师资格"的事由包括第三项"道德败坏的"和第五项"被开除中国共产党党籍的"。就前项而言，什么叫"道德败坏"？在道德标准不断演进的时代，这是一个极现实的问题；就后项而言，是不是合理或必要呢？《律师职业道德和执业纪律规范》第四条中肯定了《律师惩戒规则》的适用效力，既然如此，单凭一个第 20 条规定，即"司法部以前制定的有关律师执业的规定与本规范不一致的，以本规范为准"，是远远不够的。

第二，在律师业发达国家，律师业各种职业规范的制定多属律师业自治的一个重要方面；虽然从中国现实的情况看，甚至还没有形成这样一种认识，但从律师体制改革和律师业发展已取得的成就看，在职业规范的实施方面是应该有更多的行业化精神的（或者说与国际"接轨"），而这恰恰应该体现在"律师惩戒委员会"的组成和设置上。中国的律师惩戒工作原本是由司法行政机关单独承担的，到制定《律师惩戒条例》，情况有了一些变化。按照惩戒条例规定：司法部，省、自治区、直辖市的司法厅（局），地、市、州司法局（处）分别设立由九名、七名、五名委员组成的律师惩戒委员会，构成三级，具体行使各自的惩戒职能。但是，就律师惩戒委员会与同级司法行政机关的关系而言：后者领导前者，任命前者的委员；后者主管律师工作的领导和其中律师管理机构的领导分别为后者的主任和副主任，后者的律师管理机构是前者的办事机构；前者作出的惩戒决定必须经后者批准。因此，尽管各级律师惩戒委员会有执业律师和律师协会人员参加，但它仍无异于是同级司法行政机关的一个附属性组织。显然，从司法部 1993 年 12 月的律改方案内容和精神看，现实中的律师惩戒委员会的组成和设置状况是有重新考虑的必要的。根据我们所了解的情况，今后的律师惩戒委员会将由各级律师协会设立，司法行政机关则提名一至两人参加；这当然体现了行业化管理和律师业自律自治的精神。① 应该强调的是，如果律师协会成为律师行业管理的主角而要具有正当性，它就必须成为能够真正代表律师业全体的组织。

第三，《律师职业道德和执业纪律规范》的一些规定，有进一步完备的必要。试举几例：把为无能力交纳费用的当事人提供法律援助作为律师的义务，那么，国家应该承担一些什么责任呢？第 12 条第九项中的"报酬性质

---

① 一个律师是否违反了职业道德和执业纪律以及应予以什么样的惩戒，是应该从职业的角度作出专门判断的，同时，也只有从职业或"内行"的角度，才能保持所作判断的客观合理性，才能最大限度地杜绝违反职业道德和纪律的行为。

的实物礼品"一语该如何理解，既是"礼品"，怎么就不是礼节性质的呢？
第 13 条第五项规定不得向有关执法人员行贿或指使、诱导委托人行贿，但
实际上，影响有关执法部门和人员的不正当手段，又何止是行贿一种呢？第
13 条第四项规定"不得泄露在执行职务中得悉的委托人的隐私、秘密和委
托人不愿公开的其他事实和材料"，但这样一条对律师业至关重要的纪律，
在实践中是必然要遇到众多挑战的，在中国则更是如此。有鉴于此，是否能
借鉴国际上通行的做法，作出更详尽可行的规定呢？从规范制定技术上讲，
《律师职业道德和执业纪律规范》中有关执业纪律部分，属清一色的禁止性
规范而极少有排除性说明，这样一来，在规定的准确细密程度和可操作性上
就不能不打折扣。尽管如此，我们还是要再次指出，该规范体现了当代中国
在律师职业规范建设上所达到的一个新的水平。

# 第十六章　中国律师业发展专题研究

## 一、职业定位和职业使命

律师业的性质、使命和基本立场，是贯穿律师立法的三个密切相关的根本性问题。就中国律师业的情况而言，我们首先可以按照 1980 年颁布的《中华人民共和国律师暂行条例》（简称暂行条例）和 1993 年司法部发布的《律师工作改革方案》及《律师职业道德和执业纪律规范》比照分述如下：

按照暂行条例第一条和第三条规定："律师是国家的法律工作者"；其使命是"对国家机关、企业事业单位、社会团体、人民公社和公民提供法律帮助，以维护法律的正确实施，维护国家、集体的利益和公民的合法权益"；其业务活动的基本立场必须是"以事实为根据，以法律为准绳，忠实于社会主义事业和人民的利益"。

按照司法部 1993 年年底发布的《关于深化律师工作改革的方案》和《律师职业道德和执业纪律规范》规定的精神来概括：律师是为社会提供法律服务的专业工作者；其使命是为社会（或当事人）提供法律服务，维护当事人的合法权益，维护法律的正确实施；其业务活动的基本立场是"以事实为根据，以法律为准绳，严格依法执行职务"。上述有关中国律师业的性质、使命和基本立场的界定，作为律师工作十多年改革和发展的总结，已体现在 1995 年 5 月 15 日八届全国人大常委会第十九次会议通过的《中华人民共和国律师法》中。

以上两种界定明显存在这样的基本差异：在性质上，一个是"国家的法律工作者"，另一个是"为社会提供法律服务的专业工作者"；在职业使命上，一个强调"法律帮助"、在维护法律正确实施的意义上维护当事人的合法权益，另一个强调"法律服务"、通过维护当事人的合法权益去维护法律的正确实施；① 随之而来的是，在基本立场上，虽然两者都强调事实和法律，但一个落脚于社会主义事业和人民利益，另一个则落脚于严格依法执行职务（这与"以法律为准绳"实属同义反复，由此也可以说这一"脚"是虚的，表明在认识上还存在障碍）。

把中国律师的性质界定为"为社会提供法律服务的专业工作者"，以此取代"国家的法律工作者"的定性，显然是符合中国律师业的发展趋势的。因为，截至 1994 年 6 月底虽然在中国已有的 5885 家律师事务所中不占国家编制和经费的仅有 612 家，为总数的 10.4%，因而"国家法律工作者"的定性还仍然有效，但从现行发展的方向看，除经济欠发达地区的律师事务所还被允许维持原有的组织形式外，其他"国办所"都将逐渐实现向不占国家编制和经费的组织形式转变，加之合伙开业和个人开业等新的形式，越来越多的律师将不再具有"国家的"属性。同时，把律师界定为"法律专业工作者"② 也符合国际通例。在国际上，特别是在现代发达国家中，律师、医师、会计师等皆属专业人员（professionals），他们从事的职业因需要专门知识或特殊训练而成为与普通工作意义上的职业（occupation）相区别的专门职业（profession）。

这里，有必要在理论上进一步说明三点：

第一，律师为社会提供法律服务，当然也包括为国家提供法律服务，但

----

① 这种认识逻辑在现实中并不那么明晰，如《律师职业道德和执业纪律规范》第 3 条中的规定就是："维护国家法律的正确实施，维护当事人的合法权益"。我们在下面将指出，这种认识逻辑实际上反映了现代律师制度和律师业的基本设计思想。

② 也有用"专业法律工作者"提法的，但这样的表述有明显的缺陷，似乎除律师外就都是"非专业法律工作者"了。

是，律师的服务并非作为国家公职在行使国家的权能。因此，律师是"社会上的法律专业工作者"，借用日本人的一个说法则是"在野法曹"，它与法官、检察官等国家司法人员是不同的。"国家的法律工作者"这样一个泛泛的名称，随着中国律师业的社会化，将会失去其效用。

第二，"国家的法律工作者"的定性，是绝对排斥律师是私人开业（包括个人开业和合伙开业）的"自由职业者"的概念的，而"为社会提供法律服务的专业工作者"的定性与"自由职业者"的概念则是相容的。"自由职业者"的概念事实上强调了律师业不依附于国家权力的自治自律的属性。

第三，中国将建立公职律师制度，公职律师是具有律师资格而在政府机关内部专门从事法律事务工作的国家公务员，① 那么，承认了"公职律师是我国律师队伍的重要组成部分"，又怎么解释律师业非国家的社会属性呢？又怎么能说律师不再是国家的法律工作者呢？对此可以找到两种解答：一种比较牵强，即公职律师只是律师中的一小部分，律师的主体仍然具有非国家的社会属性；另一种是，公职律师虽然有律师资格，甚至持有律师工作执照，从而属于全称意义上的"律师"范围，但却不属于严格意义上的"执业律师"。这里我们可以借鉴其他一些国家的做法，比如在美国和英国，"律师"（lawyer）可以是一个泛称，其含意与"法律家"（即擅长法律者）相同，包括律师（指公职律师和执业律师）、法官、检察官和法律教授等，而在严格意义上，"律师"则是指"执业律师"（practicing lawyer），美国称"attorney at law"，英国分"solicitor"（事务律师）和"barrister"（出庭律师）。当然，中国目前的诸种法律职业之间在组织上还缺乏一种通性（即不是"一元制"），因此，可以从"律师"中分解出严格的"执业律师"概念，② 却无法使"律师"

---

① 参见 1993 年 12 月司法部《关于深化律师工作改革的方案》和《中国律师报》1994 年 7 月 19 日关于建立公职律师制度的报道文章。在其他国家，如美国，也有公职律师，而且不限于政府部门。

② 根据 1993 年 12 月司法部的律师工作改革方案，除公职律师外，中国还将在企（事）业单位内部建立专门为本单位提供法律服务的律师队伍，还将建立为军队内部提供法律服务的军队律师队伍，而他们显然也不属"执业律师"范围。这里要提出的问题是，在中国是否一定有必要对律师业作这样的分割呢？

具有"法律家"的宽泛含义。

就律师业的使命和基本立场的界定而言，实际上涉及的是律师制度和律师业的基本设计思想问题。在一个实行民主政治和法治的现代社会中，民权、法制、国家利益和社会正义等都不应是一些抽象的符号，它们产生于社会个体的权益，并且要能落实和回归到社会个体的权益。这样的观念贯彻到律师制度和律师业的设计，就成了一种基本的设计思想，即：律师是为当事人提供法律服务的，其对法制和社会正义的维护是通过维护当事人的合法权益的方式实现的。① 既然是提供"法律服务"而非"法律帮助"，就应该有主有从，就应该在利益冲突的场合立足于服务对象的合法权益；而且这种"合法"是基于律师自己对法律的理解，它最终只有通过法律过程才能处于确定状态。我们不能要求律师在为当事人服务的具体业务活动中像检察官那样去考虑国家利益，像法官那样去实现法律公正，像知识分子那样去充当社会的良心。事实上，在一个利益多元化的社会中，尤其是在利益冲突的场合，也只有每一种权益都获得充分的主张，才有可能谈实现民主法治②和社会正义；而社会之所以给律师业自治自律的特权，目的也在于此。

## 二、律师与法律职业共同体

法律职业共同体是包括法官、检察官、法律教师和律师等在内的诸法律职业者之间的"联合"，是他们之间在利益一致的基础上，以特有的传统和精神为纽带所形成的一种社会关系。马克斯·韦伯把共同体称为一种社会关

---

① 这里并没有否定律师应该具有关心公共利益的公共精神，只是强调了实际过程及其中的一种辩证关系，即律师只有、也只能通过维护当事者的合法权益（并且是基于自己对法律或"合法"的理解）去促进公共利益的实现。对于这方面问题的讨论，可参见前引［美］罗伯特·戈登：《律师独立论》，周潞嘉等译，中国政法大学出版社1989年版。

② 实现法治首先要有完善的法律和制度，而后者的一个重要源泉恰恰是社会主体运用法律追逐自身利益而使法律有可能暴露出的种种漏洞或缺陷，这也是一种辩证的关系。因此，律师也将在法制完善方面发挥重要作用。

系，认为在共同体内，存在着同一种关于行为和道德的不成文法典，存在着同一种关于和谐融洽的气氛，存在着对同一种品格的普遍热情，以及对人的命运和法律前途以率直而坚定的态度加以表达的共同信念。①

在就此问题作出判断和论述之前，我们想分别列举和分析三组现象。

〔第一组〕在 1980 年 8 月李运昌所作的《关于〈中华人民共和国律师暂行条例〉的几点说明》中有这样的文字："律师制度是人民司法制度不可缺少的组成部分"，"'律师是国家的法律工作者'，他们的工作性质，实际是肩负着国家赋予的使命，他们是国家政治、经济领域和社会生活中一支维护法制的力量"。②

1981 年 4 月 27 日，"两高"③、公安部、司法部发出《关于律师参加诉讼的几项具体规定的联合通知》，其中规定④：律师可以到法院查阅所承办的本案材料，法院应给律师阅卷提供必要的方便和阅卷处所；检察院应为辩护律师准备一份起诉书或抗诉书副本，法院应将判决书、裁定书的副本发给承办律师，律师的辩护词在具备打印条件的情况下应送交法院和检察院一份存档；法院在刑、民案件的庭审中，不应讯问担任诉讼代理人的律师的姓名、年龄、籍贯、住址和职业，法庭应有律师的座位⑤。

1986 年 3 月 14 日，司法部在《关于加强和改革律师工作给国务院的报告》中指出："少数负责同志和政法干部还把律师执行辩护制度说成是'丧失立场'、'替坏人说话'，有的甚至刁难、辱骂、捆绑和非法监禁律师"；"律

---

① 〔德〕马克斯·韦伯：《经济与社会》上卷，林荣远译，商务印书馆 1997 年版，第 375 页。

② 参见茅彭年、李必达主编：《中国律师制度研究资料汇编》，法律出版社 1992 年版，第 5—6 页。

③ 即最高人民法院、最高人民检察院。这一简称是否在提示人们注意中国司法权本身的某种状态呢？如果结合"公检法"这一简称及其包含的"分工负责、互相配合、互相制约"的意味，是否可以认为在中国有"三高"呢？

④ 参见茅彭年、李必达主编：《中国律师制度研究资料汇编》，法律出版社 1992 年版，第 33—35 页。

⑤ "座位"二字请读作"地位"。

师是国家的法律工作者，在政治上应与政法干部一视同仁"。①

1986 年 6 月 26 日，司法部、"两高"、公安部联合作出《关于律师参加诉讼的几项补充规定》，其中包括："律师向人民法院正式提出的书面证据、辩护词、代理词，人民法院必须入卷；意见书和其他与本案有关的材料，人民法院认为必要时也应附卷"；"人民法院应当用通知书通知律师到庭履行职务，不得使用传票传唤律师"；"法庭上的审判人员应尊重和保障律师出庭时依法履行职务的权利，不得随意责令律师退庭"；"凡有律师参加诉讼的案件，人民法院应当在对该案的判决书或裁定书上列名"。②

〔分析一〕在中国，"司法制度"的概念是一个近乎于"司法体系"的概念，它包括侦查制度、检察制度、审判制度、劳改劳教制度、律师制度、公证制度、人民调解制度和仲裁制度等。从职能主体的角度讲，除仲裁制度涉及的是不同的仲裁委员会外，其他则涉及的是"公、检、法、司"四个部门。但是，如果从国家权力结构的角度评估，"公、检、法"三机关实属更为显赫的"三驾马车"，而且宪法和刑诉法确立的三机关在刑事案件处理过程中的"分工负责、互相配合、互相制约"原则，无异于在一般意义上强化了三者并驾齐驱的态势，使它们在职能上构成了某种程度的封闭格局；任何新的因素的契入，都有可能影响总体上的平衡，而为保持平衡，就必须进行必要的磨合。

上述一组现象皆取自《律师暂行条例》颁布以后公、检、法、司四机关所发布的一些相应的规范性文件。从内容来看，它们首先反映的是一种磨合或交涉的过程。具体地说，律师制度在 70 年代末重建之后，就在既成的"公、检、法"职能或权力格局中契入了一种新的成分，而作为律师工作主管机关的司法行政部门，自然就成了代表律师的一方，承担了因契入而产生的磨合或交涉的任务。值得一提的是这一交涉过程得以进行的基础或根据，

---

① 参见茅彭年、李必达主编：《中国律师制度研究资料汇编》，法律出版社 1992 年版，第 224—226 页。

② 参见茅彭年、李必达主编：《中国律师制度研究资料汇编》，法律出版社 1992 年版，第 49—50 页。

即：律师制度是国家司法制度的一部分，律师是国家的法律工作者，它肩负着国家赋予的使命。换言之，既然律师、法官、检察官和公安干警等都是国家的政法干部，就不应该有厚此薄彼之分和龃龉不合之处。其次，它们还呈现出令人吃惊的细致程度。诸如为律师提供某些诉讼文书副本、提供阅卷处所和庭审时的座位，必须将律师的辩护词、代理词等入卷，应当在判决书或裁定书上列上承办律师的名字，不得用传票传律师到庭履行职务，不得随意责令律师退庭，等等。可以说皆是针对现实中已经出现的问题而作出的矫正性规定。然而，如果连"座位"的提供都要借助于明确的规范性要求来做到，那么又怎么能保证在一些更为重要而不宜作出整齐划一要求的事项上会有自觉认同的可能呢？又怎么能避免"你辩我判不相干"的状况呢？

〔第二组〕1991 年 7 月 6 日，湖南双牌县法院当庭拘留依法执行职务的律师肖绍泉，事件发生后，中共湖南省委、省人大主要领导同志作了专门批示，并由湖南省委政法委牵头，成立联合调查组，全面调查了解了有关情况，向省委写出了《关于双牌县人民法院拘留肖绍泉律师事件的调查报告》。县法院向肖绍泉律师赔礼道歉。肖绍泉律师被调往永州市律师事务所任主任。这一事件在两年多以后总算有了个"说法"。①

一位大学法学教授、兼职律师的话："我对办案有一种余悸——怕遇到难堪的场面：法院里一个年轻书记员，有时趾高气扬把律师训斥来训斥去。我老头子上了年纪，自尊上就接受不了。"

1994 年 8 月 2 日《中国律师报》头版登载名为《法院开门求谏：可喜，律师知无不言：可敬》的报道，内容是广西横县人民法院邀请该县两个律师事务所全体律师上门召开座谈会，就法院在各项审判工作中存在的问题应该如何纠正，征求律师的意见。

〔分析二〕这是来源于法律实践的三个典型事例。就第一例而言，我们

---

① 参见《中国律师报》1994 年 4 月 26 日。

不禁要问：如果肇事的审判长有一丁点的法律职业精神，又怎么会对自己的职业同行那样胡作非为呢？如果我们这个社会在选任法官时还比较注重选任对象在法律知识和法律精神方面的素质要求，又怎么会以法院的"赔礼道歉"而非更有建设性的措施了事呢？如果不同的法律职业之间在精神上存在一体感，而非以部门的姿态自恃其权能，那么即使在基层发生了这样的事件，又何须省级党的政法委出面协调，并在长达两年多以后才能有一个"说法"呢？

第二例说明的问题是，由于没有严格规范从事法律职业的条件，有不少司法人员虽然从事的是法律职业，但对法律学识的价值却毫无认同。这不由使我们想起许多从法律院系毕业被分配到政法部门工作的人的感叹："要想干下去、干得好，就必须把所学的全忘掉！"

第三例反映了法官和律师之间的相互认同和沟通，这在目前中国是难能可贵的。不过，正如标题所示，把这样一种座谈会更多地看作是法院工作中的一种民主作风，是恰如其分的。

〔第三组〕中国已从 1986 年开始实行律师资格全国统一考试制度，该考试由国务院司法行政部门组织实施。另外，中国正在抓紧筹建律师学院。

根据《中华人民共和国法官法》和《中华人民共和国检察官法》的规定：中国今后将实行国家法官资格考试制度和国家检察官资格考试制度，两种考试分别由最高人民法院法官委员会设立的国家法官资格考试委员会和最高人民检察院检察官委员会设立的检察官考试委员会组织；两个考试委员会都将吸收法学专家、教授参加；作为申请两种考试的必备条件之一，申请者必须是高等学校法律专业毕业，或者高等学校非法律专业毕业具有法律专业知识，工作满二年的，或者获得法学学士学位，工作满一年的，或者获得第二学士学位（包括法学学士学位）、法学硕士学位、法学博士学位的①。两法还

---

①　律师资格考试的要求是法律大专毕业或者其他专业大学本科毕业以上学历。中国的法官和检察官的任职条件一直是没有加以严格规范的，从业者中有大量的军队转业干部、其他系统调配人员、从社会录用者，也有大、中专毕业生，因此，一下子规定那么高的应考学历条件，我们应作何理解呢？

规定：法官的培训，将由国家法官学院、地方法官学院和其他法官培训机构承担；检察官的培训，将由中央检察官学院、地方检察官学院和其他检察官培训机构承担。

〔分析三〕这一组现象反映的是中国的法律职业在今后所可能出现的格局：一方面，由于在法官和检察官的选任上确立了资格统考制度，并且在申请考试者的条件中和在实施考试的组织形式上强调了学识背景和学识价值，各种法律职业在精神上的共同性将越来越多；另一方面，就法官、检察官和律师而言，中国的法律职业就将成为"三分"格局。三种资格考试、三种任职系列、三种培训体系，势必仍然成为三个利益群体，由此不仅谈不上社会法律资源（如法律人才、法律设置、法律权威、法律经验和技巧等）的合理配置和利用，而且还必然会导致资源的重大浪费。

综合以上三组现象及所作的分析，我们可以认为，在中国，有律师职业、法官职业、检察官职业和其他法律职业，却没有作为一个有机整体的法律职业共同体，更谈不上高度职业化意义上的法律家共同体。这种状况不仅存在于过去和现在，而且从现行的趋势看，在将来也不会改变。律师法、法官法和检察官法的颁布实施，进一步固化了这种"三分"格局。

这当然有别于法治发达国家的情况。在这些国家，虽然也有律师、检察官和法官等职业之分，但它们互为一体，构成了一种高度职业化或专业化（professionalization）的完整的法律职业：一方面，它们共有一扇进入之"门"，要求意图从业者具有大致相同的学识背景，通过统一的资格考试或经过一定途径完成专门的职业训练（在不少国家，如日本、德国、法国等，则不仅要求通过统一的资格考试，而且还要求经过同样的职业培训）；另一方面，它们相互之间在人事上是相通的，不少国家（如英国等）还实行从开业达一定年限并富有成就的律师中选任法官的制度，从而就使法官职业在法律职业当中有了一种令人信服、众望所归的地位。如此构建的法律职业，其成员必然注重学识的价值；对待事物或处理问题，他们会有相同的思维方法并运用共同的评价体系，因而相互之间很容易有一种合理的期待；他们相互间会有强烈的一体感，并把赢得职业同行的赞赏作为衡量自己成就的重要标准。结果是，他们不仅相互间结合为一个精神上高度统一的职业共同体，而且在社会上构成一个专门的法律家阶层；他们是法律秩序的载体，是法律价值的卫士，是法治社会中一种最不足惧却甚为强劲的力量。

当然，立足于中国的现状而奢谈法律家共同体是过于空泛和理想主义的。对于这一点，人们可以从最深层或最浅显的层面上举出各种同样具有说服力的理由，其中包括中国的各种法律职业，尤其是法官和检察官，在总体上的职业化程度还太低。不仅如此，在中国基层的法律职业者中，很多连基本的文化水准都不具备①，因而可以说连职业化改造的可能性都很小；他们是干部或官僚中的一部分，他们不可能给人留下太多的不同于其他干部或官僚的印象。然而，中国社会毕竟是一个不断迈向法治的社会，虽然基于各种原因而不宜多谈法律家共同体或法律家阶层，但既然现实中已经出现了那么多的问题，人们是不是应该多强调一下法律职业共同体的概念，并切实有效地进行这种共同体的建设呢？

要构筑一个法律职业共同体，自然就要在诸种法律职业之间找出一种基本的共性。从以往的实践看，这种共性只能被归结为律师、检察官和法官等共同具有的"国家法律工作者"的属性，更确切地说，他们都是肩负国家赋予使命的"政法干部"。但是，从实践结果看，这样一种同源于国家的属性，却几乎无法在现实的法律职业者身上得到共同而自觉的回应。随之而来的是，作为在权力资源的分配中处于劣势的律师业，不可避免地陷入了一种为自身的正当权益而不断与其他法律职业进行交涉、甚至"抗争"的境地；而其他法律职业之间自恃其权能、互不服气的事例，在现实中也时有发生②。另外，随着律师业的不断社会化，不同法律职业同源于国家的形式意义上的共性，也将渐渐失去，构筑职业共同体的设想，将更加无从谈起。

事实上，中国迄今为止的实践，可以说并没有表现出一种构筑法律职业

---

①　例如，在中国内地的许多基层法院，从业人员中几乎没有受过正规高等教育的。

②　在与不同法律部门人员的座谈中，我们就经常碰到互相指责的现象，这种指责当然不能归结为指责者个人品质上的瑕疵，其根本原因还在于缺乏一种完善的法律职业构造。

共同体的倾向。虽然从已经实行或计划实行的各种法律职业资格统考制度和职业培训制度看，学识的价值在各种法律职业中都获得了重视，从而使我们可以乐观地期待中国的各种法律职业者在精神上将会有更多的共性，但是，令人不安的是，律师、检察官和法官等各开一扇职业之"门"，都是在部门意义进行自己的职业化改造，势成"三分"格局。这使我们不由地要问：中国的各种法律职业是不是只能由相应的国家职能部门，立足于现状，在自己的权能范围内进行一种"划地为牢"的部门割据式改革呢？是不是更应该在强调学识背景和学识价值的基础上，把各种法律职业作为一个整体，打破部门界线，进行一种结构性的改造呢？中国社会既然能够在国家的经济体制和政治体制上进行改革，为什么就不能相应地、而且是很现实地考虑对法律职业进行一种结构性改造呢？简而言之，中国的诸种法律职业是不是只应该建造一扇进入之"门"呢?! ①

## 三、充分的法律服务与律师业务的垄断

近几年来，中国官方和民间的视野都越来越多地注意到在社会上悄然出现的"黑律师"、"土律师"、"冒牌律师"或"土诉师"问题。对于这些闯入社会的"不速之客"，比较权威的界定是没有律师工作执照，但以盈利为目的从事律师事务活动的非律师工作人员。② 根据司法部 1991 年的一个调查 ③，中国各地有"冒牌律师"六百余人，主要集中在辽宁、吉林、湖南、江苏、浙江、广东、广西等 11 个省、自治区、直辖市；在成分上，司法机关的离退休干部占 25%，农民占 25%，企事业单位干部占 24.6%，教师占 17%，城镇无业待业人员占 7.6%；活动方式主要包括成立"清债公司"，担任企业法律顾问并向社会提供有偿服务，摆摊设点从事代书等，以及组成民

---

① 这也可以说是在一种最低限度上实现与国际通行做法的接轨。

② 参见茅彭年、李必达主编：《中国律师制度研究》，法律出版社 1992 年版，第 506 页。也有的界定把未取得律师资格作为要件之一。

③ 茅彭年、李必达主编：《中国律师制度研究》，法律出版社 1992 年版，第 507—508 页。

办组织从事行政诉讼。如湖南平江县在《行政诉讼法》实施后的半个月内，就出现了 47 名"冒牌律师"，打着"民权实业所"、"公道行"、"包公亭"等招牌，专为那些违反本省《计划生育条例》而超生、违反《土地法》乱占耕地受到处分的农民同政府打官司，半个月就写诉状 90 余份①。这项调查所提供的数字，可能还远不能反映现实中"冒牌律师"的数量，例如，在 1994 年 3 月 13 日《法制日报》第五版有关"土律师"的一篇专题文章中，有这样一项数字：苏北 R 市有律师事务所 16 个，正式律师 68 人，兼职律师和聘用法律工作者 87 人，但社会上既无律师资格证又无律师工作执照，而且未在律师事务所挂名的"土律师"却多达 300 余人。

另外，人们所列举的"冒牌律师"的主要危害是：包揽词讼、挑词架讼，破坏社会安定；"以钱铺路，用筷子架桥"，腐蚀司法人员，干扰依法办案；胡乱收费，增加当事人负担，甚至骗取钱物，坑害当事人；扰乱法律服务秩序，败坏真律师的名誉和社会形象，严重损害律师业的发展。②

对于"冒牌律师"从事法律业务活动，主管法律服务业的司法行政机关一直是明文禁止的，并将其作为整顿法律服务市场的重要内容之一。1990 年 7 月 6 日，司法部关于整顿律师工作的一个通知中就明确要求各地司法厅（局），"严禁非律师人员以律师名义从事活动"。1992 年 8 月 4 日，司法部在关于律师工作改革的意见中指出："1985 年国务院已明确规定由司法行政机关统一管理法律服务市场。只有律师、公证、乡镇法律服务人员以及经司法行政机关批准的其他法律服务机构才有面向社会提供有偿法律服务的权利，其他任何机关、团体、企事业单位和个人均不得面向社会提供有偿法律服务"，因此，"建议国家赋予司法行政机关对非法从事法律服务的机构和人员有行政处罚权"。③《中华人民共和国律师法》第 14 条明确规定："没有取得律师执业证书的人员，不得以律师名义执业，不得为牟取经济利益从事诉

---

① 请注意并思考这种现象，难道不能从中吸取一点正面的东西吗？

② 参见茅彭年、李必达主编：《中国律师制度研究》，法律出版社 1992 年版，第 508—510 页。

③ 《司法部关于律师工作改革的意见》，载《中国律师》1992 年第 4 期，第 8 页。

讼代理或者辩护业务",第 46 条还规定:"冒充律师从事法律服务的,由公安机关责令停止非法执业,没收违法所得,可以并处 5000 元以下罚款、15日以下拘留。没有取得律师执业证书,为牟取经济利益从事诉讼代理或者辩护业务的,由所在地的县级以上地方人民政府司法行政部门责令停止非法执业,没收违法所得,可以并处违法所得 1 倍以上 5 倍以下罚款。"

但是,如果暂且不谈上述规定是不是合理或应当,它们在法理上也存在明显的缺陷。在中国,法律的效力依次为宪法、基本法律、法律、行政法规、部委的规章等,后面的不能与前面的相抵触。从上述规定看,即使把律师法考虑在内,其效力层次最高的也只达"法律"这一层。换言之,上述规定要成为法律体系的一部分,就必须与效力层次更高的法律和谐一致。问题恰恰就出在这里。《刑事诉讼法》第 32 条规定:被告人可以委托辩护的人包括律师、人民团体或者被告人所在单位推荐的公民、经人民法院许可的公民,以及被告人的近亲属和监护人;第 34 条还规定了人民法院可以指定辩护人的情况。《民事诉讼法》第 58 条第二款规定:"律师、当事人的近亲属、有关的社会团体或者所在单位推荐的人、经人民法院许可的其他公民,都可以被委托为诉讼代理人。"《行政诉讼法》第 29 条第二款规定:"律师、社会团体、提起诉讼的公民的近亲属或者所在单位推荐的人,以及经人民法院许可的其他公民,可以受委托为诉讼代理人。"可见,三大诉讼法都没有把刑事辩护和诉讼代理活动作为专属于律师的业务,因而也就谈不上律师对这些活动的垄断问题。至于非诉讼法律事务的代理,按照民法通则的规定,则更谈不上由律师垄断的问题。既然诉讼法律事务和非诉讼法律事务都不是专属于律师业务的范围,① 又怎么谈得上非律师人员从事"律师业务活动"并因此将他们定义为"冒牌律师"呢?又怎么能要求他们和其他主体一定要经过司法行政机关的批准才能向社会提供"有偿法律服务"呢② ?(是不是"无偿"

---

① 也即没有律师业务的垄断,没有专属意义上的律师业务活动。

② 难道乡镇法律服务人员一经司法行政机关认可批准,其法律服务活动就不是非律师从事律师业务活动了吗?但果真如此,不就成了在强调司法行政机关的管理权能了吗?问题怎么会复杂化呢?

就可以呢?)既然诉讼法已经明文规定"经人民法院许可的公民"可以受委托担任辩护人或诉讼代理人,又怎么能要求法院一概拒绝非律师人员出庭办案呢?

那么,禁止"冒牌律师"从事律师业务活动的要点是否不在于禁止他们从事"律师业务活动",而在于禁止他们"以律师名义"或"以律师身份"从事"律师业务活动"呢?如果是这样,法理上自然不会有什么问题。但是,脱离了"律师业务活动",单凭"以律师名义"或"以律师身份",又怎么谈得上构成"非法从事律师业务罪"呢?另外,对非律师人员"以律师名义"或"以律师身份"从事法律活动的禁止,当然有助于使"律师"这一用语规范化,并借此避免种种弊端,但这样一种禁止却很难加以实际操作。原因主要有两个方面:其一,从当事人方面讲,既然法律并没有规定只能从律师处获得自己所需的法律服务,他就有权按照自己的情况和条件选择服务者,而且在他看来,只要是能为自己提供法律服务者,就当属律师,即使并非真律师,也无所谓。这可以说是法治欠发达社会的一种无可避免的社会心态和社会现象。其二,就从事有偿法律服务活动的非律师人员来说,其目的是从事法律服务以获取收益,为此他可能并没有必要借律师的名义或身份,也就是说,他可能自信自己的学识才能、社会声望、活动能力等足可以吸引当事人,并没有必要冒律师的"牌"。这一点在中国这样一个律师业拥有的资源还极其贫乏的社会,也可以说是很自然的。同时,在已有的法律机制中,也并非谁说自己是律师,谁就是律师的;如果谁真的伪造律师工作执照或者借法律服务之名进行诈骗,并且构成社会危害的话,国家也可以通过已有的刑法规定(如诈骗罪,伪造公文、证件、印章罪等)加以惩治。

总之,"冒牌律师"现象实际上指的是存在于司法行政机关管理范围之外、并缺乏其他一些必要制约的非律师人员从事有偿法律服务的情况。由于缺乏规范,这一现象已呈现出种种社会危害(当然,在中国现行社会状况下,这些危害的成因,并不能简单地归之于服务的主体是"冒牌律师")。但是,立足于现行法律看,对"冒牌律师"现象只能采取纳之于管理范围之内,使之规范化的办法,而不应一概加以禁止和取缔。

在司法行政机关对待"冒牌律师"的态度中，显然具有很强的律师业务垄断的意味。而事实上，律师业务垄断应该是针对律师业以外所有分割律师业务的个人（甚至包括当事人自身）、团体和职业的。

从律师业发达国家的实践看，律师业务的垄断一般都是在自然发展过程中，靠职业自身的不断努力，在相对基础上实现的。具体来说，律师业务的垄断是在律师业发展到较高程度之后出现的一种现象，它是已经强有力的律师行业协会为了在法律服务的需求和供应（或"生产"）之间确立某种可操作的对应关系，以便律师业能够控制法律服务市场而发起的运动；尽管这一过程曾遭到其他服务主体长期而顽强的抵制，但最终在不同的业务领域，律师业还是实现了不同程度的垄断（其中在诉讼领域一般都实现得比较充分）。[①] 值得注意的是：国外的律师业务垄断现象，出现于律师业相当发达之后，也就是说，律师业在总体上至少已有能力满足现实中产生的法律需求，这可以说是律师业务垄断的基本前提。同时，虽然各个国家和地区律师业务垄断的程度大小不同[②]，但是，非律师以律师名义从事营利性法律服务，相关行业侵占历来属于律师的地盘，是律师业发展过程中一种无法回避的现象。我们还没有发现哪一个国家律师业务是绝对垄断的。因此，可以认为，绝对的垄断既无可能，也无必要。

中国迄今为止还不存在律师业务垄断。尽管如此，较之于其他法律服务主体，律师业除了在专业技能、组织程度、社会认同等方面具有无可比拟的优势之外，在法律上也享有更优惠的权利，甚至拥有其他服务主体所没有的特权。[③] 例如，《刑事诉讼法》第 36 条规定："辩护律师自人民检察院对案

---

① 美国的例子，请参见 R.L.Abel, American Lawyers, Oxford University Press，1989，pp.112–115。

② 参见茅彭年、李必达主编：《中国律师制度研究》第 64—65 页所介绍的一些情况。

③ 这种优惠的权利和特权，甚至连当事人自身也没有，例如，在行政诉讼中就是如此。不过，既然法律允许非律师人员从事与律师基本相同的法律服务，是不是就应该为他们从事服务活动提供更合理而有效的保障呢？不恰当的"歧视"或漠视，显然是不利于民权保护的。1990 年 9 月 7 日第八届联合国预防犯罪和罪犯待遇大会通过的《关于律师作用的基本原则》中要求："这些原则还应酌情适用于虽无正式律师身份但行使律师职能的人。"

件审查起诉之日起，可以查阅、摘抄、复制本案的诉讼文书、技术性鉴定，可以同在押的犯罪嫌疑人会见和通信。其他辩护人经过人民检察院许可，也可以查阅、摘抄、复制上述材料，同在押的犯罪嫌疑人会见和通信"；"辩护律师自人民法院受理案件之日起，可以查阅、摘抄、复制本案所指控的犯罪事实的材料，可以同在押的被告人会见和通信。其他辩护人经过人民法院许可，也可以查阅、摘抄、复制上述材料，同在押的被告人会见和通信"。《行政诉讼法》第30条规定："代理诉讼的律师，可以依照规定查阅本案有关材料，可以向有关组织和公民调查，收集证据。对涉及国家秘密和个人隐私的材料，应当依照法律规定保密"；"经人民法院许可，当事人和其他诉讼代理人可以查阅本案庭审材料，但涉及国家秘密和个人隐私的除外。"同时，律师从事业务活动的各项权利和特权，在实践中还不断得到一些具体的规范性文件——如"两高"、公安部、司法部在1981年4月和1986年6月就先后联合制定了两个关于律师参加诉讼的具体规定——的明确和强化；而从《律师法》草案的情况看，律师的权利在将来会更加健全、系统和有效（律师的权利和义务，在《律师法》（草案）中已专列一章）。因此，随着中国律师业的不断成熟、壮大，其在法律服务领域所占的服务比重也将愈益加大。

　　那么，中国是否应该更进一步，考虑律师业务的垄断问题呢？对于这个问题，我们也许可以换一个更有助于思考的提法，即如果中国要达到充分的法律服务的状态，是否就应该实行律师业务的垄断？所谓"充分"者，其标准有数量和质量两个方面。因此，是否应该实行律师业务垄断，首先就要看律师业是否有能力提供充分数量的法律服务以满足现实的法律需求。对此，我们在第二部分关于"律师业务和对律师服务的需求"一节中，根据现在和今后很长一段时期内都将严重程度不同地存在着供不应求的情况，可以说已经作出了否定性的回答。其次是律师业能不能提供更优质的法律服务的问题。从我们上面所提到的律师业所拥有的种种优势和法律"优待"看，在总体上对这个问题作出肯定性的回答，是不容置疑的。基于以上两个回答，在律师业务垄断问题上似乎也可以有两条主导思路：其一，不可能考虑绝对意义上的律师业务垄断；其二，可以考虑在一些比较复杂、重大的法律事务上实行律师业务的垄断。例如，在刑事诉讼中，是否可以规定当被告有可能被判处多少年徒刑以上的刑罚时，必须有律师出庭辩护，在民事诉讼中，是否可以规定在标的为多少数额以上时，必须有律师出庭代理，等等。这种思路可以说是一种与国际"接轨"的思路。

如果我们从实际操作的意义上去考虑律师业务的垄断问题，以上所言就可以算作是一种积极规划的态度（在中国现行状况下，这种规划的主要推动者无疑是主管律师业的司法行政机关）。在作出实行一定程度的律师业务垄断的规划时，会涉及诸如法律服务需求量、潜在的律师服务需求量、实在的律师服务需求量、法律援助的提供量等一系列的变量，因而至少必须考虑和分析三方面的具体问题：其一，在现行的社会机制下大致会有多大的法律服务需求量，以及这种需求量在多大程度上可能转变为对律师服务的需求量？其二，根据当事人自身所拥有的可用于获取律师服务的资源情况，以及律师业所能够提供的法律服务量，大致有多大的律师服务需求量可能转变为实在的律师服务需求量？①其三，国家和律师业能在多大程度上承受法律援助的负担？要较好地回答这些问题，只有把律师业务垄断问题置于广泛的社会机制和社会背景中加以考察才有可能。

与积极规划的态度相反，对于律师业务的垄断问题，也可以采取消极放任的态度。既然中国律师业已经形成了一种社会化和行业化的大趋势，那么也可以在总体上像许多国家一样，把律师业务垄断问题作为律师业自治的一个方面，由律师业自身去处理。这样一来，律师业务垄断问题在很大程度上就成了律师业自主交涉的过程，而在不同阶段律师业务垄断的实现程度的合理性，也自然产生于这一过程之中。

当然，与律师业务垄断问题密切相关，作为它的一个反题，或者说作为对律师业发展的重大妨碍，我们不得不指出目前中国愈演愈烈的行业垄断、部门垄断和地区垄断的问题。例如，行业和部门间的垄断目前就有逐渐扩大

---

① 参见棚濑孝雄《纠纷的解决与审判制度》一书中"律师需要的形成"一章。其中的思维框架和许多观点，是极富启示意义的。

的趋势，截至 1997 年年底，已获取执业律师资格的人，欲从事商标、专利、税务代理，或基本建设大中型项目招投标法律业务、证券法律业务、集体科技企业产权界定法律业务、企业法律顾问业务的，都必须参加有关部门组织的资格考试，只有取得这些部门颁发的资格证书，才能从事相应的法律业务。① 这一现象值得关注。

# 四、律师与服务贸易

1994 年 4 月 15 日，由 111 个国家和地区签字的《服务贸易总协定》(the General Agreement on Trade in Service，英文简写为 GATS) 开始生效，这个包括律师法律服务在内的世界贸易多边协议在给各国律师业发展带来新机遇的同时，也提出了前所未有的挑战。因为该协议的基本理念是，缔约国（包括将要加入国）之间相互开放服务市场，实现服务贸易自由化。

按照服务贸易谈判规则的规定，只有已经对开放本国服务贸易市场作出初步承诺的国家，才有资格向其他国家提出进入该国服务贸易市场的具体要求，才有资格参加初步承诺谈判和成为《服务贸易总协定》的缔约国。中国虽然不是世贸组织的创始国，但是为了适应全球经济一体化和尽早加入的需要，中国政府于 1991 年 7 月和 1992 年 10 月，先后向新一轮服务贸易谈判提交了初步承诺的包括市场开放以及国民待遇的条件与资格等项内容的"开价单"，两次承诺共涉及 14 个国内服务行业。从世贸组织统计和信息服务局 1995 年 7 月 17 日公布并获得世贸组织服务贸易理事会评审认可的服务贸易统计看，服务贸易包括的服务业共有 11 个部门近 150 个行业，其中法律服务属于第一个部门（商业服务）第一项（专业服务）的第一个行业。因此，在此过程中，中国的律师法律服务首当其冲，实践中则已经逐步开放了部分国内市场。从国外的实践来看，随着全球经济一体化进程不断深入，法律服

---

① 具体参见《关于从事证券法律业务律师及律师事务所资格确认的暂行规定》、《关于律师从事基本建设大中型项目招标投标法律业务的通知》、《从事集体科技企业产权界定业务的中介机构资格认定的暂行规定》以及《企业法律顾问执业资格制度暂行规定》。

务打破政治纷争，已成为一个新的经济增长点。以美国为例，1986 年法律服务出口的收入为 9700 万美元，1991 年为 11 亿 7300 万美元，同年仅对日本法律服务出口额就为 3 亿 200 万美元，也即日本企业或个人向美国的律师事务所支付了 3 亿 200 万美元。①

下面，我们就服务贸易可能对中国律师业产生的影响，谈三个问题。

第一，律师职业的服务性和"服务"的商品性。"服务"在经济学上是指一种特殊形式的劳动产品。按照迄今居主导地位的职业主义理论和传统，律师不应该是商人，律师业也不能成为商业，因此，不能在商品意义上理解律师所提供的法律服务的性质。但是，通观当今世界经济一体化进程，律师不仅置身其中，为经贸往来服务，而且在有的国家，律师业还被当作税收的一个重要来源。② 由此而来的问题是，伴随着 GATS 的实施，律师职业固有的非商业性是否会发生变化呢？

GATS 一方面将保证有能力的专门职业者自由地开展全球性服务活动，另一方面将促进个人营业较多的自由职业引入国际自由竞争。"自由竞争将提高律师业作为服务业的'生产性'，推进其'商业主义化'、'产业化'。"所以，服务贸易给律师职业带来的首要问题就是律师业能否走产业化的道路。

大力发展第三产业是中国为适应市场经济需要而制定的一项基本国策，它的实施必然会使法律服务自身形成一个市场。但是，产业政策不能取代律师业内部的管理。律师为适应市场经济和对内对外的需要，必须具备高度的自律性、严格的行业规范，实行行业自治。国家政策的变化，不会改变律师职业的性质，更不应该影响律师功能的发挥，相反，随着经济发展和国际交流的增多，律师业将获得更广阔的活动天地。因此，虽然服务贸易自由化将导致律师国际化，律师业只有不断调整才能适应这种变化，但是，认为律师

---

① 参见［日］川村明：《二十一世纪的律师国际化和 WTO、OECD 的律师服务自由化》，鲍振荣译，载《中国律师》1997 年第 8 期。OECD 为世界经济发展与合作组织的英文缩写。

② 参见曹自强：《美国服务贸易出口现状及战略》，载《国际贸易》1996 年第 3 期；陈已昕：《美国服务贸易概览》，载《中外法学》1997 年第 5 期。

法律服务被纳入 GATS 之后，律师业就应该或者就会商业化，以及一国在产业政策上将律师法律服务作为第三产业中的重点进行发展，律师就应该或者就会变成商人，似乎并没有足够的理由。

　　第二，外国律师的进入和本国律师专业素质、职业道德水平的提高。经国务院批准，司法部于 1992 年 7 月 1 日正式允许外国律师事务所在中国境内设立办事处。自 1992 年 8 月 24 日司法部下发《关于外国律师事务所在华设立办事处有关事宜的通知》以来，截至 1998 年 2 月底，外国律师事务所在我国设立的办事处有 67 家，其中港澳地区有 26 家，与此形成鲜明对照的是，中国律师事务所走出去的仅有 7 家。[①] 之所以如此，主要是因为无论从专业素质还是职业道德水准看，中国的律师事务所在总体上都难以与发达国家和地区的律师事务所匹敌。

　　走出去的一个基本"硬件"是语言，而中国是从 1995 年第七次全国律师资格统考时才将外语列为考试科目的，并且不按满分计算。以 1997 年为例，报名人数共有 114636 人，外语水平在四级以下的 83033 人，占报名人数的 72.3%；达到六级的只有 5811 人，占报名人数的 5.06%；六级以上的1098 人，占 0.96%。考生整体外语水平之差，由此可见一斑。而且，这只是从书面考试进行分析，如果从实际应用能力来评估，恐怕还要大打折扣。1995 年前没有经过外语考试而取得律师资格的专职律师有约 5 万名，他们的外语水平在整体上肯定也不会好于 1995 年考试的情况。语言关过不了，无法交流，更不要说借助语言提供法律服务了。再从学历方面看，114636 名考生中法学专科 72670 人，占 63.4%，大学本科 39102 人，占 34.1%，双学士 794 人，占 0.7%，硕士研究生 2168 人，占 1.9%，博士研究生 55 人，占 0.05%；无法学学历的 24472 人，占 21.3%，国内学历的 90197 人，占78.6%，国外学历 121 人，占 0.1%。这样的学历加上现在的法学教育状况，结果应在预料之中。中国律师"出"的少，不是不想，而是不能。

---

　　① 自 1993 年 7 月北京的君合律师事务所在美国纽约设立分所后，黑龙江黑河、深圳信达、上海段和段、北京经纬、信利等六家律师事务所，经司法部同意在俄罗斯、美国、新加坡等地申请设立了分支机构。参见《人民日报》(海外版) 1996 年 11 月 16 日。

"出"，我们没有竞争力，那么对"进"，我们是否就能正确把握呢？如果说出去主要是业务能力的较量，进来则是服务质量的竞争。按理说来，国内的律师事务所在国内应该是有相当优势的，但现状却常常不仅让外国人失望，也让国人自己感到惭愧。①

一旦 GATS 在中国正式实施，外商将更容易进入中国市场，从而必将对各种服务业都相对落后的中国产生巨大压力。逐步对外开放服务市场，将会打破国内服务业原来的垄断格局，使服务业的竞争趋于激烈。因此，中国律师业只有强化自身，不断开拓自己的服务领域，提高自己的服务质量，才能吸引更多的客户，延揽更多的业务。

第三，行政保护和中国律师的国际化。中国律师业迄今仍有较强的行政化或者说行政保护色彩。大到律师行业组织的建立，小到职业规范标准的制定和收费标准的确立，无一不是由党和政府在起主导作用。律师服务的社会性及与此相应的律师业的自治自律性，还没有得到很好体现。然而，在服务贸易自由化竞争的大趋势下，中国律师为求平等参与就必须与外国律师站在同一起跑线上，这就要求中国在保持主权完整的基础上，尽量使本国的律师业发展适应市场经济的一般规律。这也是服务贸易对一国律师业国际化的基本要求。为适应这一变化的需要，中国应该保证律师能够成为合格的市场竞争主体，从宏观上讲，应该淡化律师业的行政化色彩。当然，就中国律师业的现状而言，贴近国际标准改革国内律师业管理体制并非短期内能够完成，因此为加快律师服务贸易的发展，政府也可能必须在协定允许范围内对国内律师业采取必要的行政保护措施。如何协调行政保护和服务贸易所要求的律师国际化之间的关系，是中国亟须解决的问题。

---

① 1997 年 4 月 19 日，比中商贸委员会主席、比中法律家协会秘书长德比特在中国法学会的一次谈话中说：中国律师的服务，无论质量、效率，与其他国家相比都有很大的差距。律师业缺乏规范，收费高，职业道德低下。一个从业两三年的年轻律师，为外商提供税务咨询服务，到距北京 150 公里的地方调查三天，拿出了两页 A4 纸的法律意见书，就收费 2700 美元。他这次来北京就是因为比利时一家企业需要法律服务，经向中方律师询问，要价太高，才不得已而为之。如果没有严格的规范，中国的律师业就难以发展。参见《要报》，中国法学会编，1997 年 4 月 24 日，第 232 期。

世贸组织规定：在协定实施初期，为实现平等竞争，给落后国家一定的缓冲期限，也即保护期。实施保护措施的期限一般不超过 4 年，因特殊原因需要延长的，也不能超过 8 年。实行保护政策，主要是靠行政手段，控制进入的速度和数量。因此，在加入 GATS 的同时，必要的政府保护是可能存在的。不过，就中国律师业而言，GATS 所允许的政府保护也意味着国内现行的律师管理体制需要做战略性调整，应协调好律师业的自律自治和政府干预之间的矛盾，避免回到行政管理的老路上去。

# 五、律师和法律援助

法律援助制度在西方已有上百年的历史，是经济发展、社会文明和法治发达的必然产物。虽然当今各国的法律援助制度各有特点，但一般说来，则都具有主要依靠政府财政支持的社会公益性事业的特征，其直接目的是对法律服务资源进行再分配，以保障贫弱残疾者不因经济能力、生理缺陷所限而平等地获得法律帮助，实现自己的合法权益。

自 1994 年司法部首次提出建立中国法律援助制度的设想之后，一些地方陆续开始了试点工作。1996 年 1 月，全国司法厅（局）长会议再次提出，将建立中国特色法律援助制度作为 1996 年司法行政工作的重点。同年 3 月，司法部批准成立国家法律援助中心筹备组，法律援助工作在全国范围内逐渐开展起来。有关中国法律援助的现状，大致可以从以下三方面予以把握：

第一，法律上对法律援助制度予以确定。新颁布的《中华人民共和国律师法》和修订后的《中华人民共和国刑事诉讼法》都明确规定了法律援助的内容。《律师法》第六章是对法律援助的专门规定。最高人民法院、司法部为实施《中华人民共和国刑事诉讼法》有关法律援助的规定，还就刑事审判中的法律援助程序、各级人民法院同所在地的法律援助机构工作衔接等有关事项联合发了《关于刑事法律援助有关问题的联合通知》。

第二，多部门协同行动，使法律援助基本涵盖各主要被援助群体。例如，司法部和全国残疾人联合会、全国妇联、民政部、共青团中央等团体部门分别共同下发了《关于做好残疾人法律援助工作的通知》、《关于保障妇女合法权益做好妇女法律援助工作的通知》、《关于保障老年人合法权益做好老年人法律援助工作的通知》和《关于保障未成年人合法权益做好未成年人法律援助工作的通知》等文件。这些文件，促进了法律援助在全国范围内、在各社会群体中迅速开展起来。

第三，法律援助机构逐步建立健全。司法部法律援助中心和中国法律援助基金会先后成立。北京、广东、安徽、湖南也有了省市一级的法律援助机构，加上正在筹建的在内，共有 10 多个省市都有自己的法律援助机构。目前副省级市、地级市、县（区）有法律援助机构的已达 19 个，还有一大批也在筹建之中。法律援助已产生了广泛的社会影响，例如，青岛市法律援助中心成立不到 4 个月，接待法律咨询 326 人次，解答电话咨询 175 人次，受理援助案件 42 件，并且还受到联合国有关组织的资助。

在法律援助方面，经过几年的实践，中国已取得很大成就，但是，在援助标准、援助经费、援助人员、援助程序和援助机构等各个方面，也存在许多问题需要从合理可行的角度在制度上予以解决。就目前情况看，一个与律师业发展密切相关的关键性问题就是在法律援助主体的认识上，存在片面看待律师作用的现象。实际上，目前人们在很大程度上是把律师作为法律援助的唯一主体看待，对其参与法律援助多采用带有行政色彩的"摊派"，这显然不利于法律援助制度和律师业的健康发展。

从历史上看，法律援助在律师自愿基础上，由慈善事业发展起来的。① 在西方，法律援助制度经过了由个人到国家，由分散到集中，从民间走向社会，由无序过渡为规范的渐进历程。"直到 20 世纪 60 年代，法律援助仍主要依靠律师的自愿行为"，② 主要是在业余时间从事免费的公益性工作，如接受法院指定为刑事案件辩护，或为民事诉讼代理。从当今各国的制度实践

---

① 世界上最早的法律援助机构是 1876 年在纽约由德裔美国人设立的"德国人法律援助协会"。它是由慈善机构发起、成立的，对需要法律援助的人经审查合格后，由协会出面为其聘请律师，帮助他进行诉讼。参见《中国律师报》1997 年 2 月 15 日。

② 肖扬：《探索有中国特色的法律援助制度》，法律出版社 1996 年版，第 223 页。

看，法律援助的经费主要来自政府财政，法律援助制度是一国社会保障制度的组成部分。而所谓社会保障，就是政府采取一系列保护性措施，以帮助人们渡过由于失业、年老、疾病、生育和工伤而造成工资或收入损失难关的社会安全救济制度，包括劳动保险、社会福利、医疗保险和养老保险等各项社会保障制度。现代社会保障制度是社会化大生产的必然结果和必要条件，享有社会保障则是国民在法律上的一项基本权利。

因此，虽然我国《刑事诉讼法》规定法院可以或应当在特定情况下为被告指定辩护人，[①]《律师法》也规定有几种纠纷的诉讼，当事人需要律师帮助又无力支付律师费用的，律师必须承担法律援助的义务，[②] 但是，不能因此就说参与诉讼是律师提供法律援助的唯一方式，更不能由此就断定只有律师才有可能提供法律援助。有关法律援助的立法属社会保障法的范围，它和其他形式的保障立法一起构成了社会保障法律体系；法律援助制度是社会保障制度的一种，而不只是诉讼法律制度或律师制度的一部分。

目前，中国对法律援助还没有统一专门的立法，实施中的援助办法，因受《刑事诉讼法》和《律师法》中有关规定的影响多限于诉讼范围，再加上舆论误导，致使公众把司法行政部门行业内部的行为视为整个政府行为，把律师的法律援助当作法律援助的全部内容。其结果是，司法行政部门管辖内的可用于提供法律服务的力量未能完全充分地发挥出来，不适当的行政干预（摊派）不但没有达到原来设想的用法律援助重塑律师良好形象的社会目的，反而因律师无法满足众多援助需求而处于非常尴尬的境地。中国律师业的发展尚属初步，各方面的基础尚不稳固，如加置不恰当的负担，就会影响其职业化进程。

---

① 《刑事诉讼法》第34条规定了法院指定的两种方式，"可以"和"应当"，但指定对象必须是"有承担法律援助义务的律师"，我国不存在这种律师。

② 《律师法》第41—43条虽然对律师法律援助做了专门规定，但对于律师如何参与，因国家没有具体规定，所以无法操作，实际形同虚设。

责任编辑：张伟珍

封面设计：周方亚

版式设计：严淑芬

**图书在版编目（CIP）数据**

中国法治实践的法理展开 / 张志铭 著 . — 北京：人民出版社，2018.12

（中国法治实践学派书系 / 钱弘道主编）

ISBN 978 - 7 - 01 - 020001 - 9

I. ①中… II. ①张… III. ①社会主义法制 – 建设 – 研究 – 中国 IV. ① D920.0

中国版本图书馆 CIP 数据核字（2018）第 255827 号

**中国法治实践的法理展开**

ZHONGGUO FAZHI SHIJIAN DE FALI ZHANKAI

张志铭 著

**人民出版社** 出版发行

（100706 北京市东城区隆福寺街 99 号）

北京新华印刷有限公司印刷 新华书店经销

2018 年 12 月第 1 版 2018 年 12 月北京第 1 次印刷

开本：710 毫米 × 1000 毫米 1/16 印张：27.25

字数：419 千字 印数：0,001-2,000 册

ISBN 978 - 7 - 01 - 020001 - 9 定价：88.00 元

邮购地址 100706 北京市东城区隆福寺街 99 号

人民东方图书销售中心 电话：（010）65250042 65289539